国家社会科学基金
NSSFC
The National Social Science Fund of China

博士论文
出版项目

现代中国"自我"的起源与早期新诗的兴起

The Origins of Ego in Modern China and the Rise of the Early New Poetry

宋夜雨　著

中国社会科学出版社

图书在版编目(CIP)数据

现代中国"自我"的起源与早期新诗的兴起 / 宋夜雨著 . -- 北京：中国社会科学出版社，2025. 8.

ISBN 978-7-5227-4942-6

Ⅰ. I207. 25

中国国家版本馆 CIP 数据核字第 2025AG3061 号

出 版 人	季为民	
责任编辑	慈明亮	
责任校对	韩海超	
责任印制	戴　宽	

出　　版	中国社会科学出版社	
社　　址	北京鼓楼西大街甲 158 号	
邮　　编	100720	
网　　址	http：//www. csspw. cn	
发 行 部	010-84083685	
门 市 部	010-84029450	
经　　销	新华书店及其他书店	

印　　刷	北京君升印刷有限公司	
装　　订	廊坊市广阳区广增装订厂	
版　　次	2025 年 8 月第 1 版	
印　　次	2025 年 8 月第 1 次印刷	

开　　本	710×1000	1/16
印　　张	27. 25	
字　　数	383 千字	
定　　价	149. 00 元	

凡购买中国社会科学出版社图书，如有质量问题请与本社营销中心联系调换
电话：010-84083683

出 版 说 明

为进一步加大对哲学社会科学领域青年人才扶持力度，促进优秀青年学者更快更好成长，国家社科基金 2019 年起设立博士论文出版项目，重点资助学术基础扎实、具有创新意识和发展潜力的青年学者。每年评选一次。2023 年经组织申报、专家评审、社会公示，评选出第五批博士论文项目。按照"统一标识、统一封面、统一版式、统一标准"的总体要求，现予出版，以飨读者。

全国哲学社会科学工作办公室

2024 年

序 一

从 2011 年到 2021 年，我曾有幸在南京师大工作十年，夜雨是我在南师大接触时间最长的学生之一。和他的相识有一个很诗意的开始，至今记忆犹新。2012 年，我第一次在南师大上本科课，就是在夜雨他们班上。夜雨是班里为数不多的男生，记得有一节课讲冯至的十四行，在介绍十四行历史时，我在 ppt 上展示了莎士比亚的一首英式十四行，英文原文，我想请一位学生朗诵一遍，扫了一眼学生名册，就点了宋夜雨的名，觉得这个名字有点别致。虽然我也辨别不来夜雨的朗诵是否体现了英文十四行的节律，但夜雨的嗓音很男性，浑厚淳和，带有一点磁性，英文句子也朗诵得很流利，给我的印象非常深刻。值得一提的是，在这个班上任课，是我教师生涯中一段最愉悦的时光。课程结束时，他们送给我一张明信片作为纪念，明信片的抬头是"敬爱的谭哥"，每位同学用一句话或者一个词表达他们对我的评价，横七竖八地写满了整个明信片。里面的奖词褒语有点溢美，但有些评价我还是很高兴见到的，如"很靠谱"、"值得信赖的老师，上课能一目知几人"、"对爱的理解高于其他老师"、"滔滔不绝"，等等，说明学生是真的在细致观察老师。那时的我已过知命之年，学生们的明信片叫我"谭哥"，这份亲切感，我也视为学生们对我激情授课的一种赞扬。这张明信片至今保存在我的书桌里，什么时候为看作业、批试卷、改论文而烦心时，就拿出来看看。

后来没再到夜雨的班上上课，但夜雨与我也偶有联系，他曾把他写的新诗发给我看，当时没有特别在意，觉得青春就是诗情，校园到处浪漫，大学中文系的学生不写点新诗旧诗，这中文专业算是白读。再后来，夜雨保送了本校的研究生，我也欣然成了他的指导老师。论文开题时，我建议他往诗学方面选题，一方面是知道他写诗，爱好诗，一方面也是希望他扎扎实实地受点科研训练。这些年来研究生的选题多往小说、期刊方面靠，出现这种趋势，大概率与研究生论文字数的要求越来越高有关。一篇硕士学位论文要求五六万字，选小说可以复述故事，选期刊可以堆砌文献篇目，自然方便凑字数，而选诗歌则要老老实实去分析结构，解读字句，偷懒不易。更重要的是，我希望他能找到一块学术园地，可以长期开垦耕耘。当年先师王富仁先生就一再给弟子们强调他的"钉子"说，说要像一颗钉子一样，扎在自己选择的研究领域中，让别人的同类研究无法绕过你。所以，每逢见到一位可造之才，我就把先生的"钉子"说如法炮制。从夜雨后来的学术发展看，这个目的可以说是达到了的。硕士、博士以至毕业后进山东大学追随黄发有教授做博士后，他的研究方向一直是现代新诗，不仅拿到了国家社科基金优秀博士论文资助项目，在国内权威刊物上发表系列论文，而且获得臧克家诗学奖、江苏省优秀博士论文奖，成为目前国内新诗研究中一位具有一定标识度的青年新锐。

　　说句实在话，夜雨这样的学生，做他的指导老师是特别省心的。他对文学有感觉，悟性也好，文字表达的能力强，更重要的是他善于自我琢磨，琢磨老师的学术特点和研究方法，琢磨那些顶流论文的结构、思维和阐述路径。师其上者得其中，师其中者得其下，夜雨善于到顶流论文中去浸润充实自己，所以他的论文写作很快就进入境界，得到各路编辑的认可。现在的博士生毕业，必须条件是要有C刊论文，要么帮助学生发，要么带着学生发，这已经成为国内博士生导师经常相互吐槽的不堪重负。在这方面，夜雨没有让我操心。读博期间，他的第一篇小论文发表在《中国现代文学研究丛刊》上，投稿时，夜雨告诉了我，我也仅仅是鼓励了他而已。博三时他的一篇论文在《文学评论》上发表，他连投稿都没有告诉我，直到

《文学评论》的录用通知来了，我才知道有这回事。问他为什么投了稿不告诉我一声，夜雨有点腼腆地说，怕投不中让老师失望。我知道，其实他是不愿给我增加麻烦，他有这份自信。我常给研究生们现身说法，告诉他们，像《中国社会科学》《文学评论》这种类型的大刊物，恰恰是最不歧视年轻学者的，发现和扶植新人，是这种刊物编辑们的一种内心使命，只要文章真正好，就一定能脱颖而出。夜雨相信老师，相信编辑，也相信自己，所以他就独自去用论文叩那些权威刊物的门，他成功了。近年来，他在这些权威刊物上接连发表成果，这些成果的产出，无疑进一步证实了他的学术实力。

现在，夜雨的博士学位论文也是他的第一部学术著作即将交付出版，我为他感到高兴，他嘱我为之作序，我也欣然答应下来。我一向主张序言不必写成导读，著作中的精华与不足，需要读者自己在阅读中做出判断。何况诗学本来就是文学皇冠上的那颗明珠，是文学堂奥中最幽深处的那个隐秘，是维纳斯女神最宠爱的那个宁馨儿，不是谁人都可以置喙的。我过去曾经做过一段现代诗学研究，但那已经是 20 年前的事了。一时代有一时代的学术，虽然学术具有精神性本质，而人类精神性的学术母题是在不断复现的，后时代的学术未必一定能够碾压前时代的学术，但一个学者最应该具备的自省能力就是知道后生可畏。记得周作人的一段故事，他曾经和学生废名之间常常通信讨论佛学，但到了后来，废名邮来讨论佛学的信件，周作人就不再回复了。因为废名在佛学方面的精进，已经让周作人感觉到了继续深入对话的艰难。这种周作人式的心情，我现在也能深切地感觉到。时代的变迁，学术的发展，加之夜雨在诗学研究方面的进步，要想站在更高的境界上来谈论这部著作的学术得失，或者为夜雨的诗学研究提出具有方向性和针对性的建议，已非我之力所能及。所以，我就拉拉杂杂地说了一些我们师生之间的一些交往和感受，如果能对读者了解夜雨的成长历程有所了解，于愿足矣。

谭桂林

乙巳年正月初三写于长沙迪亚溪谷半空居

序　二

　　宋夜雨在南京师范大学文学院获得学士、硕士、博士学位，在谭桂林教授的精心指导下，在早期新诗研究领域走出了自己的道路，在《文学评论》《中国现代文学研究丛刊》等刊物发表了一批高质量的论文，博士学位论文获得江苏省优秀博士论文奖，并入选国家社科基金后期资助暨优秀博士论文出版项目。2021年他获评山东大学特别资助博士后，2023年出站后被评聘为研究员，2024年入选齐鲁青年学者，并被同级转聘为教授。作为他的合作导师，我见证了他近几年学术成长的过程，也对他有了较为深入的了解。宋夜雨为人低调谦和，做事踏实认真，在学术研究上视野开阔，既重视发掘材料，又注重加强理论修养，重视理论创新。他自幼热爱诗歌，也创作了不少诗，对文学作品尤其是诗歌有敏锐的体察力与感悟力，这也是他在诗歌研究领域能够迅速进入状态并有独特发现的重要原因。

　　新诗研究向来重视从文言到白话、从古诗到现代诗的形式革新，相对而言，对新诗主体性问题的研究还不够充分。宋夜雨从"自我"的角度对早期新诗的兴起展开研究，穿越历史的雾霭，透过汉语诗体的变迁，勾勒出一整套民族新的灵魂的诞生史与发展史。他提醒我们，诗歌语言与形式的革命从来不是孤立的、封闭的文字游戏，而是源自灵魂深处的、艰难而无声的革命的精神回响。本书围绕"自我"这个关键词，从思想史的根源处入手，条分缕析地揭示了早期新诗这一现代文类的建构与现代"自我"的起源之间的密切关联和深层互动。在"五四"之前，传统的宗法制度、森严的礼教秩序、顽固的语言习惯对自我意识形成层层束缚，并深深内化为缠绕心灵的沉重阴影。近代以来，一些先行的变革者开始意识到新的"自我"在创建现代民族国家过程中不可或缺，在社会变革实践中将发挥至关重要的作用。在这种新观念的影响之下，早期新诗并不仅仅是一种文类实践和审美创造，而是承担着历史责任和社会使命，被倡导者视为一种文化革新方案和社会改造手段。基于此，宋夜雨在观念史、思想史、社会史与新诗史的视野交汇中，以"早期新诗"与"自我"的互动关系为中心展开历史和形式的综合考察，将思想史与文学史研究融为一体，以思想变迁与诗体演进的双重线索，既探寻诗艺嬗变背后的思想驱动，又将诗歌表达形式的流变本身看作时代精神演进的独特载体。作者对"自我"、早期新诗与五四历史进行一种内外兼顾、点面结合的整体性考察，并且将"自我"的抽象落实到"伦理""情感""创造"与社会的互动等四个具体层面，审视"自我"与"新诗"相互促动、相互影响的辩证机制，进而揭示二者如何以自身的创造汇入"五四"的洪流。本书将历史化的"哲思"与生命化的"情感"融为一炉，使冰冷、枯燥的学理辨析有了一种触手可及的生命质感，既有层层递进的学术框架，也有对诗歌文本的细致分析和对个体心灵的深刻洞察。

作者不仅注意到早期新诗与"自我"如何勇敢挣脱传统藩篱的艰难过程，也通过对当时诗歌译作引入过程的历史分析，分析诗歌主体如何从外来文化中汲取精神资源。值得肯定的是，作者通过挖掘多语种外来诗歌的译介史料，在对材料进行精微辨析的基础上，对盲目拥抱西方的迷思与一味排斥外来文化的立场都进行批判性反思，还原了诗体变革中所承载的"自我"如何在东西方文化碰撞的漩涡中如何构建现代个体认同的坎坷历程。宋夜雨对现代主体塑造过程中的双重性的深入思考，不仅为新诗研究，也为新文学研究打开了一条颇有新意的阐释路径。

这部专著重返历史现场，重新书写了"五四"时期民族精神蜕变过程中的一个关键环节。当现在的不少诗歌卸下曾经背负的重任，蜕变为口水诗时，我们回望像晨钟一样以唤醒个体主体意识为己任的早期新诗，今日的我们应当重新思考"自我"在诗歌与文学中的位置和意义，在此基础上去挖掘诗歌和文学的新的可能性。对于仍然有志于诗歌与文学的主体而言，应该不断进行这样的自我追问：写作应当塑造什么样的"自我"？为了什么又为了谁而写作？

黄发有

2025 年 7 月 20 日于山大南院

摘　　要

　　近代以来，"自我"在不同的社会变革方案中都扮演着至关重要的角色，一些变革者开始注意到"自我"对于创建现代民族国家而言所蕴含的基础性力量。从"新民"到"新青年"，不仅大致呈现了近代中国对一种现代"自我"寻求的思想脉络，"自我"的目标位置也随着思想重心的偏移呈现出一种"内在化"的倾向，由笃信科学知识的制度性构造到偏重思想伦理、情感道德的心灵革命，从一种工具化的被动位置跃升为一种具有历史动能的主体力量。与此同时，"诗"、"小说"等现代文类手段普遍被当作一种改造心灵的话语机制。由此，早期新诗的兴起，不只在于一种现代文类的产生和建构，更与现代"自我"的起源密切相关。

　　与此同时，早期新诗与"自我"又共同内置于五四前后动态的历史结构中，二者都是五四问题结构的重要构成。对于提倡者而言，新诗在他们那里首先并不是一种文类实践和审美创造，而是对应着一种文化方案想象和社会改造的手段，新诗的"尝试"是五四整体社会改造氛围中的重要环节。可以说，早期新诗在呈现一种现代文类的升沉起伏之外，它更是五四前后历史现实、社会理想和"自我"心灵的投射。正是在此意义上，本书以"自我"作为早期新诗的切入点，将"自我"、早期新诗与五四历史进行一种内外、点面的整体性的关联，并且进一步将"自我"的抽象落实到"伦理"（自然）、"情感"、"创造"与社会的互动等四个具体层面，考察"自我"与"新诗"相互成长、相互作用的辩证机制，进而揭示二者如何作用于一个立体的、动态的、能动的"五四"。核心问题在于：新诗对"自我"构成了怎样的吸引、提供了怎样的表达机制？借助新诗的抒情策略，生产出一个怎样的现代"自我"？在新诗的框架之内，"自我"完成了怎样的成长轨迹，又隐现怎样的内在限度？作为一种能动的、具有生产性的主体结构，"自我"如何在变动不居中激励、塑造、制约着新诗实践的展开，如何作用于新诗的内涵构成？"自我"的历史呈现如何左右了新诗写作的文类策略、如何改造了新诗的形式逻辑？与此同时，"新诗"、"自我"的相互辩证又为现代中国勾画出怎样的"现代"面影？

基于此，本书以"自我"为切入路径，力图在观念史、思想史、社会史与新诗史的视野交汇中，以"早期新诗"与"自我"的互动关系为中心展开历史和形式的综合考察。不仅注重新诗的内部线索，在言文身心的层面建立"自我"与早期新诗的互动关系，同时跳脱出单纯的文类视野，将早期新诗与"自我"的互动关系放置在五四开放性的社会场域之中，重审早期新诗、"自我"与"五四"的结构性关联，并且顾及与当时的文艺思潮、美学倾向的内在联络，从中提炼它的认识论、形而上学、伦理学以及政治学基础，以期既能够探查出早期新诗兴起的历史根源，又能够呈现现代中国"自我"的现代性起源，进而也能够还原"五四"丰富、复杂的历史面貌，呈现别样的"五四"历史空间，在"诗句危机"、"自我危机"、"社会危机"的逻辑关系中将之导向对一个具有深度的、"有血有肉"的"五四"的揭示，在此基础上，重新审视"五四"的历史意义。

以"自我"作为中介和视野，采用"文化政治"的诗学的思路，对早期新诗进行一种整体性和关联性的考察，不仅意味着"自我"和新诗二者相互塑造、相互生产的互动关系，也表明二者共同内置于五四整体性的文化氛围和社会结构中，二者的发生在携带着五四的历史经验的同时，也在相互锻造中进一步指向五四时期的社会改造。这既构成了本书的问题结构，也设定了大体上的研究思路：一方面，"自我"如何进入草创的新诗内部，参与到新诗的内容构成和形式机制的建设中；另一方面，新诗的形式实践又如何表现、整合"自我"，进而对"自我"产生了怎么样的再生产效果，并且如何进一步作用到五四时期的社会改造环节。针对"自我"概念的抽象，本书将其具体落实到"伦理"（"自然"）、"情感"、"创造"与社会的互动四个面向进行考察，最后收束于鲁迅在《野草》中的"彷徨"以及他如何借助《野草》中的"自我"形象实现自己20年代的思想转向。循此，各章述要如下：

第一章　近代"自然"的产生与早期新诗的兴起。该章首先以"自然"为视角，考察"自我"的伦理建构与早期新诗的互动关系。近代"自然"的产生与早期新诗的兴起共同衍生于近代以来打造现代主体的思想脉络。在近代西学东渐的知识氛围中，"自然"锻造出一种中西混融的意义谱系，它既有物质实体的一面，也意味着主体的自发性，同时还包含万物的本性、法则规范等意义层级，进而又从物质实体的面向中发展出风景的内涵。"自然"的近代性意义在于它不只作为知识话语被接纳，更主要的是在现代与传统之间翻转出一种看待世界、想象自我的思想方法。由此，作为方法策略、主题内容，"自然"不仅在新旧争辩中为新诗建立合法性基础，也涉及到现代抒情方式的建立以及现代诗意机制的产生，极大呼应了早期新诗中的"自然的音节"、"自然流露"、"写景诗"的产生等重要关节问题。借助于"自然"的观察视角，一方面能够捕捉新诗自身的成长轨迹；另一方面，在"形式的政治"的审美逻辑之中，早期新诗的兴起也指向了一种历史现实与主体自我的生产。

第二章　现代中国的"抒情"起源与早期新诗的兴起。该章着重处理"自我"如何借助早期新诗来处理自身的"情感"问题。首先，早期新诗的抒情机制，对五四"情感化"的主体方式构成了强烈的表达吸引。随着"五四"的落潮，不仅情感化的主体方式失效，与之相应的抒情方法也失去意义。在相关的应对方案中，田汉等人不仅看到新诗对苦闷的抒发，更从苦闷中整合出一种新的抒情可能。而周作人在对新诗展开系统批判的同时，更以翻译与创作为行动契机为早期新诗植入了一种象征化的抒情风格，在完成新诗抒情改造的同时，也借助新的抒情完成了自我情感世界的再造。其次，"同情"也是早期新诗与五四"自我"所关注的共同问题。对弱小民族文学的译介为周作人带来了借助文艺的培养从"不幸"中翻转出一种同情机制的视野。而新诗的情感效力则被看作是实现这一理想的重要手段。这一认知方式也激起了郑振铎等新诗人的回应。在相同诗歌题材处理上，他们都努力将同情机制植入诗歌结构中，同情的展开决定了诗歌的形式组织、写作技法，诗歌内部的情感障碍也暴露出同情实现的限度和缝隙。借助于对布莱克、雪莱、文齐斯德的译介，周作人、郑振铎看到了"想象"克服情感障碍、达成同情社会的可能，同时也完成对早期浪漫主义诗歌观念的修正。以《蕙的风》论争为视角，本章继续考察恋爱诗所连带出的五四前后"自我"的爱情观念以及早期新诗的写作伦理问题。作为论争的重要参与者，周氏兄弟的积极介入，一方面在于汪静之"放情地唱"的诗歌姿态呼应了他们五四时期的思想革命和爱情体验，另一方面也在于他们从"不道德的文学"的指摘中看到了对一种成长中的诗歌理想和写作伦理维护的必要。由此，恋爱诗的意义在于它不只连带出思想革命在后五四历史情境中的延续性问题，更扭合着一种诗歌理想和写作伦理的建立。

第三章 现代中国"创造"诗学的思想起源——以郭沫若的歌德译介为中心。在郭沫若整体性的思想结构中，"创造"占据着一种本根性的位置，构成了郭沫若主体机制的一种思想起源。在郭沫若的"创造"诗学中隐含着一条"歌德"路径。郭沫若不仅从《浮士德》的翻译中敏感把握到歌德"创造精神"的核心思想机制和自然哲学背景，更经由对歌德"艺术家"诗歌系列的翻译，对歌德诗歌抒情史进行了一次重新整合，进而生成一种有效的诗歌写作机制和抒情原理，由此把握住了歌德艺术哲学中的根本性问题，即"自然"与"艺术"的辩证关系。《创造者》的写作和对歌德"夜歌"诗歌系列的翻译，使得郭沫若的抒情美学发生着从"艺术家"机制到"创造者"机制的内在转换,他的元诗美学实现了从"元诗"到"元宇宙"的思想跨越,由此,郭沫若为早期新诗锻造出了一种"宇宙"句法以及与之相对应的"宇宙"诗学。进而通过《宇宙革命底狂歌》的写作,以"元宇宙"的诗学思想为哲学中介,郭沫若诗歌中的抒情主体完成了从"艺术家"到"创造者"再到"革命者"的换装,郭沫若自己也随之实现了从"创造"诗学到"元宇宙"诗学再到"革命"诗学的抒情跨越。在此过程中,郭沫若上演了与歌德抒情的深刻对话关系,他不仅"学习"、"成为"歌德,甚至,也"超越"了歌德,不仅成长为"东方未来的诗人",同时更成长为"新中国的预言诗人"。

第四章 社会改造视野下的"自我"与"新诗"。本章将"自我"与早期新诗放置在五四时期"社会改造"这一具体的、动态的历史情境中加以考察,揭示 20 年代的诗歌青年如何经由"社会改造"的锻造,完成对自身浪漫主义危机的克服和修正,进而又如何借助"劳动"的中介性视野,发展出一种新的写作机制和诗歌美学,最终导向一种"诗底共和国"的社会理想的构建。首先,以《诗》杂志为个案,考察以朱自清、俞平伯、叶圣陶等人为代表的诗歌青年如何应对 20 年代初的新诗危机。在他们看来,新诗的问题性,不仅关涉自身的进取方向,更与一种现代自我的人格内涵、改造社会的动力机制密切相关。他们的思考关切在于,在走向社会的感召下,青年是否具备分担责任进而改造社会的能力。也就是说,青年以什么样的主体形象、伦理意涵参与到社会之中。在这样的思考框架之下,他们对"自我"的人格内涵和新诗的功能位置进行新的构想。其次,在"社会改造"的整体氛围中,"劳动"问题尤为凸显。"劳动"话语凝聚着对新社会、新自我的想象投射。它不仅被视为新社会得以运转的基础义务,同时也被看作是达成理想的人生境界和自我实现的有效方式。而一批新诗人也很快从"劳动"的重要意义中看到了"诗与劳动"扭合的可能。自此,"劳动"不仅构成早期新诗的重要写作主题,劳动体验更蕴含着一种在身与心、体力与心力之间相互转化的诗歌写作机制，而新诗与劳动相互贯通、相互转化的能力，意味着各种复杂缠绕的社会问题都能够在这样的综合视野中得到妥善处理，由此，俞平伯也从"劳动"视野中看到一个"诗底共和国"实现的可能。与此同时，对于早期新诗的浪漫主义危机，"社会改造"构成了一种重要的锻炼机制。在相关的批判视野和应对方案中，康白情的纪游诗写作不仅为新诗锻造出了综合的形式风格，更生产出一种社会化的自我形象。而新诗的形式政治面向也由此展开，经历长诗小诗的形式辩证，一种"曲折"、"深刻"的主体自我在朱自清等人的长诗写作中被生产出来。

第五章 从无声到有声：《野草》与"自我"的"彷徨"。本章以《野草》为个案，考察在后五四的历史情境中，鲁迅如何借助《野草》的写作来处理"自我"的思想危机，在此过程中，鲁迅挪用了怎样的诗学资源、呈现出怎样的诗歌态度，这些诗学资源和诗歌态度如何具体作用于《野草》的思想构成和形式技术，进而鲁迅对"自我"完成了怎样的"超克"。《野草》并非是一次应激式的写作，而是与鲁迅在"后五四"的长时段历史中再次陷入"沉默"有关。在"沉默"的挣扎中，借助对《察拉图斯忒拉的序言》的重译，鲁迅不仅回顾了"下山"与"放火"的自我，更习得了"永远轮回"的思想经验，在对应理想幻灭心境的同时，也赋予了他一种崭新的主体意志。不久，鲁迅又从"绥惠略夫"那里接受了"黄金时代"的批判视野，由此，不仅看到时代的本质，也看到一个有限的自我。而爱罗先珂的"到来"则让鲁迅看见了自己的"寂寞"，以"寂寞"的情感体验为中心，鲁迅既以回忆的方式构筑起了自我"寂寞"的人生，又从"寂寞"之中看到一种新的写作发生的可能。可以看到，鲁迅以译介的方式在不断回应、修正自我的思想危机，他不仅从中获取思想的共鸣，也借鉴了丰富的形式方法，在思想与形式的综合锻造下，最终走向了《野草》的写作。与此同时，如果说"呐喊"的鲁迅对应着一个外发性的启蒙自我，那么，《野草》的写作则意味着鲁迅经历了一次"声"的内转，即他通过自我内在声音的设定，完成了"心声"的找寻。"声"对于鲁迅的文学起源具有重要的意义。留日早期，正是注意到"诗力"与"心声"之间的有机关联，鲁迅才弃医从文，进而投入到"新生"的文学事业中；五四时期，随着一种文化政治的兴起，为了唤起更多的"真的声音"，一个"呐喊"的鲁迅也随之到来。可以说，"声"之探求构成了鲁迅人生展开的主要线索。在《野草》的写作过程中，鲁迅重新唤醒了早期的"心声"机制，"摩罗诗人"的重现不仅影响到了《野草》的写作方式，也参与到具体的文本构成。由此，鲁迅既重新"听得自己的心音"，也完成了自我的新生，进而以一种崭新的主体姿态投入到对"无声的中国"的批判中。此外，《野草》的写作还内含着鲁迅与20年代新诗坛的对话，无论是《我的失恋》对徐志摩的讽刺，还是针对张耀翔"亡国之音"的回应，鲁迅都在表明自我以"心声"为根底的诗歌态度，这种态度不仅与《野草》的写作缘起相呼应，同时也在一定程度上影响到了《野草》的文体选择和形式实践。《秋夜》作为《野草》的首篇首先就设定了鲁迅对自我内在声音的找寻，而《一觉》作为《野草》的终篇，鲁迅又再次强调"寂寞地鸣动"的诗歌意义。对"心声"的探求由此形成了首尾的呼应，在呈现《野草》完整的组织形式的同时，更串联起了《野草》内在的诗歌精神。鲁迅不仅借此化解了自我关于"死"的困惑，更从中整理出如何"活"的"生"的勇气和态度。由此，鲁迅完成了由"野草"的自我到"杂文"的自我的思想进化。

关键词：早期新诗；自我；现代中国；历史起源

Abstract

Since modern times, "ego" has played a vital role in different social reform programs, and some reformers began to notice the fundamental power of "ego" for constructing modern nation – states. From the "New People" to the "New Youth", it is not only shown the sequence of a thought about going after a "ego" in modern China, but also that the target position of the "ego" tends to be internalized along with a shift in the focus of thoughts, a spiritual revolution from believing in institutional structure of science to leaning towards ethic, emotion and morality, and a rise from being viewed and controlled as an instrument to a powerful driver in creating history. At the same time, some modern literary forms like poetry, and novel are generally regarded as a discourse mechanism to transform souls. Therefore, the rise of the Early New Poetry not only creates a modern genre, but also is closely related to origin of the modern "ego".

At the same time, the Early New Poetry and the "ego" are both embedded in the dynamic years around the May 4th Movement, and both are important components of the May 4th Movement issue. For the advocates, the New Poetry is not a literary practice or aesthetic creation in the first place, but a way echoing cultural program for imagination and social transformation and the New Poetry represents an attempt to transform society during the May 4th Movement. In fact, the Early New Poetry mirrored history, societal ideal and "ego" around the May 4th Movement apart from showcasing rise and fall of modern literature. In this sense, this book regards "ego" as the cut-in point of the Early New Poetry and connects the dots among "ego", the Early New Poetry and the May 4th Movement and realizes the conception of "ego" in three dimensions as ethic (nature), emotion, creation and the interaction with society, and reviews the dialectical mechanism where the "ego" and the New Poetry, are co-dependent. And last, the paper reveals how the two factors mentioned above works for the dimensional and dynamic May 4th Movement. The core question is: about how the New Poetry attracted the "ego" and what mechanism it extablished for the "ego"? What kind of modern "ego" can be produced by the lyric strategy of the New Poetry? Under the framework of the New Poetry, what is the ego's trajectory of development, and what inner limit is concealed? As an active and productive subject, how does the "ego" motivate, shape and restrict development of the New Poetry and how does it affect connotation of the New Poetry? How does the history of the "ego" influence the genre of the New Poetry writing, and how does it reshape the form and logic of the New Poetry? And last but not the least, what kind of the "modern" image does the mutual dialectics of the New Poetry and "ego" delineate for modern China?

Based on this, this book takes the "ego" as the cut-in point, and tries to reach a comprehensive conclusion around history and form, which stands at the intersection of the history of ideas, thought, society and modern poetry and focuses on the interaction between the Early New Poetry and the "ego". The book not only focuses on the internal clues of the New Poetry, and establishes the interaction between the "ego" and the Early New Poetry in terms of word, text, body and mind, but also breaks away from a simple perspective of genre, and places the interaction between the "ego" and the Early New Poetry in an open social environment during the May 4th Movement, re-examining the structural relationship among the

Early New Poetry, the "ego" and the May 4th Movement, and taking into account the internal connection with the literary thought and aesthetic preference at the time to extract fundamental perceptions of epistemology, metaphysics, ethics and politics, in order to discover the historical roots of the rise of the New Poetry in early stages and to present the origin of the "ego" in modern China, which eventually would reconstruct rich and complex history of the May 4th Movement, and present a brand new dimension of the May 4th Movement. By dissecting logical relationship among the "poetry crisis", "ego crisis" and "societal crisis", a brutal but profound and authentic history of the May 4th Movement would be revealed. And based on that, historical significance of the May 4th Movement would be reassessed.

The book takes the "ego" as an intermediary and perspective, and adopts the idea of "cultural politics" to review the Early New Poetry in a holistic and relevant way. This not only means that the "ego" and the Early New Poetry shape and support each other, but also shows that the two are both built into the cultural atmosphere and social structure of the May 4th Movement. They deliver experiences of the May 4th Movement, and contribute to societal transformation while moulding each other. This establishes both the structure of this book and general research ideas. On the one hand, how does the "ego" become a part of the Early New Poetry and contribute to the content and the form of the Early New Poetry? On the other hand, how does the form of the Early New Poetry express and reshape the "ego", and what kind of reproduction effect does it have on the "ego"? How does it further affect the societal transformation during the May 4th Movement? In terms of the abstract concept of the "ego", this book focuses on four aspects, "ethics" ("nature"), "emotion", "creation" and interaction with society, and wraps up with Lu Xun's "Wandering" in Ye Cao, studying how he shifted his ideas in 1920s with the "ego" in Ye Cao. The chapters are summarized as the following sequence.

Chapter 1: The Emergence of Modern Nature and the Rise of the Early New Poetry. This chapter first examines interactioin between ethical structure of the "ego" and the Early New Poetry from the perspective of "nature". The emergence of modern "nature" and the rise of the Early New Poetry are derived from the thinking to create subjects in modern times. In the atmosphere of learning from the west and spreading to the east in modern times, the "nature" has forged a meaning spectrum blending Chinese culture with western culture. The spectrum can be seen as an entity to some extent. But at the same time, it also means the spontaneity of subjects, and contains the meaning of the nature of everything and laws and orders. And then the connotation of landscape develops from material entities. The significance of the "nature" in modern times lies in that it is not only viewed and accepted as knowledge and discourse, but more importantly, it turns out a way of thinking about the world and imagining oneself between modernity and tradition. Therefore, as a strategy and content, the "nature" not only establishes a legitimate basis for the Early New Poetry in the debate between the old and the new times, but also contributes to the establishment of modern lyrical methods and the emergence of modern poetry mechanism, which greatly echoes important issues such as "natural syllables", "natural expression", and "scenery poetry" appearing in the Early New Poetry. With the perspective of the "nature", on the one hand, the growth trajectory of the Early New Poetry can be captured: on the other hand, under the aesthetic framework of "politics of form", the rise of the Early New Poetry also points to production of a historical reality and ego.

Chapter 2: The Origin of Lyricism in Modern China and the Rise of the Early New Poetry. This chapter focuses on how "ego" uses the Early New Poetry to deal with its own "emotion" issue. Firstly, the subjects with emotions during the May 4th Movement is strongly attracted to the lyrical mechanism of the Early New Poetry in terms of expression. With the decline of the May 4th Movement, not only did the subjects with emotions become uneffective, but the lyrical method does not work either. In the response plan, Tian Han and others did not only see depression expressed in the New Poetry, but also sumed up a new possibile lyrical way from depression. While Zhou Zuoren criticized the New Poetry, he also used translation and creation as an opportunity to implant a symbolic lyrical style into the Early New Poetry. He also reconstructed his own emotional world with the new lyricism right after transforming the lyricism of the New Poetry. Secondly, "sympathy" is also a common issue to the Early New Poetry and the "ego" of the May 4th Movement. The translated versions of literature from weak ethnic groups brought Zhou Zuoren a new vision about how to construct a sympathy mechanism from misfortune with literary and artistic works. And emotional power of the New Poetry is regarded as an important way to reach this end. This cognitive approach also aroused the response of new poets such as Zheng Zhenduo. When it comes to dealing with the same poetic themes, they all tried to inject the sympathy mechanism into poetry structures. Growing sympathy determines poetry forms and writing techniques and emotional barriers within poetry also exposes limits and gaps in sympathy. With transltaed works of Blake, Shelley, and Winchester, Zhou Zuoren and Zheng Zhenduo saw the possibility of "imagination" overcoming emotional barriers and constructing a sympathetic society and revised theories of the early romantic poetry. From the perspective of the debate on Orchid Wind, this chapter continues to examine love concept of the "ego" and writing ethics of the Early New Poetry coming after love poetry during the May 4th Movement. As important participants in the debate, the Zhou brothers' active participation, on the one hand, is because Wang Jingzhi's poetry attitude, "chanting freely", echoed their revolution on ideology and love experience during the May 4th Movement, and on the other hand, they found it necessary to maintain a growing poetry ideal and writing ethics after a critical voice of "immoral literature" showed up. Therefore, the significance of love poetry lies in the fact that it not only raises the continuity issue of the ideological revolution in the post-May 4th Movement, but also involves the establishment of a poetry ideal and writing ethics.

Chapter 3: The Ideological Origin of Modern Chinese Creative Poetry-Centered on Guo Moruo's Translation of Goethe. In Guo Moruo's o-verall ideology, "creation" occupies a fundamental position and constitutes an origin of Guo Moruo's subject mechanism. There is a path of "Goethe" hidden in Guo Moruo's "creative" poetry. Guo Moruo not only sensitively grasps the core ideology behind Goethe's "creative spirit" and natural philosophy from the translated versions of Faust, but also reinte-grates the lyrical history of Goethe's poetry, and then constructs an effective poetry writing mechanism and lyrical principle, thereby grasping the fundamental issue in Goethe's philosophy of art, the dialectical rela-tionship between "nature" and "art". The Creator and the translation of Goethe's Night Songs transformed Guo Moruo's lyrical aesthetics from the "artist" mechanism to the "creator" mechanism. His meta-poetic aesthetics leaped from the "meta-poetry" to the "meta-universe". As a result, Guo Moruo forged a "cosmic" syntax and the corresponding "cos-mic" poetry for the early modern poetry. Then, through The Song of The Cosmic Revolution, with the poetic thought of the "meta-universe" as a medium, the lyrical subjects in Guo Moruo's poetry was transformationed from "artist" to "creator" and then to "revolutionary". Guo Moruo himself also leaped from "creative" poetry to "meta-universe" poetry and then to "revolutionary" poetry. In this process, Guo Moruo had a profound dialogue with Goethe's lyricism. He not only "learned" and "became"

Goethe, but also "surpassed" Goethe. He not only grew into a "poet of the future from the East", but also became a "prophetic poet of New China".

Chapter 4: Ego and New Poetry in the Perspective of Societal Transformation. This chapter places the "ego" and the Early New Poetry in a specific and dynamic history of "societal transformation" during the May 4th Movement, revealing how the young poets of the 1920s overcame the crisis of romanticism through the "societal transformation", and then to develop a new writing theory and poetic aesthetics with the perspective of "labor" as an intermediary, leading to an ideal construction of the "Poetry Republic". Firstly, taking the magazine "Poetry" as a case, this chapter reviews how young poets like Zhu Ziqing, Yu Pingbo, Ye Shengtao responded to the New Poetry crisis in the early 1920s. In their views, the problem of the New Poetry not only concerns its own direction, but is also closely related to the connotation of a modern ego and a dynamic mechanism to transform society. Their concerns are whether young people are able to share responsibilities and then transform society while inspired by social calls. In other words, what kind of image and ethical principles should young people uphold while participating in society? Under such a framework, they forged a new conception of the "ego" and position of the New Poetry. Secondly, in the overall atmosphere of "societal transformation", the "labor" issue is particularly prominent. The discourse of "labor" embodies projection of new society and new ego. It is not only regarded as the basis of how the new society works, but also an effective way to achieve personal fulfillment. A group of new poets soon saw the possibility of "poetry" and "labor" being combined from the significance of the "labor". By then, "labor" not only constitutes an important writing theme of the Early New Poetry, but also contains a poetry writing mechanism that transforms between body and mind and physical and mental strength. The ability of the New Poetry and labor to connect with and transform each other means that all kinds of complex and entangled social issues can be properly handled in such a comprehensive perspective. Therefore, Yu Pingbo also saw the possibility of constructing a "Poetry Republic" from the perspective of the "labor". At the same time, for the crisis of romanticism, "societal transformation" constitutes an important moulding mechanism. In relevant critical perspectives and response plans, Kang Baiqing's tour poetry not only forged a comprehensive norm for the New Poetry, but also produced a socialized image. The form theory of the New Poetry also unfolded. Through dialectics of long poems and short poems, a "twisted" and "profound" ego was produced in the long poems of Zhu Ziqing and others.

Chapter 5: From Silence to Voice: *Ye Cao* and the Wandering of the Ego. This chapter takes Ye Cao as a case to examine how Lu Xun used Ye Cao to deal with mind crisis of the "ego" in the post-May 4th Movement. In this process, what kind of poetic resources did Lu Xun use and what poetic attitude did he show? How did these poetic resources and poetic attitude affect the ideological structure and the form of Ye Cao, and then did Lu Xun overcome and surpass the "ego"? Ye Cao is not written against stress, but is about Lu Xun's fall into "silence" in a long time after the May 4th Movement. In the struggle with "silence", with retranslation of Zarathustra's Vorrede, Lu Xun not only reviewed his personal experience of "going down the mountain" and "setting fire", but also learned the ideological lessons of "eternal reincarnation", which means while corresponding to ideal disillusionment, he was granted a new subjective will. Soon, Lu Xun accepted a critical voice to the "Golden Age" from "Svyentokhovsky" (Aleksander świętochowski), from which he not only saw the nature of the times, but also found himself finite. But upon "arrival" of Eroshenko, Lu Xun saw his own "loneliness". With "loneliness" as the center, Lu Xun not only built his own "lonely" life with memories, but also saw the possibility of a new way of writing from "loneliness". It can be seen that Lu Xun constantly responded to and corrected his own ideological crisis through translation. He not only gained resonance from it, but also used rich methods and forms for reference. Under the comprehensive influence of thoughts and forms, he ended up writing Ye Cao. At the same time, if the Lu Xun of "A Call to Arms" (Nàhǎn) corresponded to an extroverted enlightenment ego, then Ye Cao means that Lu Xun experienced a "vocal" internalization. He found "the voice from deep heart" by setting his own inner voice. "Voice" matters much to the origin of Lu Xun's literature works. In the early days of studying in Japan, it was precisely because of the connection between "power of heart" and "voice from deep heart" that Lu Xun gave up medical study and turned to literature, and then devoted himself to the "new" literature career. During the May 4th Movement, with the rise of cultural politics, in order to arouse more "true voices", a "shouting" Lu Xun also showed up. It can be said that the search for "voice" constitutes the main clue of Lu Xun's life. In the process of writing Ye Cao, Lu Xun reawakened the early "voice from deep heart" mechanism. The reappearance of the "Moro poet" not only affected the writing style of Ye Cao, but also participated in specific texts. As a result, Lu Xun not only heard his own voice from deep heart again, but also was reborn, and then devoted himself to the criticism of "silent China" with a brand new subject attitude. In addition, Ye Cao also contained Lu Xun's dialogues with the New Poetry world in 1920s. Through both the satire on Xu Zhimo in *My Broken Love* and the response to Zhang Yaoxiang's "The Sound of the Lost Country", Lu Xun was showing his poetic attitude based on "voice from deep heart". This attitude not only echoes the origin of Ye Cao, but also affects the writing style and form of Ye Cao to a certain extent. Autumn Night, as the first chapter of Ye Cao, sets Lu Xun's direction for his inner voice. The A-wakening, as the final chapter of Ye Cao, Lu Xun once again emphasizes the poetic significance of "singing in loneliness". The search for "voice from deep heart" thus resonates from beginning to end, connecting the inner poetic spirit of Ye Cao while presenting the complete form of it Lu Xun not only resolved his confusion about "death" by doing this, but also sorted out the courage and attitude of life. In this way, Lu Xun evolved from the ego of Ye Cao to the ego of essays.

Keywords: the Early New Poetry; ego; Modern China; Historical Origin

目　　录

绪　论 ……………………………………………………………（1）

　第一节　早期新诗与现代中国的"形式"问题 …………（1）

　第二节　"自我"的浮现：早期新诗与现代中国的

　　　　　"主体"问题 ……………………………………（5）

　第三节　"自我"、早期新诗与现代中国的文化政治 ……（19）

第一章　近代"自然"的产生与早期新诗的兴起 ………（29）

　第一节　"自然"的近代性 ………………………………（31）

　第二节　"自然的音节"：从"声音"到"意义" ………（35）

　第三节　"自然流露"与"自我"的抒情 …………………（57）

　第四节　写景诗与"内在自我"的发现 …………………（73）

第二章　现代中国的"抒情"起源与早期新诗的兴起 …（90）

　第一节　苦闷的抒情：早期新诗与"五四"青年的

　　　　　情感再造 …………………………………………（90）

　第二节　"我们都是一样的不幸"

　　　　　——早期新诗与现代中国"同情"的起源 ……（117）

　第三节　爱情与道德：恋爱诗与早期新诗的写作伦理

　　　　　——以《蕙的风》论争为中心 ………………（143）

第三章　现代中国"创造"诗学的思想起源
　　——以郭沫若的歌德译介为中心 ………………（163）
　第一节　从 Geschäftiger Geist 到"创造精神"……………（164）
　第二节　"自然"与"艺术"："创造"的元诗学机制 …（175）
　第三节　"艺术家"与"创造者"：从"创造"诗学到
　　　　　"革命"诗学 ………………………………………（188）

第四章　社会改造视野下的"自我"与"新诗"……………（207）
　第一节　社会改造与 1920 年代诗歌青年的诞生 …………（207）
　第二节　"劳动"的诗学："劳动"与早期新诗的
　　　　　写作机制 ………………………………………（229）
　第三节　社会改造与浪漫主义的修正：纪游诗与
　　　　　长诗的兴起 ………………………………………（252）

**第五章　从无声到有声：《野草》与"自我"的
　　　　　"彷徨"**………………………………………（272）
　第一节　"后五四"的鲁迅与《野草》的写作缘起 ………（272）
　第二节　"声"之内转——作为"心声"的《野草》…………（319）
　第三节　"寂寞地鸣动"：《野草》与 1920 年代
　　　　　新诗坛的对话 ……………………………………（342）

结　语 ……………………………………………………（364）

参考文献 …………………………………………………（368）

索　引 ……………………………………………………（389）

后　记 ……………………………………………………（395）

Contents

Introduction ·· (1)

　　Section 1　The Early New Poetry and the "Form" in Modern

　　　　　　　China ··· (1)

　　Section 2　The Emergence of Ego: The Early New Poetry

　　　　　　　and the "Subject" in Modern China ···················· (5)

　　Section 3　The Ego, the Early New Poetry, and the Cultural

　　　　　　　Politics of Modern China ································· (19)

Chapter Ⅰ　The Emergence of Modern Nature and the

　　　　　　Rise of the Early New Poetry ························· (29)

　　Section 1　The Modernity of Nature ······························· (31)

　　Section 2　Natural Syllables: From Sound to Meaning ··········· (35)

　　Section 3　Natural Expression and the Ego's Lyricism ··········· (57)

　　Section 4　Scenic Poetry and the Discovery of the Inner

　　　　　　　Ego ··· (73)

Chapter Ⅱ　The Origin of Lyricism in Modern China and

　　　　　　the Rise of the Early New Poetry ·················· (90)

　　Section 1　The Lyricism of Anguish: the Early New Poetry

　　　　　　　and the Emotional Reinvention of the May

　　　　　　　Fourth Youth ··· (90)

Section 2　"We Are All Equally Unfortunate" ——the Early
　　　　　New Poetry and the Origin of Sympathy in Modern
　　　　　China ⋯⋯⋯⋯⋯⋯⋯⋯⋯⋯⋯⋯⋯⋯⋯⋯⋯⋯（117）
Section 3　Love and Morality: the Ethics of Love Poetry and
　　　　　Early New Poetry: Centering on the Debate over
　　　　　HuiDeFeng ⋯⋯⋯⋯⋯⋯⋯⋯⋯⋯⋯⋯⋯⋯⋯⋯⋯（143）

**Chapter Ⅲ　The Ideological Origin of Modern Chinese
　　　　　Creative Poetry−Centered on Guo Moruo's
　　　　　Translation of Goethe** ⋯⋯⋯⋯⋯⋯⋯⋯⋯⋯⋯（163）
Section 1　From Geschäftiger Geist to Creative Spirit ⋯⋯⋯⋯（164）
Section 2　Nature and Art: The Meta−Poetic Mechanism of
　　　　　Creation ⋯⋯⋯⋯⋯⋯⋯⋯⋯⋯⋯⋯⋯⋯⋯⋯⋯⋯（175）
Section 3　Artist and Creator: from the Poetics of Creation
　　　　　to the Poetics of Revolution ⋯⋯⋯⋯⋯⋯⋯⋯⋯（188）

**Chapter Ⅳ　Ego and New Poetry in the Perspective of
　　　　　Societal Transformation** ⋯⋯⋯⋯⋯⋯⋯⋯⋯⋯（207）
Section 1　Social Transformation and the Birth of Poetry
　　　　　Youth in 1920s⋯⋯⋯⋯⋯⋯⋯⋯⋯⋯⋯⋯⋯⋯⋯⋯（207）
Section 2　The Poetics of Labor: Labor and the Writing
　　　　　Mechanism of the Early New Poetry⋯⋯⋯⋯⋯⋯（229）
Section 3　Social Transformation and the Revision of Romanticism:
　　　　　The Rise of the Periodical Poetry and Long Poetry⋯⋯（252）

**Chapter Ⅴ　From Silence to Voice: *Ye Cao* and the
　　　　　Wandering of the Ego**⋯⋯⋯⋯⋯⋯⋯⋯⋯⋯⋯（272）
Section 1　Lu Xun in the Post−May Fourth Era and the
　　　　　Origin of *Ye Cao*'s Writing ⋯⋯⋯⋯⋯⋯⋯⋯⋯（272）

Section 2   Turning inward of the Voice—— *Ye Cao* as the
Voice of the Heart ·· (319)
Section 3   Lonely Sounding: The Dialogue between *Ye*
Cao and the New Poetry World in the 1920s ········· (342)

Conclusion ··· (364)

Reference ·· (368)

Index ··· (389)

Afterword ··· (395)

绪　　论

第一节　早期新诗与现代中国的"形式"问题

从整个新诗史来看，早期新诗具有一种历史起点的意味。起点或开端并非抽象静态的时间分界，而是作为一种历史的起源，设定了新诗历史展开的元问题结构，支配了新诗研究的问题与方法。换言之，"起点"的内在蕴含一种强大的能动性。这种能动性的呈现并不是文类发生的单一视野所能够揭示的，而是需要将早期新诗置放在现代中国的历史情境和社会现实之中，将"形式"与"历史"进行一种有效的关联，或者说，寻找"形式"的"历史"生成机制，这也是威廉斯所强调的，形式分析必须牢固地建立在历史形态分析的基础上。① 由此，早期新诗构成了"五四"的历史征象，这不仅意味着它是"五四"重要的问题面相，还在于它为"五四"赋予了一种崭新的历史形式。而"形式"问题对于"五四"和整个现代中国都是相当重要的。"五四"，或者说现代中国的历史起源不仅仅是思想的重造，也是形式的重造，当然形式也不仅仅在于书写方式（文类）的重构，也在于语言、文化、主体的再造。而早期新诗显然具有一种无法规避的历史效力，它以形式为中介，综合了

---

① See Raymond Williams, *Politics of Modernism: Against the New Conformists*, London and NewYork: Verso, 1989, p.79.

历史与主体。在新诗的提倡者看来,它不只是文类实践和审美创造,更对应着一种文化方案想象和社会改造的手段,它的抒情性不仅暗含着现代主体的生成机制,依靠这种具有决断意志的主体的不断再生产,早期新诗也指向了一种文化理想和社会秩序的构造。由此,早期新诗也构成了观看现代中国历史起源的视角和方法。

晚清的历史危机,不仅是思想的危机,而且是"形式"的危机;不仅在于儒家思想价值体系的崩毁,也在于传统的"文"的失效。所谓的"文界革命""诗界革命"都可以看作对这一危机的应对、补足和修正。在传统儒家思想体系中,政治、文章、道德是一体的,"文"既是宇宙的基本秩序,也是一种道德实践,而在"天人合一"的思想主导下,"文"又是一种统治意志的外显。以唐诗为例,正是因为被纳入科举取士的制度之中,诗才得以兴盛。按照宇文所安的说法,"文"或者说诗歌与帝制之间存在一种共谋:"诗歌用政治上认可的词句来理解和表达人类精神的深层情感。"[1]"文"的政教统一色彩在近世有所改变。根据王汎森的研究,清代中期已经形成了一种"典范危机",在当时的读书人中间普遍存在一种"知识与现实世界断裂的危机感"[2]。晚清以来,随着从"天下"到"世界"的视野转变,"文"的危机更为深刻。一方面,儒家思想不断受到西学的冲击,读书人的知识结构、感受方式甚至价值信仰都处于一种激烈的震荡之中;另一方面,晚清政制的调适、改革,尤其是科举制的废止,使得"文"在政治与道德之间失去了根本的制度基础。因而可以说,晚清的思想政治危机在某种程度上也是"文"的危机,而由此引发的一系列变革措施事实上也就对应着一种新的

---

① ［美］宇文所安:《中国传统诗歌与诗学:世界的征象》,陈小亮译,中国社会科学出版社 2013 年版,第 11—12 页。

② 王汎森:《中国近代思想与学术的系谱》,河北教育出版社 2001 年版,第 4 页。

"文"的形式的构造。① 从梁启超的"小说革命",到章太炎的"文学复古",再到鲁迅的"摩罗诗力",一条"鼎革以文"的变革思路逐渐浮现,晚清变革也由此呈现出一种文化政治的氛围,即以文化重造进而过渡到现代民族国家的创建。而这里的"文"不单单是具体的书写规范,更是一种表征着历史变动的整体性的形式体系。对此,伊格尔顿对文学形式与意识形态的关系研究可以作为参照,在他看来:"文学形式的重大发展产生于意识形态发生重大变化的时候。它们体现感知社会现实的新方式以及艺术家与读者之间的新关系。"② 由此,西方的"文"开始进入知识分子的接受视野。事实上,包括早期新诗、美学、哲学、心理学、社会学等现代学科分工在内,它们都是"五四"前后"形式"危机的不同应对方案。而在这些众多的形式方案中,早期新诗具有一种特别的历史意义,因为它提供了现代民族国家创建所需要的现代主体的生产机制——"抒情"。

对于现代民族国家来说,一种具有内在性、能动性的现代主体的创制是至关重要的,而"抒情"则扮演着关键角色。一方面,借助"抒情"的展演,主体完成了面对自我的内面,将一种反思性的机制引入自我的内部,让自我成为一种具有主观意志和决断能力的

---

① 在研究王国维与现代美学的兴起时,王斑也有类似的思路,在他看来:"十九世纪与二十世纪之交,从晚清到民国早期,是迷惑与不确定的时代。传统的社会文化秩序分崩离析,文化秩序及其维持的价值意义已不能有效地为人生社会提供确定无疑的意义。以儒学为宗旨的宏观论述或象征体系日趋丧失其可信性与权威性。这意味着文化象征体系已无法象过去一样,能以缜密无间的有机形态实现与其意义的范围融合,即符号已游离于所指的意义之外。因此,王国维所面临的困境无异于一场巨大的文化危机。在他所处的世界中,认识的主体已难以从现象物态的世界和感官印象中判断意义和价值。这是王国维和他同时代的许多人陷入认识焦虑与情感危机的主要原因。陈寅恪先生在《王观堂先生挽词》中,提供了一个认识这场意义危机的视角。"王斑:《历史的崇高形象:二十世纪中国的美学与政治》,孟祥春译,上海三联书店2008年版,第22页。

② [英]伊格尔顿:《马克思主义与文学批评》,文宝译,人民文学出版社1980年版,第28—29页。

能动性力量,这也正是黑格尔所提到的一个 "反躬内省的主体",在他看来,抒情诗的核心就是强调抒情主体的人格和心灵状态①;另一方面,"抒情" 也暗含着一种 "同情" 的想象,借助 "同情" 的广泛性联结,分散的主体在抒情教化之下逐步形成一种共同体的建构。换言之,"抒情" 实现了从民族问题到个人问题的形式转化,通过 "抒情" 对自我的锻造走向现代民族国家的建立。根据冯庆的研究,"现代的 '抒情' 定义在强调内在化主体的沉思与自省时,实际上是延续卢梭的教育思路,强调用 '自然的教育' 来对 '自决' 意识进行培养,进而实现公民立法的机制。诗人、艺术家的 '抒情',实则是对其中蕴含的公民的 '自爱' 与 '自决' 意识的展现,以让更多的社会成员基于同情机制对其进行自发的模仿。于是,'抒情' 也就成了通向自由民主政治生活原则的桥梁。将人从原始状态下仅仅关注自己生存的动物变成道德化公民的过程,一旦被描述为卢梭笔下对人的自觉能力的启蒙,那么 '人性本身必然理解为人类技术的产物',文艺的抒情活动也就成了少数文学艺术天才与社会大众进行互动的启蒙活动"②。而这种抒情主体其实也就是鲁迅在早期所召唤的 "摩罗诗人",他们不仅拥有 "自觉之声",而且 "其声" 能够 "度时劫而入人心" "灌溉人心",并且 "益曼衍"③。然而,《域外小说集》的出版失败意味着鲁迅虽然把握住了现代中国的根本问题——抒情主体的创造,却没有寻找到合理有效的语言机制。而早期新诗可以说是对鲁迅思想的延续,它不仅为现代中国的历史起源提供了主体生产机制,也为其提供了相适应的语言机制。

---

① 〔德〕黑格尔:《美学》第三卷下册,朱光潜译,商务印书馆 1996 年版,第 99—100 页。

② 冯庆:《抒情启蒙——赫尔德激进诗学研究》,博士学位论文,中国人民大学,2017 年,第 69 页。

③ 鲁迅:《摩罗诗力说》,《鲁迅全集》第 1 卷,人民文学出版社 2005 年版,第 65、67 页。

第二节　"自我"的浮现：早期新诗与
现代中国的"主体"问题

　　1914 年 7 月，热闹的"文学革命"讨论虽然尚未到来，但此时的胡适已经开始以一种反思性的批判视野重新打量、审视清末以来的诗文革命浪潮。而他的反思也并非仅仅停留于浮泛抽象的观念层面，更以相当具体的诗歌实践来予以回应。1913 年，好友任鸿隽的弟弟任鸿年有感于民元乱象之后，革命党人反袁运动的思想分歧，悲愤不已，投井而死。任鸿隽不仅整理编缀了兄弟之间的往来书信，更以诗相记。1914 年 7 月 7 日，胡适作《自杀篇》一首与之相应。而他的诗歌行为也并不仅仅出于一种哀思纪念，其中更蕴含着他的"自我"观念以及有关诗歌变革的形式探索。他对任鸿年的自杀在同情哀悼之外，更以自己在"新大陆"所培植起来的"乐观主义"① 姿态对清末以来已经成为一种普遍性、结构性的社会自杀现象进行责难和批判。而他的"乐观主义"姿态在决定诗歌思想底色的同时，也明显影响了诗歌的形式面貌，改造了诗歌的意义境界。对于《自杀篇》，他在日记中总结道："此诗全篇作极自然之语，自谓颇能达意。"进而胡适又由此连带出对这一阶段整个诗歌经验的反思总结："吾近来作诗，颇能不依人蹊径，亦不专学一家。命意固无从摹效，即字句形式亦不为古人成法所拘，盖胸襟魄力，较前阔大，颇能独立矣。"② 换言之，当胡适以乐观、独立的思想姿态参与到诗

---

　　①　胡适在《自杀篇》当日日记中记载："此篇以吾所持乐观主义入诗，以责自杀者。"半年前的日记中又说："前诗以乐观主义作结，盖近来之心理如是。吾与友朋书，每以'乐观'相勉，自信去国数年所得。惟此一大观念足齿数耳。在上海时，悲观之念正盛。"曹伯言整理：《胡适日记全编》第 1 卷，安徽教育出版社 2001 年版，第 332、228 页。

　　②　曹伯言整理：《胡适日记全编》第 1 卷，安徽教育出版社 2001 年版，第 332 页。

歌创作中时，他不仅从陈旧的形式中翻转出崭新的诗歌面貌，更获得了一种开阔的意义境界，由此又进一步作用到“自我”的人格再生产中。这种把“做诗”与“做人”进行有机关联的一元变革思路显然与梁启超“以旧风格含新意境”的方法策略已相当不同。在归国前夕的《论诗杂记三首》中，胡适写道“学像他人忘却我”①。显然，在诗歌经验的不断探索积累中，他已经开始认识到“自我”对于诗歌变革的重要意义。

随着“文学革命”讨论的深入，“自我”逐渐成为胡适构想新文学的重要视角和方法。对于钱玄同对《二十年目睹之怪现状》在内容立论上的称许，胡适并不认同，在他看来，《二十年目睹之怪现状》“独为最上物”的根本原因在于“此书以‘我’为主人。全书中种种不相关属之材料，得此一个‘我’，乃有所附着，有所统系”②。在后来的总结文字中，他又说道：“大凡文学有两个主要分子：一是‘要有我’，二是‘要有人’。有我就是要表现著作人的性情见解，有人就是要与一般的人发生交涉。”③ 对于“文学革命”而言，胡适敏锐抓取到，“自我”的改造具有一种根本的作用。

以白话诗的提倡为契机，“文学革命”也从笼统的言论层面跃进到一种可以操作的写作实践，而“自我”则构成了白话诗写作的重要内容主题和方法机制。以胡适归国后的白话诗为例，《一念》整首诗的结构都以“自我”的主体意志进行推进，在“一念”的驱使下，“我”得以打破时空界限，在整个宇宙之中闪转腾挪，在情感意志的支配下，“自我”不仅作为诗的内容构成，更决定了它的句式组织等形式要素。《四月二十五日夜》讲述了一个现代意义上的“自我”如何借助诗歌机制被发现。先前，在“王充”“阿里士多德”

---

①　曹伯言整理：《胡适日记全编》第 2 卷，安徽教育出版社 2001 年版，第 528 页。

②　胡适：《再寄陈独秀答钱玄同》，欧阳哲生编《胡适文集》第 2 卷，北京大学出版社 1998 年版，第 31—32 页。

③　胡适：《五十年来中国之文学》，欧阳哲生编《胡适文集》第 3 卷，北京大学出版社 1998 年版，第 238 页。

等知识的叠压下，"我"从"自我"的世界中被剥离出来，被编织入机械的知识秩序中，导致"几乎全忘了我自己"，随着"月色"的到来，一个审美的世界被打开，而审美不仅意味着观物，更意味着"自我"由外而内的回返。诗歌的推进就是一个从"无我"到"有我"的过程，这不仅深刻地呈现了"自我"与新诗之间相互生产的辩证关系，在某种程度上也构成了新诗现代性展开的寓言和缩影。

　　胡适有关"自我"与新诗的思考事实上也在同样留学海外的郭沫若那里得到了呼应。郭沫若曾借助屈原的口吻说："我的诗便是我的生命"，"我自由创造，自由地表现我自己"①。在给宗白华的信中又说："诗底主要成分总要算是'自我表现'了。"② 这种诗歌观念与郭沫若整个的文艺认知是密切相关的，他认为："文艺的本质是主观的，表现的，而不是没我的，摹仿的。"作为文艺重要构成的诗歌同样如此："立足于诗歌一方面的人，他们的见解更偏重主观，主张文艺是出于自我的表现。"③ 以"自我表现"为表征的诗歌观念与传统诗教"温柔敦厚""持人性情"的工具论格调已然相当不同，相比于传统诗教以外在的价值规范对诗歌的强制植入，"自我表现"的诗歌观念则进行了一种内外之间的颠倒和翻转，重新实现诗歌与主体自我的直接关联，这也就意味着新诗的创制与一种具有内在深度的现代"自我"的生产紧密相连。在"自我表现"的诗歌观念的支撑下，"自我"为草创的新诗不仅提供了充分的主题来源，也借助"自我"的展开获取了一定的形式机制。与此同时，郭沫若也敏锐地

① 郭沫若：《湘累》，《学艺》第 2 卷第 10 号，1921 年 4 月 1 日。
② 田汉、宗白华、郭沫若：《三叶集》，亚东图书馆 1920 年版，第 133 页。
③ 郭沫若：《文学的本质》，《学艺》第 7 卷第 1 号，1925 年 8 月 15 日。与此同时，郭沫若在诗歌与"自我"之间的一元想象，也在新诗批评者那里得到了一定的认同。针对《女神》，郑伯奇就说道："此书标处为戏曲诗歌集，所收的除《女神之再生》、《湘累》、《棠棣之花》三部戏曲之外，四分之三以上，却是抒情诗，都是作者数年以来生命底 rythms 的鸣动。我们读这本小书的时候，这两三年中国思想界波动的情形，和在这潮流中，富于感受，富于创作的一个个性改变的影响，历历在我们的眼前展开了。"郑伯奇：《批评郭沫若的处女诗集〈女神〉》，《时事新报·学灯》1921 年 8 月 21 日。

看到"新诗"对于一个在新旧之间挣扎、分裂的"自我"的反向再生产作用。1916 年，留日不久的郭沫若即遭遇到一次深刻的思想危机——神经衰弱、恋爱问题、人生迷茫等诸种问题的交叉、堆叠造就了他"最彷徨不定而且最危险的时候"①，虽然他也利用传统心学、西方哲学来修养、调和自我，但与诗歌的相遇则给他带来了一种更为深刻的改造效果。对于他而言，诗歌不仅抒发了自我苦闷，更带来了"涅槃的快乐"。换言之，诗歌在"自我表现"的意义之外，更为矛盾分裂的"自我"带来了一种"新生"的机制。田汉就曾注意到郭沫若的诗歌中隐含着一种强烈的"新生"冲动："你的《凤凰涅槃》的长诗，我读过了。你说你现在很想能如凤凰一般，把你现有的形骸烧毁了去，唱着哀哀切切的挽歌，烧毁了去，从冷净的灰里，再生出个'你'来吗？好极了，这决不会是幻想。因为无论何人，只要他发了一个'更生'自己的宏愿，造物是不能不答应他的。我在这里等着看你的'新我'New Ego 啊！"② 对于过渡时代的"自我"而言，写作新诗也就意味着寻求一次"自我"的新生。

由此可见，新诗的发生不只在于一种现代文类的产生和建构，更与现代"自我"的起源密切相关。"自我表现"构成了早期新诗兴起的重要动力，"自我"作为主题内容和形式方法参与到早期新诗的具体环节，在抒发苦闷的同时，新诗的形式方法所蕴含的"新生"机制和人格再生产作用，也对新旧之间的分裂"自我"进行新的梳理和整合。由此，"自我"的现代起源与早期新诗的兴起构成了一种相互性的辩证关系，而二者的有机综合则共同衍生于清末以来的历史变局中对一种崭新的现代主体的创制和召唤。

晚清以来，在救亡图存的历史氛围中，"自我"的地位不断得到凸显，一些变革方案开始将目光从器物制度等外在框架转入对一种具有强大的能动力量的现代"自我"的打造。西学的冲击、儒家文

---

① 郭沫若：《太戈尔来华的我见》，《创造周报》第 23 号，1923 年 10 月 14 日。
② 田汉、宗白华、郭沫若：《三叶集》，亚东图书馆 1920 年版，第 32 页。

化传统的失效，不仅让整个中国社会处于一种新旧交叠的分裂状态，人们的"自我"形态也随着价值信仰的更迭、人生理想的转换、生活方式的变迁呈现出一种新旧杂糅的矛盾结构，个体的"自我"重新处于一个被提问、被"发现"的历史位置。"五四"前后，这样的"自我"并没有摆脱动荡、苦闷的心灵处境，仍然处于一种新旧"争斗"的存在状态，宗白华当时就观察到"现在中国有许多的青年，实处于一种很可注意的状态，就是对于旧学术、旧思想、旧信条都已失去了信仰，而新学术、新思想、新信条还没有获着，心界中突然产生了一种空虚，思想情绪没有着落，行为举措没有标准，搔首踯躅，不知怎样才好，这就是普通所谓'青年的烦闷'"①。而此时"自我"思想的无定，感情的动摇，恰恰蕴含一种强大的历史动能。一些变革者不仅开始注意到"自我"对于创建现代民族国家而言所蕴含的基础性力量，更开始意识到可以通过把"自我"个人性的苦闷嫁接、转喻为整个民族国家的受难象征，进而以现代民族国家创建为统一的纲领将分散的"自我"导向一种整一性的历史行动。在研究近代中国"主义"兴起时，王汎森写道："在近代中国，'主义'之所以吸引人是因为它形成一张蓝图，一张沟渠网，把各种零散的力量最后都汇向一个出路，联合成共同的行动。它照顾到的范围不只是政治——即使它的最终目标是政治，还包括人生观、世界观、日常生活中的烦闷与挫折。它提供了一套新的认知框架来解释烦闷与挫折的情绪，使得一切漂荡的资源可以循着'主义'所提供的认知框架而得到新的位置与秩序。它将问题置入一个新的架构中，使得原来无以名之、无以解说的问题，在新架构中，结束了它原有的模糊、漂浮、零碎性，转换成新的了解问题、意义的方式，接着解答这些问题，而且解答的方法是连珠式的、汇聚式的，像零散的小渠最后汇到一两条大江、大河，形成共同的方向，最后流向

---

① 宗白华：《青年烦闷的解救法》，《解放与改造》第 2 卷第 6 期，1920 年 3 月 15 日。

一个共同的'出路'。"① 由此，梁启超提出"新民为今日中国第一急务"②，易白沙强调"救国必先有我"③。然而，在这样的变革方案中，"自我"还是仅仅停留在工具化的层面，"自我"的主体性并没有得到充分的注意。

以西方、日本的思想为参照，一些思想方案开始强调文艺的启蒙作用。在《小说与群治之关系》中，梁启超高度宣扬"小说"的变革作用："欲新一国之民，不可不先新一国之小说。故欲新道德，必新小说；欲新宗教，必新小说；欲新政治，必新小说；欲新风俗，必新小说；欲新学艺，必新小说；乃至欲新人心，欲新人格，必新小说。何以故？小说有不可思议之力支配人道故。"④ 不同于梁启超的"小说"方案，鲁迅则注重"诗"之"力"："盖诗人者，撄人心者也。凡人之心，无不有诗，如诗人作诗，诗不为诗人独有，凡一读其诗，心即会解者，即无不自有诗人之诗。无之何以能够？惟有而未能言，诗人为之语，则握拨一弹，心弦立应，其声激于灵府，令有情皆举其首，如睹晓日，益为之美伟强力高尚发扬，而污浊之平和，以之将破。平和之破，人道蒸也。"⑤ 在早期"立人"方案构想中，"摩罗诗人"正是鲁迅所召唤的现代主体。在"自我"抒情之外，对"自我"的生产，能够撄人之心的情感教化功能，更是鲁迅在摩罗诗人身上所看重的部分。不仅如此，鲁迅偏重于"诗"之"力"，在凸显"自我"的主体面向的同时，更力图为"自我"设定一种表达机制。可以说，从"新民"到"新青年"，不仅大致呈现了

① 王汎森：《思想是生活的一种方式：中国近代思想史的再思考》，北京大学出版社 2018 年版，第 133—134 页。

② 梁启超：《新民说》，《饮冰室合集·饮冰室专集之四》，中华书局 1989 年版，第 2 页。

③ 易白沙：《我》，《新青年》第 1 卷第 5 号，1916 年 1 月 15 日。

④ 梁启超：《论小说与群治之关系》，《饮冰室合集·饮冰室文集之十》，中华书局 1989 年版，第 6 页。

⑤ 鲁迅：《摩罗诗力说》，《鲁迅全集》第 1 卷，人民文学出版社 2005 年版，第 70 页。

近代中国对一种现代"自我"寻求的思想脉络，"自我"的目标位置也随着思想重心的偏移呈现出一种"内在化"的倾向，由笃信科学知识的制度性构造到偏重思想伦理、情感道德的心灵革命，从一种工具化的被动位置跃升为一种具有历史动能的主体力量。与此同时，"诗""小说"等现代文类手段普遍被当作一种改造心灵的话语机制。

"五四"前后新诗与青年的人格"自我"呈现出一种深刻的互动关系。"五四"普遍被认为是一个发现"自我"的时代。在总结"五四"的历史意义时，郁达夫就强调："五四运动，在文学上促生的新意义，是自我的发见"，"自我发见之后，文学的范围就扩大，文学的内容和思想，自然也就丰富起来了"。后来，在《中国新文学大系·散文二集》的导言中，他又补充说："五四运动的最大的成功，第一要算个人的'发见'。……现在的人才晓得为自我而存在了。"① 而对于被"新文化""运动"起来的"新青年"而言，新诗在当时构成了一种广泛的吸引，思想革命造就了青年开放性的社会心理和人格想象，而新诗被认为是"发现自我""表现自我"的有效手段。俞平伯认为："诗是独立的表现自我。"康白情则强调："诗起源于自己表见底艺术冲动。"② 在这样的社会氛围中，20 年代初，草创的新诗很快从白话的"实验室"里走向更为开阔的社会场域，不仅《尝试集》《女神》《冬夜》《草儿》四部重要的新诗集先后相继出版，这一时期的杂志、副刊，"自北京到广州，自上海到成都"③，也几乎被新诗的声浪所覆盖。可以说，"自我"的文本参与为尚未成形的新诗提供了丰富的内涵，与此同时，新诗也为"自我"的内在压抑提供有效的表达通道，"自我"情感的躁动、震荡借由新

---

① 郁达夫：《五四文学运动之历史的意义》，《文学》月刊创刊号，1933 年 7 月 1 日；《〈中国新文学大系·散文二集〉导言》，《中国新文学大系·散文二集》（影印本），上海文艺出版社 2003 年版，第 5 页。

② 康白情：《新诗底我见》，《少年中国》第 1 卷第 9 期，1920 年 3 月 15 日。

③ 胡适：《谈新诗——八年来一件大事》，《星期评论》双十节纪念号，1919 年 10 月 10 日。

诗形式的组织编织也将重新获具一种秩序感和意义感。不仅如此，早期新诗与"自我"二者之间并不单单是一种表达与被表达的关系，而更多呈现为一种相互缠绕、相互究诘、相互塑造的辩证结构。以关联性的视角来重审"自我"与新诗，那么，问题的纵深在于同处现代性建构的起点，新诗对"自我"构成了怎样的吸引、提供了怎样的表达机制？借助新诗的抒情策略，生产出一个怎样的现代"自我"？在新诗的框架之内，"自我"完成了怎样的成长轨迹，又呈现怎样的内在限度？作为一种能动的、具有生产性的主体结构，"自我"如何在变动不居中激励、塑造、制约着新诗实践的展开，如何作用于新诗的内涵构成？"自我"的历史呈现如何左右了新诗写作的文类策略、如何改造了新诗的形式逻辑？与此同时，"新诗""自我"的相互辩证又为现代中国勾画出怎样的"现代"面影？这些问题实际上并没有得到深入的研究。这就为本书的研究奠定了问题的基础和进一步展开的空间。

　　基于对以上的问题反思，本书选取早期新诗（1917—1927）为研究对象，从"自我"的角度，尝试将早期新诗的实践放置在"五四"前后的历史场域之中，考察新诗的文类建设与"自我"建构的相互关系，在复杂的历史结构中抽绎出新诗与"自我"相互生产、相互成长的历史痕迹，对早期新诗的写作动力、抒情方法、形式机制等问题予以回应，并且探查和揭示其中所隐现的内在限度。

　　在新诗的各个时间段落中，早期新诗始终处于一种相对被忽略的位置，个中因由除了目的论叙事所带来的"诗性"标准的压抑之外，早期新诗自身的"问题化"面向实际上占据了更为重要的原因。这种"问题化"的属性其后不断构成早期新诗被攻击反驳的"靶心"，例如郑敏先生在 1990 年代初从语言变革的角度对早期新诗进行重新审视①。在指出存在的问题的同时，这些看法其实并没有充分

———————

　　①　参见郑敏《世纪末的回顾：汉语语言变革与中国新诗创作》，《文学评论》1993年第 3 期。

考虑到早期新诗的发生语境。换言之，早期新诗所置身的"五四"社会文化场域及其时代氛围，早期新诗在其中所处的位置、功能，研究者对此并没有抱持清醒的"历史感"。但事实上，新诗的发生不只在于一种现代文类的产生和建构，更关乎"五四"前后新旧交替的诸多问题。对于提倡者而言，新诗在他们那里首先并不是一种文类实践和审美创造，而是对应着一种文化方案想象和社会改造的手段，可以说，新诗的"尝试"是"五四"整体社会改造氛围中的重要环节。同时，如果我们并不把"文学性""审美性"当作一种自动生成的自足范畴，而是一种历史生成，那么早期新诗的单调皮相就会翻转出相当丰富的想象空间，其历史意义也就不再仅仅是一个现代文类的"尝试"或者开端，而是具有了一种原点的意味。身处新旧杂糅的历史情境，有关新诗的讨论必然呈现多方争辩、交锋的状态。针对什么是诗、说理与抒情、韵律与节奏、情感与道德、贵族与平民、诗的美丑等问题的讨论，不仅指向了新诗的内部，更指向了新诗所产生的社会结构与历史情境以及二者之间互动对话的联动机制。与此同时，这些问题作为新诗史的"元问题"，在重释其丰富、复杂的历史面貌的同时，更为早期新诗设定了历史起点的意义，并且，作为具体的认识装置也为打开"五四"历史空间提供了一种别样的方法路径。由此，早期新诗经历了一种由"问题"到"方法"的地位跃升。

对早期新诗展开研究，自然要对其概念内涵进行新诗史的界定。历史分期是新诗史研究中相当重要的问题，因为分期并不是任意的时段截取，而是在对新诗发展历史整体把握的基础上，依照相关的认知视角和价值立场以段落的形式进行标识。因而，所谓"早期"并不是一个不证自明、拥有共识的概念。纵观整个新诗史，早期新诗的划分方式主要有三种类型：一是以"五四"前后为界，将1917—1919 年这一时段的新诗视为早期新诗，这里早期新诗的概念与初期白话诗的概念是等同的，这种观点以茅盾、蒲风、向远、游友基等人为代表①；二是以 1922 年前后为界，1922 年之前为早期新诗阶段，这以沈从文、祝宽、陆耀东等人的观点为代表②；三是以《诗镌》的出版为界，《诗镌》之前的阶段可以称为早期新诗，这种观点以朱自清、余冠英等人的观点为代表③。这里主要采用朱自清等人的观点，以《诗镌》创刊前后为临界。这样划分的依据在于，《诗镌》出现前后，新诗明显呈现出两种主题向度：此前的新诗主要是在"自由"的氛围之中探索现代诗意空间的建构，而《诗镌》的出现则是针对此前过于"自由"的创作风气所引起的种种弊端进行一种格律的修正。那么，将早期新诗与新诗发展的第一个十年对应在凸显新诗历史线索的连续性的同时，更是充分考虑到早期新诗在"五四"前后的社会场域中特定的位置和功能。新诗的发生并非一种文类的自然呈现，而是与"五四"前后的社会结构、生活方式、价值信仰、文化氛围等一系列因素密切相关，比如既有国语运动的影响，也有社会改造的导向，有域外经验的参与，更有报刊出版的助力。这些因素共同造就了"五四"的主题内涵，同时也塑造了早期新诗的问题框架。这样一来，就不能仅仅把早期新诗当作一种自足的文类加以看待，在为现代新诗史提供原点认知的同时，对于相对固化的"五四"历史结构而言，能否形成一种清新的历史穿透力，形成一种新的"五四"想象，则显得更为重要。将"早期"与新诗的第一个十年对应，既是考虑到这一新诗阶段的历史整体性，也是

---

① 参见茅盾《论初期白话诗》，《文学》第 8 卷第 1 号，1937 年 1 月 1 日；蒲风《五四到现在的中国诗坛鸟瞰》，《诗歌季刊》第 1 卷第 1—2 期，1934 年 12 月 15 日、1935 年 3 月 25 日；向远《初期白话诗简述》，《中国现代文学研究丛刊》1980 年第 2 期；游友基《中国现代诗潮与诗派》，广西师范大学出版社 1993 年版。

② 参见沈从文《我们怎样去读新诗》，《现代学生》创刊号，1930 年 10 月；祝宽《五四新诗史》，陕西师范大学出版社 1987 年版；陆耀东《二十年代中国各流派诗人论》，中国社会科学出版社 1985 年版。

③ 参见朱自清《〈中国新文学大系·诗集〉导言》，《中国新文学大系·诗集》（影印本），上海文艺出版社 2003 年版，第 3 页；余冠英《新诗的前后两期》，《文学月刊》第 2 卷第 3 期，1932 年 2 月 29 日。

希求充分打开新诗与"五四"的互动空间。

"自我"（ego）是哲学、心理学、社会学等现代学科中相当重要的概念，用以描述人的存在状态。在《牛津英语词典》中，"自我"指的是："在一个人中真实地、内在地是'他'的东西（与偶然的相对）；我（通常与灵魂或心灵相等同而与身体相对立）；一个处于连续变化的意识状态的永恒主体。"《哲学百科全书》中的解释是："'自我'一词有时被用于表示一个人所有的内在精神状态，有时，从更严格意义上讲，它指的是精神性的实体，而这种实体是哲学研究的根本。"① 在汉语中，"自我"则有四种义项："自己""自己对自己""自己肯定自己""相偶；相依"②。可以说，这些界定基本构成了"自我"的内涵基础。但在不同的专业领域，对"自我"内涵的择取及应用有着一定的偏重。例如，哲学始终关注"自我"作为道德伦理承担的主体面向，心理学则强调"自我"思考和感知我们自己的过程和方式，而社会学则突出语言与社会的综合作用是自我实现并得以保存的基础。而无论是何种"用法"、何种语境，"自我"内涵的起源都是与"人是什么"这一终极命题密切相关的。

在西方哲学史上，苏格拉底首先摆脱了"自然哲学"的范式局限，将"人"视为哲学思考的本源。历经中世纪经验哲学的遮蔽之后，"人"的再现则要归结到笛卡尔。笛卡尔首先采用了"自我"的方式来描述"我"的思想意识，凸显人的主体性，同时这样的认知方式也实现了西方哲学从本体论到认识论的转向③。但心物二元论、主体的自明性并没有得到更为深入的辨析，而这些问题则构成了德国古典哲学兴起的基础。虽然其中也存在"先验"与"经验"、"绝对"与"思维"的分别，但对"自我"内在性的关注是相一致的。在此基

① 参见姚新中《自我建构与同一性——儒家的自我与一些西方自我观念之比较》，焦国成、刘余莉译，《哲学译丛》1999 年第 2 期。

② 罗竹风主编：《汉语大词典》第 8 卷，汉语大词典出版社 1994 年版，第 1314 页。

③ 参见［德］彼得·毕尔格《主体的退隐》，陈良梅、夏清译，南京大学出版社 2004 年版，第 28—33 页。

础上，早期浪漫派将具有"个性"和"爱"的"自我"视为现代公民社会和现代民族建构的重要环节。① 总体来看，从笛卡尔到古典哲学，这一时期主体性构成了主要的发展脉络。与古典哲学"自我"的先验性给定不同，存在主义更加凸显作为体验的"自我"，这就意味着"自我"不是同一的，本身蕴含多种可能性，因而对"自我认同"的探索则构成了现代"自我"的主要研究目标。

在中国文化语境中，也有"自我"的相关表述，例如陆士衡《豪士赋序》云："夫我之自我，智士犹婴其累，物之相物，昆虫皆有此情。"② 谭嗣同的《怪石歌》说道："自我钦之若危岫，浊酒以醑歌以侑。"③ 但这里的"自我"并不具有明确完备的哲学内涵。在中国哲学体系中，"自我"更多的是被"吾""己"这样的概念所替代。《论语》中说："吾日三省吾身""反求诸己"。不同于西方哲学中的"心物"二元论，儒家哲学强调"天人合一"的物我一元，而要达成"天"的理想境界，"修身"是必要的途径，借助于物我、身心的有机想象，达成"治国平天下"的社会理想④。可以说，在儒家思想中，"修身"并非目的，"自我"不是一个思维实体，而仅仅是为了达成"内圣外王"的道德理想的手段和不断在物理、心理和道德层面被建构的过程。

清末民初，儒家价值体系逐渐失去了社会效力，尤其是科举制的废止，道统学统的分裂，更加剧了儒家文化与社会现实的脱节，而与"自我"相关的社会理想、人生目标、行为准则、情感方式都

---

① 参见［美］弗雷德里克·拜泽尔《浪漫的律令——早期德国浪漫主义观念》，黄江译，华夏出版社2019年版。

② （梁）萧统编：《文选》（下册），岳麓书社1995年版，第1654页。

③ 何执编：《谭嗣同集》，岳麓书社2012年版，第90页。

④ 参见杜维明《儒家思想中的自我与他人》，《文化与自我——东西方人的文化透视》，浙江人民出版社1988年版，第242—260页；孙隆基《中国文化的深层结构》，中信出版社2015年版，第201—264页；马小虎《魏晋以前个体"自我"的演变》，中国人民大学出版社2004年版。

重新处于被调整的位置。① 西方在打开中国封闭空间的同时，事实上也为当时的中国造就了一种"现代性"的框架。其后，"现代性"作为一种思想、知识、文化逐渐被内化、吸收，成为一种社会建制，并且逐渐参与到国家形态、社会结构的创建之中，进而也进入"自我"的价值规范、伦理道德和情感缝隙之中，成为现代"自我"的重要内容构成②。而儒家文化体系的失效，并不意味着它的消亡，而是随着社会目标的更换，在"现代性"这一"他者"的眼光中被重新审视，作为一种"传统"，继续参与到"自我"的建构当中。"五四"前后的"自我"正是呈现出这种新旧杂糅的矛盾形态，而新旧之间的争辩、妥协、融合不仅支配了"自我"展开的历史动力，更塑造了"自我"的丰富多元的历史面貌。以郭沫若为例，他既力图借助儒家思想来实现"自我的扩充以向完成的圣域"③，又假借西方现代艺术来"提高精神"，使自我"内在的生活美化"④，因而他的诗歌中既有"旧我"的拉扯，同时也洋溢着对"新我"的创造激情。也就是说，"五四"前后，现代中国的"自我"并非一个成熟自足的独立实体，而是呈现出一种未完成的进行时态，是一种历史生成和历史建构。而早期新诗的发生和兴起在某种程度上就是对清末以来"鼎革以文"、以文艺移人性情、创制理想"自我"的整体性思路的呼应。在一些新诗人看来，从事于新诗事业就意味着"用

---

① 有关近代"自我"的变革参见余英时《中国近代个人观的改变》，《中国思想传统及其现代变迁》，广西师范大学出版社 2015 年版，第 30—57 页；金观涛、刘青峰《中国个人观念的起源、演变及其形态初探》，《二十一世纪》2004 年 8 月号。

② 在现代"自我"的研究中，吉登斯就强调自我认同的"全球性"背景："自我不是由外在影响所决定的被动实体。在塑造人们的自我认同时，不管他们行动的特定背景是如何的带有地方性，对于那些在后果和内涵上都带有全球性的社会影响，个体也会对此有增强和直接的促进作用。"［英］安东尼·吉登斯：《现代性与自我认同》，赵旭东、方文译，生活·读书·新知三联书店 1998 年版，第 2 页。

③ 郭沫若：《伟大的精神生活者王阳明》，《文艺论集》，上海光华书局 1925 年初版，第 85 页。

④ 郭沫若：《艺术的评价》，《创造周报》第 29 号，1923 年 11 月 25 日。

现代的自我的精神,来化合过去的精神,创成现在的自我的精神"①。按照查尔斯·泰勒的研究,现代"自我"的建立有赖于一种有效的叙述机制②。由此,早期新诗显然构成了"自我"的叙述形式,而在单纯表达之外,新诗内在的形式效力也会对"自我"进行情感、人格上的整合,赋予"自我"崭新的心灵秩序的同时,也生产出一个能动、有深度的"自我",这对于历史变革、社会改造所需要的庞大动能是相当重要的。不仅如此,"自我"在进入新诗内部的同时,也携带着自身的生活经验、情感态度,这些不仅作为主题内容、主体形象支撑着新诗的内容构成,同时经验之中暗含的说话方式也会影响到新诗的具体形式面貌。总而言之,"自我"与新诗既始终处于一种深刻的互动过程,彼此塑造、相互成长,又同时内置于"五四"前后动态的历史结构中。因而,将"自我"、早期新诗与"五四"历史进行一种内外、点面的综合考察,是本书的主要思路。然而,还需要注意的是,"自我"并不是一个形象实体,而是一个流动的概念体系。为此,在具体的操作上,本书力图在新旧转换的张力结构中将"自我"的抽象具体落实到伦理、情感、创造心理、社会四个不同的侧面加以观察,这不仅关系到"自我"的内在构成,同时也是早期新诗面临的根源性问题。对二者问题结构同构性的研究,在呈现现代中国"自我"的历史起源的同时,围绕"自然""抒情""创造""社会"四个重要论题所扭合的问题结构,也能够揭示"自我"与"新诗"相互成长、相互作用的辩证机制,进而共同作用于一个立体的、动态的、能动的"五四",这构成了本书的问题意识及展开思路。

近代以来,"自我"在不同的社会变革方案中都扮演着至关重要的角色。而"自我"的创制不能仅仅停留于思想观念层面的鼓动,

①　素数:《"新诗坛上一颗炸弹"》,《时事新报·学灯》1921 年 7 月 9 日。

②　参见［加］查尔斯·泰勒《自我的根源:现代认同的形成》,韩震译,译林出版社 2001 年版,第 25、48、76 页。

"自我"的建立更依赖于一种现代的叙述形式来表达"心声"。早期
新诗的发生意义正在于此。对于激荡动乱的"五四"青年来说，新
诗首先构成了自我"心声"的表达；其次新诗某些制度性的环节，
例如风景、语言等，作为一种认识装置，为一种有内在深度的自我
的发现提供了可能。而新诗之"新"的内在危机，也为自我与新诗
的相互成长提供了更为深刻的契机。自我历经人格的修养，在为新
诗锻造一种综合性形式风格的同时，新诗凭借形式的创造，也生产
出一种能动、丰富的现代自我。至此，早期新诗不仅打开了现代的
诗意空间，更为现代中国的主体"自我"设定了历史起源。其后，
当新诗与"自我"不断被各种政治力量、话语势力冲刷、纠缠的时
候，实际上都是二者历史起源的不断回响、变形。就此而言，仅仅
将二者的历史意义放置在新诗史或者思想史的框架之内显然并不充
分，在此之外，"新诗"作为"自我"心灵革命的手段的同时，二
者也共同构成了观看现代中国的视角和方法。

第三节　"自我"、早期新诗与现代
中国的文化政治

　　早期新诗的历史意义不能仅仅拘限于现代文类的发生视野，而
是应该放置在现代中国的历史起源的维度上加以看待。在文类的表
象之下，早期新诗隐含着一种认识论实践和"形式的政治"，它指向
了有关"自我""社会""世界"的有机想象和观念更新，这也就意
味着一种新世界、新秩序的构想内在于其中，实际上这正是"五四"
或者说现代中国的起源所在，而"形式的政治"旨在借助于"抒
情"生产新的主体机制，以及借助于阅读、出版等现代的传播手段，
实现这种主体机制的不断再生产，最终以想象、同情等诗歌手段实
现主体的整体性联结，形成推动现代民族国家建立的能动性力量。
这种"形式"与"历史"的辩证其实就是德国早期浪漫派一直所强

调的"诗歌的社会化"和"社会的诗歌化",即:"它要求诗应当是社会性的而社会应当是诗意的,并且诗应当是道德的而道德应当是诗意的。"① 换言之,在早期浪漫派那里"诗"的审美创造和形式革新始终包含着对一种新道德、新秩序的想象和建构②,因而浪漫派作品最本质的特征在小施莱格尔看来就是"它的生成"③,也就是形式的再生产。朗西埃对"文学的政治"的阐释或许可以提供一定的参照:"文学的政治并非作家们的政治。它不涉及作家对其时代的政治或社会斗争的个人介入,它也不涉及作家在自己的书本中表现社会结构、政治运动或各种身份的方式。'文学的政治'这个说法势必导致文学以文学的身份去从事政治。它假设人们不必去考虑作家们是应该搞政治,还是更应该致力于艺术的纯洁性,而是说这种纯洁性本身就与政治脱不了干系。它假设在作为集体实践的特殊形式的政治和作为写作艺术的确定实践的文学之间,存在一种固有的联系。"他还认为:"'文学的政治'这种表述势必包含如下含义,即作为文学的文学介入这种空间与时间、可见与不可见、言语与噪声的分割。它将介入实践活动、可见性形式和说话方式之间的关系。正是这种关系分割出一个或若干个共同的世界。"因而,所谓"文学的政治"

---

① ［美］弗雷德里克·拜泽尔:《浪漫的律令——早期德国浪漫主义观念》,黄江译,华夏出版社 2019 年版,第 35 页。

② 帕斯在研究浪漫主义的时候也有类似的说法:"浪漫主义也是一种新道德,一种新色情,和一种新政治。它可能原本不是一个宗教,但它又不止是一种美学和一种哲学:一种思维、感觉、陷入恋爱、战斗、旅行的方式——一种生活方式和一种死亡方式。……浪漫思潮朝着两个结束于融合的方向展开:寻找那先前的原则,它将诗歌造就为语言的基础因而也是社会的基础;以及这一原则与生活和历史的结合。如果诗歌是人的第一语言——或者说如果语言本质上是一种诗歌的运作,包括将世界看成一种符号及符号间关系的构造——那么每个社会都是建筑在一首诗上面的。如果现代的革命是社会回归其本源,回到平等者与平等者的原始契约的运动,那么这场革命便将与诗歌合一。"［墨］帕斯:《泥淖之子——现代诗歌从浪漫主义到先锋派》(扩充版),陈东飚译,广西人民出版社 2018 年版,第 83 页。

③ ［美］弗雷德里克·拜泽尔:《浪漫的律令——早期德国浪漫主义观念》,黄江译,华夏出版社 2019 年版,第 33 页。

事实上是一种"元政治","形式的逻辑"对应着一种"政治的逻辑":"一方面，它标示着将表现赋予社会等级的差别体系的垮台。它实现了既无主人也无目的地写作的民主逻辑，实现了所有主体平等的伟大法则，也实现了所有表达的可支配性平等的伟大法则。这个法则标示着那种绝对化的文体和任何个人能力之间的默契，使人们能够抓住任何文字、语句或故事。而在另一方面，这种逻辑在写作的民主前面树立起一种新的诗学，在词语的意指过程和事物的清晰度之间创造出另外的对应规则。它将这种诗学等同于一种政治，或更确切地说，等同于一种元政治，前提是可以将这种替代企图称为元政治，即用充当其基础的某种'真实舞台'的规则去替代政治舞台和政治陈述。这正是文学所做的事情，它将民主舞台的喧嚣留给了那些演说者，以便能在社会的底层旅行，去创造这种社会团体的阐释学，创造这种对世界法则的阅读法，而且建立在平凡事物和不起眼词语等物体之上。"① 以上述分析为参照，那么早期新诗的兴起可以看作"主体"借助对新"形式"的运用和不断再创造来表达自我、改造社会的一种社会性运动。而"自我"的视角引入，则表明"形式"不是无中生有、凭空虚造的审美幻象，而是经历复杂历史情境锻造之后所生成的一种崭新的"民族形式"，其间的内在转换机制不仅涉及语言，更涉及主体的转换，这种转换之间蕴含着"创造性"、"抒情性"和"想象性"的主体机制的生成，同时一种世界想象和社会远景也在转换和生成中被呈现出来。由此，将"自我"与早期新诗进行关联实际上是呈现一种"文化政治"的诗学的联动。

　　"文化政治"的诗学的思路，意味着"自我"与早期新诗的关系不能局限于现代文类的狭窄视野，本书的研究思路在于，"自我"与早期新诗的关联一方面要置放在"五四"前后整体性的文化氛围和社会结构之中进行考察，建立起形式（早期新诗）—主体（自

_____

　　① 参见［法］朗西埃《文学的政治》，张新木译，南京大学出版社 2014 年版，第 3、5、28—29 页。

我)—历史("五四")的立体式分析框架;另一方面,充分凸显
"自我"与早期新诗对于"五四"社会改造的形式意义和历史动能。
这就意味着不仅要有一种整体性的诗学视野,在时代精神和历史意
识之间建立一种诗歌道路,还要敏感于其内在的文化纵深和思想褶
皱,探求早期新诗人如何以"自我"为中介,发展出一种与民族性
建构相适应的"创造性"机制。这种整体性与辩证性的研究思路,
既可能丰富拓展了既有的研究方法,或许也能够为还原早期新诗的
多元面貌提供了切实有效的研究路径。

　　如前所述,在整个新诗史上,早期新诗具有某种原点的意味,
这不仅在于它构成了整个新诗的历史起点,更在于起点之中蕴含着
诸多"元问题",为整个新诗史设定了历史的根源。而这些"元问
题"并非仅仅内置于新诗的文类空间之中,而是共振于"五四"前
后动态的历史情境中。晚清以来,不同思想方案中都闪现着对一个
能动的"自我"的召唤,到了"五四"时期,这种召唤仍然有效。
所不同的是,此时的"自我"已经不再仅仅停留于一般性的观念想
象和言论鼓吹,而是从观念的抽象中走向了一种具体的实践,而实
践意味着它既需要充分的场域空间,又需要具体有效的形式机制。
由此,"自我"、新诗与"五四"之间呈现了一种整体性的历史关
联。"五四"时期的社会改造在某种程度上也是"自我"的改造,
而早期新诗则构成了一种重要的形式手段。在此过程中,新诗也历
经社会与"自我"的综合锻造,在不断更生自身的形式风格的同时,
新诗本身所蕴含的"形式的政治"又进一步对"自我"进行新的生
产,进而作用于社会改造的历史现实中。因而,早期新诗不仅是一
种文类形式,更是"一种认识论实践,它考验着语言捕捉、沟通现
实的能力"①。这也就意味着,它同时也是一个"文化政治"问题。
因而在具体的研究中,既要考察"自我"与新诗之间的相互作用,

①　[美]安敏成:《现实主义的限制》,姜涛译,江苏人民出版社 2011 年版,第
65 页。

尤其是体现这种相互作用如何发生的形式机制，更要注意到二者之间有一种整体性的背景纵深，在某种程度上这种结构性的社会背景既是"自我"与新诗兴起的起点，也是它们相互作用产生的一种强大的历史动能的应用归宿。正如安敏成所说："五四思想家从未将西方的观念当作游离现实之外的知识来把玩，而是将其当作一项解决一项严峻课题的现实方案。"① 事实上，一种整体性与关联性的"文化政治"视角正是新诗研究所一直缺乏的。

基于此，本书以"自我"为切入路径，力图在观念史、思想史、社会史与新诗史的视野交汇中，以"早期新诗"与"自我"的互动关系为中心展开历史和形式的综合考察，不仅注重新诗的内部线索，在言文身心的层面建立"自我"与早期新诗的互动关系，同时跳脱出单纯的文类视野，将早期新诗与"自我"的互动关系放置在"五四"开放性的社会场域之中，重审早期新诗、"自我"与"五四"的结构性关联，并且顾及与当时的文艺思潮、美学倾向的内在联络，从中提炼它的认识论、形而上学、伦理学以及政治学基础，以期既能够探查出早期新诗兴起的历史根源，又能够呈现现代中国"自我"的现代性起源，进而也能够还原"五四"丰富、复杂的历史面貌，在"诗句危机""自我危机""社会危机"的逻辑关系中将之导向对一个具有深度的、"有血有肉"的"五四"的揭示。

以"自我"为中介和视野，采用"文化政治"的诗学的思路，对早期新诗进行一种整体性和关联性的考察，不仅意味着"自我"和新诗二者相互塑造、相互生产的互动关系，也表明二者共同内置于"五四"整体性的文化氛围和社会结构中，二者的发生在携带着"五四"的历史经验的同时，也在相互锻造中进一步指向"五四"时期的社会改造。这既构成了本书的问题结构，也设定了大体上的研究思路：一方面，"自我"如何进入草创的新诗内部，参与到新诗

---

① ［美］安敏成：《现实主义的限制》，姜涛译，江苏人民出版社 2011 年版，第33 页。

的内容构成和形式机制的建设中；另一方面，新诗的形式实践又如何表现、整合"自我"，进而对"自我"产生了怎么样的再生产效果，并且如何进一步作用到"五四"时期的社会改造环节。针对"自我"概念的抽象，本书将其具体落实到"伦理"（"自然"）、"情感"、"创造"与社会的互动四个面向进行考察，最后收束于鲁迅在《野草》中的"彷徨"以及他如何借助《野草》中的"自我"形象实现自己 20 年代的思想转向。循此，各章述要如下。

第一章是"近代'自然'的产生与早期新诗的兴起"。该章首先以"自然"为视角，考察"自我"的伦理建构与早期新诗的互动关系。近代"自然"的产生与早期新诗的兴起共同衍生于近代以来打造现代主体的思想脉络。在近代西学东渐的知识氛围中，"自然"锻造出一种中西混融的意义谱系，它既有物质实体的一面，也意味着主体的自发性，同时还包含万物的本性、法则规范等意义层级，进而又从物质实体的面向中发展出风景的内涵。"自然"的近代性意义在于它不只作为知识话语被接纳，更主要的是在现代与传统之间翻转出一种看待世界、想象自我的思想方法。由此，作为方法策略、主题内容，"自然"不仅在新旧争辩中为新诗建立合法性基础，也涉及现代抒情方式的建立以及现代诗意机制的产生，极大呼应了早期新诗中的"自然的音节""自然流露""写景诗"的产生等重要关节问题。借助于"自然"的观察视角，一方面能够捕捉新诗自身的成长轨迹；另一方面，在"形式的政治"的审美逻辑之中，早期新诗的兴起也指向了一种历史现实与主体自我的生产。

第二章是"现代中国的'抒情'起源与早期新诗的兴起"。该章着重处理"自我"如何借助早期新诗来处理自身的"情感"问题。首先，早期新诗的抒情机制，对"五四""情感化"的主体方式构成了强烈的表达吸引。随着"五四"的落潮，不仅情感化的主体方式失效，与之相应的抒情方法也失去意义。在相关的应对方案中，田汉等人不仅看到新诗对苦闷的抒发，更从苦闷中整合出一种新的抒情可能。而周作人在对新诗展开系统批判的同时，更以翻译与创作行动契机为早期新诗植入了一种象征化的抒情风格，在完成新诗抒情改造的同时，也借助新的抒情完成了自我情感世界的再造。其次，"同情"也是早期新诗与"五四""自我"所关注的共同问题。对弱小民族文学的译介，为周作人提供了一种新的诗歌视野，即借助文艺的培养从"不幸"中翻转出一种同情机制。而新诗的情感效力则被看作实现这一理想的重要手段。这一认知方式也激起了郑振铎等新诗人的回应。在相同诗歌题材处理上，他们都努力将同情机制植入诗歌结构中，同情的展开决定了诗歌的形式组织、写作技法，诗歌内部的情感障碍也暴露出同情实现的限度和缝隙。借助于对布莱克、雪莱、文齐斯德的译介，周作人、郑振铎看到了"想象"克服情感障碍、达成同情社会的可能，同时也完成了对早期浪漫主义诗歌观念的修正。以《蕙的风》论争为视角，本章继续考察恋爱诗所连带出的"五四"前后"自我"的爱情观念以及早期新诗的写作伦理问题。作为论争的重要参与者，周氏兄弟的积极介入，一方面在于汪静之"放情地唱"的诗歌姿态呼应了他们"五四"时期的思想革命和爱情体验，另一方面也在于他们从"不道德的文学"的指摘中看到了对成长中的诗歌理想和写作伦理维护的必要。由此，恋爱诗的意义在于它不只连带出思想革命在"后五四"历史情境中的延续性问题，更扭合着一种诗歌理想和写作伦理的建立。

第三章是"现代中国'创造'诗学的思想起源——以郭沫若的歌德译介为中心"。在郭沫若整体性的思想结构中，"创造"占据着一种本根性的位置，构成了郭沫若主体机制的一种思想起源。在郭沫若的"创造"诗学中隐含着一条"歌德"路径。郭沫若不仅从《浮士德》的翻译中敏感把握到歌德"创造精神"的核心思想机制和自然哲学背景，更经由对歌德"艺术家"诗歌系列的翻译，对歌德诗歌抒情史进行了一次重新整合，进而生成一种有效的诗歌写作机制和抒情原理，由此把握住了歌德艺术哲学中的根本性问题，即"自然"与"艺术"的辩证关系。《创造者》的写作和对歌德"夜歌"诗歌系列的翻译，使得郭沫若的抒情美学发生了从"艺术家"

机制到"创造者"机制的内在转换,他的元诗美学实现了从"元诗"到"元宇宙"的思想跨越。由此,郭沫若为早期新诗锻造出了一种"宇宙"句法以及与之相对应的"宇宙"诗学,进而通过《宇宙革命底狂歌》的写作,以"元宇宙"的诗学思想为哲学中介,郭沫若诗歌中的抒情主体完成了从"艺术家"到"创造者"再到"革命者"的"换装",郭沫若自己也随之实现了从"创造"诗学到"元宇宙"诗学再到"革命"诗学的抒情跨越。在此过程中,郭沫若进行了与歌德抒情诗的深刻对话,他不仅"学习""成为"歌德,甚至也"超越"了歌德;不仅成长为"东方未来的诗人",同时也成长为"新中国的预言诗人"。

第四章是"社会改造视野下的'自我'与'新诗'"。本章将"自我"与早期新诗放置在"五四"时期"社会改造"这一具体的、动态的历史情境中加以考察,揭示 1920 年代的诗歌青年如何经由"社会改造"的锻造,完成对自身浪漫主义危机的克服和修正,进而又如何借助"劳动"的中介性视野,发展出一种新的写作机制和诗歌美学,最终导向一种"诗底共和国"的社会理想的构建。首先,以《诗》杂志为个案,考察以朱自清、俞平伯、叶圣陶等人为代表的诗歌青年如何应对 1920 年代初的新诗危机。在他们看来,新诗的问题性,不仅关涉自身的进取方向,更与一种现代自我的人格内涵、改造社会的动力机制密切相关。他们的思考关切在于,在走向社会的感召下,青年是否具备分担责任进而改造社会的能力。也就是说,青年以什么样的主体形象、伦理意涵参与到社会之中。在这样的思考框架之下,他们对"自我"的人格内涵和新诗的功能位置进行新的构想。其次,在"社会改造"的整体氛围中,"劳动"问题尤为凸显。"劳动"话语凝聚着对新社会、新自我的想象投射,它不仅被视为新社会得以运转的基础义务,同时也被看作达成理想的人生境界和自我实现的有效方式。而一批新诗人也很快从"劳动"的重要意义中看到了"诗与劳动"扭合的可能。自此,"劳动"不仅构成早期新诗的重要写作主题,劳动体验更蕴含着一种在身与心、体力与心力之间相互转化的诗歌写作机制，而新诗与劳动相互贯通、相互转化的能力，意味着各种复杂缠绕的社会问题都能够在这样的综合视野中得到妥善处理。由此，俞平伯也从"劳动"视野中看到一个"诗底共和国"实现的可能。与此同时，对于早期新诗的浪漫主义危机，"社会改造"构成了一种重要的锻炼机制。在相关的批判视野和应对方案中，康白情的纪游诗写作不仅为新诗锻造出了综合的形式风格，更生产出一种社会化的自我形象。而新诗的形式政治面向也由此展开，经历长诗小诗的形式辩证，一种"曲折""深刻"的主体自我在朱自清等人的长诗写作中被生产出来。

第五章是"从无声到有声：《野草》与'自我'的'彷徨'"。本章以《野草》为个案，考察在"后五四"的历史情境中，鲁迅如何借助《野草》的写作来处理"自我"的思想危机，在此过程中，鲁迅挪用了怎样的诗学资源、呈现怎样的诗歌态度，这些诗学资源和诗歌态度如何具体作用于《野草》的思想构成和形式技术，进而鲁迅对"自我"完成了怎样的"超克"。《野草》并非一次应激式的写作，而是与鲁迅在"后五四"的历史中再次陷入"沉默"有关。在"沉默"的挣扎中，借助对《察拉图斯忒拉的序言》的重译，鲁迅不仅回顾了"下山"与"放火"的自我，更习得了"永远轮回"的思想经验，在对应理想幻灭心境的同时，也赋予了他一种崭新的主体意志。不久，鲁迅又从"绥惠略夫"那里接受了"黄金时代"的批判视野，由此，不仅看到时代的本质，也看到一个有限的自我。而爱罗先珂的"到来"则让鲁迅看见了自己的"寂寞"，以"寂寞"的情感体验为中心，鲁迅既以回忆的方式构筑了自我"寂寞"的人生，又从"寂寞"之中看到一种新的写作发生的可能。可以看到，鲁迅以译介的方式在不断回应、修正自我的思想危机，他不仅从中获取思想的共鸣，也借鉴了丰富的形式方法，在思想与形式的综合锻造下，最终走向了《野草》的写作。与此同时，如果说"呐喊"的鲁迅对应着一个外发性的启蒙自我，那么，《野草》的写作则意味着鲁迅经历了一次"声"的内转，即他通过自我内在声音的设定，完成了对"心声"的找寻。"声"对于鲁迅的文学起源具有重要的意义。留日早期，正是注意到"诗力"与"心声"之间的有机关联，鲁迅才弃医从文，进而投入"新生"的文学事业中；"五四"时期，随着一种文化政治的兴起，为了唤起更多的"真的声音"，一个"呐喊"的鲁迅也随之到来。可以说，"声"之探求构成了鲁迅人生展开的主要线索。在《野草》的写作过程中，鲁迅重新唤醒了早期的"心声"机制，"摩罗诗人"的重现不仅影响了《野草》的写作方式，也参与到具体的文本构成。由此，鲁迅既重新"听得自己的心音"，也完成了自我的新生，进而以一种崭新的主体姿态投入对"无声的中国"的批判中。此外，《野草》的写作还内含着鲁迅与20年代新诗坛的对话，无论是《我的失恋》对徐志摩的讽刺，还是针对张耀翔"亡国之音"的回应，鲁迅都在表明自我以"心声"为根底的诗歌态度，这种态度不仅与《野草》的写作缘起相呼应，同时也在一定程度上影响了《野草》的文体选择和形式实践。《秋夜》作为《野草》的首篇首先就设定了鲁迅对自我内在声音的找寻，而《一觉》作为《野草》的终篇，鲁迅再次强调"寂寞地鸣动"的诗歌意义。对"心声"的探求由此形成了首尾的呼应，在呈现《野草》完整的组织形式的同时，更串联起了《野草》内在的诗歌精神。鲁迅不仅借此化解了自我关于"死"的困惑，更从中整理出如何"活"的"生"的勇气和态度。由此，鲁迅完成了由"野草"的自我到"杂文"的自我的思想进化。

第 一 章

近代"自然"的产生与
早期新诗的兴起

　　1935 年 8 月，朱自清完成了《中国新文学大系·〈诗集〉导言》的写作，在勾勒早期新诗整体发展面貌的同时，朱自清也从细部注意到了早期新诗中的"自然"因素①。抗日战争时期，这样的观察势头并未减弱，在对早期新诗的观察延伸中，朱自清写了一系列的批评文字，后以《新诗杂话》结集出版。在延续此前思路的基础上，朱自清对"自然"也做了更为整体性的判断和整合②。其中既涉及早期新诗的内容构成，也关系早期新诗的音节问题，更与新诗的写作机制、动力来源密切相关。而这些认知判断并非来自一种后设的叙述视角，而是来自朱自清身临新诗发生现场的切身体会。例如，他既能注意到湖畔诗人中"咏自然"的写作倾向③，也留心

---

　　①　在《〈中国新文学大系·诗集〉导言》中，朱自清既述及"自然音节"，也注意到郭沫若提出的"自然流露"，又说："对于自然，起初是不懂得理会；渐渐懂得了，又只是观山玩水，写入诗只当背景用。看自然作神，作朋友，郭氏诗是第一回。"朱自清：《〈中国新文学大系·诗集〉导言》，《中国新文学大系·诗集》（影印本），上海文艺出版社 2003 年版，第 3、5 页。

　　②　在《新诗的进步》《诗与感觉》《诗与哲理》《爱国诗》《诗韵》等篇，朱自清对早期新诗中的"自然"都有阐发。参见朱自清《新诗杂话》，作家书屋 1947 年版，第 10、20、33—34、74、149 页。

　　③　朱自清：《读〈湖畔〉诗集》，《文学旬刊》第 40 期，1922 年 6 月 11 日。

俞平伯"用韵底自然"①，在批判短诗的同时，他在意一种能"自然写出的长诗"②。换言之，对于早期新诗而言，"自然"非但不是一种强行闯入的外在视角，反而是一种更为内在的路径方向。

在早期新诗已有的研究中，"自然"并没有完全受到忽视，论者多能注意到"自然"在早期新诗中连带出的重要论争及其问题结构③。但需要辨析的，在具体处理环节，"自然"多被加以本质化处理，忽视了近代以来"自然"的内涵谱系；对于早期新诗中"自然"的多元内涵缺少一种整体性的统一视角，论述多分而述之，尤其是"自然"的实体面相没有得到充分关注；相关的论述方式多在诗学内部作静态分析，既未能建立起诗学理论与诗歌作品之间的互文关系，更缺乏一种在历史与形式之间的反思意识，即早期新诗的发生并不仅仅关乎一种现代文类的创制，如果能够跳脱出单一的文类视野，将早期新诗放置在"主体""时代"的互动关联中，那么，"自然"与"新诗"就不单单是一种静态的知识想象与话语实践，而且作为一种历史生成共同内置于一个动态的历史结构之中。

近代以来，在救亡图存的时代氛围中，"新民""立人"的主体吁求，弥漫在不同话语力量的思想方案之中，对一种现代主体的打造一时间成为各方不谋而合的思想共识。在众多的思想方案中，一条"鼎革以文"的实践思路也隐现在其间。早期新诗的发生就衍生于此一脉络。与此同时，在从"天下"到"世界"的视野转变中，东西方之间开始接触、碰撞、融合，西学作为"他者"不仅成为观照自我的一种有力的批判力量，更作为一种"方法"参与到不同的建设方案想象之中，这不仅包括知识结构、生活方式等

---

① 朱自清：《〈冬夜〉序》，俞平伯《冬夜》，亚东图书馆 1922 年版，第 7 页。

② 朱自清：《短诗与长诗》，《诗》第 1 卷第 4 号，1922 年 4 月 15 日。

③ 代表性的研究包括：陈均《早期新诗中的"自然"论与新旧诗之争》，《中山大学学报》（社会科学版）2008 年第 4 期；赵黎明《"自然"之辩与新诗现代化的两种路径》，《浙江学刊》2011 年第 6 期。

外在框架的更替，心理习惯、情感伦理、思维方式等与自我想象密切相关的内面精神的再造也暗含其中。近代的"自然"就产生于此一过程之中，"自然"的近代性意义也由此获得。它既有物质实体的一面，也意味着主体的自发性，同时还包含万物的本性、法则规范等意义层级。①

在"新诗"与现实、历史与形式之间，"自然"作为一个流动的概念，实际担当了游走于内外之间的一个观察视角。因为，无论是草创的"新诗"还是主体自我，二者并没有形成一种成熟完整的理想形态，而是共同处于一个现代性的开端，分享着共同"成长"的历史位置。对于二者而言，"自然"既作为内容构成，也关乎形式创造，更重要的是"自然"本身的规定性还设定着一种形式与内容有机统一的审美标准，这些对于草创的新诗而言无疑是相当重要的。借助于"自然"的观察视角，一方面能够捕捉新诗自身的成长轨迹；另一方面，在"形式的政治"的审美逻辑之中，早期新诗的兴起也指向了一种历史现实与主体自我的生产。

第一节 "自然"的近代性

近代以来，无论在政治经济等宏观层面，还是具体到文学的内部细节，东西方之间的交融、碰撞往往都以概念的形式显影。具体的概念不再是抽象的文字表述，在符号的内部纵深潜藏着一个流动的话语空间、交流平台，众多的思想观念借此交际、磨合甚至竞争，进而锻造出自身的"近代性"品质。这些概念在跨语际的译介中面临着语词选择和对应的问题，在具体的操作方法上，既有直接的音译和意译，

---

① 参见王中江《近代中国"自然"观念的诞生》，《自然和人：近代中国两个观念的谱系探微》，商务印书馆 2018 年版，第 13—70 页。

也有音意结合的方式。① 而在意译中，很多情况下采取一种借词的方式，即以汉语中的古词来接纳外来的概念，这看似简单机械的嫁接糅合，实际上则复杂得多。因为译词的择取并非随意偶然、毫无规矩，而是尽可能地以词汇的谱系为参照，并佐以当下的使用情况，因而在译与被译之间既在词源上呈现互文性，二者之间也是一个相互打开、彼此激活的过程。例如，"经济"一词在古汉语中多作"经世济民"解，作动词用。而在甲午战争后，日语用例中则渐渐将其与"economy"等而视之，作名词解。② 在词义上虽已出现较大滑动，但仍具有词源学上的意义连带。此类译词尚有"科学""民主""哲学"等。而近代"自然"的产生正是内在于这一锻造的过程。

"自然"在中国的文化传统中本身有着完整的语义谱系和思想内蕴。一般认为，"自然"一语，最早见于《老子》："夫莫之命而常自然"，"以辅万物之自然而不敢为"③。按照沟口雄三的理解，"自然"概念的起源在于万物的本性、自我生成、自我运动，因而也意味着法则性。④ 而在两汉，"自然"则开始与"理"相关，并且推演至世俗领域，强调秩序观念，郭象注的《齐物论》云："故知君臣上下，手足内外，乃天理自然。"⑤ 魏晋时期，与名教相对，"自然"出现了内在化的倾向，突出人的性情本性，《文心雕龙·明诗篇》曰："人禀七情，应物斯感，感物吟志，莫非自然。"⑥ 在此基础上，随着山水诗的兴起，"自然"也逐渐蔓衍为一种诗美标准。《文心雕

①　参见高名凯、刘正埮《现代汉语外来词研究》，文字改革出版社 1958 年版。

②　参见方维规《"经济"译名溯源考——是"政治"还是"经济"》，《中国社会科学》2003 年第 3 期；金观涛、刘青峰《观念史研究：中国现代重要政治术语的形成》，法律出版社 2010 年版，第 577—580 页。

③　陈鼓应注译：《老子今注今译》，商务印书馆 2003 年版，第 260、301 页。

④　[日] 沟口雄三：《中国的思维世界》，刁榴等译，孙歌校，生活·读书·新知三联书店 2014 年版，第 130—162 页。

⑤　郭象注，成玄英疏：《南华真经注疏》，中华书局 1998 年版，第 29 页。

⑥　（南朝梁）刘勰，范文澜注：《文心雕龙注》，人民文学出版社 1958 年版，第 65 页。

龙·定势篇》又云："夫情致异区，文变殊术，莫不因情立体，即体成势也。势者，乘利而为制也。如机发矢直，涧曲湍回，自然之趣也。"① 唐宋之后，"自然" 的这些含义作为相对稳定的价值基础逐渐锚定在人们的思想世界。

作为 "自然" 的对译物，"Nature" 在西方世界并非迥然不同的 "异质"。从语源上看，"Nature" 来自拉丁文 "Natura"，而 "Natura" 又是希腊文 "Φυσιs" 的对译。根据柯林伍德的研究，在古希腊，"自然" 最早作为与存在方式相关的根源、原则来看待。② 中世纪之后，在笛卡尔 "心物二元" 的哲学逻辑中，"自然" 经历了由内在性到外在性的翻转，"自然" 不仅作为一个实体面目开始呈现，同时也作为一种思想方式参与到文艺复兴之后的主体建构之中。然而物我的分离、身心的割裂，主体不仅陷入机械的人生困境，更丧失了他者的调适机制，不仅主体的统一性难以保持，当主体作为社会构成、民族成员呈现的时候，自我的困境也将扩展成社会、民族层面的问题结构。"浪漫主义" 的兴起正是以此为批判基础，"自然" 重新回到主体自我的内在视野，作为一种修正，"自然" 的有机性、统一性和自由扩展的面相得到凸显，"自然" 与自我从主客对立的位置转换到彼此融合的境界，而这并不得力于模仿自然的表象，更重要的是重塑自然内含的 "理式"。

从比较的视野来看，东西的 "自然" 起源都与万物的本性密切相关，由此构成作为一种存在方式的伦理学基础。而近代以前，中国的 "自然" 始终没有发展出物质实体的一面，这是与西方 "自然" 最为显著的差异，而这一差异不仅影响东西文明各自的发展取径，更为本质的是对世界图景、全球秩序进行一种新的想象和建构。

---

① （南朝梁）刘勰著，范文澜注：《文心雕龙注》，人民文学出版社 1958 年版，第 529—530 页。

② ［英］柯林伍德：《自然的观念》，吴国盛、柯映红译，华夏出版社 1999 年版，第 47—48、4 页。

因为，物质“自然”不仅仅作为一个活动空间和征服对象，而且作为一种思想方式催生了近代的自然科学，开启了工业革命的浪潮。随着新秩序的落成，“自然”也逐渐由“物”变“理”，由物质实体沉淀为一种人们普遍接受的思想真理。鲁迅对此就深有感触：“盖科学者，以其知识，历探自然见象之深微，久而得效，改革遂及于社会，继复流衍，来溅远东，浸及震旦，而洪流所向，则尚浩荡而未有止也。”①

然而，“自然”的跨语际实践并不是简单的知识旅行。尽管本着“用”的诉求，但在晚清的翻译情境中，东西之间既有迎拒，亦有开合。在很多情况下，观念双方的亲和性、相似性构成了接受的基础。换言之，在晚清的思想语境，东西之间在知识结构、思想价值层面并非简单的替换和更新，更多的是一种参照和融合，也可以说是一个“西化”与“化西”的过程。在《天演论》中，严复介绍斯宾塞的社会进化论时说道：“斯宾塞之言治也，大旨存于任天，而人事为之辅，犹黄老之明自然，而不忘在宥是已。”② 在对斯宾塞的理解中，严复固有的知识传统起到了相当大的促进作用。而在另外一些时候，西方的知识方法则以一种逆向的形式赋予传统知识不一样的体悟视角。在博士学位论文中，胡适就以一种西方的知识视野重新打量先秦的“自然”思想：“当我们一想到近代思想家如黑格尔、斯宾塞和柏格森的进化论也是以自然进程的决定论和自动论为基础时，那么对于我国古代这种进化论和极端宿命论的结合、混合便不会觉得惊奇。”③ 可以说，时人并不把“自然”作为静态的知识来对待，而是力图在具体的运用方式中激活“自然”作为“力”的一

---

① 鲁迅：《科学史教篇》，《鲁迅全集》第 1 卷，人民文学出版社 2005 年版，第 25 页。

② 严复：《天演论·导言五·互争》，王栻主编《严复集》第 5 册，中华书局 1986 年版，第 1334 页。

③ 胡适：《先秦名学史》，欧阳哲生编《胡适文集》第 6 卷，北京大学出版社 1998 年版，第 115 页。

面。在鲁迅早期思想中,"自然"既有物质的一面,但更多的时候,则指向"本有心灵之域":"虽然,其独慰诗人之心者,则尚有天然在焉。人生不可知,社会不可恃,则对天物之不伪,遂寄之无限之温情。一切人心,孰不如是。特缘受染有异,所感斯殊,故目睛夺于实利,则欲驱天然为之得金资;智力集于科学,则思制天然而见其法则;若至下者,乃自春徂冬,于两间崇高伟大美妙之见象,绝无所感应于心,自堕神智于深渊,寿虽百年,而迄不知光明为何物,又奚解所谓卧天然之怀,作婴儿之笑矣。"① 在此,"自然"不仅作为一种对物质文明的批判,同时也以"不伪"的品格揭示了一种主体自我的打开机制。

以上大致铺陈了近代"自然"的话语实践。不难发现,近代"自然"的产生是一个互融互涉的综合过程,"自然"不仅作为知识话语被接纳,更主要的是在现代与传统之间翻转出一种看待世界、想象自我的思想方法。"自然"的近代意义正在于此。正如胡适所总结的:"西洋近代科学思想输入中国以后,中国固有的自然主义的哲学逐渐回来,这两种东西的结合就产生了今日自然主义的运动。"② 实际上,这不仅是胡适一以贯之的思想方式,同时也是整个"五四"时期的思想习惯与文化氛围。而在早期新诗的兴起中,"自然"的方法论意义也是新诗的提倡者所不曾忽视的。

第二节 "自然的音节":从"声音"到"意义"

早期新诗的发生,激起了不同层次的心理回应。其中既有彻底

---

① 鲁迅:《摩罗诗力说》,《鲁迅全集》第 1 卷,人民文学出版社 2005 年版,第 88 页。

② 胡适:《今日教会教育的难关》,欧阳哲生编《胡适文集》第 4 卷,北京大学出版社 1998 年版,第 636 页。

的攻击怀疑，也有不同方案之间的话语措置，还有相当多的误读和歧义。因而，新诗的展开既是一个相互争辩的过程，也是一个廓清障碍呈现自我的契机。在众多的讨论中，新诗的音节问题尤为典型。据胡适当时的观察："现在攻击新诗的人，多说新诗没有音节。不幸有一些做新诗的人也以为新诗可以不注意音节。这都是错的。攻击新诗的人，他们自己不懂得'音节'是什么，以为句脚有韵，句里有'平平仄仄''仄仄平平'的调子，就是有音节了。"① 朱执信也注意到："现在的做旧诗的人，也不懂旧诗的音节，许多做新诗的人，也不懂新诗的音节，是很危险的事情，将来要弄到诗的破产。"② 可以说，音节不仅在新旧之间存在认知落差，就是在新诗内部也存在混沌模糊的解读。因而，讨论音节不再只是一个形式技术的争辩，作为一种矛盾结构的扭合，音节更主要地关系着新诗的合法性问题。换言之，音节问题实际也是一个形式政治问题。作为一种认识装置，借助音节不仅可以透视新旧之间历史终结的形式逻辑，更能够清楚辨析新诗成立的思想起点和历史起源。

1919 年 10 月，胡适应《星期评论》之请，完成了《谈新诗——八年来一件大事》的写作，对早期新诗的发生做了一种整体性的勾勒。其中，音节问题是胡适讨论的重点。针对音节的误读，胡适提出"自然的音节"的说法，将其看作新诗发展的"趋势"和"公共方向"。所谓"自然的音节"具体包含两个方面，首先是在"节"的层面，指的是"新体诗句子的长短，是无定的；就是句里的节奏，也是依着意义的自然区分与文法的自然区分来分析的"。其次，"音"的一面指的是"一是平仄要自然，二是用韵要自然"③。胡适虽然也对周作人、康白情等人的诗作加以解说，但他并不满足

---

① 胡适：《谈新诗——八年来一件大事》，《星期评论》双十节纪念号，1919 年 10月 10 日。

② 朱执信：《诗的音节》，《星期评论》第 51 期，1920 年 5 月 23 日。

③ 胡适：《谈新诗——八年来一件大事》，《星期评论》双十节纪念号，1919 年 10月 10 日。

于口头倡导，此外，他更身体力行地参与到自然音节的 "试验" 中，以期 "供新诗人的参考"①。此后，"自然的音节" 在新诗坛内部迅速蔓衍开来②。在为《冬夜》作序的时候，朱自清就敏感地注意到俞平伯 "自然音节" 的特色："他诗里用韵底处所，多能因其天然，不露痕迹；很少有 '生硬'，'叠响'（韵促相逗，叫做叠响），'单调' 等弊病。"③ 可以说，"自然的音节" 已经成为当时流行的 "自由诗及小诗的根据"④。

学界已有的研究，对 "自然音节" 的讨论已相当丰富，大体上有两种思路：一是偏重其历史考察及内涵阐释，二是从历史评价的角度作批判性反思⑤。两种思路的交叉为 "自然音节" 勾画了大致清晰的历史影像，但也并非没有预留多余的讨论空间。相对而言，以上思路大都将 "自然音节" 放置在形式框架的内部作知识化考察，忽视了音节形式问题在文学革命的整体脉络中的问题前史。其次，多注意 "音节" 一面，而 "自然" 一面则缺少一种辩证的视野。事实上，胡适 "自然音节" 的提出并不完全为了回应对新诗的批评和质疑，而在更大程度上是衍生于胡适归国前后对文学革命整体方案的构想。"自然" 不仅作为方法将新诗从新旧纠缠中挣脱出来，建立自身的历史起源和文体合法性，胡适更从文体流变中为新诗设定了新的形式标准。

---

①　胡适：《〈尝试集〉再版自序》，欧阳哲生编《胡适文集》第 9 卷，北京大学出版社 1998 年版，第 86 页。

②　朱自清在《〈中国新文学大系·诗集〉导言》中说："这些主张大体上似乎为新青年诗人所共信；新潮，少年中国，星期评论，以及文学研究会诸作者，大体上也这般作他们的诗。"《中国新文学大系·诗集》（影印本），上海文艺出版社 2003 年版，第 2 页。

③　朱自清：《〈冬夜〉序》，俞平伯《冬夜》，亚东图书馆 1922 年版，第 7 页。

④　朱自清：《论中国诗的出路》，《清华中国文学会月刊》第 1 卷第 4 期，1931 年 8 月 15 日。

⑤　参见王雪松《白话新诗派的 "自然音节" 理论与实践》，《华中师范大学学报》（人文社会科学版）2012 年第 2 期；李章斌《胡适与新诗节奏问题的再思考》，《中国现代文学研究丛刊》2017 年第 3 期。

一 形式的政治：在新旧之间

在文学革命的整体设想中，从文类角度看，新诗似乎更为胡适所看重。这固然与其旧诗写作和新诗"尝试"的经历相关，但在个人因素之外，新诗变革的难度实际上是胡适真正在意的地方。因为相较于其他文类而言，无论就形式还是内容来看，新诗"都需要一种根本的革命"①。这也就意味着，新诗在建立自身合法性的同时，更构成了文学革命成败的支点和关节。因而，不难理解，胡适将新诗的发生看作"一件大事"。然而，跳脱出抽象的方案设想，在具体操作环节，形式与内容并没有得到一种平行对待。相比于内容，早期新诗的提倡者把更多的注意力放在新诗的形式层面。在胡适看来，"文学革命须有先后的程序：先要做到文字体裁的大解放，方才可以用来做新思想新精神的运输品"②，他进而强调："文学革命的运动，不论古今中外，大概都是从'文的形式'一方面下手，大概都是先要求语言文字文体等方面的大解放。"③ 刘半农也意识到："吾辈欲建造新文学之基础，不得不首先打破此崇拜旧时文体之迷信，使文学的形式上速放异彩也。"④ 可以说，形式的更替已然成为提倡者的思想共识。因而，在胡适看来，新诗的运动"可算得是一种'诗体的大解放'"⑤。而"重造新韵""增多诗体"⑥ 的积极响

---

① 胡适：《中国新文学运动小史》，欧阳哲生编《胡适文集》第 1 卷，北京大学出版社 1998 年版，第 138 页。

② 胡适：《〈尝试集〉自序》，欧阳哲生编《胡适文集》第 9 卷，北京大学出版社 1998 年版，第 82 页。

③ 胡适：《谈新诗——八年来一件大事》，《星期评论》双十节纪念号，1919 年 10 月 10 日。

④ 刘半农：《我之文学改良观》，《新青年》第 3 卷第 3 号，1917 年 5 月 1 日。

⑤ 胡适：《谈新诗——八年来一件大事》，《星期评论》双十节纪念号，1919 年 10 月 10 日。

⑥ 刘半农：《我之文学改良观》，《新青年》第 3 卷第 3 号，1917 年 5 月 1 日。

应与对"诗的形式""存而不论"① 的批判态度一度将形式问题扩展成一个普遍的讨论态势。在某种程度上，形式不仅成为新诗超越旧诗的历史前提，同时也构成了新诗建构自我的切入方法。其中固然有域外经验的横向参照，但历史经验的纵向反思也是不容忽视的重要面向。

早期新诗的提倡，并非一种粗暴的历史生造。在求新的历史态度中，旧诗始终作为一个"他者"埋伏在新诗的自我建构中。因而对于新诗而言，不能将旧诗仅仅作为一种历史的重负和影响的焦虑而加以横切、否定和排斥，更重要的是，作为方法机制的"否定"动作，本身就内含着一种新的历史形象和生成法则。旧诗变革自清末以来已成为一种历史趋势，在梁启超看来，"诗界革命"的要旨在于："当革其精神，非革其形式。"具体来看就是"能以旧风格含新意境，斯可以举革命之实矣"②。事实上，古典诗文变革的呼声并非始自晚清。从诗学起源看，从四言到五言再到七言，从古体到近体，从节奏到声律，诗一直处于一种动态的变衍中，至盛唐，一种超稳定的形式结构开始形成。以杜诗七律为例，在形式结构上首联大都兴起于一种身份位置、时空情境的设定，二、三联借助写景、叙事进行客观的铺陈、勾连，最后归引到诗人自我的内在抒情。对于唐诗意象的绵密拥挤、声律的呆板严整，宋诗以"以文为诗"的方式加以修正，但明人并未延续宋诗的诗法，而是强调"复古"，提倡"文必秦汉，诗必盛唐"。清初顾炎武不仅批判了明诗的"摹古"之风，更对"韵"与"意"的倒置进行了疏解："凡诗不束于韵而能尽其意，胜于为韵束而意不尽，且或无其意而牵入他意以足其韵者千万也。故韵律之道，疏密适中为上，不然则宁疏无密。文能发意，

---

① 李思纯：《诗体革新之形式及我的意见》，《少年中国》第 2 卷第 6 期，1920 年12 月 15 日。

② 梁启超：《饮冰室诗话》，人民文学出版社 1959 年版，第 51 页。

则韵虽疏不害。"① 然而这种局面并未从根本上得到改观，到了清末，不止黄遵宪、梁启超等人疾呼"革命"，旧诗的文质分离已经成为一种普遍的批判共识。在与胡适有关"作诗如作文"的讨论中，梅光迪就认为："吾国近时诗界，所以须革命者，在诗家为古人奴婢，无古人之学术怀抱，而只知效其形式，故其结果只见有'琢镂粉饰'，不见有真诗，且此古人之形式为后人抄袭，陈陈相因，至今已腐烂不堪。"② 而胡适的思考起点其实也在于此，在致任鸿隽的信中胡适写道："适以为今日欲救旧文学之弊，须先从涤除'文胜'之弊入手。今日之诗（南社之诗即其一例）徒有铿锵之均（韵），貌似之辞耳，其中实无物可言。其病根在于重形式而去精神，在于以文 form 胜质matter。诗界革命，与文界革命正复相同。"③ 只是胡适对于诗界革命者"矫枉过正，强为壮语，虚而无当"④ 的方法策略并不满意。而任鸿隽"文人无学"⑤ 的回应虽然更进一步，但仍流于空谈泛论。对于注重实验、讲求效果的胡适来说，一种能够将诗的变革由口头引入行动、由想象转变为现实的方法路径的获得或许更为重要。

在作诗方法方面，胡适并非没有尝试。即便在做旧诗阶段，胡适也抱有清醒的方法论意识，在留学日记中胡适提到："吾近来作诗，颇能不依人蹊径，亦不专学一家。命意固无从摹效，即字句形式亦不为古人成法所拘，盖胸襟魄力，较前阔大，颇能独立矣。"⑥ 不同于梁启超仅仅注重意境的新造，胡适在内容与形式之间

---

① （清）顾炎武：《日知录·日知录之馀》，上海古籍出版社2012年版，第811页。

② 梅光迪：《致胡适信四十六通》，罗岗、陈春艳编《梅光迪文录》，辽宁教育出版社2001年版，第160页。

③ 耿云志、欧阳哲生编：《胡适书信集》，北京大学出版社1996年版，第68页。

④ 胡适著，曹伯言整理：《胡适日记全编》第2卷，安徽教育出版社2001年版，第250页。

⑤ 胡适著，曹伯言整理：《胡适日记全编》第2卷，安徽教育出版社2001年版，第279页。

⑥ 胡适著，曹伯言整理：《胡适日记全编》第1卷，安徽教育出版社2001年版，第332页。

进行了一种方法的倒置——搁置内容，优先从形式入手。在胡适的经验总结中，一旦在形式上突破成法，那么一个"胸襟魄力，较前阔大"的"独立"主体也会在形式的自由流动中被生产出来。可以说，以形式变革为方法是胡适与梁启超、任鸿隽等人最为根本的差异，虽然他们都注意到了旧诗形式的弊病，但梁、任等人都将其归结为内容空疏，以求新意境的补足、修正，而胡适则以一种辩证的眼光执着于形式本身的更新，不仅看到形式对主体的压抑拘束，更从形式的创造中看到了一种主体生产的可能。而形式方法的产生也并非一蹴而就，胡适开始只是注意到诗文的交通、杂糅，而在文学革命讨论最为火热的 1916 年 2—3 月，胡适"思想上起了一个根本的新觉悟"，他开始以"自然进化"的观念重新整合整个中国文学史：

> 一部中国文学史只是一部文字形式（工具）新陈代谢的历史，只是"活文学"随时起来替代了"死文学"的历史。文学的生命全靠能用一个时代的活的工具来表现一个时代的情感与思想。工具僵化了，必须另换新的，活的，这就是"文学革命"。①

实际上，这并非胡适突发奇想。在博士学位论文中，他已显露出对"自然进化"的接受痕迹，并将这一方法用于梳理"先秦名学"。在胡适眼中，历代文学的更替都只在于一种文字形式的"自然进化"。由此，他企图调整思考重心，从回旋复沓的新旧争辩中迅速撤离，不再执着于二元对立的话语交锋，而是努力为新诗寻找历史起源。依循这样的分析视角，新诗的发生非但不是无中生造，反而是"中国诗自然趋势所必至的"②。由此，新诗被编织入一种流畅的

---

① 胡适：《中国新文学运动小史》，欧阳哲生编《胡适文集》第 1 卷，北京大学出版社 1998 年版，第 146 页。

② 胡适：《谈新诗——八年来一件大事》，《星期评论》双十节纪念号，1919 年 10 月 10 日。

历史线索，从而制造出历史起源的连贯效果，并且借助进化的思想逻辑，旧诗与新诗也不再只是简单的文体兴替，新旧之间更主要的是一种形式的阶段排序。

而在诸种文体的历史承继中，词曲等最为胡适看重。在答钱玄同的信中，胡适认为："由诗变而为词，乃是中国韵文史上一大革命。五言七言之诗，不合语言之自然，故变而为词。词，旧名'长短句'。其长处正在长短互用，稍近语言之自然耳。……故词与诗之别，并不在一可歌而一不可歌，乃在一近语言之自然而一不近语言之自然也。"进而强调："词之重要，在于其为中国韵文添无数近于言语自然之诗体。此为治文学史者所最不可忽之点。不会填词者，必以为词之字字句句皆有定律，其束缚自由必甚。其实大不然。词之好处，在于调多体多，可以自由选择。"① 而元人小令，因其长短无定，则最为自然。不难看出，文学进化并非纯任自然、盲目跃进，在看似连贯流畅的进化趋势之中也暗含着一定的形式标准——语言的自然。此时，"自然"经历了由外在规律到内在品质的含义内转。实际上，正是"自然"标准的内在设定，以自然本性为目标的文学迁变才呈现出了"自然趋势"。不仅如此，当胡适把"自然"与"自由"对举的时候，语言与人格也就发生了一种一元想象的纽结，与旧诗的形式规程相比，"自然"更意味着一种自由的人生境界。因而，所谓"诗体的大解放"的意义，就不只在于具体诗法形式的再造，更重要的是指向了一种新的主体生成方式："有了这一层诗体的解放，所以丰富的材料，精密的观察，高深的理想，复杂的感情，方才能跑到诗里去。五七言八句的律诗决不能容丰富的材料，二十八字的绝句决不能写精密的观察，长短一定的七言五言决不能委婉达出高深的理想与复杂的感情。"② 在谈及小说

① 胡适：《论小说及白话韵文》，《新青年》第4卷第1号，1918年1月15日。
② 胡适：《谈新诗——八年来一件大事》，《星期评论》双十节纪念号，1919年10月10日。

时，周作人也有类似看法："新小说与旧小说的区别，思想果然重要，形式也甚重要。旧小说的不自由的形式，一定装不下新思想；正同旧诗旧词旧曲的形式，装不下诗的新思想一样。"① 由此，新诗一方面打通了新旧壁垒、澄清了历史线索；另一方面，经由"自然"的内外转化，在文学与思想之间也构造出了一种广泛的联结。在周作人看来，"自然"不仅与"真实的个性"密切相关②，更关系到一种新的社会制度生成③。可以说，借助对"自然"的理解和认同，创作新诗，不再只是一种技艺操练，而是达成自由境界、自由人格的路径、方法和修养。在"自然"的感召之下，新诗迅速由一种文类形式扩展为一种社会参与的方式。这对于过渡时代新的主体方式的生成是相当重要的。

而"自然"由外在规律到内在品质的跃进，或许并非仅仅出于一种历史经验的观察或者一种"历史的文学进化观念"的强制阐释，在更大程度上来自胡适自身作诗经历中对于"新""旧"辩证的深刻体悟。

二 音节如何自然？

尽管胡适有了方法工具的自觉，开始采用白话作诗，但这一阶段的实践并不成功。回国之后，胡适曾将留学阶段的新诗"尝试"交与钱玄同审阅，而钱玄同并不十分满意，在他看来，"其中有几首还是用'词'的句调；有几首诗因为被'五言'的字数所拘，似乎不能和语言恰合；至于所用的文字，有几处似乎还嫌太文"④。钱玄同所注意的并非诗歌境界等内容层面，相反语言"恰合"与否才是

---

① 周作人：《日本近三十年来小说之发达》，《新青年》第 5 卷第 1 号，1918 年 7 月 15 日。

② 周作人：《个性的文学》，《新青年》第 8 卷第 5 号，1921 年 1 月 1 日。

③ 在周作人看来，"凡有违反人性不自然的习惯制度，都应该排斥改正"。《人的文学》，《新青年》第 5 卷第 6 号，1918 年 12 月 15 日。

④ 钱玄同：《尝试集序》，《新青年》第 4 卷第 2 号，1918 年 2 月 15 日。

他的批评重心。其后，胡适自己对这种批评也有所反思：

> 我在美洲做的《尝试集》，实在不过是能勉强实行了《文学改良刍议》里面的八个条件；实在不过是一些刷洗过的旧诗！这些诗的大缺点就是仍旧用五言七言的句法。句法太整齐了，就不合语言的自然，不能不有截长补短的毛病，不能不时时牺牲白话的字和白话的文法，来牵就五七言的句法。音节一层，也受很大的影响：第一，整齐划一的音节没有变化，实在无味；第二，没有自然的音节，不能跟着诗料随时变化。因此，我到北京以后所做的诗，认定一个主义：若要做真正的白话诗，若要充分采用白话的字，白话的文法，和白话的自然音节，非做长短不一的白话诗不可。①

在胡适的实际体验中，旧诗的"整齐"非但不是一种形式优势，反而在"言"与"心"之间形成了一种阻碍。"言为心声"，本来"心"就构成了"言"的内在能动，支配着"言"的具体形式面貌。但在旧诗的程式中，"言"与"心"发生了地位的颠倒，"心"的自发性在向外展开裸露的同时，不得不受制于"言"的规定和牵制。由"文言"到"白话"的转换，胡适在拒绝一套僵硬的诗法的同时，也为新诗设定了一套崭新的形式标准——"自然的音节"。胡适意识到，新诗不仅需要白话作为工具，而且在抛却旧形式的同时还需要创造出一种内外有机统一的自然形式。

抗日战争时期，朱自清系统总结了新诗二十年的发展历程，在他看来"'合语言之自然'同'和谐的自然音节'还是正确的指路标"②。但

---

① 胡适：《〈尝试集〉自序》，欧阳哲生编《胡适文集》第 9 卷，安徽教育出版社 2001 年版，第 80—81 页。

② 朱自清：《胡适〈谈新诗〉指导大概》，朱乔森编《朱自清全集》第 2 卷，江苏教育出版社 1988 年版，第 161 页。

在当时"自然音节"的提法并非没有反对的声音。为胡适"改诗"的胡怀琛就曾对音节怎样才算自然提出过不同的看法①。任叔永也提醒胡适对"'自然'二字也要加以研究"②。胡适虽然在《谈新诗》中从"节"和"音"两个层面做了系统解说，但在一般人看来觉得"说得太抽象"。而在具体用例中，胡适偏重于双声叠韵之于音节的和谐，造成了"似乎诗的音节就是双声叠韵"的模糊印象③。而事实上，胡适在"双声叠韵"和"自然的音节"之间有着清晰的边界划分："这种音节方法，是旧诗音节的精采（参看清代周春的《杜诗双声叠韵谱》）。能够容纳在新诗里，固然也是好事。但是这是新旧过渡时代的一种有趣味的研究，并不是新诗音节的全部。新诗大多数的趋势，依我们看来，是朝着一个公共方向走的。那个方向便是'自然的音节'。"④ 相较于理想的自然音节，双声叠韵显然只是一种新旧之间过渡的音节方法。问题的关键并不在此。对自然音节造成误解的根源在于，在具体的诗例分析中，胡适并没有将理论解说清晰地落实到一种可以感知的技术操作环节。例如，在"节"的分析中，他仅仅机械浅显地对照新旧诗"节"的整齐与长短无定，好像"自然"就是长短无定；再则，将《小河》不借助于押韵而获得的自然声调仅仅归结到"内部词句的组织"，而对于如何组织这一更为关键的问题则搁置不谈。对于这些关节，既不能停留在空泛的理论表层，更不能搁置不论。一种有效的方式是在具体的诗歌文本中进行技术性的分析，以直观的方式呈现"自然音节"是如何生成的、音节是如何"自然"的。

在早期新诗人中，在胡适看来，"除了会稽周氏弟兄之外，大

---

①　胡怀琛：《尝试集批评》，《〈尝试集〉批评与讨论》，上海泰东图书局1921年版，第1—12页。

②　任鸿隽致胡适信，《新青年》第5卷第2号，1918年8月15日。

③　朱执信：《诗的音节》，《星期评论》第51期，1920年5月23日。

④　胡适：《谈新诗——八年来一件大事》，《星期评论》双十节纪念号，1919年10月10日。

都是从旧式诗、词、曲里脱胎出来的"①。实际上，不独周氏兄弟，在更年轻的诗人中，康白情也"受旧诗的影响不多，中毒也不深"。而康白情的《草儿》在早期新诗集中在胡适看来是"一部最重要的创作"②。因而，在音节"内部的组织"的解说中，胡适不仅援引了《小河》，同时也以康白情的《送客黄浦》为重要支撑。

作为"少年中国"的活跃分子，康白情的新诗实践在很大程度上内置于这一知识共同体的交游网络和情感纽带中。《送客黄浦》最初发表于《少年中国》第 1 卷第 2 期，写作的因缘就是"少中"成员之间的一次"聚离"，在同期的"会员通讯"中，康白情交待了相关的事件背景：

> 十七日在梦九处会着白华、寿昌和家钺。寿昌和家钺是新从日本回来的。黄介民君因为他们当晚又要回湖南，约我们在李淞园给他们饯行；日葵、枚荪、梦九都在座。席后我们送他们到码头。那船不能按定期开了，我们直谈到十二点钟才分手——是很亲热、很留恋的。第二天我做了一首《送客黄浦》的诗，就是纪这件事；特寄来作第二期《少年中国月刊》的补白。③

全诗由三小节构成。从形式结构上看，每节都起兴于"送客黄浦"、收束于"这中间充满了别意/但我们只是初次相见"这一相同的句式。"送客黄浦"点明了主题意旨，而"这中间充满了别意/但我们只是初次相见"则以转折的句式托举着整首诗的情感张力。在

---

① 胡适：《谈新诗——八年来一件大事》，《星期评论》双十节纪念号，1919 年 10 月 10 日。

② 胡适：《评新诗集（一）：康白情的〈草儿〉》，《读书杂志》第 1 期，1922 年 9 月 3 日。

③ 《会员通讯》，《少年中国》第 1 卷第 2 期，1919 年 8 月 15 日。

保证每节由主题到情感的抒情架构完整性的同时，节与节之间也形成一种抒情节奏的内在呼应。这里着重以胡适所举第二小节进行音节“内部的组织”的分析：

> 送客黄浦，
> 我们都攀着缆，——风吹着我们的衣裳，——
> 站在没遮栏的船楼边上。
> 看看凉月丽空，
> 才显出淡妆的世界。
> 我想世界上只有光，
> 只有花，
> 只有爱！
> 我们都谈着，——
> 谈到日本二十年来的戏剧，
> 也谈到“日本的光，的花，的爱”的须磨子
> 我们都相互的看着。
> 只是寿昌有所思，
> 他不曾看着我，
> 也不曾看着别的那一个。
> 这中间充满了别意。
> 但我们只是初次相见。①

　　从节顿上来看，每句几乎都长短无定，没有一种可成规律的节奏划分；而在用韵上，既没有清晰可辨的句尾押韵，句中也未形成参差错落的韵律起伏。显然从形式外观上并不能拆解其中的音节效果，而必须要深入形式的内部组织。而在“内”与“外”之间，实际上正是新诗与旧诗的形式差异所在。在胡适看来“内部的组

---

① 康白情：《送客黄浦》，《少年中国》第 1 卷第 3 期，1919 年 8 月 15 日。

织，——层次、条理、排比、章法、句法，——乃是音节的最重要方法"①。这样就意味着，声韵、节顿这些外部操作并非音节的"自然"所在。相比较而言，"层次、条理、排比、章法、句法"显得更为重要。前面已经分析，《送客黄浦》每节有着完整的抒情架构，在从主题到情感张力的抒情游走中，内含一种递进的层次划分。第二至五句采用一个完整的主谓句客观地勾勒送别"风景"中的"我们"，这里既有身体的触着（风吹着我们的衣裳），也设定着一种开阔的位置（没遮栏），更包含着视觉的纵向调整（看看凉月丽空），整体营造出的并不是一种典型的"送别"情绪氛围，而是呈现出较为平缓冷静的"淡妆的世界"。第六至八句同样采用了主谓句式，叙事从此前的"我们"过渡到"我"，相比于前面客观的环境制造，此时的主语经历了内转，由此"我"的主体内在支配了整个句意（我想）。而"主谓句是一种前瞻式的句型，它正象征了主语由内心意念外现为具体行动，而影响到其他有关的客体，形成未来的成果。这种前瞻句型一旦与诗的节奏配合，就产生了一种很多人视为典型的口语诗歌节奏"②。这里的节奏借助"只有"的排比句式进行铺陈延展，在"光"、"花"与"爱"之间构造出了一种立体的象征空间。第九至十一句，主语又从"我"切回到"我们"，动词"谈"勾连起了整个句子，不仅借助文学知识（戏剧）将时空引申到"客"的去所——一种"现代"的旅行指向（日本），更与上一段落的"我想"形成了一种意义的对位。第十二至十五句，相比于"谈"的言语平面，此时"看"的动作在"我们"的知识共同体中划分出了一种立体的情感落差（"他不曾看着我，/也不曾看着别的那一个"），相同的句式不仅产生了一种紧凑的抒情节奏，节奏的复

---

① 胡适：《谈新诗——八年来一件大事》，《星期评论》双十节纪念号，1919 年 10 月 10 日。

② 高友工：《美典：中国文学研究论集》，生活·读书·新知三联书店 2008 年版，第 197 页。

沓也加重了一种迷惑不可知的心理状态。并且与开头设定的平缓的情绪氛围相对，句尾的情感变奏不仅构造出了整节诗的抒情张力，同时也在结构上实现了首尾的对位、呼应。而这与古人的"送别"意蕴已完全不同，它不再是惜别和送祝，在"送"与"别"之间实际上是主客双方的一种情感错位。综合来看，在清晰的抒情指向中，《送客黄浦》不仅有着意义层次的不断递进，而且借助句式的复沓、排比制造出一种连贯的节奏效果，不同句式的混用也在段落之间营造出错落起伏的韵律。所谓"自然的音节"正是章节的对比、呼应，句式的相近、重复或转换，依托于诗的意义层进所生成的形式效果。由此，音节不非仅仅是机械的技术手段，它既生成于情感意义的推进、旁转，同时形式效果的产生也反过来将诗的意义由内而外地显形、发散，进而扩大与深化。正如梁实秋所说："《送客黄浦》一首，可推绝唱。意境既超，文情并茂。"[①]

当然，以上分析固然揭示了自然音节的文本生成，但形式分析也会产生主观生硬的嫌疑。而如果能够在这一理论的提倡者与其自身的新诗实践之间进行一种有效的对应、勾连，那么，在文本生成之外，也有可能捕捉到"自然的音节"历史生成的清晰印迹。

作为一种"尝试"的历史效果，胡适的新诗实践具有明显的阶段性，在某种程度上可以看作新诗成长的历史缩影。据他自己的陈述，《尝试集》中，第一编的诗，"实在不过是一些刷洗过的旧诗"；"第二编的诗，虽然打破了五言七言的整齐句法，虽然改成长短不整齐的句子"，但"都还脱不了词曲的气味与声调"，进而强调"故这个时期，——六年秋天到七年年底——还只是一个自由变化的词调时期。自此以后，我的诗方才渐渐做到'新诗'的地位"[②]。不难看

---

①　梁实秋：《草儿评论》，闻一多、梁实秋《冬夜草儿评论》，清华文学社 1922 年版，第 18 页。

②　胡适：《〈尝试集〉再版自序》，欧阳哲生编《胡适文集》第 9 卷，北京大学出版社 1998 年版，第 84 页。

出，从第一编到第二编，胡适在诗法上具有一个明显的路径转折，而转折既意味着一种新旧之间的挣扎、辩证，更暗含着新诗之 "新" 的历史符码。具体到音节来看，在第二编中，胡适 "最初爱用词曲的音节，例如《鸽子》一首"，而到了 1919 年 4 月，在一首写给任叔永的送别诗中①，胡适采用了一种新体与旧调杂糅的写法。全诗由三段构成，其中第二段在音节上借助于词调的改造：

> 你还记得
> 我们暂别又相逢，正是赫贞春好？
> 记得江楼同远眺，云影渡江来，惊起江头鸥鸟？
> 记得江边石上，同坐看潮回，浪声遮断人笑？
> 记得那回同访友，日暗风横，林里陪他听松啸？

第三、四、五三个主句采用了相同的疑问句式，并且采用仄声的尾韵。在胡适看来，"这种音节，未尝没有好处"，"懂音节的自然觉得有一种悲音含在写景里面"②。但是主语、助词、名词的省略，让句式仍然压缩在词调的节奏中。胡适对此也有着清醒的认识，在他看来，第三段便是 "纯粹新体诗"：

> 这回久别再相逢，便又送你归去，未免太匆匆！
> 多亏得天意多留你两日，使我做得诗成相送。
> 万一这首诗赶得上远行人，
> 多替我说声 "老任珍重珍重！"

---

① 即《送任叔永回四川》，最初发表于《新青年》第 6 卷第 5 号（1919 年 5 月），后收入《尝试集》1920 年 3 月初版。

② 胡适：《〈尝试集〉再版自序》，欧阳哲生编《胡适文集》第 9 卷，北京大学出版社 1998 年版，第 86 页。

相比于第二段，随着"这回""多亏"等口语词，"便""多"等副词，"万一"等关联词，以及主语人称的引入，使这一段诗在语调节奏上自然很多。但其中也仍然有词调的遗迹，例如"未免太匆匆""做得诗成相送"。在讨论自己音节的"尝试"中，这首诗第二、三段一直是胡适倚重的重点例证。而第一段相对而言被排除在了胡适的视线之外。然而，颇有意味的是，在最初发表与收入诗集之间，胡适对此诗的第一段做了相当大的修改。而修改当然不仅仅是语词句法等技术性的调整，更为重要的是它对应诗人对音节认知的眼界变化。以下将修改前后的两段诗并置来看：

> 你还记得，绮色佳城，凯约嘉湖上，
> 山前山后，多少瀑泉奇绝，更添上远远的一线湖光；
> 瀑溪的秋色，西山的落日，真个无双；
> 还有那到枕的湍声，夜夜像骤雨打秋林一样？
> 那是你和我最难忘的"第二故乡"。
> 如今回想，
> 往日的交情，旧游的风景
> 一半在你我的诗囊，一半在梦魂中往。
> ——《新青年》版

> 你还记得绮色佳城，我们的"第二故乡"：
> 山前山后，多少清奇瀑布，
> 更添上远远的一线湖光；
> 瀑溪的秋色，西山的落日，
> 还有那到枕的湍声，夜夜像雨打秋林一样？
> ——《尝试集》1920年3月初版

从整体诗意来看，前后之间并没有多少反转颠覆，都是追忆胡适与任叔永在绮色佳的留学情谊，修改的重点主要在于形式层面。

首先，与最初发表时相比，修改版做了一定的删减，例如"凯约嘉湖上""真个无双"，而原诗最后三句被整体删除。从删减后的效果来看，一是对遗留的词调进行彻底的清理（真个无双）；二是对冗余部分的切除，因为"凯约嘉湖上"与下文的"湖光"实际存在语意的对应和重复；而整体删除的最后三句虽然明确了诗的主题意旨和抒情重心，但在写法上过于直露。其次是语序结构的调整，不仅将第二句分隔成两句，还将"第二故乡"调整到句首，从原诗中的谓语变为"绮色佳城"的同位语，相比于原诗的平叙，冒号的使用，确立了清晰的叙事指向。进一步从句式语调来看，原诗句式整体上较为散漫，几乎每一句字数、句式都不同，而且每句都押尾韵，显得密集、重复，缺乏内在的情感起伏；修改之后，诗节整体上干练整齐，采用了隔句押韵，不仅放缓了抒情的节奏，使得阅读行为在意义内在上更多地停留，而且更符合人的自然呼吸。修改之后，整体的诗意更为集中、清晰。首句设定了回忆的抒情姿态，第二、三、四句借助"瀑布""湖光""秋色""落日"等意象，在远近高低之间将抒情对象——"你"牵引到一种开阔丰富的立体空间。尾句随着句式的转换，以及"湍声"的引入，抒情也从风景表象发生了内转；并且为了避免"你"在物象铺陈中的过多沉溺，尾句采用了疑问的语气，问号提请抒情对象从风景表象过渡到对更为亲密的夜晚时刻的注意。在意义推进中，胡适采用对句、叠词、换句的方式助推了意义的连续、内转和起伏，更制造出一种整齐自然的形式效果。从修改效果看来，自然音节不仅不是散文的音节，更不是口语的音节，所谓"自然"只是一种声随意转。①

三　生理学视角：意义的根源

在提醒胡适注意"'自然'二字也要加以研究"的同时，实际

---

①　朱执信在当时的音节讨论中也持有此观点，参见朱执信《诗的音节》，《星期评论》第51期，1920年5月23日。

上任叔永也给出了自己有关 "自然" 的理解：

> 大凡有生之物凡百活动，不能一往不返，必有一个循环张弛的作用。譬如人体血液之循环，呼吸之往复，动作寝息之相间，皆是这一个公理的现象。文中之有诗，诗中之有声有韵，音乐中之有调和（harmony），也不过是此现象的结果罢了。因为吾人生理上既具有此种天性，一与相违，便觉得不自在。近来心理学家用机器试验古人的好诗好文，其字音的长短轻重，皆有一定的次序与限度。我想此种研究，于诗的 Meter（平仄？），句法的构造，都有关系。①

相比于胡适对形式内部的偏重，任叔永尤为强调从生理学、心理学的角度来看待音节的自然性。在他看来，音节的自然不仅是声音形式层面的谐和，更与人的生理动作密切相关。不仅如此，他还借助古诗从四言到五言、七言的形式迁变与言语表达自然与否的关联进一步论证。由此，任叔永将自然音节的讨论从文本形式深入抒情主体的内在。换言之，声音形式不仅要与意义内容有机统一，更要以作为动力来源的意义内容为主导。胡适虽然从自然音节入手，与旧诗 "因声求义" "文质分离" 的形式弊病相对，为新诗建立了崭新的形式面貌，并且注意到形式对一种新的主体方式的生产作用，但也陷入新的形式陷阱，在声音与意义之间进行了机械的割裂。

有关新诗音节的讨论在当时激起了广泛的社会响应，谈及相关讨论的范围，胡怀琛强调："加入讨论的人"，"有的在北京，有的在上海，有的在杭州"②。可见，音节问题在新旧知识分子中间已经形成了一种相当深刻的问题结构。其实，不只在一般知识分子之间，有关音节的讨论也顺势延续到青年学生中。这也大致反映了早期新诗的社会扩张痕迹。

---

① 任鸿隽致胡适信，《新青年》第 5 卷第 2 号，1918 年 8 月 15 日。
② 胡怀琛：《序》，《〈尝试集〉批评与讨论》，上海泰东图书局 1921 年版，第 3 页。

　　1921 年 12 月 2 日，成立不久的清华文学社召开了第二次常会，相比于第一次常会对"诗是什么"的讨论①，这次讨论更为具体——"诗的音节问题"，在具体讨论中"由闻一多报告研究的结果，闻君对于一般无音韵之新诗及美国新兴之自由诗加以严重之抨击。报告后略有辩难"②。闻一多的报告即为 *"A Study of Rhythm in Poetry"*（闻一多自译为《诗底音节的研究》），在报告中，闻一多不仅系统研究了诗歌节奏的"分类""特性""作用"，同时也注意诗歌节奏的生理起源。在他看来，诗歌节奏与人的"脉搏跳动、紧张和松弛、声波和光波"密切相关。③ 在研究报告文后，闻一多附记了相关的参考书目，这些书目实际上构成了闻一多音节研究的知识来源。"脉搏跳动"的说法或许能够在第 4 条书目布里斯·佩里的《诗歌研究》④ 中找到相关线索。佩里在《诗歌研究》中不止一次提到声韵节奏与脉搏跳动的关联，在论述声调的产生时，佩里认为："只因我们的注意凝聚在间作的搏动上面，所以发生了声调的印象。……其实都是我们自己意识中的声调造成的。这种感觉完全不由我们自主，我们的脉搏跳动一天，便一天免不了有这种感觉。"⑤ 在分析韵的作用时，又说道："韵又可以帮助情绪，一来由于其对于注意的刺戟，迩来由其对于脉搏的加力。"并且强调："韵急时脉搏也不得不急。"⑥ 而"紧张和松弛、声波和光波"的说法，

---

① 《校闻》，《清华周刊》第 228 期，1921 年 12 月 2 日。

② 《校闻》，《清华周刊》第 229 期，1921 年 12 月 9 日。

③ 参见闻一多《诗歌节奏的研究》，孙党伯、袁謇正主编《闻一多全集》第 2 卷，湖北人民出版社 1993 年版，第 54—61 页。

④ 布里斯·佩里的 *A Study of Poetry* 于 1920 年由 Houghton Mifflin 出版，作为文学研究会丛书之一种由傅东华、金兆梓译出，1923 年在商务印书馆出版，在这一译本中布里斯·佩里被译为勃利司·潘莱，书名译为《诗之研究》，以下相关引文皆出于此。

⑤ ［美］勃利司·潘莱：《诗之研究》，傅东华、金兆梓译，商务印书馆 1923 年版，第 140 页。

⑥ ［美］勃利司·潘莱：《诗之研究》，傅东华、金兆梓译，商务印书馆 1923 年版，第 175 页。

在第 9 条书目桑塔耶纳的《美感》① 中也能找到相类似的对应文字。在分析人体机能对美生成的作用时，桑塔耶纳的观点是："如果你发现呼吸的快感对最高远最空幻的理想有多大的关系，你必定会莫名其妙，甚至惊讶不已。我们把吐纳的松快和情绪高尚联在一起，把屏息不动同畏惧之感联在一起，那并非只是一番比喻而已；正是喉头和肺部感觉的一种复现，才赋予那些印象一种直接的威力，随后我们才思索出它们的意味。所以，那些事物之动人心弦是直接出于深长呼吸或喘不过气这种生理感觉。"② 此外，桑塔耶纳认为人类能够辨识出音节，正在于声波的运动："声音之所以悦耳有一种简单的物理基础。……如果产生一个声音的气流依规则间隔反复震动，这声音就成为一种谐音。如果声波没有规则的反复，它就是噪音。这些有规则的节拍的快慢决定了谐音的音调。同一音调和力度上声音间相互区别的音质和音色，是声波在空气中不同错综的结果。所以在空气震动中辨别各种声波的能力，是我们听出音乐的条件。"③ 除了声波带来的听觉快感之外，光波也会在人的视觉上制造一种色彩快感："声波的高频震动对耳朵产生高音，光波的高频震动就对眼睛产生紫色，两者都会引起多少相似的感情。"④ 不难看出，这些论述构成了闻一多采用生理学视角进行音节研究的知识基础和思想谱系。这样的研究方法不仅与任叔永的观点形成了前后呼应，同时也与胡适封闭于文本形式的做法进行了区分——将音节的自然从文类形式还原到抒情主体的生理原因。

---

① 桑塔耶纳的 *The Sense of Beauty* 于 1896 年出版，中译本最早由中国社会科学出版社在 1982 年出版，以下引文皆出于中译本。

② ［美］桑塔耶纳：《美感》，缪灵珠译，中国社会科学出版社 1982 年版，第 38 页。

③ ［美］桑塔耶纳：《美感》，缪灵珠译，中国社会科学出版社 1982 年版，第 47—48 页。

④ ［美］桑塔耶纳：《美感》，缪灵珠译，中国社会科学出版社 1982 年版，第 50 页。

　　在早期新诗实践中，音节问题一直是闻一多的思考重心。但对于音节，他并非仅当作形式来抽象看待，机械割裂声音与意义之间的有机关联。在他看来，"单靠音节，不能成诗"。在评价《清华周刊》里的新诗时，他注意到音节的灵活能够使得"意思更紧一层"，同时他也能够辨认出"低窄沉缓的声响"，对一种"低头踟蹰"的情感的引发①。这样的音节认知事实上构成了闻一多早期新诗批评的主要切入基点。在他看来，俞平伯的音节虽然"凝练，绵密，婉细"，却"是从旧诗和词曲里蜕化出来的"，并不是"自然的音节"。对于胡适"自由诗"的音节实验，他甚至觉得"很可笑"，因为在他看来：

　　　　旧词曲的音节并不全是词曲自身的音节。音节之可能性寓于一种方言中；有一种方言，自有一种"天赋的"（inherent）音节。声与音的本体是文字里内含的质素；这个质素发于诗歌底艺术，则为节奏，平仄，韵，双声，叠韵等表象。寻常的语言差不多没有表现这种潜伏的可能性底力量，厚载情感的语言才有这种力量。诗是被热烈的情感蒸发了的水汽之凝结，所以能将这种潜伏的美十足的充分的表现出来。②

　　在声音与意义之间，闻一多虽然有着清晰的"内含"与"表象"的分别，但在内外之间也有着明确的主导顺序，"节奏，平仄，韵，双声，叠韵"这些音节的形式表象并不具有完全的独立性和自足性，它们的显形在根本上依托于抒情主体的内在"情感"，正是"情感"——抒情主体的生理感受触发了音节形式的打开机制。换言之，所谓的"自然的音节"意味着，声音既是根源于情感内在的自

---

① 闻一多：《评本学年〈周刊〉里的新诗》，《清华周刊》第七次增刊，1921年6月。
② 闻一多：《冬夜评论》，闻一多、梁实秋《冬夜草儿评论》，清华文学社1922年版，第3—4页。

然发作，同时也必须锚定于特定的意义内涵，与意义本身共同构成一种自然综合的有机整体。只有这样，声音才不是抽象机械的形式手段，而是能够支撑生命自我的形式感知。

进一步来看，这样的思考方向或许并不完全是来自闻一多个人的知识积累与视野方法，而是与 "五四" 前后一种以 "科学" 为底色的思想氛围有着整体性的联结。可以参照的是，无论是对父子伦理的批判，还是对现代 "人" 的整体构想，周氏兄弟都采用生理学的知识方法，以一种生物还原的方式重塑 "人" 的自然本性。[①] 沿着 "鼎革以文" 的思想线索，这种思路也被周氏兄弟自觉带入文学实践中。在 "新生" 阶段，鲁迅已过多注意诗歌 "凝为高响，展卷方诵，血脉已张" 的生理 "热力"[②]。在谈论 "口语作诗" 时，周作人不仅刻意回避 "五七言" 的句法和 "押韵" 的形式，而且强调 "止要照呼吸的长短作句便好"[③]。诗的创造在他看来更是一种生理上的需要[④]。回到早期新诗的讨论，当音节的自然性与抒情自我的生理性基础进行深刻的联结，自然音节的意义就不仅仅是一种抽象的诗歌体制，它更意味着在新旧之间 "声音" 与 "意义" 的位置翻转，进而重新建立了语言与主体的意义关联，为 "五四" 中的自我找到了一种现代的抒情声音。

第三节 "自然流露" 与 "自我" 的抒情

新诗的发生与胡适等人的留学背景密切相关，呈现出由外及内

---

① 参见鲁迅《我们现在怎样做父亲》、周作人《人的文学》等文。

② 鲁迅：《摩罗诗力说》，《鲁迅全集》第 1 卷，人民文学出版社 2005 年版，第 72 页。

③ 周作人：《古诗今译 Apologia》，《新青年》第 4 卷第 2 号，1918 年 2 月 15 日。

④ 周作人：《诗的效用》，《晨报副镌》1922 年 2 月 26 日。

的时空转换。① 而随着讨论的深入,新诗的话语效应也产生了一种反向流动性,在日本留学生中激起了一定的响应。郭沫若在回忆自己的写诗起点时就提到从《时事新报》上阅读新诗的经历,但对于康白情的新诗非但没有认同,反而产生了相当的怀疑。② 其中固然有语际环境、社会经历的认知差异,但诗学理想的不同似乎更为重要。对于新诗,郭沫若显然有着不一样的方案设想。

一 从外在音节到内在韵律

可能因为独身海外,远离文学革命的讨论氛围,郭沫若对于诗歌与文学形成了独立系统的见解。在回忆自己的诗歌生涯时,郭沫若提到:

> 我那时对于文学,已经起了一种野心,很想独自树立一个文艺论的基础。我的方法是利用我的关于近代医学、尤其生理学的知识,先从文艺的胎元形态,原始人或未开化人及儿童之文艺上的表现,追求出文艺的细胞成分,就如生理学总论是细胞生理学一样,文艺论的总论也当以"文艺细胞"之探讨为对象。
>
> 这种"细胞"的成分,在我看来,不外是由于外在条件所激起的情绪,与情绪所必具的波动,即节奏。开始是简单的,继进是复合的,更进则由情绪的领域跨入观照的领域,由条件之反射成为条件之再现。这,是我所了解的文艺的创作过程。③

---

① 相关研究参见袁一丹《新大陆的旧文苑——重构文学革命的前史》,《文学评论》2019 年第 6 期;姜涛《凯约嘉湖上一只小船的打翻——重审新诗发生"前史"的一次"偶然"》,《郑州大学学报》(哲学社会科学版) 2021 年第 2 期。

② 郭沫若:《我的作诗的经过》,《质文》第 2 卷第 2 期,1936 年 11 月 10 日。

③ 郭沫若:《创造十年续编》,《郭沫若全集》第 12 卷,人民文学出版社 1992 年版,第 225 页。

抽取其中的关键字眼，不难看出，在郭沫若看来，文艺的本质在于一种有节奏的情绪，依此，文艺不再只是抽象的文类形式，而是以人的生理学为基础将形式导入主体的外发行为，在形式与主体之间建立了不可分割的有机统一。

在与《学灯》的编辑宗白华建立联系之后，郭沫若对国内的新诗动态更为敏感。在李石岑同时主编的《民铎》上，胡怀琛的《诗与诗人》一文引起了郭沫若的注意。在"诗的界说"部分，胡怀琛借引《尚书·舜典》中"诗言志，歌永言，声依永，律和声"来解说诗的起源问题，在他看来"诗的重要部分在乎音节"。针对胡怀琛诗乐杂糅的看法，郭沫若提出了不同的意见：

> 诗之精神在其内在的韵律 Intrinsic Rhythm。内在的韵律（或曰无形律）并不是什么平上去入，高下抑扬，强弱长短，宫商徵羽；也并不是什么双声叠韵，什么押在句中的韵文——这些都是外在的韵律或有形律。Extraneous Rhythm。内在的韵律便是情绪底"自然消涨"。[1]

相比于胡怀琛对诗的"声律"这一外在形式的看重，郭沫若更在意形式的内生机制。换言之，形式虽然以声律现象为表征，但并非就等同于声韵的机械杂凑、拼补，而是有着自身内在的发动机制，它是诗人内心情绪"自然消涨"的显影赋形，正是情绪而非形式决定了一首诗的品质。由此，郭沫若将早期新诗讨论由"声"的形式层面引入"心"的内在维度。以此为据，诗歌的形式与内容、言与心就不再是内外之间、物我之间、主客之间的分离和对立，而是因共享同一的内生机制而呈现统一连贯的一致性。郭沫若不仅举出奈特的诗歌理论加以阐说，也把泰戈尔、波德莱尔、屠格涅夫、惠特曼当作一种有力的论述资源。

---

[1] 郭沫若：《致李石岑》，《时事新报·学灯》1921 年 1 月 15 日。

　　而如果将"内在韵律"的看法扩展来看，那么，郭沫若对胡怀琛的批评就并非偶然为之，而是内在于他一以贯之的思考脉络。在郭沫若留学生与新诗人的身份转换之间，宗白华扮演了相当重要的角色。他不仅从此前积压的诗稿中发现了郭沫若，更以交谊组织的形式在他、郭沫若与田汉三人之间制造了一种紧密联结的诗歌讨论氛围。① 在宗白华的记忆中，把他们三人扭结在一起的既有"兴趣爱好"，也有知识基础，更有共同的时代经验、心理感受，这些不仅共同造就了他们的情感联系，实际上也构成理解他们诗歌经验的重要方法。因而，在信中，宗白华对郭沫若说道："你的诗是我所最爱读的。你诗中的境界是我心中的境界。我每读了一首，就得了一回安慰。因我心中常常也有这种同等的意境。"但在这种诗歌认同中，宗白华也产生了一种困惑，就是虽然偶有意境感觉，但"得不着名言将他表写出来"②。换言之，在"诗的冲动"与诗的完成之间，宗白华所缺乏的是一种有机的转化，如他所说："我平日偶然有的'诗的冲动'，或你所说的 Inspiration，都同那结晶界中的自然意志一样，虽有一刹那顷的向上冲动，想从无机入于有机，总还是被机械律所限制，不能得着有机的'形式'（亚里士多德 Form）化成活动自由的有机生命，做成一个'个体生流'的表现。我正是因为'写'不出，所以不愿去'做'他。"③ 因此，宗白华"无形中打消的诗稿"并非因为他完全缺乏诗歌创作能力，而是对一种有效的写作机制的建立抱有迟疑。为了打消宗白华的顾虑，郭沫若在复信中结合自己的做诗经验做了宽解：

　　　　我自己对于诗的直觉，总觉得以"自然流露"的为上乘，若

————————

　　① 参见宗白华《秋日谈往——回忆同郭沫若、田汉青年时期的友谊》，《宗白华全集》第 1 卷，安徽教育出版社 1994 年版，第 300—302 页。

　　② 田汉、宗白华、郭沫若：《三叶集》，上海亚东图书馆 1920 年版，第 2—3 页。

　　③ 田汉、宗白华、郭沫若：《三叶集》，上海亚东图书馆 1920 年版，第 23 页。

是出以"矫揉造作"只不过是些园艺盆栽,只好供诸富贵人赏玩了。天然界的现象……莫一件不是自然流露出来的东西,莫一件不是公诸平民而听其自取的。亚里士多德说:"诗是模仿自然的东西。"我看他这句话,不仅是写实家所谓忠于描写的意思,他是说诗的创造贵在自然流露。诗的生成,如象自然物的生存一般,不当参以丝毫的矫揉造作。我想新体诗的生命便在这里。①

按照郭沫若的理解,诗的生成在于情感的"自然流露",依靠"自然流露"的抒情方法,在情感与诗之间建立起了一元的勾连想象。而"做"则意味着偏离情感的本真以至于"矫揉造作"。因而,只有"自然流露"的诗,才是"真诗,好诗"。可以说,"自然"在这里不仅关系一种抒情机制的建立,同时也与一种新的审美标准不无关系。"五四"前后,就业、升学、恋爱、家庭等诸多问题的叠压,给青年造成了"苦闷"的心理态势,自杀在当时成为一种典型的社会现象。因而,一种及时有效的抒情方式的建立,对于青年疏通自我、整理心态相当重要。而"自然流露"的意义在于,抒情自我可以借此将内心郁结直接以诗的形式加以抒发。对此,汪静之就有很深刻的体悟:"我极真诚地把'自我'溶化在我底诗里,我所要发泄的都从心底涌出,从笔尖跳下来之后,我就也慰安了,畅快了。"② 在他的经验中,真诚的自我、情感的丰沛不仅构成了诗的内容,也产生了有效的抒情方式,而情感一旦经过诗的表达,也会产生一种"慰安、畅快"的崭新的主体感受。对青年关注颇多的鲁迅就从汪静之的诗里读出了"自然流露"的抒情方法,得力于此,一种"天真清新"的阅读感受也由此产生。③ 而朱自清则认为正是

---

① 田汉、宗白华、郭沫若:《三叶集》,上海亚东图书馆 1920 年版,第 45—46 页。

② 汪静之:《自序》,《蕙的风》,上海亚东图书馆 1922 年版,第 1 页。

③ 汪静之:《回忆湖畔诗社》,王训昭选编《湖畔诗社评论资料选》,华东师范大学出版社 1986 年版,第 287 页。

"性灵的流露" 才让汪静之的诗能够 "保留孩子的心情"①。换言之，"自然流露" 不仅作为抒情方法为内在自我提供外向展开的发泄契机，更重要的是情感经过诗的重新编织，也为青年赋予了一种新的心灵秩序和自我形象。

二　自然流露与自我的 "新生"

对于郭沫若来说，自然流露不仅是一种作诗的方法，更对应着一种主体自我的生成方式，它既有相当丰富的知识来源，也与特定的生活经历、情感体验密切相关。

1915 年 9 月，刚升入日本六高的郭沫若患上严重的神经衰弱，这不仅剧烈消耗他的身体机能，更影响到他的精神世界和人生态度，悲观的情绪屡屡激刺他自杀的念头。② 其后，寄居异乡、失意的早婚以及同安娜的恋爱让他饱受 "孤寂和痛苦" 的折磨。因而，这一时期，可以说是他 "最彷徨不定而且最危险的时候"③。这种心迹鲜明地反映在了这一时期他的诗作中，在旧诗《寻死》中，他写道："偷生实所苦，决死复何难。"④《死的诱惑》虽然是为安娜而作，但在一定程度上也隐喻着一种灵肉之间的焦灼、撕扯。为了摆脱身心的困苦，他不但学习王阳明的静坐，也希望从庄子那里获取能够 "洞辟一切的光辉"，这些实践逐渐将他引入一个以心学为主、混融中西的哲学世界⑤，以期用哲学的形而上调和自己形而下的困境，进而达到灵肉一致的理想状态。正是在这一背景下，郭沫若与泰戈尔

---

① 朱自清：《〈蕙的风〉序》，汪静之《蕙的风》，上海亚东图书馆 1922 年版，第 2 页。

② 郭沫若：《伟大的精神生活者王阳明》，《文艺论集》，上海光华书局 1925 年版，第 67—68 页。

③ 郭沫若：《太戈尔来华的我见》，《创造周报》第 23 号，1923 年 10 月 14 日。

④ 田汉、宗白华、郭沫若：《三叶集》，上海亚东图书馆 1920 年版，第 9 页。

⑤ 郭沫若：《伟大的精神生活者王阳明》，《文艺论集》，上海光华书局 1925 年版，第 67—68 页。

发生了一段深刻的心灵遭遇。

1923 年，泰戈尔决定访华事宜，国内的报纸迅速形成广泛的舆论效应。郭沫若此时也参与到这一事件的热烈讨论中，并由此展开了一段有关早年留日时期的阅读经历的回忆：

> 我记得大约是民国五年的秋天，我在冈山图书馆中突然寻出了他这几本书时，我真好像探得了我 "生命的生命"，探得了我 "生命的泉水" 一样。每天学校一下课后，便跑到一间很幽暗的阅书室去，坐在室隅面壁捧书默诵，时而流着感谢的眼泪而暗记，一种恬净的悲调荡漾在我的身之内外我享受着涅槃的快乐。①

沉浸在泰戈尔的诗中，郭沫若的内心苦闷很快得到纾解，并迅速从中读解出了 "生命认同"。而问题的关键在于，在 "捧书默诵" 与 "流着感谢的眼泪" 之间，实际上暗含的是由诗歌到身体、由文入心的一元感受机制，它直接触发了阅读者的情感流露，内在自我也由此经受了涅槃的新生。在狄尔泰看来，"人只有在一定的深度上领会一切事物才能得到新生，而这种领会仅仅只有通过想象和移情作用才能获得"②。新生感受的产生机制，恰恰就在于诗的想象和移情。而这种阅读体验虽然极大地缓解了郭沫若的内心困顿，但并未为他提供一种根本解决的方法。

1919 年前后，郭沫若遭遇了留学生涯的第二段危机。由于少时伤寒造成严重耳鸣，郭沫若的医学课程学习出现了极大的障碍。此外，与泰戈尔遭遇之后，随着文学知识的积累，他的文学视野的开阔，郭沫若很快对文学投入极大的精力，不仅从事新诗创作，也尝试小说的写作。显然，此时文学在他的设想中已经不仅仅是一种个

---

① 郭沫若：《太戈尔来华的我见》，《创造周报》第 23 号，1923 年 10 月 14 日。

② ［德］狄尔泰：《德国文学中一个新世界观的诞生》，黄忠晶、金德万译，刘小枫选编《德语诗学文选》上卷，华东师范大学出版社 2006 年版，第 368 页。

人兴趣，而更像是一种人生志业。与张资平有关文学杂志的商讨更促使他转向文学。然而考虑到生活保障问题，他的想法受到了安娜的激烈反对。他不仅就此迁怒于安娜，更产生了"唾弃一切的科学"的决断。由此，歌德的《浮士德》走入了他的接受视野："在 1919 年的夏天，我零碎地开始作《浮士德》的翻译，特别是那第一部开首浮士德咒骂学问的一段独白，就好像出自我自己的心境。我翻译它，也就好像我自己在做文章。"① 这里的"独白"实际上是《浮士德》第一部的"夜"，开头有一小段背景的设置，原文为：

> In einem hochgewölbten, engen gotischen Zimmer Faust, unruhig auf seinem Sessel am Pulte.

郭沫若的译文是："小小的一间'果提克'的居室，室顶穹馀，佛司特坐在安旁椅上，作烦恼态。"② 在高利克看来，郭沫若的译文并未如实遵照原文，而是有着相当主观的改动③，"烦恼态"对译"unruhig"时大大加重了情感的强度。显然，在遵照原意的基础上，郭沫若极力想通过情感强度的拉伸将自己"唾弃一切科学"的不满情绪植入翻译行为中。而这并非毫无根据的"硬译"，因为在浮士德的独白与"我自己的心境"之间显然有着一定的投合，分享着共同的情感经验，对于"哲理""法律""医典"这些科学知识抱持相当的排斥，正如浮士德的坦述："我一切的欢娱从此去也。"④ 因而，借助"独白"这一表达方式，"我自己的心境"也会由此打开，内蕴的情感得以自然流露。而翻译《浮士德》的意义还不仅于此，从

---

① 郭沫若：《创造十年》，《郭沫若全集》第 12 卷，人民文学出版社 1992 年版，第 73 页。

② 郭沫若：《Faust 钞译》，《时事新报·学灯》1919 年 10 月 10 日。

③ 参见［斯洛伐克］高利克《歌德〈浮士德〉中的哥特式房间和日本箱崎的一间陋室》，《从歌德、尼采到里尔克》，福建教育出版社 2017 年版，第 66—67 页。

④ ［德］歌德：《浮士德》，郭沫若译，创造社出版部 1928 年 2 月初版，第 30 页。

"翻译它"到"我自己在做文章"既存在一种身份的偏移，也暗含一种非常流畅的诗歌机制的转化，从"翻译"到"做"意味着主体从向外的展开、吸收进入一个内收、消化进而创造的成长过程。如果说与泰戈尔遭遇是一种阅读层面"自然流露"的体现，那么，在此基础上，郭沫若对《浮士德》的接受则不仅在思想共鸣层面对接了相似的内心款曲和人生志趣，事实上也从翻译实践中获取了自然流露的创作方法的暗示。

在翻译《浮士德》之后，郭沫若相继又译出了《献诗》和《天上序曲》①。值得注意的是，《献诗》还被郭沫若当作《三叶集》的代序，用以表达他与宗白华、田汉依靠人格公开、知识分享、情感沟通所营造出的"绚烂的生命"。其中，歌德始终是他们讨论的话题中心。他们既谈及歌德的人生观与宇宙观，也充分注意歌德对青年真理与梦境之间矛盾心理的调和。而在诗的讨论过程中，郭沫若则从诗的具体做法上敏锐觉察到歌德的"自然流露"：

> 我想诗这样东西似乎不是可以"做"得出来的。我想你的诗一定也不会是"做"了出来的。……Goethe也说过：他每逢诗兴来了的时候，便跑到书桌旁边，将就斜横着的纸，连摆正他的时候也没有，急忙从头至尾地矗立着便写下去。我看歌德这些经验正是雪莱那句话底实证了。诗不是"做"出来的，只是"写"出来的。②

歌德的写诗状态非常清晰地呈现出"自然流露"的写作机制。而在翻译《浮士德》两个月之后，郭沫若便完成了《地球，我的母亲》的写作，从郭沫若的回忆中，不难体会他与歌德"自然流露"

---

① 参见田汉、宗白华、郭沫若《三叶集》，上海亚东图书馆1922年版，第51—52、70页。

② 田汉、宗白华、郭沫若：《三叶集》，上海亚东图书馆1922年版，第6—7页。

之间的互文关系：

> 《地球，我的母亲》是民八学校刚放好了年假的时候做的，那天上半天跑到福冈图书馆去看书，突然受到了诗兴的袭击，便出了馆，在馆后僻静的石子路上，把"下驮"（日本的木屐）脱了，赤着脚踱来踱去，时而又率性倒在路上睡着，想真切地和"地球母亲"亲昵，去感触她的皮肤，受她的拥抱。——这在现在看起来，觉得是有点发狂，然在当时却委实是感受着迫切。在那样的状态中受着诗的推荡，鼓舞，终于见到了她的完成，便连忙跑回寓所把来写在纸上，自己觉得就好象真是新生了的一样。①

这一写作过程不仅与阅读泰戈尔的过程有着相似的体验，也与歌德作诗的过程有着惊人的相似——诗的产生完全没有技术、情感的障碍。相反，难以自抑的情动不仅首先落实为一种身体触着，情感迫切的强度更使得抒情自我以"写"的方式在纸上自然地呈现出来。随着情感表达的完成，不仅自我获得了"新生"的主体感知，事实上，诗的形式也在这一过程中被构造出来。

而从阅读泰戈尔到翻译浮士德再到郭沫若自己尝试写诗，这一过程可以大致看作郭沫若在不同阶段对"自然流露"的体验和接受。从"读"到"翻译"再到"作"诗，虽然都共享着相似的情感体验，但三者之间也存在明显的机制转化的差异。"读"更多的是作为诗歌情绪感染的终端，"翻译"则更多体现在诗歌经验的某种习得，而"作"则意味着情感体验和诗歌技术习得的基础上，如何调动抒情主体将二者进行糅合，从情感的原点完成一次以诗歌形式为表征的敞开和表达。因而随着"作"的情感展开，诗的生成更接近于一种新生的过程，而抒情主体也由此完成一次成长的历险。

---

① 郭沫若：《我的作诗的经过》，《质文》第 2 卷第 2 期，1936 年 11 月 10 日。

　　只不过,虽然在诗的开启机制上与歌德有着内在的呼应,但郭沫若在《地球,我的母亲》的具体写法上对惠特曼有较多的比较和参照。郭沫若最初从有岛武郎的《叛逆者》中接触到了惠特曼,由此惠特曼构成了郭沫若诗歌风格的一个主要来源,据他自己的说法:"他那豪放的自由诗使我开了闸的作诗欲又受了一阵风暴般的煽动。我的《凤凰涅槃》、《晨安》、《地球,我的母亲》、《匪徒颂》等,便是在他的影响之下做成的。"① 相比于歌德"自然流露"的诗兴的启发,郭沫若从惠特曼那里接受到的是一种以"豪放""自由""风暴"为表征的形式风格。如果说诗兴构成了作诗的动力机制,那么,具体的形式风格则提供了可以模仿并加以创造、转化的方法图示。惠特曼的诗风并非一种盲目的抒情,而是有着细微的技术手段,重复的句式、平行的结构②、呼语的抒情、对宏大事物的礼赞共同造就了惠特曼诗歌的形式面貌。依靠丰富的想象、真挚的抒情,将自我与整个宇宙不断转化、并置,实现"小"与"大"之间的相互辩证,进而形成一种平等、开阔的抒情效果。对于郭沫若而言,这些既作为重要的技术来源,同时也为"自然流露"的抒情提供了有效的形式方法。

　　以《地球,我的母亲》具体来看,全诗共二十三节,每节四句,在形式上,每节都以"地球,我的母亲"的呼语③起首,进而每节都以"我……你……"或者"你……我……"的句式将抒情自我与"地球母亲"编织进一种互动关系中,整个抒情节奏围绕着抗拒虚无、确证自我的成长线索层层推进。前四节首先呈现"摇醒"后的"我"对"地球母亲"安慰的感知和感激;第五、六、七、八节写对"农人""工人""草木""动物"这些地球上实有存在的"羡

---

　　① 郭沫若:《创造十年》,《郭沫若全集》第 12 卷,人民文学出版社 1992 年版,第73 页。

　　② 参见区鉷《〈女神〉与〈草叶集〉的平行结构》,《外国语》1985 年第 3 期。

　　③ 有关"呼语"的研究参见王璞《抒情与翻译之间的"呼语"——重读早期郭沫若》,《新诗评论》2014 年总第 18 辑,北京大学出版社 2014 年版,第 67—90 页。

慕";之后六节表现对"缥缈的天上"等"虚影"的怀疑拒绝,对
"实有性"的追求确证;第十五至二十一节抒写感知"深恩"后的
"我"如何借助物自己的一元想象,与"地球母亲"进行情感的承
接、转化;最后两节呈现最终的抒情效果,"我"经由"地球母亲"
的感化,经历了"成长"和"新生",并将感化施与他人。整首诗
有着明确的抒情方向,而正是呼语与重复的句式为诗歌确立了连贯
的时间指向,在时间的层进中,抒情自我完成了脱离虚无、确证自
我的成长历程。而这并非抒情自我的主体自发性,而是来自"我"
在不断呼唤中对"地球母亲"的感化。呼语通过不断的情感复沓使
得"地球,我的母亲"这一超验的他者不断作为生命母体显形在场,
在为"地球"赋予一种客观实在的同时,"我"的"实有性"也从
它的"证明"中被构造出来,此时的"实有"不再是抽象静止的,
而是像"劳动"一样被赋予了生命动作。由此,"新生"的自我不
再满足于封闭于自我,而是以"内在的光明"向外扩展、触着、关
怀,从一种精神实体进而转变为一种社会实体、行动实体。至此,
不仅自我的虚无感受得到了有效表达纾解,一种更为开阔的具有实
感体验和轮廓的主体感受也被生产出来。而呼语的意义还在于,随
着"新生"过程的完成,诗的形式也在连贯流畅的抒情节奏中被塑
造出来。对于郭沫若来说,"自然流露"不仅构成了他的抒情方式,
同样也设定了他的形式风格。与《地球,我的母亲》相比,《凤凰
涅槃》有着相似的抒情方法,只不过诗的生产不再仅仅指向自我的
"新生",而是指向了更为庞大的历史现实——"中国"①。由此看
来,形式并不完全是诗歌内部的技术生产,它还是能够生产主体、
制造现实的"政治"手腕。而这些都依赖于一种"自然流露"的自
发性机制。

---

① 对于《凤凰涅槃》的写作意义,郭沫若自己曾经阐说:"那诗是在象征着中国的
再生,同时也是我自己的再生。"郭沫若:《我的作诗的经过》,《质文》第2卷第2期,
1936年11月10日。

"自然流露"在阅读、翻译到实际的写作这一过程中发挥了贯穿勾连、起承转合的机制作用。由此,郭沫若不仅捕获了诗歌写作的动力机制,同时也习得了具体的抒情方法和形式风格。他的生活危机与新诗实践有着鲜明的互文关系,而正是"自然流露"实现了从生活经验到诗歌语言的形式转化,给不断深陷危机的郭沫若带来"新生"的抒情效果。也可以说,正是对"新生"的某种渴求才使郭沫若选择了一种"自然流露"的抒情方式。

三 "自然流露"的扩展及修正

郭沫若、宗白华、田汉三人在经历了 1920 年的频繁通信之后,1920 年 5 月底,宗白华赴德留学。而也正是在这一时期,宗白华开始了"流云"系列小诗的写作,在新诗写作上经历了从"写不出"到"写得出"的境遇。有意味的是,他的"写诗的冲动",与郭沫若的"自然流露"有着相似的经验成分。据他回忆:

> 我常常被一种创造的情调占有着。黄昏的微步,星夜的默坐,大庭广众中的孤寂,时常仿佛听见耳边有一些无名的音调,把捉不住而呼之欲出。往往是夜里躺在床上熄了灯,大都会千万人声归于休息的时候,一颗战栗不寐的心兴奋着。静寂中感觉到窗外横躺着的大城在喘息,在一种停匀的节奏中喘息,仿佛一座平波微动的大海,一轮冷月俯临这动极而静的世界,不禁有许多遥远的思想来袭我的心,似惆怅,又似喜悦;似觉悟,又似恍惚。无限凄凉之感里,夹着无限热爱之感。似乎这微渺的心和那遥远的自然,和那茫茫的广大的人类,打通了一道地下的深沉的神秘的暗道,在绝对的静寂里获得自然人生最亲密的接触。[①]

---

① 宗白华:《我和诗》,《文学》第 8 卷第 1 期,1937 年 1 月 1 日。

不难体会其中浓郁的"罗曼蒂克"意味，而诗的装置的开启事实上也蕴含在这种"罗曼蒂克"之中。借助浪漫的情感想象，心、自然、人类之间实现了相互转化、打通，由此，自我不但被编织进入一种有机的生命节奏，而且由一种连续感流畅性的获得而呈现出情感的自然流露。尽管宗白华身处德国古典哲学氛围，与浪漫派、歌德等产生深刻的思想触着，但结合此前的通信讨论，宗白华从"写不出"到"写得出"的转变，与对《三叶集》这一经验共同体的知识、情感进行接受、吸收、内化也并非没有关联基础。事实上，小团体、小组织的知识分享、情感交流恰恰是"五四"前后青年普遍的联结方式，而社会改造也以此为切实的行动起点。[①]

赴德不久，宗白华即写作了《艺术》[②] 一诗：

> 你要了解"光"么？
>
> 你可曾同那林中透射的斜阳共舞？
>
> 你可曾同黄昏初现的月光齐颤？
>
> 你要了解"春"么？
>
> 你的心琴可有那蝴蝶的翩翩情致？
>
> 你的呼吸可有那玫瑰粉的一缕温馨？
>
> 你要了解"花"么？
>
> 你曾否临风醉舞？
>
> 你曾否饮啜春光？

全诗虽然没有具体的分节，但句式的重复实际上已经暗示了内容上的三个构成。每一小节都以"你要了解……么？"的疑问句式开

[①] 参见潘正文《"五四"社会思潮与文学研究会》，新星出版社 2011 年版；姜涛《"社会改造"与"五四"新文学——作为一个整体的研究视域》，《文学评论》2016 年第 4 期。

[②] 宗白华：《艺术》，《少年中国》第 2 卷第 5 期，1920 年 11 月 15 日。

始，进而又将每节的主题"光""春""花"以相似的句式落实到与
之相关的具体现象上。在结构上依赖于一种平行推进的方式，制造
出一种既平稳又复沓的形式效果。而全篇都放置在疑问的语调中，
则将诗歌的封闭结构引向一种开放的思考空间，由此在形式上产生
一种抒情的反差，在形式与内容上形成一种紧张的效果。从写法上
看，不难看出其与郭沫若诗作的相似性，使用相似的句式、平行的
结构，造成"自然流露"的抒情效果。值得注意的是，诗的标题是
"艺术"，看上去非常抽象，而在具体的写作中，宗白华则将这种抽
象具体以"光""春""花"及其相关意象加以替换，将抽象的哲学
范畴落实到可视可听可感的自然现象上。因而，看上去"自然流露"
的抒情效果实际上有着一定的形式修饰。这种自觉在很大程度上与
宗白华对哲学、美学的持续关注密切相关。

留学之前，宗白华即已表现出浓厚的哲学兴趣和深刻的哲理修
养。从 1917 年至 1920 年 5 月底，宗白华相继写出了《萧鹏浩哲学
大意》《康德唯心哲学大意》《康德空间唯心说》《说唯物派解释精
神现象之谬误》《欧洲哲学的派别》《读柏格森〈创化论〉杂感》
《科学的唯物宇宙观》《美学与艺术略谈》等一系列哲学美学论文。
留学之后，宗白华对哲学艺术的看法经历了从个人兴趣到学术志业
的转变，他不仅计划写作一本《康德哲学》，同时有关《美学》的
写作设想也在考虑之中。① 正是对哲学艺术等相关专业的学习、积累
使宗白华对"自然流露"的理解在"三叶集"时期的基础上也有了
一定的调整。此时，在宗白华的理解中，"自然"与"艺术"有着
一种相互转化的内在勾连：

　　　"自然"本是个大艺术家，艺术也是个"小自然"。艺术创

---

① "少年中国"的会务报告中公布了会员拟定的研究书籍，其中提到"康德哲学
宗白华拟著"，"又宗君提出两个书名，一近代的新心理学，一美学"。《会务报告》，《少
年中国》第 1 卷第 12 期，1920 年 6 月 15 日。

造的过程，是物质的精神化；自然创造的过程，是精神的物质
化；首尾不同，而其结局同为一极真、极美、极善的灵魂和肉
体的协调，心物一致的艺术品。①

　　如果说"自然流露"在郭沫若那里还是一种偏重于自然对艺
术机制的启发，那么，显然，在宗白华此时的理解中，自然与艺
术是一种相互打开、相互生成的有机统一体。因而，也就可以理
解为何宗白华对《艺术》这一抽象的题目采用一种以自然现象铺
陈推进的写作方法。而也正基于此，在产生自然流露的形式效果
的基础上，自然意象的编织也给诗歌带来一种修辞的着色和艺术
的效果。

　　辩证来看，宗白华在讨论中对"自然流露"并非机械接受，而
是有着相当敏锐的批判反思。前面提及，"自然流露"将诗的写作由
形式障碍深入内在情动，强烈的情感构成了诗的展开基础，为了达
成抒情的流畅自然，势必要在形式上借助复沓的呼语、雷同的句式。
也就是说，无论是形式结构，还是抒情节奏都极易以一种单调、直
白甚至浅薄的面貌出现。因而，宗白华对郭沫若委婉告诫说："我觉
得你的诗，意境都无可议，就是形式方面还要注意。你诗形式的美
同康白情的正相反，他有些诗，形式构造方面嫌过复杂，使人读了
有点麻烦（《疑问》一篇还好，没有此病）。你的诗又嫌简单固定了
点，还欠点流动曲折。"② 进一步来看，这样的抒情手法对于思想无
定、内心动荡的"五四"青年来说，固然容易接受，进而能够从中
总结出方法路数，实现由读者到作者的身份转变，扩大新诗的社会
生产效果。但从另一面看，单调浅露也极易造成模仿的弊病，不仅
让新诗重新陷入一种抒情格套中，主体的能动性也会因为浪漫的过
度消费而呈现自溺、停滞的无效状态。这也成为 20 世纪 20 年代新

---

① 宗白华：《看了罗丹雕刻以后》，《少年中国》第 2 卷第 9 期，1921 年 3 月 15 日。
② 田汉、宗白华、郭沫若：《三叶集》，上海亚东图书馆 1920 年版，第 26 页。

诗扩张过程中的问题根源，进而掀起了一种普遍性的浪漫批判。① 而宗白华所谓"流动曲折"不但指向了形式改造，对一种更为理想的主体形态的呼唤也包含在其中。作为回应，郭沫若意识到了作诗与做人的互文关系："我的诗形不美的事实正由于我感情不曾美化的缘故。我今后要努力'造'人，不再乱做诗了。人之不成，诗于何有？"② 这就提示着，无论是作为文类的新诗还是作为主体的抒情自我，在当时都还不具备独立成熟的自足性，从发生的角度来看，二者之间是一种相互生产、相互塑造的辩证关系，都需要一种持续的修养机制。

第四节 写景诗与"内在自我"的发现

一 自然与修养

有关"自然流露"的讨论很快在新诗人中间扩散开来，作为经验反思，将作诗与做人进行一种整体性的观照成为普遍的共识，一时间，"修养""源泉"③ 等字眼弥漫在新诗讨论的风气中。由此，在"写"与"作"之间，新诗也开启了新一轮的改造尝试。④ 可以参照的是，这种批判反思并不局限在新诗内部，在具体的社会改造

---

① 在一则通信中，恽代英就对浪漫的风气展开批评："现在的青年，许多正经问题不研究，许多正经事不做，自己顺着他那种浅薄而卑污的感情，做那些像有神经病，或者甚至于肉麻的哼哼调，自命为是文学，自命为文学家，这却不怪我们藐视而抹煞了。"《文学与革命》（通讯），《中国青年》第 31 期，1924 年 5 月 17 日。

② 田汉、宗白华、郭沫若：《三叶集》，上海亚东图书馆 1920 年版，第 50 页。

③ 参见宗白华《新诗略谈》，《少年中国》第 1 卷第 8 期，1920 年 2 月 15 日；康白情《新诗底我见》，《少年中国》第 1 卷第 9 期，1920 年 3 月 15 日；叶圣陶《诗的泉源》，《诗》第 1 卷第 4 号，1922 年 4 月 15 日。

④ 参见于赓虞、赵景深《写诗的讨论》，解志熙、王文金编校《于赓虞诗文辑存》，河南大学出版社 2004 年版，第 515—525 页；章洪熙《萌芽的小草——一知半解的"诗话"》，《晨报副镌》1922 年 12 月 20 日。

环节，人格修养、生活历练也是相当重要的成长步骤，在这种思想氛围中，"到民间去""到社会去""到自然去"成为青年统一的行动方向。回到新诗的内部来看，由"写"到"作"事实上也分享着相似的改造逻辑，"作"意味着诗的生成不再仅仅满足于主体的自发性，而是把抒情主体放置在内在修养与外在展开的过程中加以看待。这样一来，诗的重心就不再是一种流畅的抒情，它的关注焦点调整为一种过程性的凝视，注重主体如何处理现实，现实作为经验感受如何回收到主体的情感想象。由此看来，显然"自然"被赋予了一种新的意义，它不再是活动其间的物质居所。

作为"五四"前后最为活跃的青年团体，"少年中国"对"修养"一直抱有相当的关注。① 事实上，"少年中国"的命名本身就内含着一种新的人格的创造。在相关的讨论中，"少年中国"的成员之间开具了不同的修养方案。相比于魏时珍"静的修养"的说法，康白情更强调一种在社会中交际的"动的修养，活的修养"②。而宗白华则尤为注意自我与自然之间的连带关系，他认为：

> 创造小己人格最好的地方就是在大宇宙的自然境界间，我们常常走到自然境界流连观察，一定于我们的人格心襟很有影响。自然界的现象本是一切科学的基础，我们常常观察水陆的动植的神奇变化，山川云雨的自然势力，心中就渐渐得了一个根据实际的宇宙观。③

宗白华所关注的不是自然的物质表象，而是现象背后的"自然

---

① 《会员通讯》，《少年中国》第 1 卷第 3 期，1919 年 9 月 15 日；《会员通讯》，《少年中国》第 1 卷第 5 期，1919 年 11 月 15 日；《会员通讯》，《少年中国》第 1 卷第 6 期，1919 年 12 月 15 日。

② 《会员通讯》，《少年中国》第 1 卷第 3 期，1919 年 9 月 15 日。

③ 宗白华：《中国青年的奋斗生活和创造生活》，《少年中国》第 1 卷第 5 期，1919 年 11 月 15 日。

势力",或者说一种潜在的秩序规则,由此作为"宇宙观"的一种"基础",形成看待世界的方法和角度。而"自然"从外在现象到内在人格的深入,并非如"渐渐得了"所暗示的那样,是一种自然而然的时间效果,而是依赖于"走""观察"这些细腻生动的行为动作。换言之,作为修养的"自然",它所要求的不仅是一种静态的内在提升,更重要的是一种向外的敞开与动态的触碰,是主体在内外之间的相互激荡。这种对自然的思考方式也被宗白华带入了新诗的思考范围内。

针对郭沫若"诗不是'做'出来的,只是'写'出来的"①的说法,宗白华提出了不同的观点:"我想我们要达到'能写出'的境地,也还要经过'能做出'的境地。因诗是一种艺术,总不能完全没有艺术的学习与训练的。"相比于郭沫若对抒情的自发性的重视,宗白华更注重作诗的修养。而"自然"在他看来是诗的修养必不可少的路径:

> 直接观察自然现象的过程,感觉自然的呼吸,窥测自然的神秘,听自然的音调,观自然的图画。风声水声松声潮声,都是诗歌的乐谱。花草的精神,水月的颜色,都是诗意、诗境的范本。②

在此,自然不仅能够提供诗歌的材料,同时也暗示出诗歌的形式和音节,更重要的是,诗歌的本质内在——"诗意、诗境"也能从中得到清晰的辨识。不难看出,自然与诗歌关系的建立在于它提供了一种规则和秩序,作为一种形式、结构,诗歌可以从中获取一种运作方式,借此生成一种兼具形式与内容的有机体。正如席勒所说:"自然赋予素朴诗人以这样一种能力:总是以不可分割的统一的

---

① 田汉、宗白华、郭沫若:《三叶集》,上海亚东图书馆 1920 年版,第 7 页。

② 宗白华:《新诗略谈》,《少年中国》第 1 卷第 8 期,1920 年 2 月 15 日。

精神来行动，在任何时候都是一个独立的和完全的整体，并且按照人的实质在现实中表现人性。"① 然而，问题的关键在于，在宗白华的表述中，诗的生成这一复杂的过程在很大程度上在"……是……"这一流畅的句式中被省略了。对此，宗白华也有一定的补充："与自然的神秘互相接触映射时造成的直觉灵感，这种直觉灵感是一切高等艺术产生的源泉，是一切真诗、好诗的（天才的）条件。"② 虽然这里也用了"是"的句式，但也触及了问题的核心，这就是在自然与诗之间，抒情主体的"直觉灵感"才是诗歌生成的关键。对此，康白情也持有类似的看法，他首先强调"诗是主情的文学"，而"自然"则是感情修养的重要步骤："作诗要靠感兴；而感兴就是诗人底心灵和自然底神秘互相接触时，感应而成的。"③ 而无论是"直觉灵感"还是"感应"，都意味着自然与自我之间并不是照相式的留影，对"自然"的摄取往往依赖于抒情主体的观察、选择、吸收等内在的体认，这构成了从自然表象到诗歌形式的转化机制。

在这一调整过程中，"写景诗"能够"发达"④ 起来，成为一种"风气"⑤ 就并非偶然。因为写景不仅仅是简单的观看与复刻"自然"，它具体表现为内在心理与外在物象从感应、吸收到语言的转化。在新诗与自我、形式与主体之间，风景实际充任了它们的转化机制。换言之，风景的生成恰恰也是主体打开、诗意生成的过程。

---

① ［德］席勒：《论素朴的诗与感伤的诗》，曹葆华译，刘小枫选编《德语诗学文选》上卷，华东师范大学出版社 2006 年版，第 154 页。

② 宗白华：《新诗略谈》，《少年中国》第 1 卷第 8 期，1920 年 2 月 15 日。

③ 康白情：《新诗底我见》，《少年中国》第 1 卷第 9 期，1920 年 3 月 15 日。

④ 在谈及早期新诗时，朱自清提到："这时期写景诗特别发达。"《〈中国新文学大系·诗集〉导言》，《中国新文学大系·诗集》（影印本），上海文艺出版社 2003 年版，第 3 页。

⑤ 评论《草儿》的同时，胡适也顺带讨论了当时的写景诗，认为："这种诗近来也成为风气了。"《评新诗集（一）：康白情的〈草儿〉》，《读书杂志》第 1 期，1922 年 9 月 3 日。

二　描写与真实

在中国诗歌史中，写景不仅有着清晰的脉络谱系，甚而可以说是蔚为大观。在梁实秋看来，"中国诗里叙事的特少，写景的特多。换言之，以人事为题材者少，以自然为题材者多。自陶渊明已降六朝的山水诗，在中国诗里占了一个特别的位置"，但是"中国山水诗所表现的只是一种意境，一种印象，一种对于实际人生之轻蔑"①。而对"意境""印象"的过于执着，势必造成客观实际的感受体验的偏废，及至物我分离，写景流于知识概念的推演、形式规定的套用。这也构成了新诗人对古典写景批判的原因。郭沫若就坦陈自己虽"尤为喜欢是赞颂自然的诗"，但能满足审美条件的，"还不曾见到"②。其实不独诗歌，小说中也存在类似的状况。胡适认为"描写风景的能力在旧小说里简直没有"。原因不仅在于缺乏"实物实景的观察"，以词藻充数，更重要的是描写语言的程式化，缺少与实景对应的语言创造③。因而在文学革命的方案中，胡适尤其"注重实地的观察和个人的经验"以及"描写的方法"④。可以说，"描写"成为新旧文学之间一个主要的形式分界。

胡适不止一次地提及以"观察""描写""具体"等为标准的形式手段，这里既与他文学革命方案中的"及物"设想相关，同时在形式方法之外更指向了一种新的主体方式。依照宗白华的分析，新诗与旧诗的分别主要在于思维方式和心理惯习：

中国人旧式的文学脑筋，因积习于旧文学底思想形式，流

---

① 梁实秋：《现代文学论》，《梁实秋文集》第 1 卷，鹭江出版社 2002 年版，第396 页。

② 田汉、宗白华、郭沫若：《三叶集》，上海亚东图书馆 1920 年版，第 144 页。

③ 胡适：《〈老残游记〉序》，欧阳哲生编《胡适文集》第 4 卷，北京大学出版社1998 年版，第 453—454 页。

④ 胡适：《建设的文学革命论》，《新青年》第 4 卷第 4 号，1919 年 4 月 15 日。

于笼统，空泛，因袭等等底流弊。没有分析的眼光，以解剖社会与生活实际。没有缜密的情想以描写自然与人生底真相。旧形式的压迫太重，不能用真诚确切的概念意象，表写新生命新感觉的精神。①

在这里，"笼统，空泛，因袭"并非仅仅指向"旧式的文学脑筋"，旧文学的生成方式以及支撑它的思维方式和心理习惯也与此密切相关。而"笼统，空泛，因袭"在很大程度上与一种"引譬连类"的思维方式不无关联。根据郑毓瑜的研究，引譬连类是先秦以后逐渐形成的一种依靠概念的相似性、亲和性，在不同物类之间形成意义关联的思考方式。② 这样的思考方式，固然实现了物我之间的沟通、牵连，建立起身体与世界的意义秩序，但与此同时，主体的视界也会逐渐从对物本身的专注和凝视收缩到具有亲附性、相似性的概念表层。主体的认知对象并非作为分析对象的物本身，而是先验的概念体系。换言之，意义感是先在赋予的，而不是来自主体的分析观察和实感体验。在研究中国古代"悲秋诗"时，小尾郊一认为："在描写秋天时，代表秋天的景物已经在当时人的头脑中固定了，所以不织入这些景物，便不成其为秋天描写。因此，与其说是直接接触描写了秋天本身的景物，还不如说是对秋天作了观念性的描写。"③ 相比于现实体验，"观念性的描写"更像是一种冥想，在拒绝现实的同时，实际上它也模糊了自我、限定了自我。

那么，早期新诗中的"描写"就不仅仅是一种形式手段。在对"人力车夫""工人""卖布人""学徒"进行刻画的同时，"描写"

---

① 宗白华：《新文学底源泉——新的精神生活内容底创造与修养》，《时事新报·学灯》1920年2月23日。

② 郑毓瑜：《引譬连类：文学研究的关键词》，生活·读书·新知三联书店2017年版，第8页。

③ ［日］小尾郊一：《中国文学中所表现的自然和自然观：以魏晋南北朝文学为中心》，邵毅平译，上海古籍出版社2014年版，第45—46页。

并不完全是目光的下潜和同情的泛滥，通过对底层社会的深描，将传统文学视线之外的边缘人引入现代文学的图谱中，它也在读者的阅读心理中构造出一种批判性的真实，而"诗歌的巨大道德力量有赖于真实"①，借助于阅读行为的社会化生产，这种道德感知由此形成一种广泛的联结，因而，"描写"也意味着对一种新的社会现实的构造。对于诗人而言，"描写"则意味着既要调动主体内在，又要将主体的目光调整为对现实的凝视，对现实进行理性的感知、取舍、改造，在内外之间建立起有效的意义感知，进而刷新主体的感受方式。安敏成对"现实主义"的研究对此或许不无参照，他认为："现实主义对观物之客观立场的强调与这样一种启蒙观念息息相关，即人类可以通过理性的实践从迷信和偏见中解放自身。"而"描写"正是与理性的生成密切相关，因为，"对外部世界的冷静观察"意味着"一种内在的搏斗，使思想摆脱对传统的依赖"。正是在对传统的摆脱中，观察者发现了"自身的独立性，感受到自由的力量"。并且在观察的过程中，"精神被分为两个部分：理性的客观因素与一种超越历史的洞察相结合"；"与之相对的主观因素则沿袭了非理性的传统积习。由此，当情感和偏见，这些通常被认为是个人主观的因素遭到贬斥的时候，现实主义的客观性便不无矛盾地拔高了主体的地位（作为一个独立不羁的观察者）"②。换言之，主体并非先验自足的，它始终需要一种发现机制和打开方式，由此"描写"就不只是主体的外向展开，同时也是对主体位置的确认和保持。正是借助于"描写"这一形式手段，主体才能够从晦暗不明的状态得以显影赋形。

在早期新诗中，描写事实上构成了相当重要的技术标准。在胡

---

① ［德］狄尔泰：《德国文学中一个新世界观的诞生》，黄忠晶、金德万译，刘小枫选编《德语诗学文选》上卷，华东师范大学出版社 2006 年版，第 360 页。

② ［美］安敏成：《现实主义的限制》，姜涛译，江苏人民出版社 2011 年版，第 11 页。

适所推重的新诗人中，康白情、俞平伯都是以描写见长。① 依据写诗经验，俞平伯尤为强调"做诗非实地描写不可。"② 在《草儿》评论中，梁实秋固然批评甚多，但也坦陈"写景是《草儿》的作者所最擅长，天才所独到"，进而具体以《日观峰看浴日》为例，称赞其"描写的功夫，可谓尽致了"③。在一批新诗人的写作带动下，"写景"很快形成了一种风气。胡适对写景诗的价值多有肯定，但从风气之中，也清醒地读出了某种"流弊"。在他看来，写景诗因为描写的引入"最容易陷入'记账式的列举'"④。换言之，描写虽然通过直观创造出一种实感与真实体验，但单调的描写只能让写景止步于物象的罗列、并置，诗意的生成在技术手段之外则需要更为复杂的转化方法。作为"新诗中的第一首杰作"，《小河》的意义恰恰来自胡适从中分辨出的"细密的观察""曲折的理想"。而无论是傅斯年的《深秋永定门晚景》，还是俞平伯的《春水船》，胡适所看重的也是描写所制造出的"朴素真实"的艺术效果⑤。也就是说，写景并不单单需要细腻的技术刻画，风景意味的产生更有赖于主体的能动机制。胡适之所以赞叹《庐山纪游》的"伟大"，在于他从"行程的纪述"、"景色的描写"以及"长篇的谈话"⑥ 的综合形式中把握

---

① 在讨论写景时，胡适认为"白情最长于这一类的诗"；又说："平伯最长于描写。"《评新诗集（一）：康白情的〈草儿〉》，《读书杂志》第 1 期，1922 年 9 月 3 日；《评新诗集（二）：俞平伯的〈冬夜〉》，《读书杂志》第 2 期，1922 年 10 月 1 日。

② 俞平伯：《社会上对于新诗的各种心理观》，《新潮》第 2 卷第 1 号，1919 年 10 月 30 日。

③ 梁实秋：《草儿评论》，闻一多、梁实秋《冬夜草儿评论》，清华文学社 1922 年版，第 13 页。

④ 胡适：《评新诗集（一）：康白情的〈草儿〉》，《读书杂志》第 1 期，1922 年 9 月 3 日。

⑤ 胡适：《谈新诗——八年来一件大事》，《星期评论》双十节纪念号，1919 年 10 月 10 日。

⑥ 胡适：《评新诗集（一）：康白情的〈草儿〉》，《读书杂志》第 1 期，1922 年 9 月 3 日。

到了外在风景与内在自我相互激发、彼此调动的复杂情调、曲折意味。

胡适认为"实在好"的《十一月二十四夜》① 一诗或许更能呈现他的主张意旨：

> 老槐树的影子
> 在月光的地上微晃；
> 枣树上还有几个干叶，
> 时时做出一种没气力的声响。
>
> 西山的秋色几回招我，
> 不幸我被我的病拖住了。
> 现在他们说我快要好了，
> 那幽艳的秋天早已过去了。

诗的两节实际恰好构成一种物我的对应。上节着重于"写景"，借助于"影子""月光""干叶"的具体意象，以及视听之间的节奏变换，制造出一种虚幻、衰朽的氛围。"没气力"不仅支撑起了上节的整个叙事重量，也开启了下节的叙述方向。上节的写景姿态，实际上与下节中"我的病"相关联，病不仅描述了抒情主体的身体状态，同时也设定了看待风景的角度。正因如此，相较于"我"周边的虚衰，"西山的秋色"对于病中的"我"则构成了另外的想象空间，它之所以能够对"我"形成吸引、召唤，不完全在于风景本身，而是在"病"与"西山"之间形成了一种可供想象、追慕的距离。而"拖"却又将"我"从审美的虚境拉回到"病"的现实，在"我"和"我的病"之间形成一种自我的分裂。由此，不仅在想象与现实的拉扯中构造出内在的情感张力，更以一种"病"的姿态暗示主体的在场。从叙事时间上来看，从上节虚衰的风景到下节"西

---

① 胡适：《十一月二十四夜》，《新青年》第 8 卷第 5 号，1921 年 1 月 1 日。

山的秋色",叙事的指向在于一种时间的措置。而诗的最后两句实际上设置了又一重措置,当"我快要好了"的时候,"那幽艳的秋天早已过去了"。生命的措置、流失承担起了整首诗的张力结构,塑造了整首诗的形式面貌,而正是这种流动的内在张力生产出了一种并不稳固、确定的自我形象。胡适对风景的描写,不单单是机械的刻绘,风景的呈现方式及其在诗歌文本中的结构位置始终伴随着抒情主体的情感起伏。

三　写景的修正与现代诗意的生成

对写景的不满在一批更年轻的新诗人那里激起了更多的反思和讨论。在他们看来,自然不仅是一种内容构成和视觉呈现,如何写景更关系到对诗的理解和理想诗歌形态的构想,关系到诗的生成及现代诗意是如何产生的。据朱自清后来的总结,早期新诗虽"注重写景",但一般的写景"又只是铺叙而止"[①]。这种看法与他在 20 年代新诗现场的观感是相一致的。在给杭州一师的学生李无隅的诗集《梅花》作序的时候,朱自清对其中写景诗的评价是"融情入景,并非纯摹自然",又说"这可见他的心时时有所系了"[②]。在"融"与"入"之间,朱自清已经暗自设定了"情"与"景"的地位,在理想的诗风中,情与景并非并置对等,相比较而言,景更像是情的显影,以此内在的情感能够以自然为形象被呈现、赋形,由抽象变得具体、可感,但此一过程又在根本上受制于情感的主观意愿,"心"既是情动的起点,同时也是诗意生成的落脚点。可以说,"融"与"入"不但是有效的技术手段,也是一种理想的诗歌生成方式。在介绍"湖畔"诗人的过程中,朱自清也有大致相似的看法,对于"湖畔""咏自然"的整体倾向,朱自清认为其大都"宛转秀

① 朱自清:《抗战与诗》,《新诗杂话》,作家书屋 1947 年版,第 55 页。
② 朱自清:《〈梅花〉的序》,《文学》第 116 期,1924 年 4 月 7 日。

逸，颇耐人思，和专事描摹的不同"①。所举的诗例包括应修人的《豆花》、汪静之的《小诗·二》、冯雪峰的《清明日》，现在看来这些诗虽略显简单直白，但在具体的结构方式上，风景都不只是视觉性的呈现，风景的组织依赖于"姊妹们""小妹妹"这些穿插其中的人物借助于动作、心理、情感构造出的意义关联，因而在抒情趋势上都体现出一种融情入景、由景及人的结构方式。

如果说上述观察还只是专业视角的外在切入，那么，朱自清对俞平伯的评价则更加体贴精细。二人不仅是北大的同学，在共同的知识氛围中开始新诗的写作，其后这样的诗歌关系也一直延续在《诗》杂志、O. M. 社等一系列文学活动中。在俞平伯诗集《冬夜》序文中，朱自清就注意到俞平伯与当时流行的写景方式保持距离："他虽作过几首纯写景诗，但近来很反对这种诗；他说纯写景正如摄影，没有作者底性情流露在里面，所以不好。其实景致写到诗里，便已通过了作者底性格，与摄影底全由物理作用不同；不过没有迫切的人的情感罢了。平伯要求这迫切的人的情感，所以主张写景诗，必用情景相融的写法。"② 朱自清所说并非虚言，对于写景，俞平伯确实有过清晰自觉的转向，在给新潮社的信中，他谈道：

> 我现在对于诗的做法意见稍稍改变，颇觉得以前的诗太偏于描写（descriptive）一面，这实在不是正当趋向。因为纯粹客观的描写，无论怎样精采，终究不算好诗——偶一为之，也未尝不可这些事应该让给照相者去干，诗人的本责是要真挚活泼代表出人生，把自然界及人类的社会状况做背景，把主观的情绪想象做骨子；又要把这两个联合融调起来集中在一点，留给读者一个极深明的 Image，引起读者极沉挚的同情。所以我并不反对做描写自然的诗，我是反对仅仅描写自然。我相信主观方

① 朱自清：《读〈湖畔〉诗集》，《文学旬刊》第 40 期，1922 年 6 月 11 日。
② 朱自清：《〈冬夜〉序》，俞平伯《冬夜》，上海亚东图书馆 1922 年版，第 10 页。

面在文学上要比客观更重要。自然界在文人眼睛里、脑筋里是人化的自然，不是科学家的非人化观念，也不是哲学家的超人化观念。因为假使自然不是人化的，那么人的文学的一部分——诗——中间就不能把它来做材料。我想把自然界摆入"诗囊"，所以要把它加些情绪想象的色彩。①

数月之后，在《草儿》的序中，俞平伯又重复了类似的看法，主张以"反射的（reflexive）"代替"描摹的（representative）"②，在自然与自我之间强调情感的综合作用。在此，自然类似于一种"器具"或者说"笛子"③，一方面，抽象的情感需要附着于物质的自然进而显露自身；另一方面，情感的主观性也会对自然的无机、杂乱进行有机的想象、重组和塑造，借助于形式生产出新的形象。写景的转向不只停留于思想言论，俞平伯更将这些思考积极贯彻到这一时期的新诗创作中。在转向后的写景诗中，朱自清对《凄然》一首颇为看重，认为《凄然》是情景相融运用最成功的例子④。即便是对《冬夜》大加批判的闻一多也坦陈《凄然》是"上等作品""完美的作品"⑤。

1921 年 9 月 30 日，由苏州返杭之后，俞平伯写作了《凄然》。在诗的开头有一段小序交代了写作的背景：

今年九月十四日我同长环到苏州，买舟去游寒山寺，虽时值秋半，而因江南阴雨兼旬，故秋意已颇深矣。且是日雨意未

① 俞平伯：《与新潮社诸兄谈诗》，《新潮》第 2 卷第 4 号，1920 年 5 月 1 日。

② 俞平伯：《〈草儿〉序》，康白情《草儿》，上海亚东图书馆 1922 年版，第 3 页。

③ 在谈及歌德时，田汉形象地将诗人比喻为自然的"器具"和"笛子"。参见田汉《诗人与劳动问题》，《少年中国》第 1 卷第 8 期，1920 年 2 月 15 日。

④ 朱自清：《〈冬夜〉序》，俞平伯《冬夜》，上海亚东图书馆 1922 年版，第 10 页。

⑤ 闻一多：《冬夜评论》，闻一多、梁实秋《冬夜草儿评论》，清华文学社 1922 年版，第 2、55 页。

消，游者阒然；瞻眺之余，颇感寥廓！人在废殿颓垣间，得闻清钟，尤动凄怆怀恋之思，低回不能自已。夫寒山一荒寺耳，而摇荡性灵至于如此，岂非情缘境生，而境随情感耶？此诗之成，殆由文人结习使之然。①

在本事之外，这里也提供了一条"情缘境生，境随情感"的解读思路。全诗共四小节，大致以风景的视角转换展开。"文人结习"的自白粗看上去似乎并不脱古人已有之境，但在诗的开头，首先就以一种疑问的口吻将"古人"或者说历史排斥在纪游的现场之外，"哪里有寒山！／哪里有拾得！／哪里去追寻诗人们底魂魄"。而这种历史感的丧失恰恰来自"失意"的现实所制造出的心理落差。不仅如此，"诗人魂魄"的无迹可寻更暗示着古典诗法的失效，由此，诗的展开就不只是风景的内容填充，这中间更关系到一种现代诗歌制度的生成。"失意的游踪"意味着对现实的不满，进而产生构造新的现实感的倾向，而"低徊踟蹰"则将这种倾向由现实表层纳入抒情自我的内在空间，由此设定了现代诗意的起点。次节中，由"明艳的凤仙花"到"染红指甲"的"姑娘"，透过色彩的转接似乎产生一种调和的趋势，"掐"字透露出将"过去"切分的可能，但诗人并不耽溺于幻想以求快速脱离"不可聊赖的情怀"，而是又以疑问的口吻回应着情感的真实。在下一节中，这种"不可聊赖的情怀"不仅投射于"粉墙""游廊"的物质表象，更借助于"剥落披离""欹斜宛转""陂陀"的体态形容呈现出曲折的感官。在进一步的铺叙中，静态的风景逐渐被"西风"的搅动所代替，在静动衔接中"西风"开启了由景及人的打开机制，由此风景的形态开始与"一双游人"的"摇落的心肠"接合，曲折也从一种感官深入情感内在。最后一节，"西风"的震荡作用被具体呈现，巧妙之处在于，这一过程不再投射于具体的风景，而是从听觉上借助于"镗然""嗡然""殷

---

① 俞平伯：《凄然》，《冬夜》，上海亚东图书馆 1922 年版，第 173 页。

然"三个拟声词加以表现，不仅丰富了写法和抒情节奏，更贴合了抒情自我的情感真实。因为由上述的叙事内转，"游人"的情感重心逐渐从风景物象回收到内心世界，而此一过程的抽象难感对于如何表现有相当的难度。而当自我沉浸于内在空间的同时，势必发生一种感官的切换。因而，由视觉到听觉的转换，并非生硬的诗歌技艺的操演，而恰恰是以生理规律为意识基础将自我内转的过程以一种可知可感的方式呈现出来。进一步来看，诗的抒情指向并未到此为止，在大量写景的基础上，抒情笔触开始渐及人——"枫桥镇上底人，/寒山寺里底僧，/九月秋风下痴着的我们"。如果进一步联系到"西风"的震荡以声音的形式激起钟声的"依依荡颤"，那么"人""僧""我们"就不仅仅是不相关的身份的并置，而且由此构造出了一种普遍性的命运关联。更为开阔的视野在于，诗人不满足于这种横向关联，而是在"寒山寺"与"旧时寒山寺"的比照中开辟出一种历史纵深，将"荡颤"的命运由一种社会生活引申为一种历史现实。并且，疑问的语调在与开头形成结构上的呼应，创造出一种完整的形式效果的同时，疑问的反复进而又将这种认知推演为一种不可知的境地。如果说按照俞平伯自己的陈述，《凄然》一诗"殆由文人结习使之然"，那么，所谓"结习"并非古典的抒情套路、陈词滥调，而是一种深具历史感、命运感的生命感知和灵魂拷问。如果将《凄然》的写作扩展开来考察，那么"触景生情"的"结习"或许能够得到更为充分的解构。

　　实际上，在写作《凄然》的前后，俞平伯还完成了《生活底疑问》[①]一文的写作。如果对《凄然》采用疑问语调的写法抱持警醒，那么不难看出二者之间深刻的互文关系。从主题上看，《生活底疑问》的意义构成并不复杂，与《凄然》其实分享着相似的讨论中心，即如何修养一种"有价值的生活"。在具体写作中，俞平伯也并不只是提出问题，针对"兽性的""欲望的""狭小的"生活病态，

---

① 连载于《晨报》1921 年 9 月 14 日、18—20 日。

俞平伯开列出了"纯洁（purity）""调和（harmony）""扩大（expansion）"的方案标准。由此反观他诗的写作，不难判断《凄然》并非"触景生情"的"偶得"，而是有着相当深刻的情感积累和生活思考，因而"疑问"的抒情姿态既是对生活意义感的回应，也是一种心灵方案的构造。这不仅为《凄然》设定了一种现代的情感动力和思想底色，更在景与情的相互辩证中呈现了一种现代诗歌机制是如何生成的。

在柄谷行人的研究中，正是"风景的发现"构成了"日本现代文学的起源"。在日本古典时代的汉文学传统，包括山水诗画中，风景的生成并非来自一种客观性的物质实感，而是先验地存在于"宗教、传说或者某种意义"等价值系统中。而现代风景恰好与此形成一种"颠倒"，它以自然的客观实体性为基础，要求一种实际的观察和在场的体验①。因而，风景的生成也连带出内面主体的显影。换言之，"文学"的"现代"起源并不完全是"风景的发现"，更主要的是内面自我的产生。作为一种认识装置，风景本身意义的获得，并不依赖于陈旧的文化结构，而是将意义的赋予归还到个体的内在自我，客观的风景对概念形式的拒绝，使得这一能指呈现出一种意义的可能性，对每一种意义的辨别、发现恰恰显示了自我的内在性。因而，重新发现风景，并不在于发现怎样的风景，而是在于如何借助给予风景一个颠倒的位置，开启发现的能动机制，进而不仅吸引一种主体性的参与，更随着感知结构的更新、塑造形成一种新的主体结构。风景本身并不拥有内在性，而是风景的突然出现触动了自我的内在机制，开启了波德莱尔式的"震惊"②，激活了意识的主动参与，使得自我将意识的目光转向内心世界的"内面性"。在分析西

---

① ［日］柄谷行人：《日本现代文学的起源》，赵京华译，生活·读书·新知三联书店2003年版，第1—34页。

② 参见［德］本雅明《发达资本主义时代的抒情诗人》中的第二部《论波德莱尔的几个主题》，张旭东、魏文生译，生活·读书·新知三联书店1989年版，第123—174页。

方"自然史"的兴起时，福柯也采用了类似的思路，将生物从一种既成的语言体系和意义结构中分离出来，以"线条、表面、形态、立体感"等能够呈现生物客观本性的"标记"方式，赋予生物一种物质实感。这不仅确立了"自然史"的现代起源，同时也以认识论为基础，产生了"一种真正的语言"①。由此观照早期新诗中的"写景"，它不再只是题材分类与内容组织、风景的"颠倒"及其呈现，而是在语言的重新叙述中构造了现代诗歌的结构和诗意机制，由此，一个具有内在深度的抒情主体也被生产出来。

小　结

近年来，有关早期新诗的研究呈现出将其与"五四"新文化运动关联起来进行一种整体性观照的研究趋势，从方法上来看，对以"审美""内部"为讨论重心的研究范式进行了适当的偏移，在把握早期新诗作为一种历史生成的现实结构的同时，也激活了更为丰富的讨论空间。但需要警惕的是这一操作也预设了一种历史起点——将早期新诗的发生锚定于"五四"的历史现场。然而，如果将早期新诗的兴起进行一种视野的拉伸，将新诗重新嫁接于晚清以来"诗界革命"的话语脉络，那么，我们将会发现，在一种现代文类的升沉起伏以外，早期新诗更内置在一种更为庞大复杂的思想氛围、知识背景之中。清末以来，革命维新已经成为一种普遍性的历史态势。在不同的改造方案中，对一种现代主体的构想和创制成为统一的理想目标。而主体自我并不是抽象机械的，它既需要充分的知识能量和思想支援，也要求一种发现内在、对主体进行不断更新和生产的表达机制。近代"自然"的产生和早期新诗的兴起都是对这一主体

---

① 〔法〕福柯：《词与物：人文科学的考古学》（修订译本），莫伟民译，上海三联书店2016年版，第130—170页。

构造的某种回应。而"自然"的近代性并不只是简单的"拿来""移植",因为西学东渐在"学"与"渐"中所翻转出的是一种方法借鉴、更新思想的眼光与心态。因而近代"自然"既保留了本性、自为的传统意义,也历经科学思维的塑造增添了物质空间的实体面向,进而发展出了现代风景的内涵。在早期新诗兴起与现代主体想象之间,作为一种勾连机制,"自然"不仅作为内容构成,也作为话语策略参与新旧争辩中合法性的获取,同时它更关系到早期新诗抒情方式的建立以及现代诗意的生成机制。

第 二 章

现代中国的"抒情"起源与
早期新诗的兴起

第一节 苦闷的抒情：早期新诗与"五四"
青年的情感再造

"五四"前后，以"思想"进行"革命"是周作人主要的人生展开形式，文学此时对于他而言不仅指一种静态的现代知识，更主要的是一种在自我与社会、思想与现实之间有效的沟通形式。然而，这种在不同场域之间频繁穿梭的主体实践在 1920 年底的一场疾病中被中断了。1920 年 12 月 24 日、25 日，周作人连续出现发热、咳嗽等症状，后至山本医院诊断，确诊为肋膜炎。短暂治疗后，次年 3 月底旧病复发，及至 9 月，周作人一直处于病中。而此时的"病"对于他而言，显然不仅仅是一种身体性的感知和体验，同时也是主体内转、重新检省自我的一次思想契机。由此，此前以"新村"为理想的能动、坚定的主体状态逐渐被"动摇与混乱"替代。而思想层面的震荡也明显地投射于他这一时期的文体实践中。相较于其他文类而言，新诗此时成为他整合自我的主要手段，同时，相比于"五四"时期一种"即景"式的向外触碰，"病中的诗"呈现一种回收般的、内转式的抒情。但这种抒情并不局限于自我的感伤，相反，它意味着一种主体方式的调整，很快，周作人就及时地借助个人深刻、实在的抒情经验，将反思的方向扩展到整个文体形式。

在"病中的诗"和"山中杂信"写作的间歇，1921 年 6 月 8 日，周作人写作了《美文》，他以库普林的小说《晚间的来客》为例，透露出对一种介乎诗与散文之间的文体形式的召唤①，而在此前的翻译附记中，《晚间的来客》被周作人看作一种"抒情诗的小说"②。6 月 9 日，周作人又连续写作了《新诗》，非常直接地表达了对新诗坛"消沉""老衰"的不满。③ 但在批判之中，他并没有给出具体可行的改造方案。对新诗的批判反思和重新构想在其后的一段时间一直是周作人的工作重心所在。而批判也开始由一种发言姿态逐渐向更为具体的问题重心滑动，他明确指出诗的本质"以抒情为主"④，而他的不满在于，"正布满书报上的"，空洞虚无、形式化的"新明目的旧传奇（浪漫）主义，浅薄的慈善主义"⑤。这里的问题在于，周作人并不反对"浪漫""慈善"的抒情方式，他所针对的是一种矫揉造作、无病呻吟的诗歌风气。此时，他反复念及的是一种以"现代人的悲哀""现代的忧郁"为底色的抒情风格，这也就意味着新诗的抒情不是对肤浅、表层情绪的直写，而是有着内在的情感机制和明确的意义感知。由此，对于周作人而言，抒情不仅仅是作为问题被提出，经由他的辨识、反思和提出新的改造，抒情的有效性与正当性问题被揭示了出来，即什么样的情感应该得到抒发，以及如何抒情等一系列问题。

不仅如此，诗与抒情的讨论此时也密集分布在一批新诗人的言论中。例如，胡适以情感为诗歌之灵魂，康白情认为"诗是主情底文学"，田汉则强调"诗歌者，是托外形表现于音律的一种情感文

---

① 子严：《美文》，《晨报》1921 年 6 月 8 日。
② 周作人：《晚间的来客》（附记），《新青年》第 7 卷第 5 号，1921 年 4 月 1 日。
③ 子严：《新诗》，《晨报》1921 年 6 月 9 日。
④ 仲密：《自己的园地（十三）：论小诗》，《晨报副镌》1922 年 6 月 21 日。
⑤ 仲密：《三个文学家的记念》，《晨报副镌》1921 年 11 月 14 日。

学",在郭沫若看来"诗的本职专在抒情",情感则被闻一多认作"诗底真精神",郑振铎更是连续写作《论散文诗》《文学的分类》《诗歌之力》《何谓诗》《诗歌的分类》《抒情诗》等系列文章集中论述诗与情感的关系,甚至连对新诗反对颇重的学衡派也秉持"诗重感情"的观点。在如此密集的讨论声中,抒情不仅统合了不同的诗学立场,同时也在不断指认新诗的现代性内涵,更为重要的是,抒情俨然已经构成了一个相当重要的问题结构,关联着早期新诗发展路向的转轨和新的改造。

有关新诗的抒情问题,学界已多有注意。以具有代表性的张松建的相关研究为例,他敏锐地注意到中国现代诗学内部潜隐着一条"抒情主义"的线路,以此来重新结构和整合新诗史,并且充分照顾"抒情主义"内部的分化和差异。① 但所述重心仍然偏重于三四十年代,相较而言,新诗抒情的现代起源问题并未进行深入研究。这也为进一步研究提供了一定的讨论空间,即借助于对田汉、周作人等人抒情实践的研究揭示新诗抒情问题的现代起源,进而重审早期新诗的历史意义。

一 从"持人性情"到"表现自我"

与旧诗相比,早期新诗的发生内含着鲜明的对话性,它不仅要在具体的诗歌技法层面进行颠覆、更替,同时也伴随着诗歌功能的重新定位和调整。而调控的方向并不是清晰明确的,而是有着很强的实验性。当时,对于新诗的认知,不仅"一般人对于'诗是什么'一个问题","没有清楚明确的观念"②,即便在新诗坛内部也存在较大分歧和争论。也正因如此,周作人在批判的同时,也希望能够"有一个会,或有一种杂志,专门研究这个问题"③。在具体研究

---

① 参见张松建《抒情主义与中国现代诗学》,北京大学出版社 2012 年版。
② 斯提(叶圣陶):《盼望》,《文学旬刊》第 18 号,1922 年 1 月 1 日。
③ 子严:《新诗》,《晨报》1921 年 6 月 9 日。

中,"诗是什么""何谓诗"等从定义入手的研究方法成为一种普遍性的讨论态势。这不仅涉及诗的新旧之间的区别,更关系着新诗的现代内涵与功能转换。而在不同诗人的定义解读中,情感往往是核心要素,它既是诗的生命与内容,同时也关系到诗的写作方法、动力来源。可以说,情感就是新诗生成的一种装置、一把密钥。

文学革命之初,胡适已经对情感问题多有注意。针对旧诗的文质分离,胡适提出"言之有物",而所谓"物",即包括"情感"和"思想"两个方面。胡适不仅引证《诗大序》中"情动于中而形于言"的观点,甚至把情感看作诗的灵魂。① 这样的观点在刘半农的文章中也得到了某种呼应,他借鉴曹文埴《香山诗选·序》中"诗之根于性情"的说法,引申出"诗与小说精神革新"的必要。② 其后,有关诗与情感的认知图示迅速扩展开来。1920 年 2 月、3 月,对新诗用力颇多的《少年中国》集中策划了两期"诗学研究号",其中既有对世界诗坛的输入和引介,也有对新诗自身问题的内在思考。对诗的定义解说也是其中相当重要的部分。在宗白华看来,诗的定义可以说是"用一种美的文字——音律的绘画的文字——表写人底情绪中的意境"。而文字与意境其实就是诗的"形"与"质",进而他又强调"诗的'质'就是诗人的感想情绪"。事实上,宗白华的观点不完全出自个人感悟,而更多的是"少年中国"成员之间的知识共享与经验沟通。在此之前,宗白华与康白情有过一段短促的谈话,内容就是有关"新诗的问题"③。这次谈话也构成了康白情《新诗底我见》的写作背景。对于"诗究竟是什么?"这一问题,康白情给出了自己的理解,"在文学上把情绪的想象的意境,音乐的刻绘的写出来,这种的作品就叫做诗",进而又补充道:"主情为诗底特质。"④ 此

---

① 胡适:《文学改良刍议》,《新青年》第 2 卷第 5 号,1917 年 1 月 1 日。

② 刘半农:《诗与小说精神上之革新》,《新青年》第 3 卷第 5 号,1917 年 7 月 1 日。

③ 宗白华:《新诗略谈》,《少年中国》第 1 卷第 8 期,1920 年 2 月 15 日。

④ 康白情:《新诗底我见》,《少年中国》第 1 卷第 9 期,1920 年 3 月 15 日。

外，诗学研究号还同时刊载了田汉的长文《诗人与劳动问题》。受到日本大正时代社会改造氛围的影响，田汉关注较多的是文艺与劳动之间的关系，但诗歌部分也是讨论的重点。田汉的独特之处在于，他不仅从字源词源的角度进行思考，同时也为诗歌的抒情本性设定了一种历史起源。他认为："诗歌者，是托外形表现于音律的一种情感文学!! 是自己内部生命与宇宙意志接触时一种音乐的表现!!"[①] 不难看出，田汉在凸显诗歌抒情本质的同时，也把抒情从抽象的文类秩序中抽离出来，与内在自我关联起来，为新诗设定了清晰明确的主体机制。

有关新诗与抒情的讨论很快形成了一种普遍性的知识氛围，而知识并非只是抽象静止的概念，而是集中扭合着新的观看世界的视角和方法。由此，抒情不但为尝试新诗的知识青年提供作诗的具体方法，也开始由知识话语转化为新诗的审美标准。与北京大学的"新潮社"相比，清华的文学氛围也相当活跃。他们不仅成立文学社，还定期组织讨论会，就"诗是什么""诗的音节问题"英国诗史等具体的诗歌问题展开讨论。[②] 此外，他们也十分注意诗歌创作与批评的相互作用。1922 年前后，《尝试集》《女神》《草儿》《冬夜》等几部诗集相继出版，面对异常活跃的诗歌氛围，闻一多等人已不再满足于文学社内部的诗歌交流，而是将批评的眼光延伸到整个新诗现场。1922 年 5 月 7 日，在赴美之前，闻一多就曾向闻家骃袒露自己的批评计划："我现在又在起手作本书名《新诗丛论》。这本书上半本讲我对于艺术同新诗的意见，下半本批评《尝试集》，《女神》，《冬夜》，《草儿》（《冬夜》是俞平伯底诗，《草儿》是康白情底诗，都已出版）及其他诗人底作品。《冬夜》批评现在已作完。

---

① 田汉：《诗人与劳动问题》，《少年中国》第 1 卷第 8 期，1920 年 2 月 15 日。

② 分别见《校闻》，《清华周刊》第 228 期，1921 年 12 月 2 日；《校闻》，《清华周刊》第 229 期，1921 年 12 月 9 日；《清华日历》，《清华周刊》第 230 期，1921 年 12 月 16 日。

但这只一章，全书共有十章。"① 事后来看，闻一多的这一计划并未实现，他只完成了《女神》和《冬夜》的评论，其后《冬夜》评论和梁实秋的《草儿》评论合为一集，作为清华文学社丛书出版。《冬夜草儿评论》涉及写景、音节等多个问题，其中情感也是批评的焦点之一。闻一多不仅对《冬夜》情感内容的单一表达不满，认为"《冬夜》里情感底质素也不是十分地丰富"，更对情感的类型构成抱有不同看法："《冬夜》里大部分的情感是用理智底方法强造的，所以是第二流底情感"，"一两首有热情的根据的作品，又因幻象缺乏，不能超越真实性，以至流为劣等的作品；所以若是诗底价值是以其情感的质素定的，那么《冬夜》的价值也就可想而知了"。值得注意的是，闻一多对"寄怀赠别"一类的作品颇为警惕，认为这是"旧文学遗传下来的恶习"②。换言之，在闻一多的理解中，抒情是出于真情实感的自然流露，而不是一种积习程式或修辞套语。闻一多在拒绝一种陈旧的情感模式的同时，事实上也把一整套的诗歌习惯排斥在了视野之外。相反，对一种更为新鲜、纯粹的情感的召唤，同时也就暗含了新诗生成的方法机制。由此，情感既作为新诗的内容构成，也承担了相应的审美标准。

　　经由一批新诗人的解说和带动，新诗的抒情本质在社会层面形成了广泛的共识。而这种共识的达成一方面来自共同的个人经验（例如对旧诗的阅读体验），另一方面也与一种相近的知识氛围密切相关。他们不仅援引《诗大序》《书经》等传统资源，更重要的是对西方现代诗学的借用和吸收。事实上，这种知识视野在很大程度上是内置于"五四"时期的整体思想氛围的。具体到抒情问题，文齐斯德（Winchester）的《文学批评原理》在这一环节扮演了相当

---

　　① 闻一多：《致闻家骝》，《闻一多全集》第 12 卷，湖北人民出版社 1993 年版，第 33 页。

　　② 闻一多：《冬夜评论》，闻一多、梁实秋《冬夜草儿评论》，清华文学社 1922 年版，第 42、55、47 页。

重要的知识角色。《文学旬刊》创刊后，郑振铎写作了一系列相关文章，分别讨论"文学的定义""文学的使命""文学与革命的关系"等，串联这些论题的线索是文学诉诸情感的力量。事实上这正是文齐斯德的核心观点。这些文章写作不久，郑振铎又较为系统地译介了《文学批评原理》的主体部分，在《时事新报·学灯》上连载。在译文的开头，郑振铎对文齐斯德及其著作有一个简短的介绍："Some Principles of Literary Criticism, by C. T. Winchester. Copyrignt, 1899, by the Macmillan Company. p. 352。文齐斯德是美国威斯里扬（Wesleyan）大学的英国文学教授。这本批评文学原理就是他在大学课堂中的讲演稿。"① 《文学批评原理》共有九章，涉及文学的定义范围、情绪、想象、智慧、形式四要素以及诗与散文的文类划分等内容。贯穿其中的主要论点是文学对情感的表现功能，"The essential element in literature, then, is the power to appeal to the emotions"②。文齐斯德的文学情感论为草创的新诗提供了一种新的解释框架：诗歌不再是工具性的文类手段，而首先是自我情感的表达。事实上，在郑振铎之前，田汉在《诗人与劳动问题》中已经对文齐斯德有所译介，相比之下，田汉所关注的是第七章"诗论"的部分。在《诗论》中，文齐斯德主要借助弥尔顿、华兹华斯、罗斯金、阿诺德等人的观点，进而论证诗歌的定义："诗歌者以音律的形式写出来而诉之情绪的文学。这个'有音律'和'诉之情绪'两件事情是诗歌定义中不可缺的要件。诗歌之目的纯在有情绪，诗歌的形式不可无音律。"③ 此后，文齐斯德的情感论也逐渐被王统照、郁达夫、

---

① 西谛：《文齐斯德的〈文学批评原理〉》，《时事新报·学灯》1921 年 8 月 16 日。

② C. T. Winchester, *Some Principles of Literature Criticism*, New York, London：The Macmillan Company；Macmillan & Co. , Ltd. , 1899, p. 56.

③ 田汉：《诗人与劳动问题》，《少年中国》第 1 卷第 8 期，1920 年 2 月 15 日。原文载 *Some Principles of Literature Criticism*, New York, London：The Macmillan Company；Macmillan & Co. , Ltd. , 1899, pp. 226-282.

方光焘等人所接受，甚至被梅光迪作为教材应用于南京高师的文学课堂①。在梅光迪影响下，一批年轻学生也参与到对文齐斯德的译介中。1922 年 7 月，景昌极、钱堃新翻译了《文学评论之原理》的第一章刊载于《文哲学报》第 2 期，1923 年二人的完整译本由上海商务印书馆印行，奇怪的是原著第七章"诗论"并未译出，同时增添了吴宓的《诗学总论》。1923 年 3 月，《文哲学报》第 3 期又刊载了刘文翻的《介绍文学评论之原理》。由此可见，将新诗的功能设定为自我情感的表达，与其说只是少数诗人的知识趣味，不如说是一种集体性、普遍性的知识行动，这一行动的目的在于将诗歌重新内置于抒情主体的内在空间。由此，它既超越了传统诗教"温柔敦厚""持人性情"的工具论格调，同时也将新诗与一种具有深度内在的现代自我的生产紧密相连。正如普实克所说，现代诗人"令人信服地表达出对文学艺术品所持的一种新的、现代化的态度：一部艺术作品不是闲情逸致的产物，不是以取悦亲朋为目的——那不过是以前的作家发表作品的目的——现代作品是内心最深处情感的表达，不仅是爱，而且是痛苦甚至仇恨的表达。封建时代的作家要如此公开地表述他的纲领，要特别强调他的感情、他的世界观是艺术中最重要的因素，就需要有巨大的勇气和空前的自信心，即对自己的个性的重要意义有自觉的意识。'创作冲动'是现代作家的信条"②。扩展来看，如果把早期新诗的兴起回溯至清末救亡图存、鼎革以文的历史情境，那么，无论是新诗还是情感都指向了一种更为开阔的历史场域。

　　清末以来，变革维新已成为一种历史定势，而不同力量间的改革方法并不一致。其中一直埋伏着一条情感改造的思路，相比于

----

　　① 参见王统照《什么是文学中的情感？》，《批评》第 2 号，1922 年 12 月 1 日；郁达夫《诗的内容》，《晨报副镌·艺林旬刊》第 6 期，1925 年 5 月 30 日；方光焘《文学与情绪》，《创造月刊》第 1 卷第 5 期，1926 年 7 月 1 日。

　　② ［捷克］普实克：《中国现代文学中的主观主义和个人主义》，《普实克中国现代文学论集》，李燕乔等译，湖南文艺出版社 1987 年版，第 15 页。

一般性的器物制度层面，这里更看重如何打造出一个自觉能动的心灵世界。着眼于"民之性情"的东西差异，康有为看到了"美感"的重要，而谭嗣同则更在意"心力"的补足。① 章太炎则希望借助佛理养成一种以"自性"为基础的民族"个体"。相比于这种内生性的思想方案，王国维、蔡元培、梁启超等更偏重于西学视角以及东西之间的调和融贯。王国维与蔡元培都非常认同德国古典哲学的美育思想，他们借助席勒、鲍姆嘉通等人的美学理论，意在造就一种情感高尚的个人、情趣丰富的社会。② 循此思路，梁启超更将情感教育具体落实为一种文学教育，突出小说"熏""浸""刺""提"的功能。这些思想方案虽然都构造出了清晰的打造理想主体的方式，但同时也划定了知识者与大众、教育者与被教育者之间无法逾越的距离。而这种距离正是鲁迅所要规避和拆解的地方，他所召唤的"摩罗诗人"并不是处于一个被启蒙教育的情感客体，而是一个"立意在反抗，指归在动作"的能动自发的情感主体。诗人情感的发散或者说诗人的主体机制不在于对大众的教育，而是依赖于情感的可感性、可分享性达成的同情与共情："诗人为之语，则握拨一弹，心弦立应，其声澈于灵府，令有情皆举其首，如睹晓日，益为之美伟强力高尚发扬，而污浊之平和，以之将破。"由此，诗歌非但不是一种训诫手段，反而其本身就暗含一种美学实践：在抽象的社会空间建立起一种沟通、理解、同情、认同的联动机制，不仅依靠情感的自发进行自我的"进化"或改造，更以同情共感为基础，依据部分与整体、小与大之间的辩证构造出一种整体感的社会共同体。不难看出，鲁迅在呼唤摩罗诗人的同时与传统诗教具有鲜明的

---

① 有关康有为、谭嗣同的情性论参见冯庆《近代情性论变革的动机与悖论——以康有为和谭嗣同的"内在理路"为线索》，《福建论坛·人文社会科学版》2019 年第 10 期。

② 有关王国维、蔡元培在美学与政治之间的构想，参见王斑《历史的崇高形象——二十世纪中国的美学与政治》中的第一章"壮美至死境：文化危机中对意义的美学追求"，孟祥春译，上海三联书店 2008 年版，第 1—40 页。

对话性。① 在他看来，诗歌自远古起源之后，经历了由“志”到“持”、由“心声”到“教化”的过程，即“文事式微”：“如中国之诗，舜云言志；而后贤立说，乃云持人性情，三百之旨，无邪所蔽。夫既言志矣，何持之云？强以无邪，即非人志。”② 事实上的确如此，《尚书·舜典》中记载：“诗言志，歌永言，声依永，律和声”，郑玄注曰：“诗所以言人之志意也”，《诗大序》中又云：“诗者，志之所之，在心为志，发言为诗。情动于中而形于言。”此时的“志”都是诗人的情感内在、心绪怀抱。西汉以后，儒家思想逐渐工具化，情感不再依附于个人性的人格自我，而是作为一种道德义务被整合进入一种政治伦理之中。可以说，在传统儒学语境中，情感并不具有独立完整的位置，而是以伦理道德的面目，内置于先在的社会治理和政治统合的目标当中，更多的是作为一种约束规训的手段方法。与之相应，诗歌此时的位置功能也发生了大幅度的偏移，它不再是个人情志的抒发，而更多的是一种统治意志的表达。鸦片战争之后，当“天下”被“世界”取代，古老帝国被新兴市场占据的时候，不仅一种稳定的经济方式被改变，无论是“物”还是“理”也都面临被重新赋义的局面，儒家传统一整套的价值方式和伦理结构面临着失效、重组和整合的局面。相应地，情感也从治理手段的位置被拆解，需要新的内容和新的意义框架。当对一种能动的现代主体召唤成为一种历史共识，情感的内在性、自发性品格具有强烈的吸引力，而诗的表达机制恰好沟通了两者。早期新诗的兴起不仅投射了新社会需要一个怎样的“自我”，更为这种“自我”的人格造像及典范建立提供了一种可供实行的方法。由此，诗也完成了从“持人性情”到“表现自我”的现代转换。除了传统诗教观的

---

① 鲁迅早期诗学与传统诗教的关系可以参照江晓辉《鲁迅〈摩罗诗力说〉对传统诗学观的改造及意义》，台湾《兴大人文学报》第 57 期，2016 年 9 月。

② 鲁迅：《摩罗诗力说》，《鲁迅全集》第 1 卷，人民文学出版社 2005 年版，第 70 页。

改造更新，早期新诗将其功能定位到"表现自我"，更力图借助抒情对自我的再发明将诗歌由一种静态抽象的文类引向了更为开阔的历史场域和社会现实。

二　苦闷与抒情

周作人对抒情的认同在很大程度上不是出于一种知识性的被动接受，更为主要的是来自理想幻灭时刻的苦闷、病中对"我的力真太小了"的个人局限性悲哀的体悟。可以说，"病"构成了周作人的抒情起源，而抒情对于病中的周作人而言则构成了一种"苦闷"的象征。实际上，"五四"前后，对于被"新文化""运动"起来的"新青年"而言，新诗构成了一种广泛的吸引，而这种吸引正与当时青年苦闷的心理状态密切相关。

1919 年 11 月 18 日，北大学生林德扬在北京西郊投湖自杀，这一事件很快激起广泛的舆论效应。各方讨论的焦点不只在于追悼式的同情缅怀，更从这种个人的悲剧中读解出了一种结构性的社会苦闷情绪。[①] 事实上，"五四"前后自杀并非个别事件，这种普遍性的心理倾向与一种整体性的时代氛围、社会处境是密切相关的。青年的苦闷不仅在于求学、恋爱、就业等现实性的问题，更主要的是身处一种价值失序、思想混乱的历史阶段。根据宗白华的观察："现在中国有许多的青年，实处于一种很可注意的状态，就是对于旧学术旧思想旧信条都已失去了信仰，而新学术新思想新信条还没有获着，心界中突然产生了一种空虚，思想情绪没有着落，行为举措没有标准，搔首踯躅，不知怎样才好，这就是普通所谓'青年的烦闷'。"[②] 茅盾当时注意到"'混乱'与'烦闷'也大概可以包括了

---

① 志希：《是青年自杀还是社会杀青年》，《晨报》1919 年 11 月 19 日；梦麟：《北大学生林德扬的自杀》，《晨报》1919 年 11 月 21 日。

② 宗白华：《青年烦闷的解救法》，《解放与改造》第 2 卷第 6 期，1920 年 3 月 15 日。

现社会之内的生活"①。可以说，这种"思想没有定着，感情易于摇动"的心理状态构成了青年苦闷的根源。在郑振铎看来，"这个悲戚的，消极的烦闷，实是现在的最大一个问题"②。由此，对苦闷的救济在当时成为青年主要的生活目标和行动方向。这些行动不仅包括小组织、小团体的情感联谊、知识共享，也包括各种形式的修身计划和实践。而早期新诗的兴起实际上也内在于苦闷的救济的行动方案中。

1921年11月7日，黄日葵致信孙伏园，他不仅向其袒露了自己苦闷的心绪，同时也做了相当深刻的分析，并且把诗看作一种救济苦闷、抒发情感的重要手段：

> 我底性格，使我对于艺术品的需要很盛，有时烦闷起来；很想得到一种荡情涤志底作品来刺击刺击。
>
> 目下我们历处这个时代，差不多正象欧洲人之所谓世纪末（Fin de siècle）人心至此疲惫萎靡到了极点，年来新思潮之流入似有一点生机和活气了，究其实过渡时代人心所起之纷乱，矛盾，冲突，比之风平浪静时，更是利害，他们颓废，失意，悲观之程度更甚而显著。我们试一考之最能代表社会生活底诗坛文坛他是不是不断地发出极烦闷苦恼底哀音？是不是现出一副悲观，失望，憔悴，颓丧底面孔？这种不幸底情形，既属于不可掩底事实，而为大家所承认的则同时不能不谋一点救济，自不能不感到这服兴奋剂之必要了。③

这里的"兴奋剂"其实就是黄日葵致信的主旨，对一种"理想底诗风"的呼唤。在他的理解中，诗此时已经不再是一种风花雪月

---

① 沈雁冰：《创作的前途》，《小说月报》第12卷第7号，1921年7月10日。
② 西谛：《文学中所表现的人生问题》，《文学旬刊》第5号，1921年6月20日。
③ 黄日葵：《我理想底今后底诗风》，《晨报副镌》1921年11月12—13日。

式的消闲，也不是一般性的文类操演，而是直接关联自我内心世界的升沉起伏、苦闷彷徨。换言之，诗并非外在于自我的物质工具，而恰恰就是自我向外展开延伸的一部分。借助诗歌的表达机制，不仅青年内心的苦闷得到纾解安放，经由诗歌形式的重新编织、整理，苦闷的情绪也会在新的自我形象的生产中被翻转为一种强大的认同力量，重新回置到苦闷的心灵空间。根据吉登斯的看法，个人的自我认同或者说个人的连续性，依赖于一种 "个人化的叙事" 对其行为举止的整合。① 换言之，自我的实在性也就意味着自我是一种叙事的结果。而诗歌的抒情在某种程度上也意味着是一次完整的叙事，它既是对内心的苦闷进行由内而外的输送排放，同时也在这一过程中对苦闷的心理碎片进行重新拣选、排列、组合，进而完成对自我的再生产。在黄日葵思想最为混乱、几近自杀的时候，他写作了《题须磨子 Sumako 像》② 一诗：

> 你未死之前，我只知有可怕的死，
> 我只见有不愿死的死！
> 你死了之后，我越发见可咒诅的人生。
>
> 我越多见不愿生的生！
> 须磨子哟！日本的花，的光，的爱，的须磨子哟！
> 只有你的生说得上 "人生"，
> 只有你的死是含笑的死哟！

有关生死的思考显然与此时黄日葵的个人处境密不可分。在诗

---

① ［英］安东尼·吉登斯：《现代性与自我认同》，赵旭东等译，生活·读书·新知三联书店 1998 年版，第 113 页。

② 黄日葵：《题须磨子 Sumako 像》，《少年中国》第 2 卷第 2 期，1920 年 8 月 15 日。

的题记中，黄日葵交待了这首诗背后苦闷的底色：在与几个朋友交谈之后，"犹兀坐想此事不已，一时脑里对着的人生悲感，连类涌将出来，正是黯然的时候，忽抬头见壁上所悬须磨子像，就不知不觉的，取下来，题了怎么几句东西：——"但诗的具体展开并非对苦闷情绪的直写，这里既有一种辩证的哲学思考，同时黄日葵也将生死问题的抽象投射到须磨子这一艺术形象的构造中。松井须磨子当时是日本有名的女优，与岛村抱月相恋不得，在岛村自杀后，她也随之殉情。显然，黄日葵有关生死的苦闷与须磨子有着相似的人生主题。而须磨子的殉情行为不单单是一个自杀事件，而且因其纯洁勇敢的爱情而被赋予了一种超越性的意义。因而，诗中不断用"花""光""爱"这些与死亡的冰冷相反的温暖、美好的事物来点缀、勾勒须磨子的人格形象。由此，须磨子的死亡由一种无声冰冷的事件跃升为一种"含笑"的高尚品质，死亡的恐惧不仅就此消解，还被赋予了一种崇高的想象。经由这一叙事过程的完成，在黄日葵的心中，死亡不再是内心郁结的执念，而是借助艺术化的手段将其翻转为一种坚定的求生力量。而新诗的抒情效力并非只此个案，苦闷与抒情在某种程度上构成了"五四"前后青年一种主要的行为模式。在评价《女神》的时候，闻一多对此就有非常精当的描述：

　　"五四"后之中国青年，他们的烦恼悲哀真像火一样烧着，潮一样涌着，他们觉得这"冷酷如铁"，"黑暗如漆"，"腥秽如血"的宇宙真一秒钟也羁留不得了。他们厌这世界，也厌他们自己。于是急躁者归于自杀，忍耐者力图革新。革新者又觉得意志总敌不住冲动，则抖擞起来，又跌倒下去了。但是他们太溺爱生活了，爱他的甜处，也爱他的辣处。他们决不肯脱逃，也不肯降服。他们的心里只塞满了叫不出的苦，喊不尽的哀。他们的心快塞破了，忽地一个人用海涛底音调，雷霆底声响替他们唱出来了。这个人便是郭沫若，他所唱的就是《女神》①。

在闻一多看来，《女神》的意义在于为苦闷的青年提供了一种声音表达模式，他们虽然没有自主发声的能力，但通过阅读《女神》，内心的苦闷借助其抒情声音的呼喊同样带来了发散消解的效果，而在作者与读者声音的传递中，诗歌的抒情形象也为青年提供了一种可供追摹的人格造像。对于《女神》，谢康也有相似的阅读体验："不久又断续的读了《晨安》，《天狗》，《炉中煤》等诗，那种奔放的热情，打破因袭的力，使我从麻木，屈闷中跳出，充满着奋斗，冒险，这正也是我们'五四'以后血潮汹涌的青年的写照啊!"② 由此可见，对于"五四"前后的青年而言，早期新诗的意义已经不仅仅是一种苦闷情绪的抒发，在辨析洞见一代青年的内心郁结与心灵起伏的同时，抒情更关涉一种现代主体自我的生成方式。在普实克看来："对自我的意识、对个人的实体和意义的意识往往伴随着一个特征，那就是对生活悲剧性的感受。如果我们仅仅只能有这种生活，而如果这种生活又充满了艰难困苦，那么，我们就无法从这场悲剧中得到补偿，这是一个无法弥补的不幸运。……这种对存在的悲剧性感受——在旧的文学中发展很不充分、甚至完全没有——实际上是现代艺术的一个突出特征。"③ 因而，可以说苦闷问题不仅关系到现代文学的历史起源，同时也是现代中国的文化政治问题。

在此之前，黄日葵也在给田汉、黄玄的信中吐露了自己学业、生活上苦闷的心声。这种情感共享、人格公开的交谊方式其实是"少年中国"成员之间的一种默契和共识。在回信中，田汉不仅分享了相类似的采用抒情化解苦闷的诗歌经验，更有意味的是，他也从

① 闻一多：《〈女神〉之时代精神》，《创造周报》第1卷第4号，1923年6月3日。
② 谢康：《读了〈女神〉以后》，《创造季刊》第2卷第2期，1924年2月28日。
③ [捷克]普实克：《中国现代文学中的主观主义和个人主义》，《普实克中国现代文学论集》，李燕乔等译，湖南文艺出版社1987年版，第2—3页。

苦闷之中看到了建立一种新的抒情方式的可能。换言之,苦闷与抒情在这里经历了位置的倒转,苦闷不只是抒情所要处理的对象,同时也构成了抒情的动力来源;而抒情并非先验给定的话语方式,而是在与苦闷的相互辩驳之中不断生成更新的形式机制。

实际上,此时的田汉也身处一种苦闷的旋涡,在给友人的信中,他不仅表露了"知识热的神经病",同时也提及同志之间的理解认同危机,更包括恋爱问题以及人格忏悔的经历。在具体的应对中,翻译《浮士德》为田汉提供了相当重要的抒情机制。从浮士德的人生困境中,田汉清晰地看到了自己撕扯分裂的身影:"我的胸中,咳,藏着两种精神,/各乖离排挤其异己而图存。/其一以执著的器官耽于爱/溺于欲的抱世界与怀中;/其他则超逸尘想,而强烈地/欲达吾高远的先祖的青空。"而浮士德对神秘理想的呼唤实际上也为田汉设定了一种高远的生活方向:"若有神人在空漠,/负重大的使命,上下于红尘碧落,/愿自彼黄金的大气之中而飞降/导我于新奇的生活!"[1] 浮士德的人生困境、内心矛盾的不断展开与克服,不仅极大地涵容了田汉相似的苦闷处境,更为其提供了一种有效的抒情解脱。此外,对圣奥古斯丁、托尔斯泰、卢梭等人的阅读为田汉提供了相当不同的抒情效果。如果说,浮士德代表了一种向外超越的抒情姿态,那么卢梭等人显然将个人的苦闷首先处理为一个内部问题。而忏悔经验的习得为田汉此时的诗歌写作提供了重要方法。在给郭沫若的信中,田汉就详细讲述了这段经历:"我读 Rousseau's Confession 是前年的事,我不知受了多少的感动,增了许多气力。具体的讲起来,便使我能敢把我的短处露骨写给黄日葵君及诸友,使我作《梅雨》那样的诗。"[2]《梅雨》可以说就是田汉的自我之诗,全诗四节,第一节写景,第二节通过下女的口吻说出了"恼人心绪"的情感背

---

[1] 田汉:《新罗曼主义及其他——复黄日葵兄一封长信》,《少年中国》第 1 卷第 12 期,1920 年 6 月 15 日。

[2] 田汉、宗白华、郭沫若:《三叶集》,上海亚东图书馆 1920 年版,第 59 页。

景，重点是第三、四节的"自己解剖"："我是一个什么人——什么性质的人？"在表达自身处于"世纪病"（Fin de siècle）、"世界苦"（Weltschmerz）的内在困顿之余，田汉也从困顿之中看到了一种新的抒情可能——"求那片 Neo-Romanticism 的乐土"①。

　　这里的"Neo-Romanticism"其实就是田汉给黄日葵的复信中重点谈及的"新罗曼主义"。在田汉看来，新罗曼主义是从肉的世界窥破灵的世界，由感觉到超感觉的一种努力，进而，他又强调：

> 他们（新罗曼主义）虽和旧罗曼派一般，对于宇宙中的"青鸟"有热烈的希求心，但已知不必漠然求之于莫须有的梦幻世界，而当努力求之于可以有的现实世界，其实在他们的新眼光里，现实不必非梦幻，梦幻也不必非现实。若把梦幻分为两种，一种是无所梦而梦的，谓之"睡梦"Sleeping Dream，一种是有所梦而梦的，谓之"醒梦"Waking Dream，那么旧罗曼主义便像睡梦，新罗曼主义便像醒梦。②

　　相比于旧罗曼主义的梦幻、空想与逃避现实，新罗曼主义的意义在于不仅将自我深植于现实的苦闷之中，同时以一种理想的姿态对苦闷加以新的处理和整合。而田汉有关新罗曼主义的接受在很大程度上是来自厨川白村。田汉对新罗曼主义的解说即直接援用了《近代文学十讲》第九讲第一节"新浪漫派"中的观点：

> 旧罗曼主义之言神秘，徒然讴歌忘我之境，耽于梦幻空想，全然与现实生活游离，而新罗曼主义 Neo-Romanticism，系曾一度由自然主义，受现实之洗礼，阅怀疑之苦闷，陶冶于科学的

---

① 田汉：《梅雨》，《少年中国》第 1 卷第 2 期，1919 年 8 月 15 日。

② 田汉：《新罗曼主义及其他——复黄日葵兄一封长信》，《少年中国》第 1 卷第 12 期，1920 年 6 月 15 日。

精神后发生的文学，其言神秘，不酿于漠然的梦幻之中而发自痛切的怀疑思想，因之对于现实，不徒在举示他的外状，而在以直觉 Intuition、暗示 Suggestion、象征 Symbol 的妙用，探出潜在于现实背后的 Something（可以谓之以真生命，或根本义）而表现之。①

厨川白村不但描述了新罗曼主义的典型特征，更开列了具体的抒情方法。而他对新罗曼主义的看法不局限在文艺的内部，而是将这一文艺倾向归结为现代思想的一次转折。苦闷在他看来是一种世界性、结构性的心理现象，而其产生的根源并非浪漫式的自我沉溺，而恰恰是一种"有所求或因为有进境"的努力，这种努力在某种程度上构成了现代的精神底色："不限于理智和现实的世界，更到了深奥，达到神秘的未知境，探求我们的里面，和自我们周围的秘密，要理解人生的热望，这便是做了现代的精神。"这种现代精神在哲学层面的表现，即以柏格森为代表的"人格的唯心论"："一方面看来重心灵的内省，主重人心内部的要求，在他方面，弃绝对的空漠的见地，反依的确着实的经验和实感之点"；在文艺的趋向上，即新浪漫主义，厨川白村将之概括为"深存于

---

① 田汉：《新罗曼主义及其他——复黄日葵兄一封长信》，《少年中国》第 1 卷第 12 期，1920 年 6 月 15 日。原文参见"厨川白村《近代文学十講》，大日本図書 1912 年版，第 408 頁"。这里采用中译："晚近的新文艺，主要的是取那样人生之神秘的梦幻的方面文学。换言来说：暗示人生隐藏的一面，在自然的眼看不见的真相，由具象的东西来表现，是把这个结晶了象征了的东西。虽说是神秘梦幻的文学，但决不是像前世纪初的浪漫派，只管迷惑在梦幻空想的境地，理想憧憬时代的文学。其中已经是经过一回实现的苦经验，被科学的精神陶冶后的文学。经过自然主义怀疑思潮这种痛烈的人生经验和修炼之后，表现出来的文学。所以一样是神秘，决不是从旧时梦幻空想出来的神秘；新浪漫派是出生在近代怀疑更进一步的东西。还有虽主张主观的威权这也不像旧时诗人摆仑风的热狂那样放纵的喷火口的东西；反而以可惊的沉静的态度，很冷淡严酷的达观人生，并且要接触在其里面尚未知的微妙的某物 Something 的努力。"［日］厨川白村：《近代文学十讲》（下），罗迪先译，学术研究会总会发行，1922 年 10 月 1 日初版，第 118—119 页。

现实感的理想境",并把它看作"最近文学的真髓"①。在田汉早期的文艺视野中,厨川白村是其重要的知识来源。在《平民诗人惠特曼的百年祭》中,他参照了厨川白村《文艺思潮论》第五章第一节有关惠特曼灵肉调和的论述②;在《诗人与劳动问题》中,他又引述《近代文学十讲》第五讲第一节对自然主义的批判。③ 从具体的运用来看,田汉对厨川白村并非一般性的、机械的知识接受,而是始终与自身的思想状态、苦闷心理相呼应。他对新浪漫主义的推重,不仅是针对好友黄日葵的浪漫作风做出的开解,也暗含着观照自我、整合心灵的意图。在此基础上,新诗之于田汉的意义就不单单是苦闷的抒发,当田汉调整视野对苦闷加以辩证看待,也催生出一种新的抒情风格。这样一来,抒情已经不只是情绪的呐喊、嘶吼,更以一种理想的抒情姿态将苦闷重新处理、整合,进而生产出一个崭新能动的自我。

三　象征与情感再造

田汉当时虽然充分吸收了新浪漫主义的理论资源,但对新浪漫主义中至为重要的抒情方法——"象征"并没有过多注意。原因主要在于厨川白村在《文艺思潮论》和《近代文学十讲》中对"象征"也只是捎带提及,并没有过多展开。厨川白村重点讨论象征问题的《苦闷的象征》则到 1921 年 1 月才刊载于日本《改造》杂志新年号,单行本则由其弟子进一步整理于 1924 年 2 月经改造社出版。颇有意味的是,在 1922 年前后,当时在与田汉交往颇多的郭沫若、郑伯奇、郁达夫等人的言论中,"文艺是苦闷的象征"这种论断频繁出现。

---

① ［日］厨川白村:《近代文学十讲》(下),罗迪先译,学术研究会总会发行,1922 年 10 月 1 日初版,第 99、112、104、114 页。
② 田汉:《平民诗人惠特曼的百年祭》,《少年中国》第 1 卷第 1 期,1919 年 7 月 15 日。
③ 田汉:《诗人与劳动问题》,《少年中国》第 1 卷第 8 期,1920 年 2 月 15 日。

　　1921 年 8 月，在新式标点本《西厢》的序引中，郭沫若开篇提到："文学是反抗精神的象征，是生命穷促时叫出来的一种革命"，进而又补充说："唯其有此精神上的种种苦闷才生出向上的冲动，以此冲动以表现于文艺，而文艺尊严性才得确立。"其后，在对沈雁冰的批评回应中，他又说："文艺本是苦闷的象征，无论他是反射的或创造的，都是血与泪的文学。"在《批评与梦》中，他认为："真正的文艺是极丰富的生活由纯粹的精神作用所升华过的一个象征世界。"在不久之后的一篇"答辩"中，他更是语气强烈地指出："我郭沫若反对过那些空吹血与泪以外无文学的人，我郭沫若却不曾反对过血和泪的文学。我郭沫若所信奉的文学定义是：'文学是苦闷的象征'。"[①] 而郑伯奇也持有相似的看法，在他看来，"'文学是太平的精华'这思想早过去了。'文学是苦闷的象征'，这是现代文学的标语。一作家的作品，是作者自己苦闷的象征；一民族的国民文学，也不外这民族自己苦闷的象征"[②]。这些看法很容易让人联想到厨川白村的《苦闷的象征》。1920 年 3 月 16 日，田汉由东京到京都拜访郑伯奇，18 日，二人共同造访了厨川白村，并进行了深入的交谈；19 日，田汉至福冈，与郭沫若相会，他向郭沫若详细讲述了造访厨川白村的事情。对此，郭沫若在给宗白华的信中也有清晰的记述。[③] 可见，至少到田汉造访之时，郭沫若已经对厨川白村有了一定的接触。此外，对于彼时身处日本的留学生来说，厨川白村的社会影响也是不容忽视的，根据工藤贵正的研究，厨川白村的《文艺思潮论》《近代文学十讲》发行之时，日本

---

　　① 郭沫若：《〈西厢记〉艺术上的批判与作者的性格》，《郭沫若全集·文学编》第 15 卷，人民文学出版社 1990 年版，第 321、326 页；《论国内的评坛及我对于创作上的态度》，《时事新报·学灯》1922 年 8 月 4 日；《批评与梦》，《创造季刊》第 2 卷第 1 期，1923 年 5 月上旬；《暗无天日之世界——答覆王从周》，《创造周报》第 7 号，1923 年 6 月 23 日。

　　② 郑伯奇：《国民文学论》（下），《创造周报》第 35 号，1924 年 1 月 6 日。

　　③ 田汉、宗白华、郭沫若：《三叶集》，上海亚东图书馆 1920 年版，第 123 页。

各大媒体都给予了极大的关注和讨论。① 对于有志于文艺事业的郭沫若、郑伯奇来说，厨川白村显然是很有可能被其关注的。而郑伯奇更是在日记中明确记载了对厨川白村的接受事实，1921 年 6 月，郑伯奇连续多日阅读《文艺思潮论》和《近代文学十讲》②。另外值得注意的是，1921 年 1 月 16 日至 22 日，明权翻译了 1921 年《改造》杂志版的《苦闷的象征》，连载于《时事新报·学灯》，对于当时与《学灯》联系颇为紧密的郭沫若等人而言，对其直接阅读并吸收内化是完全可能的③。然而，仍然需要辨析的是，虽然郭沫若等人比田汉更进一步，对"苦闷"之外的"象征"作了大量的论说，但也仍然停留在观念层面，综观创造社这一时期的创作，"象征"的风格并不明显。值得玩味的是，同样与厨川白村接触较多的周作人对于郭沫若、田汉等人的"颓废"作风并不满意④。在他的新诗实践中，象征不再只是一种发言姿态，更是具体的形式方法，由此不仅指向新诗本身的抒情改造，同时也应当视为周作人应对自身思想危机的一次尝试。

周作人对厨川白村的接触实际要比田汉等人早很多。1913 年 8 月，鲁迅购入《近代文学十讲》并随后转寄周作人，9 月初周作人日记记载了阅读经历⑤，该著第十讲第三节就是对"象征派"的详细介绍；1917 年 11 月 2 日，鲁迅、周作人都在日记记载了《文艺思潮论》的购入情况，两日后周作人即阅读此书。⑥ 1917 年 9 月，

---

① 参见［日］工藤贵正《中国語圏における厨川白村現象：隆盛·衰退·回帰と継続》，京都：思文阁出版社 2010 年版。

② 《郑伯奇日记选载》，《新文学史料》1995 年第 3 期。

③ 工藤贵正认为在留日的创造社成员之间，"文艺是苦闷的象征"这一说法是对厨川白村接受的一种共识。工藤贵正：《中国語圏における厨川白村現象：隆盛·衰退·回帰と継続》，京都：思文阁出版社 2010 年版，第 70 页。

④ 仲密：《三个文学家的记念》，《晨报副镌》1921 年 11 月 14 日。

⑤ 参见《鲁迅全集》第 15 卷，人民文学出版社 2005 年版，第 74、76 页；《周作人日记》（上），大象出版社 1996 年版，第 463—464 页。

⑥ 参见《鲁迅全集》第 15 卷，人民文学出版社 2005 年版，第 300 页；《周作人日记》（上），第 704—705 页。

周作人开始在北京大学讲授《欧洲文学史》课程，所作讲义即参考了厨川白村的两部著作。尤其是关于波德莱尔及法国象征派的介绍：

> Charles Baudelaire（1821—1866）行事与著作皆绝异。盖生于自然主义时代，为传奇派最末之一人，而开象征派先路者也。Baudelaire 感生活之困倦者甚深，又复执著人生，不如传奇派之厌世。遂遍探人间深密，求得新异之美与乐，仅藉激刺官能，聊保生存之意识。

> Baudelaire 之诡异诗风，虽所独有，而感情思想，已与现代人一致。其诗重技工，有高蹈派流风，然不事平叙，重在发表情调（Mood），为象征派所本。Verlaine 继起……以主观作诗，求协音乐，茫漠之中，自有无限意趣，起人感兴。暗示之力，逾于明言。①

1921 年 11 月，大病初愈的周作人立即投入大量精力对波德莱尔进行译介。结合上述两段文字，不难理解其中的动机。对于新村理想幻灭后的周作人而言，如何从思想飘摇、情感动荡中及时锻造出一种坚定的求生意志是相当紧要的。在纪念波德莱尔的文章中，周作人结合《近代欧洲文学史》讲义中的说法重新评价了波德莱尔：

> 波德莱尔爱重人生，慕美与幸福，不异传奇派诗人，唯际幻灭时代，绝望之哀，愈益深切，而持现世思想又特坚。理想之幸福，既不能致，复不肯遗世以求安息。故唯努力求生，欲于苦中得乐，于恶与丑中而得善美，求得新异之享乐，以激刺官能，聊保生存之意识。②

---

① 周作人：《近代欧洲文学史》，北京十月文艺出版社 2013 年版，第 156、157 页。
② 仲密：《三个文学家的记念》，《晨报副镌》1921 年 11 月 14 日。

在《散文小诗》译记中，周作人又补充说："他用同时候的高蹈派的精炼的形式，写他幻灭的灵魂的真实经验，这便足以代表现代人的新的心情。他于诗中充满了一切他自己的性格的阴影，哲学的苦味，和绝望的沉痛。"① 不难看出，波德莱尔与此时的周作人具有极大的互文性。从波德莱尔 "幻灭" "绝望" 的人生经历中，周作人不仅读解出了深刻的情感认同，更重要的是，波德莱尔 "努力求生" "苦中得乐" 的人生态度及时地修复了周作人可能已破碎崩塌的精神世界，并作为一种坚定的力量重新支撑起了周作人的人生信仰。而这里所谓的 "高蹈派的精炼的形式" 实际就是象征的手法。可以说，正是对象征的领会一方面让周作人能够深入波德莱尔的精神世界，从其 "黑而可怖" 的外表中提炼出一种 "真正希有的力量"；另一方面，借助翻译对象征的演绎展开，也让周作人在具体的诗歌经验层面习得了运用象征的能力，进而使所谓的 "悲哀" "苦闷" 都不再压抑在自我的心灵内在。通过抒情与象征的综合，疾病经由身体转化为一种隐喻，随着隐喻的达成，不仅个人的悲哀得到抒发、慰藉，同时象征过程的展开也为抒情主体锻造出了一种重新处理现实的能力。换言之，象征的展开同时也就是一次自我的再生产。

根据小川利康的研究，周作人对波德莱尔及象征的接触即接受了厨川白村的影响。② 实际上，梅特林克、西蒙斯等人也对周作人关于象征的理解产生了一定的影响。在周作人的日记书目中，即可查到梅特林克、西蒙斯有关象征的著作。此前，在《英国诗人勃来克的思想》中，周作人也对象征作了相当精准的阐发。此外，《域外小说集》中所译介的迦尔洵、安特莱夫都是象征主义的代表人物。当然，这只是问题的一方面，更为关键的问题是，周作人是如何在翻

① 法国波德莱尔原作：《散文小诗》，仲密译，《晨报副镌》1921 年 11 月 20 日。

② 参见 [日] 小川利康《周氏兄弟的散文诗——以波特来尔的影响为中心》，《中山大学学报》（社会科学版）2015 年第 1 期。周作人对波德莱尔的译介，还可参见陈佳《周作人翻译波德莱尔〈巴黎的忧郁〉探微》，《中国现代文学研究丛刊》2020 年第 1 期。

译、写作中对象征进行展演、操作，又是如何运用象征来处理、应对他的精神危机和情感动荡，进而反作用到自我的情感重造上。

在参考西蒙斯的英译本以及勃隆的德译本基础上，周作人翻译了波德莱尔八首散文诗，刊登于《晨报副镌》，同时也被《妇女杂志》和《民国日报·觉悟》转载①。这八首诗主题并不一致，但总体上可以视作波德莱尔不同的人生面向，周作人则从中找到了深刻的情感共鸣。《游子》的标题本身就象征了一种精神流亡的状态，诗歌采用问答式的推进策略，与精神流亡的主题形成了内在呼应。而借助于"朋友""祖国""美""黄金"等较为抽象的意象叠加，象征的空间就此被打开。在一连串的情感否定中，诗歌最终指向了一种"神异"的实在——"云"。相比于此前抽象意象的排列，"云"的出现显然制造出一种距离感，而"神异"显然也就在于这种距离生成的审美效果。进而，添加"过去"的限定，"云"这种美好的理想跳脱出了现在，延展了封闭的时间锁链，引入一个从过去到现在流动的时间中，进而造就出一种永恒感。此时，精神的流亡不再是消极被动的逃逸，而恰恰是在时空中自由伸缩的象征姿态。这种自由的精神境界显然对周作人构成了极大的吸引。而人与人之间的情感隔膜与想要打破却力量不足的落差，可以说是周作人此时的真实写照："互相理解是这样的难，我的爱人，而且思想是这样的不能传达，——即便在互相爱恋的人们的中间。"② 对此，波德莱尔以"老人"为自我的象征，以不计牺牲的精神姿态作为回应："于是我睡倒了，自己满足我已经生活过，辛苦过了，在他人的身上。/或者

---

① 这八首诗的具体情况是：《游子》（后改名《外方人》收入《陀螺》）、《狗与瓶》、《头发里的世界》、《你醉!》、《窗》、《海港》以《散文小诗》的总题刊载于1921年11月20日的《晨报副镌》；《月的恩惠》《穷人的眼》则以《散文小诗二首》为总题刊载于1922年4月9日的《晨报副镌》。翻译的经过在周作人日记也有明确记载，参见《周作人日记》（中），大象出版社1996年版，第207、214页。

② ［法］波德莱尔：《穷人的眼》，《散文小诗二首》，仲密译，《晨报副镌》1922年4月9日。

你将对我说,'你相信这是真的故事么?'这有什么关系,在我以外的任何实相有什么关系呢,倘若他帮助我生活,觉得,我在,和我是什么?"①"牺牲"可以说是周氏兄弟"五四"前后主要的主体实践方式,同时也是造成他们 20 世纪 20 年代后苦闷彷徨的根源所在,"老人"的形象也是"五四"之后他们主体危机的一个侧影。当波德莱尔并不把牺牲看作一种外在的施予,而是自我的内部构成,那么无论外在的世界如何变化,自我始终是向心力的终点。这种内外之间的辩证无疑为周作人提供了重新整合自我、调整人生方向的重要契机。

如果说翻译波德莱尔对于周作人来说还只是精神认同层面的对照和呼应,那么新诗创作更多地意味着对困境的处理,由此,象征也经由一种经验习得进而转换到经验内化后的演绎、发散。实际上,在《小河》阶段,周作人已经对象征的运用颇为成熟。②而在"病中的诗"中,周作人很善于以渺小微弱的意象来象征自己的无力感,如"慈姑""小孩""苍蝇"等。然而,这些意象的意义显然并不只是一种精神困境的投射或比照,事实上,这些意象在诗歌文本中的频繁参与恰恰反映了周作人理想视点的某种下沉。换言之,他的主体姿态不再悬浮于一种虚无缥缈的幻想之中,不再刻意刻画自我与他者之间的知识的、精神的、理想的边界,而是重新把自我置放在与他者平等对视的现实位置上。而诗歌意义的生成也就在此,这些渺小意义之所以能够支撑起一首诗的抒情重量,原因就在于周作人借助于象征的视角,使得这些意象从机械的"物"的位置上发生偏移,从物的世界转入象征的世界,由此在任何等级、任何形态的事物之间建立联系,"五四"时期周作人一直想要克服的"差异"在这里得到了新的处理,它们相互替换、拼接、融入、化合,不仅一种自由的感受由此而生,同时周作人此前一直想要实现的同情机制也暗含其中。所谓的同情,并非一种自上而下的情感辐射,而恰恰

① [法]波德莱尔:《窗》,《散文小诗》,仲密译,《晨报副镌》1921 年 11 月 20 日。
② 参见周作人《小河》,《新青年》第 6 卷第 2 号,1919 年 2 月 15 日。

就是一种平行世界的替换、拼接和融合。《西山小品》中的"乡民"
"卖汽水的人"都是普通平凡的人物，与"五四"时期的诗歌形象
相比，不同之处在于，他们的形象呈现并不是一种"所见"式的主
体想象，而是基于接触、理解和换位所勾勒的有血有肉的生命个体。
由此，象征已经不仅仅是一种抒情手段，更是一种主体自我的生成
方式。当周作人得知"乡民"的死讯时，他的反应颇有意味："我
听了这话，像平常一样的，说这是迷信，笑着将它抹杀的勇气也没
有了。"①　显然，在周作人的内心世界，"乡民"已经不再是外在于自
身的他者，而是与自己有过一段生命接触的"平凡"之人。

　　在这段集中作诗的阶段，周作人不仅以诗的方式来回应自己的
精神苦闷，同时也从翻译实践中汲取改造自我的诗歌经验，进而以
对象征的演绎和发挥，在一种由大到小（人类全体到个人自我）、自
上而下②的视野、姿态的调整中，重新构造了自我的情感世界。

小　结

　　在日本准备《新生》阶段，不仅鲁迅完成了《摩罗诗力说》等

---

　　①　周作人：《西山小品》，《小说月报》第 13 卷第 2 号，1922 年 2 月 10 日。《西山
小品》最初用日语写成，1921 年 12 月刊于日本白桦派诗歌同人刊物《生長する星の群》
第 1 卷第 9 号。另外，《小河》《北风》《过去的生命》《小孩》也都曾刊载于《生長する
星の群》及白桦派另一刊物《新しき村》。

　　②　1920 年 8 月 10 日，鲁迅译完尼采的《察拉图斯忒拉的序言》，在第一节讲述察
拉图斯忒拉从隐逸山间到下山重新投入"人间"的时候，鲁迅在"下去了"下面加了重
点。在译者附记中，鲁迅又说："他的下去（Untergang），就是上去。"而作为周作人
"五四"时期思想缩影的《点滴》即取名自鲁迅所翻译的《察拉图斯忒拉的序言》："我
爱那一切，沉重的水滴似的，从挂在人上面的黑云，点滴下落者，他宣示说：闪电来哩，
并且作为宣示者而到底里去。"这种"下去"的姿态显然构成了周氏兄弟由《新生》破
产，到重新为"寂寞""呐喊"的人生隐喻。可以说，"下去"是"五四"时期周氏兄弟
一以贯之的主体姿态。参见［德］尼采《察拉图斯忒拉的序言》，唐俟译，《新潮》第 2
卷第 5 号，1920 年 9 月 1 日；周作人《点滴》（扉页），北京大学出版部 1920 年版。

系列论文的写作，周作人当时也准备了《论文章之意义暨其使命因及中国近时论文之失》《哀弦篇》两篇文论。二人之间实际上分享着相似的思想基础，即如何以文章（诗歌）的形式来激发情感从而召唤出一个具有内在深度的现代主体。但诗歌或者说文章的形式与文字的工具在二人当时的构想中并没有清晰明确的可行方案。文学革命之后，随着文字工具文类形式的初步产生，周氏兄弟很快重新投入铺陈开来的文学事业中，而情感改造的主题不仅得以延续，"五四"的思想氛围也进一步将情感问题扩大蔓延。由此，早期新诗呈现出强烈的抒情化风格。然而，无论是新诗还是作为情感主体的青年自我都处于一种尚未完成的状态，过度的抒情、浪漫的沉溺极大地消耗了成长中的自我，不仅青年自身越发空洞虚无，新诗也陷入了停滞的境地。1921 年，一直在社会改造事业中奔波忙碌的周作人随着一场大病的到来结束了新村的理想时代，思想也随之陷入一种怀疑、矛盾的困境，此时病对他而言不仅是身体表征，更是一种思想隐喻。对比此前文章革命的实践方式，此时的周作人很自然地将自己反思检省的方向扩展到具体的文类形式上，他不仅对新诗展开系统的批判，更以翻译与创作为行动契机为早期新诗植入了一种象征化的抒情风格①，在完成新诗抒情改造的同时，也借助新的抒情完成了自我情感世界的再造。以此为基点，早期新诗的意义也得以凸显，不仅一代青年的心灵起伏和情感结构得以探视辨析，同时也为青年苦闷的抒发提供了一种宽广的通道，更以其形式的能量进一步整合、重构了青年的心灵世界，从而为其提供一种确证自我、思考人生、辨明方向的反思时刻，更要紧的是借助于形式的力量来划定一定的人生观、世界观。显然抒情所综合的身体感知、修辞技巧、句式语调并非静态的、内部的文本构成，同时形式的全面展开也意

---

① 有意味的是，1926 年"远离"诗歌已久的周作人在刘半农的《扬鞭集》序中再次论及了新诗道路问题，他不仅重申了"浪漫主义"立场，更明确指出"象征实在是其精意"。参见周作人《扬鞭集序》，《语丝》第 82 期，1926 年 6 月 7 日。

味着、象征着一种人生轨迹的展开及收束，其中自我意识也随着形式的展开、情感的流动进行舒展、深思，进而重新整合，生产出一个崭新的自我。

第二节　"我们都是一样的不幸"
——早期新诗与现代中国"同情"的起源

1920 年前后，"新村"时期的周作人开始频繁地以讲演的形式就文学与社会问题进行发言。1920 年 11 月 8 日，周作人应北京师范学校纪念会之邀赴之演讲。几日后，日记中又记载："下午二时至协和医校讲演，又至第一院以稿交伏园送登晨报。"[1] 这里的"稿"实际就是《文学上的俄国与中国》，经孙伏园之手分两次刊发于《晨报》[2]。讲演中的"俄国"与"中国"并非一种对等式的并置，周作人的核心意旨在力图在一种"世界文学"的横向视野中，既澄清中俄之间巨大的文学差异，同时也希望借助相似的现实境况进而为中国文学的兴起引入一种可供学习、追摹的文学方向。在周作人看来，扭合中俄之间文学通道的正是安特莱夫所说的"我们都是一样的不幸"的悲惨生存境遇。相比于中国文学"赏玩""怨恨"的消极态度，俄国文学的意义在于从"不幸"中"培养成了对于人类的爱与同情"。换言之，周作人不仅从"我们"与"不幸"的联结中看到一种命运共同体感受构造的可能，更重要的是，借助文艺的培养从"不幸"中翻转出一种同情机制。由此，"同情"问题开始在他的思想痕迹中频繁闪现。

而周氏兄弟这种以文艺"转移性情，改造社会"[3] 的思路可以

---

[1]　《周作人日记》（中），大象出版社 1996 年版，第 156 页。

[2]　周作人：《文学上的俄国与中国》，《晨报》1920 年 11 月 15—16 日。

[3]　《域外小说集序》，上海群益书社 1921 年版。实为鲁迅作，借署周作人名。

看作日本留学时期的一种延续。无论是在"新生"的准备阶段，还是在《域外小说集》的翻译中，周氏兄弟都希望借助对以俄国为代表的"弱小民族"的文艺推介，实现"犁然于心""籀读心声"①的社会效果，只是具体的文艺形态因语言、文体等构件的缺乏仍然停留于一种观念性的想象当中。随着文学革命讨论的深入，周氏兄弟重新回归文艺的事业，以白话写作为契机，他们积蓄已久的思想能量以随感、翻译、创作、批评等不同的文类形式向四周散点爆破，不仅宣示崭新的文学理念，提供具体的文学式样，同时也凭借不同文类形式的综合沟通、整合了文艺与社会。以周作人为例，1919 年前后，此前以思想革命的姿态频频发言的他开始了与武者小路实笃的接触，以《一个青年的梦》为契机，他很快从中读解出了一种以"人类互相理解"为底色的"梦"的意味②，进而对武者小路实笃的"新村"构想怀抱极大的情感热度和强度，不仅连续作文加以推介辩护，更身体力行地参与到北京新村支部的创建中。由此，他的主体姿态也从文明批判转接到理想建设上来。此时，在教育、杂志、小团体等不同文化场域之间来回穿梭的主体痕迹也明显地投射于他的一系列文学行动中，二者之间呈现出深刻的互文性和对话性。尤其是新诗，相较于其他文类，此时占据着周作人颇多心力的重要位置。③ 一方面，新诗的同情机制内含着文艺打通社会、联结彼此的改造能力，由此构成了周作人介入现实、想象社会的手段方法；另一方面，正是在对社会现实的具体处理上，新诗的内部空间得以

---

① 鲁迅：《域外小说集序言》，《鲁迅全集》第 8 卷，人民文学出版社 2005 年版，第 168 页。

② 周作人：《读武者小路君所作〈一个青年的梦〉》，《新青年》第 4 卷第 5 号，1918 年 5 月 15 日。

③ 就在周作人全力投入新村事业的同时，他密集写作了《两个扫雪的人》《微明》《小河》《路上所见》《北风》《背枪的人》《京奉车中》《画家》《东京炮兵工厂同盟罢工》《爱与憎》《荆棘》《所见》等数十首诗歌，新诗与新村形成深刻的互文关系，共同构成了"五四"时期周作人的主体实践方式。

打开，同情机制得以延展，而新诗的形式面貌也由此获得。

周作人围绕"新村"的一系列行动在当时的青年中间激起极大的反响。自 1920 年 6 月 8 日起，郑振铎的身影开始在周作人的日记中频繁出现。郑振铎积极回应周作人的"新村"实践，同时也谈及"国界种界的界限"与"人类隔离"的问题①，此外，郑振铎还与耿济之、瞿秋白等人投入"新社会"的设想当中。他们既注重对社会学原理的吸收和挪用，以"同类意识"或"同情心"设定新社会的起源②，同时也与周作人一样，充分注意到俄国文学中"灰色文学的力量"——"人道的同情"③，而这正是他们所看重的"诗歌之力"所在。由此，"同情"问题迅速蔓衍开来。这里要讨论的问题是，作为一种"感觉结构"的"同情"是如何建立的，早期新诗在此过程中扮演怎样的角色，又从中获取了怎样的形式机制，进而二者的综合又是如何进一步投入现代中国心灵革命的事业当中的。

一 诗歌之力

在早期文学生涯中，周作人的文学行动主要分布在翻译与文明批判上，相较而言，创作并不很多。而在为数不多的创作中，新诗的位置尤为凸显。周作人的新诗写作有两个密集的段落，一是"五四"时期，二是 1921 年前后"病中的诗"阶段。两个段落恰好完整地拼凑出了周作人的"新村"时期。可以说，新诗对于周作人而言既是一次主体的打开，也是一次个人思想调整反省的收束。换言之，"新诗"与"新村"构成了"五四"周作人的人生缩影。

日本"新生"事业破产后，归国后的周氏兄弟陷入一段"忘

---

① 《郑振铎致周作人》，《中国现代文艺资料丛刊》第 5 辑，上海文艺出版社 1980 年版，第 349 页。

② 郑振铎：《社会服务》，《新社会》第 7 号，1920 年 1 月 1 日。

③ 郑振铎：《俄国文学发达的原因与影响》，《改造》第 3 卷第 4 号，1920 年 12 月 15 日。

却"式的静默和"无聊"中①。而二人文艺事业的复出，显然需要一个恰当的历史时机。如果说"金心异"的到来促成了鲁迅"呐喊"之声的再起，那么武者小路实笃的出现则为周作人设定了一个发言姿态和思想起点。1918 年 5 月 15 日，《新青年》第 4 卷第 5 号刊载了周作人的《读武者小路君所作〈一个青年的梦〉》，在前一个月的日记中，周作人详细记录了作文前后的情况。4 月 8 日，在收到日本中西屋寄来的"アル青年ノ夢"之后，周作人立即阅读，在连续两日阅读之后，又于 11 日作"杂文一篇"，此"杂文"即《读武者小路君所作〈一个青年的梦〉》②。至于为何对这个剧本付出如此之多的心力，周作人也有明确的交代：

> 近来又读日本武者小路君作的脚本《一个青年的梦》，受了极强的感触，联想起梁先生的文章，起了一个念头，觉得"知其不可为而为之"的必要。虽然力量不及，成效难期，也不可不说，不可不做。现在无用，也可播个将来的种子，即使播在石路上，种子不出时，也可聊破当时的沉闷，使人在冰冷的孤独生活中，感到一丝的温味，鼓舞鼓舞他的生意！③

这段讲述，无论是立意还是措辞都很容易让人联想到鲁迅的《呐喊自序》。两相对照，不但能够深刻体察二人蛰伏静默的内在隐忧，同时也不难体会他们参与到"新青年"、进入"五四"的立论姿态和思想动机。二人蛰伏的原因不单单是文艺事业本身的破产，更重要的是从国民性中看破的某种"不可"，即周作人所说的"对于国人能力的怀疑"。鲁迅在翻译《一个青年的梦》的时候，也反

---

① 鲁迅：《呐喊自序》，《晨报副刊·文学旬刊》第 9 号，1923 年 8 月 21 日。
② 《周作人日记》（上），大象出版社 1996 年版，第 743—744 页。
③ 周作人：《读武者小路君所作〈一个青年的梦〉》，《新青年》第 4 卷第 5 号，1918 年 5 月 15 日。

复提及自己的"怀疑"和"恐怖","生怕是旧式的觉悟,将来仍然免不了落后"①。如果将这种"怀疑"与民初政治的混乱、反复联系起来,则更加容易理解。而这种"怀疑"和"忧虑"恰好也是武者小路实笃写作《一个青年的梦》的思考的起点。颇有意味的是,几个月后,周作人同样基于"忧虑"的情感体验写作了《小河》。武者小路实笃的意义在于,他的思考并不局限于此,反而采取一种辩证的思维,希望"从这忧虑中,生出新世界的秩序来"②。这对于同样深陷"怀疑"之中的周氏兄弟而言无疑具有相当大的感召力,为曾经"忘却"的"梦"提供了一个颇为光明的世界远景。更为重要的是,他不仅以"内里"的"真诚"重塑行动的信仰,更为这种远景搭建了一种可以实行的方案,即以同情互助达到"人类互相理解"。可以说,周作人"五四"前后的主体实践在很大程度上是围绕"同情"展开的,而文艺或者新诗则被周作人看作实现"同情"的主要方式。

在写作《读武者小路君所作〈一个青年的梦〉》数月之后,周作人开始与"新村"本部建立联系,对"新村"同情互助的思想开始更为细致的接触和体会。与周作人建立通信之后,武者小路实笃也有一封附信,其中表达了真挚而强烈的情感联结倾向:"我正访求着正直的人;有真心的人;忍耐力很强,同情很深,肯为人类做事的人。在支那必要有这样的人存在。这人必然会觉醒过来。"③ 这些话语显然极大地感召了周作人,他不仅将此作为一段跨越性的同志友谊,更将此看作一个可供追摹的人格理想。不久之后,周作人即以这些思想光点为基础写作了《人的文学》,周作人所理解的人并非单纯的"个体",而是"总与人类相关,彼此一样","同是人类之

---

① 鲁迅:《〈一个青年的梦〉译者序》,《新青年》第 7 卷第 2 号,1920 年 1 月 1 日。

② 武者小路实笃的观点,转引自周作人《读武者小路君所作〈一个青年的梦〉》,《新青年》第 4 卷第 5 号,1918 年 5 月 15 日。

③ [日]武者小路实笃:《与支那未知的友人》,《新青年》第 7 卷第 3 号,1920 年 2 月 1 日。

一，同具感觉性情"，这不但消解了种族、国别、阶级、性别之间的不平差异，更勾画出了 "人类共同的运命"①。与此同时，周作人也翻译了江马修的《小小的一个人》，这次翻译或许可以看作 "人的文学" 的具体文本注脚。小说以 "我" 为视点，采取一种 "合离" 式的叙述结构，讲述 "我" 与小女孩由陌生到熟识、如何见证她的家庭悲剧，进而以小女孩的突然离开构造出一种 "离心" 的抒情效果，从中生成一种 "溶化在人类的大海中" 的同情感知②。而《齿痛》的翻译更集中了周作人对 "同情" 问题的思考。《齿痛》所讲述的并非一个关于 "同情" 的故事，而是陈说在耶稣受难日一个耶路撒冷商人因为齿痛如何虚伪冷漠。对此，在译者附记中，周作人引述安特莱夫自己的话进行参照："我们的不幸，便是大家对于别人的心灵、生命、苦痛、习惯、意向、愿望，都很少理解，而且几于全无。" 事实上，这不单单是对小说主题的指涉，同时标记了中国民众的精神底色。周作人对此非常认同，在不同场合多次引述这段话。而安特莱夫在指出病症的同时，也开列了文艺的药方："我是治文学的，我之所以觉得文学可尊者，便因其最高上的功业，是在拭去一切的界限与距离。"③ 相比于武者小路实笃，安特莱夫可以说更进一步，他不仅意识到同情具有抹除 "界限与距离" 的能力，更看到 "文艺" 实现同情的形式机制。而此时的 "文艺" 对于周作人来说主要是新诗的写作，对于 "诗歌之力" 他尤为重视。

　　1919 年，周作人全力投入到 "新村" 的社会理想的构造中，而此时也是他新诗写作颇为集中的一段时间。自 1919 年 1 月 13 日写作第一首白话诗《两个扫雪的人》后，周作人陆续写就《微明》《路上所见》《北风》《背枪的人》《京奉车中》《画家》《东京炮兵

---

　　① 周作人：《人的文学》，《新青年》第 5 卷第 6 号，1918 年 12 月 15 日。

　　② ［日］江马修：《小小的一个人》，周作人译，《新青年》第 5 卷第 6 号，1918 年 12 月 15 日。

　　③ 安特莱夫的话，转引自周作人《齿痛》译者附记，《新青年》第 7 卷第 1 号，1919 年 12 月 1 日。

工厂同盟罢工》等一系列具有鲜明社会景深的新诗作品。可以说，此时的新诗不仅是他思想行动的一个倒影，同时也被他看作实现以"同情"为根底的社会理想的一种手段和方法。而他的新诗选择及其内在逻辑与日本"新村"的文化策略或许不无关联。在"新村"的组织程序中，除了公社式的集体劳动之外，精神创造与思想生成也是重要的内容构成。他们不仅出版个人著述，宣扬新村精神，同时也创办与之相合的同人刊物。围绕新村的刊物主要包括《白桦》《新村》《生长的星群》《诗》等，而无论是《白桦》《新村》这些综合性的刊物，还是《生长的星群》《诗》相对专业性的刊物，诗都是其中重要的文类构成。"五四"前后，这些刊物定期性地出现在周作人的日记中，由此，"新村"与"新诗"之间的情感辩证，周作人很容易感受和领会。不仅如此，对于"新村"周作人并非单向地接受，实际上他以一种相当高扬的主体姿态和情感强度参与其中，此时的周作人已然成为"新村"的一部分，或者说"新村"此时已经成为周作人主体自我不可或缺的一面。1919 年 4 月，周作人亲自访问了日向新村，归国不久他仍然以一种几近迷醉梦幻的语调记述当时的情感震荡："新村的空气中，便只充满这爱，所以令人融醉，几于忘返，这真可谓不奇的奇迹。"在这种"同类之爱"的环绕包裹中，周作人此前从文字知识中抽取出的理想远景和同情机制，此时被"我们都是'地之子'"的情感认同注入了相当真实而饱满的信仰基础：

> 　　在种种意义的敌对间，倘能互相知识，知道同是住在各地的人类的一部分，各有人间的好处与短处，也未尝不可谅解，省去许多无谓的罪恶与灾祸。我此次旅行，虽不能说有什么所得，但思想上因此稍稍扫除了阴暗的影，对于自己的理想，增加若干勇气，都是所受的利益，应该感谢的。[①]

---

① 　周作人：《访日本新村记》，《新潮》第 2 卷第 1 号，1919 年 10 月 30 日。

除此之外，周作人还记述了临别之时的题诗环节。周作人题写了《论语》中的"子曰，仁远乎哉。我欲仁，斯仁至矣"。而武者小路实笃则与之相应，题写的是："子曰，内省不疚，夫何忧何惧?"无论是对于新村的精神内核，还是周作人的思想底色，这两句都颇为适应。与此同时，周作人的《北风》一诗也被题写赠与新村的友人，而这首诗或许更为贴近周作人当时高昂的情感热度和理想信念。诗的最后两句写道："这猛烈的北风，/也正是将来的春天的先兆。"① 显然，此时的理想经历了某种程度的转化，它不再是激情式的空想。周作人的处理是在"北风"与"春天"之间刻意构造出了一种需要去克服的难度和距离，正是这些难度和距离的存在将理想从飘忽虚浮的位置拖拽下来，深深地植入对现实的面对和处理中。不久之后，《北风》即被译成日文发表于《新村》同年的 8 月号。由此，周作人不仅接受"新村""地之子"的精神感召，更以诗的方式参与到"新村"理想的现实构造中。周作人对"诗力"的偏重在某种程度上延续了"新生"时期的文化思路，只不过此时因为"新村"而被赋予了一个较为清晰的理想视景。

无独有偶，此时对周作人的"新村"理想抱有深刻认同的郑振铎也对"诗歌之力"颇为信服。在郑振铎的"新社会"设想中，"同情"是一种重要基底，这与他此时建立起来的社会学视野是密切相关的。在编辑《新社会》前后，郑振铎频繁出入于北京青年会的图书馆，在他的印象中，"其中以关于社会学的书，及俄国文学名著的英译本为最多。我最初很喜欢读社会问题的书"②。他不仅从亚当·斯密的学说中认识到"同情心为人类社会的及道德的生活的真正基础"，也从吉丁斯的言论中辨识到"凡社会的组织、协作，及一切'社会的固定'的各方面，都是依赖于'同情心'或'同类意识'的发达的"。而对于魏特"以同情心为一种社会生活里一切高

---

① 周作人：《北风》，《新青年》第 6 卷第 3 号，1919 年 3 月 15 日。

② 郑振铎：《想起和济之同在一处的日子》，《文汇报》1947 年 4 月 5 日。

尚的发展的基础底情感"的说法，郑振铎也颇为认可①。总之，借力社会学的知识视野，郑振铎在"同情"与"新社会"之间勾画出了一条相当清晰的通达路径。而也就在这段阅读经历中，除了社会学视野的接受，郑振铎也对文学的效力尤其是诗歌之力深有感悟。在他看来：

> 诗人的感觉，特别锐敏，他们能充分而深切的感觉到平常人所永未曾感觉到的痛苦与快乐。诗人的同情心特别邃博，他们同情于无告的被压迫者，而与之同哭，也同情于失恋的情人，而与之凄然默坐，他们且能同情扑灯的飞蛾，红眼白衣的怯善的兔子，以及一切。……但他们却都是同样的尖利，同样的能深深的看入一切事物的内部与灵魂的。②

诗人的"同情"并非一种道德主义式的慈善怜悯、一种自上而下的道德训育，而是一种"推己及人、设身处地的替代激情"③，诗人不再是封闭的抒情自我，而是情感的代言，借助于诗歌的抒情口吻和人称语气将普通民众由一种分散、孤立的情感困境植入一种共通的情感体验之中，由此，阶级、身份、性别、种族甚至是不同的生命形态等障碍装置都将被拆除、化解。因而，无论是"新村"还是"新社会"这种平面横向的空间共同体，它所依赖的不仅是情感的分享与流通，事实上首先是依赖诗歌的抒情机制打开"事物的内部与灵魂"。然而，更为关键的问题是，其中的同情机制是如何在诗的技术层面落实的，借助于对同情的展演、实现，新诗是如何完成自身的形式构造的？

---

① 郑振铎：《人道主义》，《民国日报·觉悟》1920 年 8 月 22 日。
② 郑振铎：《诗歌之力》，《文学》第 83 期，1923 年 8 月 13 日。
③ ［英］埃德蒙·伯克：《关于我们崇高与美观念之根源的哲学探讨》，郭飞译，大象出版社 2010 年版，第 40 页。

二　爱与憎：同情的张力

郑振铎等人对 "新社会" 的设想并不完全是新文化运动的同调或者说一个侧影，事实上在方法与态度的具体设计上，郑振铎恰恰显示出对业已走向困境的新文化运动的一种修正态度。在众多杂志媒介的烘托中，兴起的新文化运动在造就一个公共的民意空间的同时，事实也存在一种空洞、虚浮的消极倾向。郑振铎此时注意的是对具有丰富面向的文化运动逐渐缩减固化为一种 "纸上的事业" 的警惕，同时希望以 "到民间去" 的行动态度保证文化运动的能动性①。以此为背景，郑振铎对 "诗歌之力" 的激荡，已不满足于一般性的诗学探讨，而是将这一理论视野带入具体的新诗写作中。在他看来，新诗不仅为难以解决的社会问题提供了别样的讨论形式，更以其形式的展开为其提供一种可能性的解决方案。由此，他的新诗写作呈现出鲜明的社会化风格，而新诗中的社会此时也不再是一种衬景或者配色，它既是抒情对象与所要处理的问题结构，同时也是诗的机体构成，正是对它的处理与表现决定了新诗的生成方式与形式机制。在此过程中，"同情" 具有极大的扭合作用。

1922 年 2 月 22 日，郑振铎应鲁迅、周作人的托请，陪送爱罗先珂乘火车由沪北上；3 月 5 日，离京返沪，正是在返程的途中郑振铎完成了《厌憎》《两件故事》②的写作。有意思的是，两首诗都是对车厢中一种即景式的扫描，所处理的也是同一的对象——兵丁，其在某种程度上可以看作同题诗的变奏。因为，虽然是相似的主题、人物，两首诗前后却呈现出截然相反的抒情态度。而正是在前后情感的反转中暗含着诗的同情机制实现的可能。

《厌憎》一诗，从标题即可体会内中的情感底色，但在具体的展

---

① 郑振铎：《纸上的改造事业》，《新社会》第 8 号，1920 年 1 月 11 日；《我们今后的社会改造运动》，《新社会》第 3 号，1919 年 11 月 21 日。

② 郑振铎：《厌憎》《两件故事》，《晨报副镌》1922 年 3 月 12 日。

开中情感的流动也并非线性无阻，反而时时暴露出裂隙和挣扎。开头两句中"在拥挤的车中，/到处见不整齐的灰色兵丁"，"拥挤"本身即已勾画了车厢中的人流密度，而"到处"则将这种密度进一步压缩，并且暗含着一种情感波动，表现出这种"拥挤"由物理空间到心理空间之间的游移和转换，进而共同构造出一种内外之间强压的环境氛围，由其中情感的起伏可知此时的"不整齐"不仅意味着行为面貌的观感，更暗示着精神空间、情感世界的失序不谐，考虑到20世纪20年代此起彼伏的军阀混战，兵丁显然构成了战争机器的典型缩影，因而不难理解本应丰富多彩的情感主体此时减缩为一种以"灰色"为主调的冷漠单调的情感原色。这也就解释了这些兵丁为何在"我"的凝视中是"粗率而无知的"，但"我"并没有就此轻易做出道德判断，武断结束对这一场景的思考。"宽恕与同情，屡次闪耀在我的心上。"此时的情感挣扎显示出"我"仍然对兵丁保留着人性的底线，并且在徘徊犹疑的情感张力中努力提升早已下坠的情感认同。但这种努力又被兵丁"骚扰与强暴与顽狡的表现"打碎了，最终使在情感认同的坐标上向上攀登的"我""全心浸在极强烈的厌憎之渊而不能自拔"。但针对兵丁浅薄的指摘并没有发生，对以上全景的摄入，最终仍然内转指向"我"的"偏狭"，诗人所在意的不仅是兵丁对社会面貌的形象投射，更主要的是如何开启一种有效的同情机制化解穿透彼此之间的情感障碍，但在情感的反复、挣扎中，"同情"并未发生。虽然情感的曲折、挣扎既张布了整首诗的叙事结构，也构成了抒情张力的起承转合，但不难发现诗人始终沉浸在一种内视角中，整首诗的展开都基于诗人"看""凝视"等主观视角对外在世界的摄取进而又回收主体的心理内在，正是这种观看机制的设定决定了诗与社会之间并非出于可供交流、沟通的愿望，二者仍然是隔绝的、封闭的，同情的失效就在于作为他者的兵丁并没有获得平等交流对话的机会和能力，他们与现实场景在诗中的进入只是抒情主体对外在世界的情感裹挟。因而，情感只能是内空间的反复，情感的转轨受制于诗人自我的心理调动。

如果说《厌憎》采用了一种以"看"为主、主体对现实的强制切入，那么《两件故事》则以"听"的方式首先建立起了一个交流互动的平台，而标题本身也暗含了诗的具体结构方式。前两段以两个兵丁对自身遭遇的讲述平行展开，最后一段收束于"我"的"听"力对故事的接收和回应。与《厌憎》相比，兵丁作为"看"的无声的风景被添置了自主说话的能力。两个兵丁之间在身份上也有着细微的差异，第一段中兵丁是以"壮年而饱历风尘"的形象出现，在他的讲述中，以"冷""饿""休息"等为表征的生存实况拼凑出了一个破碎、干枯的人的影像，人的完整性已然变得割裂、破碎，战争的粗暴不仅抽空了内在的情感能量，人的物质性存在本身也面临崩塌的可能。兵丁紧接着的讲述是："现在我父母叫我回去，/所以便回去了。""父母"形象的出现虽然只是短暂引入，但无疑给冰冷无情的生活增添了温暖的情感维度，当听众也对"父母"的符号隐喻进行指认追忆的时候，诗的抒情效果就不仅是对不幸兵役的一般性同情，而且以一种共通的情感符号召唤出了不同身份、不同遭遇的听众相同的情感经验，由此，同情的达成首先是基于情感经验内在的理解和交换。第二段中，讲述者转换成了"一个宪兵"，而所讲述的内容则是典型的兵匪叙事，正是土匪的死亡促发了宪兵的同情，这不单单是对死亡恐怖的条件反射，更是通过身份假设展开一种推己及人的联想："假如我没有当兵，/没有饭吃，/还不是要当土匪么？"身份互换的假想既褪去宪兵暴力的威权，同时也穿透对立的身份区隔，兵与匪被重新赋予了原初的生命本质，基于此他者的困境遭遇很自然地移置到自身的情感经验中。

在两段讲述之后，诗歌随即从"说"的环节转入"听"的环节，由此增添了另一重结构层次。"听了这两个老练的军人的话，/我真成了一个偏狭的小人了！/我的厌憎灭了，/而且自愧了。"此时的"听"显然不仅是对故事的感官接受，"我"从故事中更看到了同情发生的时刻，由此同情完成了由讲述者到接受者的偏移，但同情的生产并未就此实现，而是指向了对一个反思性自我的唤醒。在弗雷泽看来:"正是通过同情,经修正的反思性情感才得以在个体之间被分享。"① "我"的"偏狭"不完全是对两个军人悲苦遭遇的感染,而是他们的讲述映照出了"我"对他们事先预设的成见,因而所谓"偏狭"与其说是对他们道德式的同情,不如说是他们的讲述调整了自我的情感姿态,通过对成见的击溃,开启了自我的反思机制。换言之,同情的实现不只是在自我与他者之间一种无障碍的横移,而且首先依赖于一个反思性自我的产生,抒情主体只有发现自我,才能与他者进行情感的接受和分享。可以说,由"看"到"听"的转换,既是主体自我的觉醒,也是同情实现的开始。

饶有意味的是,郑振铎与周作人的关系不只在于社会理想方面的感应与追随,在具体的文学行动中,二人也颇多勾连,而在早期新诗的发生环节,二人也隐含着深刻的互文性,不仅具有同题诗的摹写(如《荆棘》),也存在写法上的承接(如郑振铎的《旅程》与周作人的《小河》都采用了一种寓言式的写法),此外,二人的诗作都曾合编于《雪朝》。更要值得注意的是,周作人也有两首处理士兵题材的诗,其中也投注了周作人对同情的设想和理解,周作人的诗与郑振铎的两首相比,无论在题材内容,还是写作方法,都极为相似,同情在其中既有相当的效力,也有一定的限度。

《背枪的人》写于 1919 年 3 月 7 日,在当日日记中周作人写道:"上午往南横街理发,又至珠巢街看铭伯先生。"② 结合诗的首句中的"西珠市",可以推知此诗是周作人外出即景的复刻。而《京奉车中》则于一个月后发表于《每周评论》,考察这段时间周作人的活动轨迹,可以推测这首诗的背景是 3 月底周作人回绍兴的这段经历。③ 两首诗之间具有鲜明的对话性,可以当作一个整体来看待。两

---

① [美] 迈克尔·L. 弗雷泽:《同情的启蒙:18 世纪和当代的正义和道德情感》,胡靖译,译林出版社 2016 年版,第 2 页。

② 《周作人日记》(中),大象出版社 1996 年版,第 15 页。

③ 在 3 月 31 日日记中,周作人记载:"上午六时同子佩仲侃乘京奉车回南,九时发天津"。《周作人日记》(中),大象出版社 1996 年版,第 20 页。

首诗都是以同情为主题，但一个月的时间差，让周作人对同情的态度及其具体的处理呈现出完全不同的方式。在《背枪的人》中，周作人采用了一种转折结构。诗的前半段铺陈出对"背枪的人"与"武器"共同构造出的威权象征的刻板印象，转变之处在于"背枪的人""指点道路，维持秩序"的具体行为，"背枪"不再是一种阶级对立和精神压迫，而变成了对公共性的维持，由此，叙述人称也开始由"我""他"之间的对立转换到"大家""我们"的融合。更有意味的是，这不仅是一种理性认知，行为的指示性也暗示着一种情感的转变，在公共性的范围内，"背枪的人"最终跃升为"我们的朋友，我们的兄弟"。从"背枪的人"到"朋友""兄弟"之间的称谓递进，周作人不仅将一种外在的情景纳入自我的内在空间，更借助于一种情感的转变，实现了从"我"到"他"再到"我们"的共同体构造。某种程度上说，这种情感模式可以看作"五四"前后周作人的人格理想和主体自我的实现方式，他希望借助情感的再造穿透阶级、身份、智识之间的隔膜，实现知识与大众之间的有效沟通。但不能否认的是，整首诗的结构仍然是内置在一种"看"的内视点，"我"与"他"的联结不是基于情感的交流，同情的达成更多的是一种主观的想象，依靠物理行为建立起来的情感基础并不牢固。这样的危机很快在《京奉车中》中得到了印证。同样是面对兵丁，周作人开始也在为同情的发生进行情感预热："在这异样服装的底下、/也藏有一样的精神、一样的身体。"但这种准备非但没有进一步深入，反而暴露出其中情感的障碍："我的理性教我恕你爱你、/但我的感情还不容我真心的爱你。"事实上，不是理性阻碍了同情的发生，而恰恰是情感本身的问题。在理性与情感之间，清晰呈现出了"爱与憎"的复杂辩证。这里的阻碍同样与他者的行为有关。从写法来看，诗的前半部分通过"不买票""捉下车""躲在厕所里"、事后"悠然的吸烟卷"等绵密的行为动作塑造出的是典型的兵痞形象。这样的形象很难在观者的心里激起一丝的情感认同。这里的问题不仅是基于外在行为的情感认同的脆弱性，更重要的是这里的情感始终是一种基于"看"的主体投射，而并非一种基于对话、理解的情感交流。"看"的机制在某种程度上构成了周作人"五四"时期的人格缩影，同情的失效其实也可以看作其后他思想危机的一种预演。周作人此前信服的"大人类主义"理想开始出现裂隙，他也由此认识到托尔斯泰所说的情感"普遍"的矛盾和困境："师只教我爱，不教我憎，/但我虽然不全憎，也不能尽爱。/爱了可憎的，岂不薄待了可爱的？"① 这就意味着同情并非无条件的。"师"与"我"之间的说教关系，不只是诗歌的结构方式，在某种程度上也是"五四"时期社会关系的一个注脚，以知识理念的输入为表征的一种高远的社会理想在"向下"渗透的过程中不仅遭遇了一个崭新的现代主体，同时也与这个主体的有限性发生碰撞。这也不是只发生在导师与青年之间，即便在引导社会潮流的导师的自我内部也呈现一定的动摇和幻灭，由此暴露了"五四"时期整体性的思想危机，即在一种高远的社会理想与有限的自我之间的时间落差。

其后不久，傅斯年将周作人的这两首诗在《新潮》同期转载，在选编附记中，针对当时新诗创作中"新体裁"与"旧灵魂"之间的摩擦，傅斯年不仅从周作人的诗中看到了一种以同情为基质的崭新的情感质素，更在"主义与艺术一贯"的作风中看到了早期新诗在形式上的新的可能。② 周作人两首诗的写法都是一种即景式的生活片段，将人置放在一种日常性的关系当中，呈现人与人之间直接的遭遇和碰撞。而在遭遇摩擦中，周作人又将自身的情感强度投注其中，努力以情感认同、理解力、同理心实现自我与他者的融合。这也就意味着诗的抒情目标不是不断制造情感的起伏，而是努力拆除一切的情感障碍，实现一切的和合。这一目标不仅左右了诗的结构层次，更决定了更为具体的诗歌技法。与《小河》高度的结构性、

---

① 周作人：《爱与憎》，《新青年》第 7 卷第 2 号，1920 年 11 月 1 日。

② 参见傅斯年《背枪的人》、《京奉车中》"选编附记"，《新潮》第 1 卷第 5 号，1919 年 5 月 1 日。

象征化相比,《京奉车中》和《背枪的人》无论在结构上还是技法上都大幅度减缩,它们紧紧集中在自我与他者遭遇时的情感直写。这样的写法鲜明地呈现出新村时期新诗对于周作人的独特意义,它不是个人情怀的抒发或者抽象的文类形式,而是一种建构社会理想的文化策略和形式手段,具有极为生动的情感力量。另外,在与日本新村的接触中,周作人也极有可能从其丰富的文艺实践中获得某种参照性的视野。前面提及,在日本新村的文艺实践中,诗也是重要的文类构成。而千家元麿则是新村同人中重要的诗人,他不仅与武者小路实笃、长与善郎等人发起《诗》(《詩》)杂志,更在具体创作上为新村提供了一种"同情"的美学风格。1920 年前后,周作人开始频繁地对千家元麿的诗文进行译介,可见其在周作人文艺思考中的重要位置。

根据日记记载,自 1919 年 7 月起周作人开始逐渐购入千家元麿的《自分は见た》《虹》《野天の光り》《青枝》等书①,其中前三种是诗集,《青枝》则是小说戏剧集。与此同时,与千家元麿牵涉较多的《新村》《白桦之森》等杂志,包括他亲自创办的《诗》也定期在周作人的日记中出现。不难看出,这一时期的周作人对千家元麿表现出了极大的关注②。1920 年 2 月 29 日,周作人从《虹》中摘译的《苍蝇》和《军队》刊载于《新生活》③;几个月后,周作人又从《青枝》中翻译了小说《深夜的喇叭》④;没过多久,又从中翻译了小说《蔷薇花》和戏剧《热狂的小孩们》⑤。这一连串的翻译

---

① 参见《周作人日记》(中),大象出版社 1996 年版,第 91、92、216、174 页。

② 周作人与千家元麿的关系可以进一步参见于耀明《周作人と日本文学》中的第六章"周作人における千家元麿の影響",東京:翰林書房 2001 年版,第 125—151 页。

③ [日]千家元麿:《苍蝇》《军队》,作人译,《新生活》第 27 期,1920 年 2 月 29 日。

④ [日]千家元麿:《深夜的喇叭》,周作人译,《新青年》第 8 卷第 4 号,1920 年 12 月 1 日。

⑤ [日]千家元麿:《蔷薇花》《热狂的小孩们》,周作人译,《新潮》第 3 卷第 1 号,1921 年 10 月 1 日。

行为自然不仅是简单的兴趣使然，那么问题就在于千家元麿对此时忙于新村的周作人而言究竟构成了怎样的精神吸引，周作人从千家的诗文中获取了怎样的经验表达。

不无巧合的是，两首译诗中的《军队》与周作人有着相同的题材处理，而抒情重心也极为相似，都是力图在身份的外衣下发现一个平等的身体——"草根一样的白的肉体"，借助身体的平等进而唤起一种同类意识和同情之心。《苍蝇》则描述了一对拉车夫妇被苍蝇纠缠打扰的生活画面，有趣的是，他们不仅对这种"最可恶的东西""毫不在意"，甚至二者之间呈现出一种生命与共、相扶相爱的亲密关系，由情感上的反差、借助对"恶"的破除，产生一种同情的张力。两首诗典型地呈现出了千家元麿的诗歌风格，作为千家的挚友同道，武者小路实笃对此有着深刻的感受，在他看来："千家的同情之深是无比的……他的残酷性可以说是全无。只要对手有点窘苦，他便不知道怎样是好。无论对手是蟹也罢，金鱼也罢，老鼠也罢，他总是一样。"[1] 显然，在千家的诗歌构想中，不仅人力之内的阶级身份失去规训隔绝的效力，就连苍蝇老鼠这种卑微甚至让人厌恶的动物也在其中获得了平等的生命意义。而其方法则在于同情在诗歌中的植入及扩散。千家的抒情理想不只在于全人类的共和，更在于宇宙一切生命的平等和共存。正如长与善郎所说：

> 千家是现今具着希有的"心"的一个人。这心是极端亲和的感情，又是燃烧着的猛火。千家为这个心所驱使，燃著这个火而生活著的诗人。这个心便生出他的可惊的感受性；这感受性又生出千家独特的艺术与宗教。飘飘的同风一样，千家到处因了自己的心，发现别的心与生命。感情是一切——这一句话，

---

[1] 参见周作人在《蔷薇花》《热狂的小孩们》"译者附记"中对武者小路实笃的引述，《新潮》第3卷第1号，1921年10月1日。

在千家实是真理。①

换言之，感情构成了千家的诗歌起点，他既以此把一切的生命
形式纳入自我的理想世界中，通过具体的文法句式赋予这些生命形
式以平等和谐的位置，又依托诗歌感受性的扩张进一步冲击人类之
间的隔膜冷漠，构造起一种以情感为基底的和谐社会。这种设想显
然不仅设定了诗歌的抒情姿态和思想内容，同时也决定了具体的技
法使用。长与善郎就敏感地注意到千家元麿同情真挚的诗歌风格与
其写法技术上的某种对应性："对于自然的真的从顺与对于或物的真
的虔敬，千家仿佛是被凭依者一般，自然的喷出他的可惊叹的诗与
散文。他那一字一句的活跃，恍如看燃烧着的火焰。只有能知道千
家的心的人，才能知道喷出这火焰的洞穴的深奥。"② 从《苍蝇》和
《军队》来看，的确如此。与周作人的写法类似，这两首诗也都采用
即景式的展开，对生活场景进行在场的捕捉，进而回收到抒情主体
的内在空间，两相碰触生发出一种彼此融合的情感倾向。因而，抒
情的展开并不太注重技艺的难度，相反它要求一种自然与流畅，因
而，语词多是日常事物的模写，句式语调多贴近说话。换言之，自
然流畅与同情真挚是千家诗歌风格的一体两面。值得注意的是，康
白情也曾注意到郭沫若与千家之间诗风的接近，并引述山宫允对千
家的评价："大约说他真挚质朴，恰合他自己的主张；从技巧上看是
幼稚，而一面又正是他的长处；他总从欢喜和同情的真挚质朴的感
情里表现出来。"③ 而这种主张与艺术上的一致性并不稳固，山宫允
也从中看出过分强调真挚同情导致了 "拖塌之弊"。艺术上的这种裂
隙，在武者小路实笃看来恰恰是千家无法解决的心之动摇："他的心

①　参见周作人在《深夜的喇叭》"译者附记" 中引述长与善郎对千家元麿的评价，
《新青年》第 8 卷第 4 号，1920 年 12 月 1 日。

②　参见周作人在《深夜的喇叭》"译者附记" 中引述长与善郎对千家元麿的评价，
《新青年》第 8 卷第 4 号，1920 年 12 月 1 日。

③　北社编：《新诗年选》，上海亚东图书馆 1922 年 8 月初版，第 165 页。

的动摇也是无比。他过于受外界的刺激。凡是看见或听见的东西，都动他的心底。"① 从千家元麿那里，周作人获得了"主义与艺术一贯"的诗歌视野，他不仅共享了同一的同情感受，更借助翻译吸取了诗与同情的辩证关系以及以怎样的技法呈现同情的内在机制，进而将这些经验转化到自身的新诗写作中，做到了技法与同情、形式与思想的统一。但这些情感经验与形式方法并非周作人对同情理解认知的全部，在他的设想中，想象能力的培养也是至关重要的。

三　想象与同情社会

1918 年，周作人之所以能够重新拾取文艺改造社会的信心，一方面在于其从当时流行的日俄文艺思潮中辨识出一条同情社会的道路；另一方面在于他更从所接收的文艺资源中整合出具体的实现方法，即以"想象"实现同情、联结社会。可以说，"想象"构成了当时周作人文艺观的重要维度，在他看来："文学的起源，本由于原人的对于自然的畏惧的好奇，凭了想象，构成一种感情思想，借了言语行动表现出来。"② 从对科罗连珂、江马修等人的译介中都能够清晰地看出周作人对"想象"能力培养的密切关注。

如果说对理想人性的探索构成了周作人"五四"前后的思想起点，那么在此过程中布莱克显然具有至关重要的作用，周作人多次援引布莱克的观点，就女性问题、灵肉一致问题进行发言。当周作人在新诗与同情社会之间做出一种扭合的冲动时，作为诗人的布莱克很自然地出现在他的方法视野中。换言之，布莱克不仅构成周作人的重要思想资源，更为其对想象的理解提供直接的诗歌体验和感受契机。

1920 年 2 月 15 日，此时完全沉浸在新村理想中的周作人将此前

---

① 参见周作人在《蔷薇花》《热狂的小孩们》"译者附记"中对武者小路实笃的引述，《新潮》第 3 卷第 1 号，1921 年 10 月 1 日。

② 周作人：《儿童的文学》，《新青年》第 8 卷第 4 号，1920 年 12 月 1 日。

写作的《英国诗人勃来克的思想》发表在《少年中国》的"诗学研究号"上①，而在收入《艺术与生活》中时则说明该文写于 1918年。考察周作人 1918 年的个人行迹，不难看出，布莱克的身影频繁出现在周作人此时的文艺实践和思想光影中，在某种程度上构成了周作人发言立论的思想起点和知识根源。根据日记，他与布莱克最早的相遇应在 1917 年 12 月，在当月的书目中有一本《ブレーク诗选 英文》②。之后的一年中，布莱克开始频繁出现在他的日记和书目中。1918 年 1 月的书目中记有另一本布莱克诗集，1 月 7 日的日记也有相关记载："下午至广学会得ブレーク诗集等四册。"③ 在 2 月的书目当中出现了 Spurgeon《英文学上的神秘主义》④。12 月 28 日的日记记载："下午至校得丸善二十二日寄ブレーク一册。"第二天，周作人即阅读此书，日记中说："晚阅ブレーク。"⑤ 在当月书目中，还同时记有一本关于布莱克的批评著作——塞林考特的《威廉·布莱克》⑥。而就在此前不久，周作人即以布莱克的《天国与地狱的结婚》为资源来阐述"灵肉一致"的理想"人"⑦。在同年完成的《欧洲文学史》中，周作人也重点介绍了布莱克，不仅提及《天国与地狱的结婚》，还关注《天真之歌》《呈诗神》⑧。除此之外，在《随感录三十四》中，周作人也引述斯布勤评价布莱克的观点来讨论性爱，借此强调对"不洁思想"的破除。⑨ 从这些引述中不难看出，周作人如此信任布莱克，主要在于其思想与诗歌中的"真纯"品质

---

　　① 周作人：《英国诗人勃来克的思想》，《少年中国》第 1 卷第 8 期，1920 年 2 月15 日。

　　② 《周作人日记》（上），大象出版社 1996 年版，第 722 页。

　　③ 《周作人日记》（上），大象出版社 1996 年版，第 796、727 页。

　　④ 《周作人日记》（上），大象出版社 1996 年版，第 799 页。

　　⑤ 《周作人日记》（上），大象出版社 1996 年版，第 794 页。

　　⑥ 《周作人日记》（上），大象出版社 1996 年版，第 812 页。

　　⑦ 周作人：《人的文学》，《新青年》第 5 卷第 6 号，1918 年 12 月 15 日。

　　⑧ 周作人：《欧洲文学史》，河北教育出版社 2002 年版，第 167—168 页。

　　⑨ 周作人：《随感录三十四》，《新青年》第 5 卷第 4 号，1918 年 10 月 15 日。

完全呼应了周作人力图以文艺构造出理想人性的设想。不仅如此，周作人更从对布莱克诗歌的理解中领会到 "想象" 对于以同情为底色的理想社会达成的关键。而 "想象" 此时也契合了周作人对文学起源的认知和理解。结合上述对周作人 1918 年个人行迹的考察，《英国诗人勃来克的思想》极有可能写就于《欧洲文学史》、《随感录三十四》以及《人的文学》的间歇。也就在这段时间，周作人开始将文艺作为一种行动带入对 "爱与理解" 的理想社会的构造中。他对东欧弱小民族文学的大力译介都可看作这一目标的具体延伸，所不同的是，周作人与布莱克的相遇则让他领受到在文艺与社会之间进行有效转换的具体方法，即想象。在周作人的认知中，布莱克 "特重想象（Imagination），将同情内察与理想主义包括在内，以为是入道的要素"。他又引述斯布勤的话进一步解说道：

> 在勃来克看来，人类最切要的性质，并非节制约束，服从或义务，乃是在爱与理解。……理解是爱的三分；但因了想象，我们才能理解。理解的缺乏，便是世上一切凶恶与私利的根本。勃来克用力的说，非等到我们能与一切生物同感，能与他人的哀乐相感应，同自己的一样，我们的想象终是迟钝而不完全。①

斯布勤并未就此打住，而是又引用布莱克《无知的占卜》第五、六两联作为参考：

---

① 这段话的原文是："In Blake's view the qualities most sorely needed by men are not restraint and discipline, obedience or a sense of duty, but love and understanding. 'Men are admitted into heaven, not because they have curbed and governed their passions, or have no passions, but because they have cultivated their understandings.' To understand is three parts of love, and it is only through Imagination that we can understand. It is the lack of imagination that is at the root of all the cruelties and all the selfishness in the world. Until we can feel for all that lives, Blake says in effect, until we can respond to the joys and sorrows of others as quickly as to our own, our imagination is dull and incomplete." F. E. Spurgeon, *Mysticism in English Literature*, London: Cambridge University Press, 1913, pp. 134–135.

被猎的兔的一声叫， 撕去脑中一缕的神经。 叫天子受伤在翅膀上， 天使停止了歌唱。 ——周作人译	Each outcry of the hunted Hare A fibre from the Brain does tear. A Skylark wounded in the wing A Cherubim does cease to sing. ——*Auguries of Innocence*

　　对比来看，周作人采用了一以贯之的直译方式。两联开始于猎兔的场景，却并不重点描摹"猎"的过程，而是集中于兔被猎之后的痛苦反应。这一叙事视角的偏移使得猎兔脱离了日常语义中的娱乐游戏，将其还原为生物悲剧的痛苦情境，由此不仅剥离了人类中心主义的外在侵入，更赋予了兔一种平等的生命位置。但是这种平等一出现就被惨叫破坏，兔的喊叫既表征着自身的痛苦，同时也意味着一种生命结束的标记，这种结束以"撕去脑中一缕的神经"的方式更为具体地呈现出痛苦由声音到身体、由内而外的刺入方式，不仅以深入脑神经的过程呈现兔的生命内在属性，更以此刻画痛苦的切实与强度，以及生命结束的瞬间过程。而兔的叫声显然并不只是生命结束的标记，它不只是自身痛苦的抒发，更激起了生灵界一系列的同情共感。颇有意味的是，布莱克通过"兔""叫天子""天使"的并置既构造出一种时间性的叙事逻辑，由"叫"引发了"受伤"和"停止歌唱"，同时也构造出一种超验的精神高度。而"受伤""歌唱"显然并不只是反应动作，更表征了一种情感体验，这不仅贯穿了整个生物界，更实现了现世与超验世界的一种联结。而"兔""叫天子""天使"三种高度之间的层进，以及同情实现的可能，都是基于一种有机的想象。布莱克生前并未受到世人的重视，直到叶芝通过编订《布莱克全集》重新发现了他。关于想象对于布莱克的重要意义，叶芝有着深刻的理解，他认为在布莱克的眼中："想象艺术是最伟大的神的启示，而且想象艺术所唤醒的那种对一切生物（不论有罪还是无罪）的交感同情，是基督耶稣所称赞的对罪恶的饶恕。那么理性，即他认为是经过观察各种感觉而推理出来的理性，使我们与道德联系了起来，因为它

使我们同感觉相联系又通过揭示我们的利益冲突而分裂我们。然而，想象力却因其美的永存而使我们与道德分离，但它通过打开人们秘密的心扉而使我们紧密相连。他一遍遍地大声疾呼一切生物都有灵性；没有灵性就没有生命——冷漠、残忍、胆小；那种对想象力的拒绝就是古人误解神性的根源。"① 对于这两联诗，斯布勤也有类似的感受："我们如此感觉时，我们自然要出去救助了；这并非因被义务或宗教或理性所迫促，只因愚弱者的叫声十分伤我们的心，我们不能不响应了。只要培养爱与理解，一切便自然顺着而来了。"② 换言之，正是依靠想象，对愚弱者悲惨处境的感知，开启了同情机制，以情感认同为基础，不仅激发出实际的行动，当爱与理解成为一种普遍的能力，这种行动也就成为自然而然的事，而一个同情社会的达成也就顺理成章。

周作人对斯布勤关于布莱克的阐说理解也极为认同，除了第五、六联，他还将《无知的占卜》的序文及前十联倾力译出。在文中虽然也提及了《天国与地狱的婚姻》和《格言诗》，但显然周作人更为看重《无知的占卜》，在他看来，这首长诗含着布莱克"思想的精英"。其他八联无论在叙事结构还是思想命意上都与第五、六两联极为相似，都是借助"红襟雀""鸠鸽""饿狗""马"等不幸遭遇在"天国"与"地狱"的回响构造出一种相互感知、不断跃升的同情想象。而序文四句在某种程度上具有思想原点的作用：

---

① 原文参见 W. B. Yeats, *Ideas of Good and Evil*, London：W. C. MCMIII, 1903, pp. 170–171。译文参见叶芝《威廉·布莱克与想象力》，黄宗英译，《诗探索》1997 年第 2 辑。

② 周作人：《英国诗人勃来克的思想》，《少年中国》第 1 卷第 8 期，1920 年 2 月 15 日。原文为："When we feel like this, we will go forth to help, not because we are prompted by duty or religion or reason, but because the cry of the weak and ignorant so wrings our heart that we cannot leave it unanswered. Cultivate love and understanding then, and all else will follow." See F. E. Spurgeon, *Mysticism in English Literature.*, London：Cambridge University Press, 1913, p. 135.

> 一粒沙里看出世界，
>
> 一朵野花里见天国，
>
> 在你手掌里盛住无限，
>
> 一时间里便是永远。

这四句与《华严经》中"一花一世界，一叶一菩提"的说法极为相似，都涉及"小"与"大"、现世与天国、时间与永恒之间的转化和辩证。这种相互转化的关节在佛教义理中依赖于某种顿悟，而在布莱克的理解中则是一种有机的想象。这不仅作为布莱克"思想的精英"，与此同时，当全力倾注新村事业中的周作人将两年前关于布莱克的旧文再次拿出发表，那么也就意味着想象不只是一种内在诗歌经验的分享，周作人更是把它看作一种走向联合、改造社会的重要手段。

周作人对文艺与想象的信赖或许并不是一种临时性的思想冲动。值得注意的是，在经历 1921 年前后的思想危机之后，虽然新村的理想早已幻灭，但在对雪莱的译介中周作人仍然对同情式的想象大加推崇。颇有意味的是，在《英文学上的神秘主义》中，斯布勤除了对布莱克广泛论说，也对雪莱的意义格外重视。斯布勤认为："雪莱和布莱克一样，认为人类的想象力是一种神圣的创造力；普罗米修斯代表人类的想象力，或者说是世界的天才；正是他与亚洲，神圣的理念，美与爱的精神的结合，一个新的宇宙从中诞生。"① 也就是说，雪莱不仅把想象与人的创造相关联，更从想象的同情理解中看到一种新宇宙诞生的可能。这样的观念在 1922 年仍然对周作人构成

---

① F. E. Spurgeon, *Mysticism in English Literature.*, London：Cambridge University Press, 1913, p. 36. 译文为：Shelley, like Blake, regarded the human imagination as a divine creative force ; Prometheus stands for the human imagination, or the genius of the world ; and it is his union with Asia, the divine Idea, the Spirit of Beauty and of Love, from which a new universe is born.

一种强烈的吸引。1922 年 5 月 30 日，周作人译出了雪莱的《与英国人》①，一个多月后又写就了《诗人席烈的百年忌》②。他将雪莱与拜伦并举，二人虽同为周氏兄弟早期追慕的摩罗诗人，但与拜伦的革命性、破坏性相比，他此时看重的是雪莱的建设性："在提示适合理性的想象的社会。"在周作人看来，雪莱最大的思想热情即在于"澌除人生的苦恶"，但他"并不直接去作政治的运动"，而是"把他的精力都注在文艺上面"。这与周作人"五四"时期对诗歌之力的信服极为相似，都强调以文艺移人性情、改造社会。雪莱的政治思想集中在两首长诗——《伊思拉谟的反抗》和《束缚的普洛美透斯》中，前者记述反抗者以身殉义，而后者则借用普罗米修斯的神话呼唤一种自由的复得，对此周作人引述了第三幕的诗段：

> 可嫌恶的假面落下了，
> 人都是无笏的，自由，无拘束的，
> 只是相等的人，不分阶级，没有部落，也没有了国家，
> 离去了畏惧，崇拜与等级，
> 是自己的王，正直，和善而聪明。

　　这样的理想的人、理想的社会事实上正是周作人"五四"时期投入"新村"的动力根源。而在接下来的第四幕中，周作人更从中整理出了一条可供实现理想的坚实道路，即一种"无抵抗的反抗主义"，依靠"忍受""饶恕""爱"等超强的意志品格"希望下去"，"直至'希望'从他自己的残馀创造出他所沉思的东西"。这样"纯朴虔敬"的思想让周作人很自然地将雪莱与布莱克相联结。与周作人"五四"时期的思想方法相比，这其实就是一条培养同情与想象

---

①　周作人：《与英国人》，《晨报副镌》1922 年 5 月 31 日。

②　周作人：《诗人席烈的百年忌》，《晨报副镌》1922 年 7 月 18 日。以下此段引文皆出于此。

的道路。借用雪莱在《解放了的普罗米修斯》序言中的话，周作人
将此概括为：

> 我的目的只在使……读者的精炼的想象略与有道德价值的
> 美的理想相接；知道非等到人心能够爱，能够感服，信托，希
> 望以及忍耐，道德行为的理论只是撒在人生大路上的种子，无
> 知觉的行人将他们踏成尘土，虽然他们会结他的幸福的果实。

由此可知，周作人的"新村"理想并不是完全幻灭了，而是
得到了一定程度的调整。他此刻认识到文艺之力并不能兴起直接
的政治行动，相反，政治在文艺那里以同情式的想象得到一种新
的形式转化。正如他自己的自白："社会问题以至阶级意识，都可
以放进文艺里去，只不要专作一种手段之用，丧失了文艺的自由
与生命，那就好了。"在这样的视野调整中，文艺的效力不是在走
向社会的过程中不断萎缩，而是自身的能动性重新得到激活，而
一种新的社会理想也随着想象与同情的合理归位反而具有更为切
实的实现可能。

可以参照的是，此前一直与周作人交集颇多的郑振铎在社会改
造的热情退散之后，也开始对诗歌文艺中的"想象"加以关注。尤
其是对文齐斯德的译介，让郑振铎对早期的浪漫主义诗歌观念进行
了充分的反省，他不再把诗歌看作情绪的直写，而是"情绪与最高
思想联合的'想象'的表现"①。由此早期诗歌注重自我表现以及由
此带来的浅白直露的弊病也得到了某种修正，它意味着新诗的成立
不仅要依托于情感的真实直接，更需要一种复杂曲折的结构，需要
想象在诗歌与社会之间建立起一条自由出入、相互改造的情感通道。

---

① 西谛：《文学的定义》，《文学旬刊》第 1 号，1921 年 5 月 10 日。

第三节　爱情与道德：恋爱诗与早期
新诗的写作伦理
——以《蕙的风》论争为中心

　　"五四"前后，对于被"新文化""运动"起来的"新青年"而言，新诗构成了一种广泛的吸引，思想革命造就了青年开放性的社会心理和人格想象，而新诗被认为是"发现自我""表现自我"的重要手段。在这样的社会氛围中，20世纪20年代初，草创的新诗很快从白话的"实验室"里走向更为开阔的社会场域，不仅《尝试集》《女神》《冬夜》《草儿》四部重要的新诗集相继出版，这一时期的杂志、副刊，"自北京到广州，自上海到成都"①，也几乎被新诗的声浪所覆盖。

　　1921年11月，作为新诗人的朱自清、叶圣陶来到浙江第一师范任教，他们不仅携带了一股清新的知识空气，更激荡起了强烈的诗歌氛围。在他们的指导带动下，一师学生汪静之、冯雪峰等人很快组织成立了晨光文学社。没过多久，汪静之开始在新诗坛崭露头角，诗作频繁出现在《新潮》《晨报副刊》《新青年》《诗》等杂志上。汪静之的出现既标志着一种诗歌青年的诞生，呼应着"五四"之后新诗扩张的历史态势，同时他的抒情也连带勾画出"五四"青年整体性的情感世界和心理结构。② 作为东南大学学生的胡梦华当时就曾

---

　　① 胡适：《谈新诗——八年来一件大事》，《星期评论》双十节纪念号，1919年10月10日。

　　② 在沈从文看来："《蕙的风》所引出的骚扰，由年青人看来，是较之陈独秀对政治上的论文还大的"，进而又强调："诗的一方面，引出一个当前的问题，放到肯定那新的见解情形下，写了许多诗歌，那工作，在汪静之君是为自己而写，却同时近于为一般年青人而写作的。年青人的兴味所在是那一面，所能领会是那一类诗歌，汪静之在他那工作上是尽了力，也应当得到那时代的荣宠的。"沈从文：《论汪静之的蕙的风》，《文艺月刊》第1卷第4号，1930年11月15日。

真切地表露过自己对汪静之诗歌的阅读体验："今年一月，思永南来，带了汪君抄寄北京的诗，举出一首《醒后的悲哀》给我看。我读至第二节已悲不自胜，不禁要哭起来，那是校中正在大考，因为他的诗，牵起我的同感和悲哀，我竟无心温书，为之悒悒终日；令我觉得他的诗真是温柔敦厚，可为钦仰。"然而这种感受很快就经历了一种颠覆式的翻转。1922 年 8 月，汪静之的诗集《蕙的风》经上海亚东图书馆发行出版。两个月后，胡梦华发表了诗评《读了〈蕙的风〉以后》。对于胡梦华而言，"这时候概念中的汪君，已由温柔敦厚，而已为纤巧轻薄了"。这中间的巨大反差即在于胡梦华从"梅花姊妹们呵，怎还不开放自由的花？懦怯怕谁呢？""娇艳的春色映进灵隐寺，和尚们压死了的爱情压不住而沸着了，悔煞不该出家呵！""一步一回头地瞟我意中人"这样的句子中读解出了"故意公布自己兽性冲动和挑拨人们不道德行为之嫌疑"①。胡梦华的激烈言辞迅速招致章衣萍、于守璐等人的强烈回应。早期新诗中有关诗与道德的一场论争由此拉开。值得注意的是，此前一直以思想革命的姿态打造理想人性的周氏兄弟也积极参与其中。他们不仅从中体会到新旧道德之间的反复争辩，更从中看到新诗写作伦理建立的艰难与必要，它不仅关系到如何抒发自我的情感，更关系到如何将自发的情感转化到新诗的形式生成中去。

一　恋爱诗与不道德的文学

胡梦华提及的"可为钦仰"的三首诗分别是《海滨》、《星》以及《醒后的悲哀》。《海滨》以舟山普陀岛的海滨之行为背景，抒写"我"对海的慰安、美妙的情感领受；《星》则采用联想的方式，以星为轴心，将"我"与星的对看转换为"我"与"意中人"的情感联系；而《醒后的悲哀》则以青年的口吻自述梦与现实之间的心理落差。从题材内容上看，这三首诗都可以被看作当时一般青年共同

---

① 胡梦华：《读了〈蕙的风〉以后》，《时事新报·学灯》1922 年 10 月 24 日。

的精神写照，与青年的情感世界和心理倾向都极为呼应，因而很容易激起一般青年的情感认同。而被胡梦华指责有"不道德嫌疑"的三首诗分别是于 1922 年 2 月 28 日、3 月 4 日刊登于《晨报副刊》的《西湖杂诗》第五首、第十一首，《短诗》十一。在《西湖杂诗》第五首中，汪静之采用一贯比拟的手法，将梅花开放前的蓄积看作向往自由的心理争斗；第十一首则以"春色"与"和尚"之间的比照，构造出情与理、佛与俗之间的叙事张力。《短诗》十一以"一步一回头地瞟"的动作细节真实地刻画出情而不得的内心痛苦。从内容上看，这些诗句与胡梦华所指摘的"轻薄堕落""兽性的冲动"有着相当大的距离。只不过，相较于前三首，它们在写法上更为直白袒露。问题的关键在于，这三首诗的抒情动向都暗含着对道德成见的挑战。

在《蕙的风》成书之前，汪静之即去信胡适、朱自清、刘延陵和周作人，恳请他们为诗集作序。而就在作序的时候，胡适、朱自清等人已经对道德成见问题抱有相当的警惕。胡适以一种宽容的口吻强调：

> 静之的诗，也有一些是我不爱读的。但这本集子里确然有很多的好诗。我很盼望国内读诗的人不要让脑中的成见埋没了这本小册子。成见是人人都不能免的，也许有人觉得静之的情诗有不道德的嫌疑，也许有人觉得一个青年人不应该做这种呻吟宛转的情诗，也许有人嫌他的长诗太繁了，也许有人嫌他的小诗太短了，也许有人不承认这些诗是诗。但是，我们应该承认我们的成见是最容易错误的，道德的观念是容易变迁的，诗的体裁是常常改换的，人的情感是有个性的区别的。[①]

胡适的担忧不仅在于一般人的阅读经验对新诗体制的不适应，

---

① 胡适：《胡序》，汪静之《蕙的风》，上海亚东图书馆 1922 年 8 月版。

更严重的问题是运用陈旧的道德规范对这种新鲜的抒情方式进行校准和规训。在胡适看来，不仅道德、诗体始终是一种历史的生成，而且情感也有着因人而异的个性分别。而胡梦华的批判恰恰暴露出在当时的社会接受视野中诗与道德的碰撞摩擦。在他看来，《蕙的风》中"满纸的'爱'呀，'恋'呀，'伊'呀，'接吻'呀，'我俩'呀，'意中人'呀，总算不得'歌咏'爱情的诗"。换言之，胡梦华对诗的理解并非对情爱的直写，诗意的生成在某种程度上必须吻合既定的道德标准。这样的批判视角或许与他此时认定的文学观不无关联："盖文学主美，虽不必去提倡道德，做无聊的伦理文学，要于抒写恋爱之中，而勿为反善德的论调，以致破坏人性的天真，引导人走上罪恶之路。故言情必不失情之正。不然，就是丑的文学，堕落的文学。"① 这与梁实秋对《草儿》的批评口径极为相似。② 梁实秋认为，《草儿》中充斥着大量诸如"革命""如厕"等所谓"丑不堪言的字句"，正是这些"丑的字句"的存在把新诗美感的建立

①　胡梦华：《读了〈蕙的风〉以后》，《时事新报·学灯》1922 年 10 月 24 日。

②　值得注意的是，当时梁实秋与胡梦华不仅保持着文字的友谊，在对《蕙的风》的批判态度上也颇为一致。梁实秋在《南游杂感》中就曾记述："我到南京，会到胡梦华和一位玫瑰社的张女士，前者是我的文字交，后者是同学某君介绍的，他们都是在东南大学。"（梁实秋：《南游杂感》，《清华周刊》第 280 期，1923 年 5 月 4 日。）胡梦华在批判汪静之的同时也以梁实秋的诗作作为比照，认为"两两比较，相形之下，一美一丑，不言而喻！"（胡梦华：《读了〈蕙的风〉以后之辩护》（二），《时事新报·学灯》1922 年 11 月 19 日。）闻一多在给梁实秋的信中言辞激烈地说："《蕙底风》只可以挂在'一师校第二厕所'底墙上给没带草纸的人救急。实秋！便是我也要骂他诲淫；与其作有情感的这样的诗，不如作没情感的《未来之花园》。但我并不是骂他诲淫，我骂他只诲淫而无诗。淫不是不可诲的，淫不是必待诲而后有的。作诗是作诗，没有诗而只有淫，自然是批评家所不许的。全集中除你已加圈的《谢绝》外，我还要加一个圈在《尽是》上。"在给闻家驷的信中又补充说："《蕙的风》实秋曾寄我一本。这本诗不是诗。描写恋爱是合法的，只看艺术手腕如何。有了实秋底艺术，才有《创造》第四期中载的那样令人沉醉的情诗。汪静之本不配作诗，他偏要妄动手，所以弄出那样粗劣的玩艺儿来了，胡梦华底批评我也看见了，讲得有道理。"参见《闻一多全集》第 12 卷，湖北人民出版社 1993 年版，第 127、162 页。

方向引入了歧途。在他看来，"世界上的事物，有许多许多"，"是绝对不能入诗的"。因为，事物有美丑之分，而"诗的目标，是美，故诗的内容，只应要美的"①。然而，在抬举出"美"这一话语标杆的同时，美的历史性、条件性并没有出现在梁实秋有意识的思辨当中。而在一些相对的言论中，美丑"根本不成问题"，这是因为"我们只能问这首诗是美是丑，决不能问这首诗中的那一个字（如小便，如厕，乃至如小火轮，茅屋等）是美是丑"②。换言之，当梁实秋从字句中抽绎出"丑"的片段的时候，一种机械化的语言认知路径也就由此设定，一种刻板的形式逻辑也就由此生成，而新诗整体性的内在机制以及字句间的有机性关联也就在这一过程中被暗中取消了。胡梦华的逻辑与此类似，他并不把诗看作情感的有机生成，诗的创造不是出于主体性的抒情发散，而是对于一种既成的道德秩序的对位和维持。而早期新诗的兴起在观念与技法上都是出于对一种僵硬的历史成规的破除，新文学的扩张与新诗的建立恰恰是在于探索一种新道德秩序建立的可能。由此，诗与道德并非一种贴合、规训的关系，而是相互辩证相互生成的一种动态结构。

　　无论是梁实秋对"丑的字句"的指斥还是胡梦华对《蕙的风》的批判，二者都呈现出鲜明的道德主义印痕。而这与他们所操持的新人文主义取向密不可分。1923 年 8 月，梁实秋赴美留学，在科罗拉多学院学习一年之后转入哈佛。正是在那里，梁实秋开始了与白璧德的接触。1924—1925 学年，梁实秋选修了白璧德的"十六世纪以后之文艺批评"，虽然"亲炙未久，难窥堂奥"，但梁实秋坦承"他在我的思想上发生了很大的影响"。这里所谓的影响主要是白璧德对理性节制的推崇："驳斥放纵情感与想象的浪漫主义。"③ 基于

---

① 梁实秋：《读〈诗底进化的还原论〉》，《晨报副镌》1922 年 5 月 28 日。

② 柏生（孙伏园）：《关于丑的字句的杂感》，《晨报副镌》1922 年 6 月 27 日。

③ 梁实秋：《关于白璧德先生及其思想》，《梁实秋文集》第 1 卷，鹭江出版社 2002 年版，第 546、551 页。

此，此后梁实秋文艺批评的主要面向即在于对 "现代中国文学之浪漫的趋势" 的批判反思，沉浸在对一种理想的文学纪律或者说道德文学的想象与构建中。

而胡梦华当时是东南大学英语系的学生。东南大学当时笼罩在 "学衡" 的思想氛围中，与新文学阵营、新诗坛展开过诸多回合的对话和争辩。学衡主将吴宓当时即为胡梦华西洋文学课的老师。虽然在吴宓看来，胡梦华 "崇拜、宣扬新文学"①，但他的知识取向也同时被 "学衡" 的思想主张所环绕和包裹。作为白璧德的学生，吴宓、梅光迪十分看重文学的道德功用，作诗强调对 "高妙之思想感情" 的达成，而其中的关键在于道德培养："善为诗者，既博学行德，以自成其思想感情之美。"② 又进一步从诗的感染效用角度指出："盖诗之功用，在造成品德，激发感情，砥厉志节，宏拓怀抱，使读之者，精神根本，实受其益，而非于一事一物，枝枝节节之处，提倡教训也。"③ 吴宓、梅光迪的文学道德观不只在于对白璧德的接受，更多的是对阿诺德 "诗乃评判人生者也（Poetry is the criticism of life）" 思想的认同。出于对维多利亚时代文化失序的疗救，阿诺德力图借助文学的力量建立理想的道德社会："所重者特在文学，谓科学为工具的智慧，与人之所以为人之道无关。文学则使人性中各部分如智识、美感、品德，皆可受其指示熏陶，而自得所以为人之道，故其称诗为人生之批评也。"④ 而胡梦华也从吴宓、梅光迪的知识视野中注意到了阿诺德，不仅对其投注了极大的热情和精力，更将之内化为自己诗歌批评的话语支点。就在他发表《读了〈蕙的风〉以后》前几日，为纪念阿诺德百年诞辰，胡梦华相继写作了《安诺德评传》《安诺德和他的时代之关系》，不仅完整地勾勒了阿诺德的生

① 吴宓：《吴宓自编年谱》，生活·读书·新知三联书店 1995 年版，第 223 页。
② 吴宓：《诗学总论》，《学衡》第 9 期，1922 年 9 月。
③ 吴宓：《余生随笔》，《吴宓诗集》，中华书局 1935 年版，第 32 页。
④ 梅光迪：《安诺德之文化论》，《学衡》第 14 期，1923 年 2 月。

平思想，更从思想起源的角度敏感地抓取到阿诺德在文艺与道德之间的统合意图："他把一切文字都看作要有道德的真理（Moral Truth）与诚肃（Seriousness）。他有句很有力的话：'诗为人生之批评'，可以代表他对于一切文字——文学——诗的态度。"① 对阿诺德的关注及研究显然为胡梦华的新诗批判做了相当充分的知识准备。为了回应周作人批评自己以道德之名干涉艺术，胡梦华即直接挪用阿诺德作为理论支撑："安诺德亦把文学上的道德看的很重。"② 然而，对阿诺德的接受既为胡梦华的新诗批判设定了思想原点，同时也暗含了明显的视野局限。当他将阿诺德的思想直接对接到发生中的新诗现场，不仅忽略了阿诺德与维多利亚时代社会失序的内在关联，同时也对动态的新诗现场进行了静态的知识化处理。这也遭到鲁迅讥诮式的反驳，指陈这一行为是"独有靠了一两本'西方'的旧批评论，或则捞一点头脑板滞的先生们的唾余，或则仗着中国固有的什么天经地义之类的，也到文坛上来践踏"③。鲁迅严厉的措辞也进一步暴露出胡梦华的逻辑困境，一方面，他将诗歌技法的幼稚等同于个人道德的缺失，对诗与道德的有机关联进行了相当机械化的处理；另一方面，忽视了新诗在处理道德问题上的独特性，颠倒了诗与道德的位置关系，早期新诗的发生不是出于对传统道德规范的仿效，而是以抒情自我建立的方式生成一种新的感觉结构和情感方式。换言之，道德对于新诗而言并非给定的规范标准，而恰恰是一种持续的历史生成。

　　就在《蕙的风》批判发生前不久，郁达夫的《沉沦》出版之后也遭遇了同样的道德辩难。针对"不道德文学"的误解，周作人不仅援用莫台耳《文学上的色情》对文学与道德的关系进行清

---

① 胡梦华：《安诺德评传：为安诺德 Matthew Arnold 百年生日纪念作》，《东方杂志》第 19 卷第 23 号，1922 年 10 月 23 日。

② 胡梦华：《读了〈蕙的风〉以后之辩护》（一），《时事新报·学灯》1922 年 11 月 18 日。

③ 风声：《对于批评家的希望》，《晨报副镌》1922 年 11 月 9 日。

晰细致的分解，更将《沉沦》与波德莱尔的诗进行比附，在他看
来，二者同样作为"受戒者的文学"（Literature for the initiated），
在它们"黑而可怖"的幻景中都内含着"真正希有的力"。这种
"力"在《沉沦》中的表现即灵肉冲突与求生意志。正因如此，
《沉沦》在周作人眼中非但不是"不道德的文学"，反而是"一件
艺术的作品"①。同样，《蕙的风》中虽然也有直白的爱欲表现，但
其写作动机也在于灵肉之间的调和，正如汪静之所说："我极真诚地
把'自我'溶化在我底诗里；我所要发泄的都从心底涌出，从笔尖
跳下来之后，我就也慰安了，畅快了。"② 而因为风格上的某种"稚
气"，周作人所感受到的非但不是"肉欲"和"兽性"，反而是一种
"新鲜的印象"和"承受不到的新的感觉"③。正是由此出发，在胡
梦华看来不道德的诗，在胡适的眼中却是"很成熟的好诗"④。可以
说，这段诗与道德之间的争辩所连带出的是一种新的写作伦理的
确立。

二 "放情地唱"与"血的蒸气"

《读了〈蕙的风〉以后》发表之后，不仅立即招致章衣萍、于
守璐、章铁民等一般文学青年的反对⑤，新文学界很有影响力的周氏
兄弟也做出了积极的回应。周作人连续写作了《什么是不道德的文
学》《情诗》对"情"与"诗"的健全合理进行细致的解说；鲁迅
则相继发表《对于批评家的希望》《反对"含泪"的批评家》，以一

---

① 仲密：《自己的园地（九）：沉沦》，《晨报副镌》1922 年 3 月 26 日。
② 汪静之：《自序》，《蕙的风》，上海亚东图书馆 1922 年 8 月版。
③ 仲密：《介绍小诗集湖畔》，《晨报副镌》1922 年 5 月 18 日。
④ 胡适：《胡序》，汪静之《蕙的风》，上海亚东图书馆 1922 年 8 月版。
⑤ 参见章鸿熙《〈蕙的风〉与道德问题——问胡梦华君》，《民国日报·觉悟》1922
年 10 月 30 日；于守璐《与胡梦华讨论新诗》，《时事新报·学灯》1922 年 11 月 3 日；
《答胡梦华君——关于〈蕙的风〉的批评》，《时事新报·学灯》1922 年 11 月 29 日；铁
民、家斌：《新文化底悲哀》，《民国日报·觉悟》1922 年 11 月 14 日。

种反讽的语调从批评的角度指陈其中的无知偏颇，这样的反讽姿态也一直延续到其后《补天》的写作中，以"古衣冠的小丈夫"的形象对胡梦华进行了漫画式的勾勒。周氏兄弟之所以短时间内倾注如此多的心力参与其中，不仅仅在于对当时的诗歌青年一般性的鼓舞和提携，同时也暗含着作为新诗守望者的周氏兄弟对一种成长中的写作伦理的看护和维持，更重要的在于以汪静之为代表的诗歌青年的"放情地唱"在某种程度上激活了周氏兄弟"五四"时期"血的蒸气"，正如周作人所说："见了《蕙的风》里的'放情地唱'，我们应该认为诗坛解放的一种呼声，期望他精进成就，倘若大惊小怪，以为'革命也不能革到这个地步'，那有如见了小象还怪他比牛大，未免眼光太短了。"①

周氏兄弟对《蕙的风》争论的介入并非半路杀出，事实上汪静之及湖畔同人与二人有着密切的诗歌往来。周氏兄弟不仅为其亲自改诗、推荐可供学习的西方诗人，也在诗作发表环节给予了相当大的便利②，而在《蕙的风》的出版上，他们既通读审阅了全稿，同时也为其作序大力推介，在某种程度上周氏兄弟成了湖畔同人的诗歌导师。汪静之与鲁迅最早的接触大概在 1921 年 6 月，6 月 13 日鲁迅日记记载："上午寄汪静之信。"其后二人交往更为频繁，6 月 30 日日记中提及："下午寄汪静之信。"7 月 13 日在给周作人的信中，鲁迅嘱托为《蕙的风》作序一事："我想汪公之诗，汝可略

---

① 仲密：《自己的园地（十九）：情诗》，《晨报副镌》1922 年 10 月 12 日。

② 1922 年 4 月 17 日，在给周作人的信中，汪静之说道："今寄上我们三人的诗数首，请删改；如认为可以发表，请代转交《晨报副刊》罢。"潘漠华、应修人也在信中表达了相似的说法："现在我们再寄奉你诗儿首，你前信来时，没有说起我们底诗怎样，只说已在《附刊》登出来。我们很希望得着你底关于我们诗的教训，这几首诗，如可以发表，亦请你代我们寄与《晨报》吧。"参见《汪静之致周作人》《潘训致周作人》《应修人致周作人》，《鲁迅研究资料》第 8 辑，天津人民出版社 1981 年版，第 31、29、40 页。此外，根据汪静之的回忆，鲁迅在给他的一次回信中说道："宜读拜伦、雪莱、海涅之诗，以助成长。"汪静之：《鲁迅——莳花的园丁》，鲁迅博物馆鲁迅研究室编《鲁迅诞辰百年纪念集》，湖南人民出版社 1981 年版，第 203 页。

一动笔，由我寄还，以了一件事。" 7 月 23 日日记又说："下午寄汪静之信。"① 根据汪静之的回忆，正是因为读了鲁迅的《爱之神》之后开始给鲁迅写信，并随附自己的新诗请鲁迅指教，鲁迅日记中的回信即对诗稿修改后的回复。在与鲁迅通信之后，汪静之也开始了与周作人的交往。周作人同年 9 月 7 日日记中提到 "得汪静之君三日函"，9 月 8 日记有 "寄振铎静之伏园函"，9 月 15 日则提及作序的事："寄乔风伏园静之函作汪君诗序一篇。"② 从诗歌阅读的导引到具体诗作的删改、发表，周氏兄弟可以说已经相当深入地参与到湖畔同人的新诗生产中，因而他们一系列的举动就不单单是对成长中的诗歌青年一般性的提携，在此过程中，相关的诗歌趣味与形式风格事实上也在悄然之间被植入了湖畔同人的具体创作中。因而，当胡梦华指斥《蕙的风》有 "不道德的嫌疑" 时，批判的矛头就不仅集中在汪静之及湖畔同人身上，更重要的是否定和挑战了周氏兄弟所倾力打造的一种写作伦理。这种写作伦理在汪静之的理解中其实就是一种 "放情地唱"：

> 花儿一番番地开，喜欢开就开了，那顾得人们有没有鼻子去嗅？鸟儿一曲曲地唱，喜欢唱就唱了，那顾得人们有没有耳朵去听？彩霞一阵阵地布，喜欢布就布了，那顾得人们有没有眼睛去看？婴儿 "咿嘻咿嘻" 地笑，"咕嗫咕嗫" 地哭；我也象这般随意地放情地歌着：这只是一种浪动罢了。我极真诚地把 "自我" 溶化在我底诗里；我所要发泄的都从心底涌出，从笔尖跳下来之后，我就也慰安了，畅快了。我是为的 "不得不" 而做诗，我若不写出来，我就闷得发慌！③

---

① 王世家、止庵编：《鲁迅著译编年全集》第 4 卷，人民出版社 2009 年版，第 81、83、101、105 页。

② 《周作人日记》（中），大象出版社 1996 年版，第 198—200 页。

③ 汪静之：《自序》，《蕙的风》，上海亚东图书馆 1922 年 8 月版。

　　这里的"真诚"和"自我"揭示了早期新诗的写作机制，即诗的生成既要依赖于一个真诚的自我对思想积习的摆脱，进而锻造出崭新的感觉方式和情感内容；同时诗的特定形式又要为这个真诚的自我提供一种再发现再生产的有效机制。而汪静之"放情地唱"与鲁迅"五四"时期对爱情革命的看法颇为相似，在某种程度上呼应了鲁迅当时思想革命的动机，甚至可以说重新激活了鲁迅"五四"体验中"血的蒸气"。

　　1919 年 1 月 15 日，《新青年》刊载了鲁迅的《随感录四〇》，与此时大多数发表公意的随感录相比，这篇有些突兀和特别，在发言姿态和形式写法上颇为不同。虽然发言目的也在公共性的思想批判，但其中也间杂着自己的个人情志。而在写法上，在固定的立论格式中，鲁迅嵌套了一封收信，而这封信又采用了诗的形式。文章开头，鲁迅首先就陈设了一种无聊的社交套语，在写法上与其后的《立论》颇为相似，都意在批判讽刺"祖传老店的文字语言"。而就在此时，鲁迅构造了一种情感反差——收到一个不相识的少年寄来的一首名为《爱情》的诗，鲁迅明确强调这首诗"对于我有意义"。诗的内容并不难理解，有意味的是，一首名为《爱情》的诗，其思想内核却是借着"爱情！我不知道你是什么"这一复沓的语调申诉无爱的社会积习。这首叙事直白并不难解的诗却引发了鲁迅极大的情感认同，他甚至以一种略带冲动的口吻说道："诗的好歹，意思的深浅，姑且勿论；但我说，这是血的蒸气，醒过来的人的真声音。"在鲁迅看来，对于中国人而言，无爱并非出于个人悲剧而恰恰是一种巨大的历史建制。而这首《爱情》的意义即在于，即使身处历史的阴影之中，抒情的少年仍然勇敢地发出求爱的"真声音"。而如果考虑到鲁迅自身的婚姻事实，那么这个"真声音"显然也是其自己内在的心声，而抒情少年也可以说是鲁迅自我的情感投射，这也同时意味着在鲁迅和少年之间仍然具有一段不能抹消的距离，因而鲁迅只能以不断嵌套的方式将自我的无助隐藏在形式的构造中。但这却难以阻挡鲁迅对"没有爱的悲哀""无所可爱的悲哀"的"呐喊"。他将自我的局限寄托在"完全解放了我们的孩子",在鲁迅看来,他们的"血液究竟干净,声音究竟醒而且真。"①

而就在半年之前,鲁迅写作了与此相关的一首同题诗——《爱之神》。此时的鲁迅并没有借助抒情少年的代言,而是直接将自己抛掷在抒情的位置上。对着可爱的爱神,他直接呐喊"我应该爱谁?"爱神的回答却是异常坚定:"你要是爱谁,便没命的去爱他;/你要是谁也不爱,也可以没命的去自己死掉。"② 对于当时的鲁迅来说,这并非对等的平行选择,而更是一种偏正结构。此时的他并没有找到那个"真声音",而是将自己内心的压抑与无助诉诸虚构的神话。在其后的随感录中,鲁迅给出了答案,他既"没有爱",也"无所可爱",在爱情的求取中,他已经"自己死掉"。

颇为巧合的是,写恋爱诗的汪静之就是在读了《爱之神》后才开启了新诗的写作,据他自述:

> 一九一九年五四运动开始的时候,我读到《新青年》上鲁迅先生的《狂人日记》、《孔乙己》、《药》等小说,读到唐俟的随感录、新诗、《我之节烈观》等文章,这些都是我最爱读的,但唐俟的《爱之神》这首诗我读不懂。
>
> 到一九二一年我才听说起"周氏兄弟",才知道唐俟就是鲁迅,鲁迅就是周树人,是周作人的哥哥。我就找出唐俟的诗文再读一遍,读到《爱之神》这首诗就豁然开朗了,因为这时我已知道希腊神话中爱神这个洋典故了。
>
> 过去觉得这首《爱之神》味同嚼蜡,一读懂就很有味了。这首《爱之神》就成了早期新诗中我最爱的一首。
>
> 我因为喜欢《爱之神》这首诗,又因为《蕙的风》里面爱情诗较多,所以在《蕙的风》印刷期间,就请应修人的朋友令

---

① 唐俟:《随感录四〇》,《新青年》第6卷第1号,1919年1月15日。
② 唐俟:《爱之神》,《新青年》第4卷第5号,1918年5月15日。

涛同志画一幅爱神作为《蕙的风》的封面。①

　　某种程度上可以说《爱之神》构成了汪静之新诗的历史起点，它不仅规定了汪静之的诗歌风格，同时，在"读不懂"到"读懂"之间的转变，也意味着鲁迅所寻求的那种具有"血的蒸气，醒过来的人的真声音"在汪静之的抒情中开始闪现。鲁迅将求爱不得的悲哀心声寄托给虚拟的爱神，而从《爱之神》中开始成长的汪静之借助《蕙的风》的完成则彻彻底底做到了"放情地唱"。这也直接解释了鲁迅为何不遗余力地为其改诗、敦促周作人作序、提供发表的方便，他不仅看到一个诗歌青年的长成，更从他的诗歌风格中看到一种诗歌理想与写作伦理的建立的可能。基于此，也就不难理解当胡梦华以"不道德的嫌疑"对《蕙的风》加以指摘的时候，鲁迅何以采用一种激进式的"反对"态度。在胡梦华道德主义的言辞中，鲁迅重新被带入《随感录四〇》开头的语言情境中，不仅再次把他带入语言积习的无聊中，更激活了他"没有爱"，也"无所可爱"的痛苦情绪。根据汪静之的回忆，1925 年当他亲自拜访鲁迅的时候，鲁迅仍然记忆深刻地谈论起《蕙的风》的争论："你那首'一步一回头瞟我意中人'的诗，接着还说什么'胆寒'，一个反封建的恋爱诗人，还不够大胆，可见封建礼教在人的脑子里是根深蒂固的。"② 可以说，鲁迅对胡梦华的"反对"既是对"血的蒸气，醒过来的人的真声音"的维护，同时也是延续了"五四"时期破除思想积习的思路，这也正是周作人在《情诗》的辩护中所申明的：

　　　　诗本是人情迸发的声音，所以情诗占着其中极大的地位，

---

　　①　汪静之：《鲁迅——莳花的园丁》，鲁迅博物馆鲁迅研究室编《鲁迅诞辰百年纪念集》，湖南人民出版社 1981 年版，第 201—202 页。

　　②　汪静之：《鲁迅——莳花的园丁》，鲁迅博物馆鲁迅研究室编《鲁迅诞辰百年纪念集》，湖南人民出版社 1981 年版，第 208 页。

正是当然的，但是社会上还流行着半开化的时代的不自然的意见，以为性爱只是消遣的娱乐而非生活的经历，所以富有年老的人尽可耽溺，若是少年的男女在文字上质直的表示本怀，便算是犯了道德的律。……正如老人容易有变态性欲一样，旧社会的意见也多是不健全的。路易士（E. Lewis）在《凯本德传》里说，"社会把恋爱关在门里，从街上驱逐他去，说他无耻：扪住他的嘴，遏止他的狂喜的歌；用了卑猥的礼法将他围住；这样的社会在内部已经腐烂，已受了死刑的宣告了。"在这社会里不能理解情诗的意义，原是当然的，所以我们要说情诗，非先把这种大多数的公意完全排斥不可。[①]

因而，情诗的意义在于，它不只连带出思想革命在"后五四"历史情境中的延续性问题，更扭合着一种诗歌理想和写作伦理的建立。

三　"苦甜"："高楼"上的"她们"

在"五四"前后的这段经历中，新诗对于周作人具有特殊的意义。新村时期，按照以文艺改造社会、移人情性的思路，周作人把新诗看作想象他者、构造同情社会的有效的形式方法；而在随后以病为表征的思想危机中，他又以"病中的诗"的形式将文艺与社会行动之间的直接对接回收到内转式的抒情，对混乱迷失的自我进行重新整合。可以说，新诗始终与周作人个人的思想姿态相适应。此后，他更以"自己的园地"宣告对文艺的个人性观念的秉持。就在《蕙的风》争论发生前后，周作人仍然处于对新诗看法的新的思考和调整之中。正如他在《夏夜梦》中的自述："我觉得自己是一个诗人，（当然是在梦中），在街上走着搜寻诗料"，然而"有了诗料，

[①]　仲密：《自己的园地（十九）：情诗》，《晨报副镌》1922 年 10 月 12 日。

却做不成诗，觉得非常懊恼，但也侥幸因此便从梦中惊醒过来了。"[1] 虽然重新确证了自己诗人的身份，但在现实社会中这一身份显然是失效的。诗的现实效用开始被周作人逐渐剔除，并且重新与代表个人情志的"梦"相关联。正是在这种情绪中，周作人陷入了一段有关"初恋"的"怀旧"，他不仅坦陈少年心迹，更将这种"怀旧"转化为具体的诗歌写作。这段经历在某种程度上可以与他对《蕙的风》的发言动机形成一种互文参照。

就在周作人重新确证自己诗人身份的几日后，他又在《夏日梦》的系列中写作了与诗有关的《诗话》。这篇文章在形式、写法和动机上与上文述及的鲁迅的《随感录四〇》《立论》都颇为接近，可以看作同一笔法的复写。文章的形式简单直接，以几个文学家有关论诗的对话进行展开，重点不在人物形象、关系的勾勒，而在于平行分述对诗歌理解的不同观点。抽取其中的关键字眼，诸如"忠臣孝子""杜诗""江西派""以大不列颠为正宗""五抑扬诗便是最高等的五古"[2]，典型地抓取到了新诗发生以来社会接受心理中的多重误解和顽固成见，文章的对话体式在某种程度上只是为了截取这些成见以反讽的形式拼凑出一种心理典型。可以说，与鲁迅的两篇文章相同，意义都在对根深蒂固的思想积习的破除，只不过不同于鲁迅《随感录四〇》对爱情的侧重，周作人所针对的是一种诗歌伦理。从他的讽刺焦点来看，这种诗歌伦理首先意味着形式技法与思想内在之间的开放与包容。因而，当胡梦华指斥《蕙的风》有"不道德的嫌疑"的时候，周作人很容易将他与《诗话》中的"文学家"进行对号入座，他不仅体会到其中言论的荒唐，更有可能因为这些言论出自他和鲁迅在"五四"时期寄予希望的"孩子"口中而倍感失落与悲伤。这两篇文章写作的一个月后，这种失落的心情在《新诗的评价》中得到了验证和延续。针对南方的中学生和日本的"支那

---

① 槐寿：《夏夜梦三　诗人》，《晨报副镌》1922 年 8 月 21 日。
② 槐寿：《夏夜梦十　诗话》，《晨报副镌》1922 年 9 月 7 日。

通"对于像"词馀"一般的新诗的欢迎，周作人很不以为然，不仅在于"国学与旧文化"的思想底色限定了他们对"现代人的心情"的理会，更在于他们对于新诗缺乏一种"同情和理解"①。

而他此时对"初恋"的怀旧以及抒写在某种程度上提供了一个相当有效的观察视角，即他如何在新诗与情感、情感与道德之间进行周旋、辩证，进而整合出一种理想的诗歌形式。而这一行动在很大程度上也是对《蕙的风》争论的一种回应。正如他的自白："我平常很赞成青年人做情诗，但是自己做诗还是初次。我不怕道学家批评我'有不道德的嫌疑'——虽然略略的怕被上海的市侩选入他们的情诗集里去。但是，既然见到可以替我抗辩的话，也就不妨先抄录在这里，蔼理斯在《凯沙诺伐（Casanova）论》中曾云，'这是一个极古的观察：那最不贞节的诗是最贞节的诗人所写；那些写的最洁净的人，却生活的最不洁净。'"②

周作人的《初恋》和《诗人》《诗话》一样也是夏夜梦系列的一篇，文章追忆自己十三四岁在杭州花牌楼与邻家女孩的一段交往。周作人之所以将她认作自己的"初恋"，是因为在他看来"在我的性的生活里总是第一个人，使我于自己以外感到对于别人的爱着，引起我没有明了的性之概念的，对于异性的恋慕的第一个人了"。换言之，这个"并没有什么殊胜的地方"的女孩着实撬动了他最初爱的体验和想象，因而他采用了异常纯洁和坦陈的笔法记述这段初恋的体验和爱的发生：

> 我在那时候当然是"丑小鸭"，自己也是知道的，但是终不以此而减灭我的热情。每逢她抱着猫来看我写字，我便不自觉的振作起来，用了平常所无的努力去映写，感着一种无所希求的迷蒙的喜乐。并不问她是否爱我，或者也还不知道自己是爱

---

① 式芬：《新诗的评价》，《晨报副镌》1922 年 10 月 16 日。
② 槐寿：《〈她们〉〈高楼〉附记》，《晨报副镌》1923 年 4 月 9 日。

着她，总之对于她的存在感到亲近喜悦，并且愿为她有所尽力，这是当时实在的心情，也是她所给我的赐物了。在她是怎样不能知道，自己的情绪大约只是淡淡的一种恋慕，始终没有想到男女关系的问题。①

正如周作人所描述的，初恋的体验并不涉及性，爱的发生同时也是一种自我的激发，它要求着封闭的自我不仅要敞开，更要运用敏锐的感受力去感知和试探，因而爱与恋慕并不必须依赖语言的表白，更主要的是将对方纳入自我的感受和想象之中。这段经历在半年后另一篇关于恋爱怀旧的文章中得到了印证，"有三处地方，在我都是可以怀念的，——因为恋爱的缘故。第一是《初恋》里说过了的杭州，其二是故乡城外的娱园"。这里说到的娱园是秦秋渔的别业，所记述的怀旧事体是在表兄娶亲的日子与一个女孩的相遇。与对初恋的记述相同，周作人也是直接坦陈对女孩的情意，但在当时这段情意却极为隐秘，按照周作人自己的说法，"我本是一只'丑小鸭'，没有一个人注意的，所以我隐密的怀抱着对于她的情意，当然只是单面的，而且我知道她自小许给人家了，不容再有非分之想，但总感着固执的牵引"②。周作人当时虽然极为爱慕，但礼教的思想也时时在爱慕的情绪中形成阻碍，在新鲜的情感与陈旧的道德的争斗之间，情感作为"固执的牵引"仍然在暗自发作。实际上，这段表白与汪静之《短诗：十一》的情感机制非常相似："我冒犯了人们的指摘，/一步一回头地瞟我那意中人，/我怎样欣慰而胆寒呵。"汪静之以生动的动作细节同样叙写了在情感与道德之间的内心挣扎。汪静之的抒情不仅复刻了周作人年少时的心声，更为周作人的恋爱怀旧提供了有效的通道，将其带回到了初恋的情感体验中。而周作人其实也以细节的方式记录了自己当时在情感与道德的纠缠下内心

---

① 槐寿：《夏夜梦（八）：初恋》，《晨报副镌》1922 年 9 月 1 日。
② 槐寿：《娱园》，《晨报副镌》1923 年 3 月 28 日。

的"小野蛮":"有一次大家在楼上跳闹,我仿佛无意似的拿起她的一件雪青纺绸衫穿了跳舞起来,她的一个兄弟也一同闹着,不曾看出什么破绽来,是我很得意的一件事。"为了亲近女孩、表达内心压抑的恋慕,作为少年的周作人显然学会了一种伪装,通过制造打闹的氛围,将自我隐秘的情愫内置于欢乐的间隙。而他也以译诗的方式铭刻这一瞬间的情感波动:

> 到龛上去取笔去,
> 钻过晾着的冬衣底下,
> 触着了女衫的袖子。
> 说不出的心里的扰乱,
> "呀"的缩头下来:
> 南无,神佛也未必见罪罢,
> 因为这已是故人的遗物了。①

这首诗出自木下杢太郎的《食后之歌》,完全可以看作对周作人"小野蛮"行为的照相式刻写,非常传神地写出一个少年在能与不能、情感与理智间既害怕犹疑又不能自已的爱的摇动,这样的情感体验也非常符合周作人所喜爱的古希腊女诗人萨福在《断片》中的一首诗:"爱摇动我,——融化支体的爱,苦甜,不可抗的物。"②

这段初恋的怀旧在半年后最终转化落实为《她们》和《高楼》③两首诗的写作,而"苦甜"的情感经历也随之被植入诗歌内部,构成诗歌的情感支点。这两首诗都采用第三人称叙述,以追忆的笔法构造出"我"和"她"之间的情感往复,与周作人当时浓厚

---

① [日]木下杢太郎:《绛绢里》,转引自周作人《娱园》,《晨报副镌》1923 年 3 月 28 日。

② 周作人:《欧洲古代文学上的妇女观》,《妇女杂志》第 7 卷第 10 号,1921 年 10 月 4 日。

③ 槐寿:《她们》《高楼》,《晨报副镌》1923 年 4 月 9 日。

的怀旧情绪十分贴合。《高楼》的本事所对应的是杭州花牌楼上那段最早的初恋经历，全诗并不长："那高楼上的半年，/她给我的多少烦恼。/只如无心的春风，/吹过一棵青青的小草，/她飘然的过去了，/却吹开了我的花朵。/我不怨她的无情，——/长怀抱着她那神秘的痴笑。"在简短的八句中，周作人构置了三层结构上的反差：第一、二句中半年的烦恼，在转入第三句的时候在比喻的句式中被转化为了"无心的春风"，此前的"丑小鸭"此处被替换成了"青青的小草"，而"我"与"她"之间的情感关系也由此一目了然，因为"初恋"对于周作人而言并非相互投合，而更多出自他自己"淡淡的一种恋慕"，所以"春风"与"小草"之间的比附和情感落差并非一种修辞虚构，而恰恰是当时情景的写实。《初恋》中，周作人提到"她的悲惨的死相"，因而第五句也陈述了这一事实，但目的并不在此，而是通过"过去了"和"吹开了"构造一种生与死的反差，即"她"虽然死去，却开启了"我"爱的初体验，并且这种美好的力量一直残留在心间。第七、八句中的情感张力在于"无情"和"长怀抱着"之间无和有、结束和永恒的辩证，她无情地离去似乎制造出一种情感的终止，但"长怀抱着"又意味着爱的力量不仅在延续，更在"我"的生命内在时时发作，由此实现了从花牌楼短暂的"喜乐"到一种永恒的"痴笑"的转换。同一天写的《她们》更像是少年情感经验的总结，从体量上看更长，叙事结构也更为繁复。开头三句延续了《高楼》中"春风"与"小草"的隐喻："她们无意地却给了我许多"，中间部分既将概数的"许多"进行具体的延展，也袒露对"苦甜"的情感体验的感恩，同时分述"她们"三人的不同命运。最后一部分，首先通过"我无心去再找她了"表明过去与现在之间无法阻隔的时间距离，将"我"由怀旧的情绪中拉回到怀旧的此刻，这也暗示着追忆的环形结构，由当下出发又最终回到当下。重要的是在这一飞行过程中，追忆所带来的情感启发。在诗的末尾，周作人同样采用了反差式的写法，通过情感张力的构造完成整首诗的抒情爆发："只留下一个朦胧的姿态，/但是这朦胧

的却最牵引我的情思。/我愈是记不清了，/我也就愈不能忘记她
了。""朦胧"与"牵引"、"记不起"与"不能忘记"的反差效果
实现了爱在若有若无之间永恒的回荡，它既是"苦"，也是"甜"，
不能切分，这种感受与周作人"初恋"时的"迷蒙的喜乐"相互照
应，在某种程度上构成了人生的一种隐喻。

周作人对"初恋"的怀旧，以及借助诗文并进的方式对本事的
复写，不仅在一定程度上呼应了他参与《蕙的风》论争的思想动机，
在维护一种成长中的诗歌理想和写作伦理的同时，更以具体的新诗
写作宣告他眼中的诗歌理想和写作伦理的具体指向和边界轮廓。

第 三 章

现代中国"创造"诗学的思想起源
——以郭沫若的歌德译介为中心

    1921年6月8日，由上海回到日本的郭沫若与郁达夫、田汉等人发起成立了创造社。两个月后，《女神》作为"创造社丛书"第一种由上海泰东图书局发行出版。不久，郭沫若又写作新诗《创造者》，代为即将创刊发行的《创造》季刊的发刊词。这一系列绵密连贯的文学行动，喻示着"创造"在青年郭沫若的情感经验中经历了由抒情话语到思想机制再到文化实践的内在跃升的过程。换言之，"创造"不仅构成了郭沫若诗歌的抒情风格和写作逻辑，更作为一种整体性的思想结构支配了其具体的文学实践和文化理想。扩展来看，如果把从"文学"到"革命"的内在转换也视为一种开放性的"创造"变体的话，那么也可以说，"创造"在勾画郭沫若个人抒情的同时，也串联起了他整个的革命事业，对于郭沫若而言，"创造"既是一种有效的抒情机制，同时也是一种能动的历史机制。由此，在郭沫若整体性的思想结构中，"创造"占据着一种本根性的位置，构成了郭沫若主体机制的一种思想起源。

    有关郭沫若"创造"诗学或创造精神的论断在学界早已成为一种历史共识，然而，围绕这一问题，更为关键的是，这一"创造"诗学是如何生成的？它的思想起源是什么？事实上，有关郭沫若"创造"诗学的思想来源的研究大多似是而非、语焉不详，或进行笼统的泛化处理。1920 年 2 月 15 日，在给宗白华的信中，郭沫若提及了柏格森的《创化论》，一些研究据此认为郭沫若的"创造"思想来源于柏格森①，然而是否这就意味着充分把握住了郭沫若创造思想来源的全部和内核呢？需要注意的是，在提及柏格森的同时，郭沫若更提到了歌德，并且把柏格森的思想看作歌德思想的衍生："创化论我早已读完了。我看柏格森的思想，很有些是从歌德脱胎来的。凡为艺术家的人，我看最容易倾向到他那'生之哲学'方面去。"② 这也就提示着在郭沫若的"创造"诗学中隐含着一条"歌德"路径，或者说歌德构成了郭沫若"创造"诗学的一个重要思想起源。

事实上，歌德在青年郭沫若的思想结构中占据着重要的位置，以思想危机的应对为契机，郭沫若的文学创作与译介歌德几乎是同步的。而从 1919 年到 1922 年，郭沫若"创造"诗学的形成时间也正是他沉浸在有关歌德文本的翻译时间，二者之间的交叠关系具有内在的对话性和深刻的互文性。歌德与郭沫若的互文关系看似老生常谈，然而大多数研究仍未摆脱影响研究的分析框架，进而仍然呈现出一种概括性、印象式的研究方法。那么，以"创造"为中介，不仅能够为郭沫若文艺思想、主体机制的生成锚定历史的起源，也能够为重新审视歌德与郭沫若的内在关系提供一种清晰的历史穿透力。

第一节　从 Geschäftiger Geist 到"创造精神"

1919 年 10 月，郭沫若翻译了《浮士德》第一部第一幕"夜"

---

① 参见毛世全《柏格森生命哲学与郭沫若》，《郭沫若学刊》1990 年第 3 期；彭小妍《唯情与理性的辩证：五四反启蒙》，台北：联经出版事业股份有限公司 2019 年版，第 147—149 页。

② 田汉、宗白华、郭沫若：《三叶集》，上海亚东图书馆 1920 年版，第 57 页。

（*Nacht*）的初始片段（第 354—481 行）。根据郭沫若后来的自述，《浮士德》的翻译缘起与他当时所遭遇的学业、志业、婚姻、民族认同之间深刻的思想危机是相互交织、彼此缠绕的。"夜"的翻译片段，即《Faust 钞译》，恰好也是浮士德咒骂学问、思想混沌的抒情起点。由此，以"苦痛"的精神现象学为内在连带，浮士德成为郭沫若当时一种心灵倒影，正如郭沫若后来所说："特别是那第一部开首浮士德咒骂学问的一段独白，就好象出自我自己的心境。我翻译它，也就好象我自己在做文章。"① 相关研究据此大都也将郭沫若与《浮士德》的关系限定在思想危机与抒情认同的层面加以看待。② 然而这样的解读不仅极具历史偶然性，将《浮士德》与郭沫若的复杂关系以文学因缘的浪漫读法加以化解，同时，更重要的是，这也无法对以下问题进行解答：如果说对《Faust 钞译》的译介只是为郭沫若思想危机的修复提供了一个有效的抒情时刻和情感认同的诗歌修辞，那么，在此后一年多的时间里，甚至在之后更为广阔的"革命"历史语境中，郭沫若为何如此执着于对《浮士德》进行反复不断的译介呢？这样的反思视野意味着不仅需要把郭沫若不同历史阶段的《浮士德》译介进行整体性的勾连，整理出其中的问题线索和历史连续性的深在，同时也需要在二者抒情认同的表层之下探查出更为深刻的诗学关联。

　　就在《Faust 钞译》完成几个月后，在与陈建雷的通信中，郭沫若公开了所翻译的《Faust 钞译》之后紧接着一段的地祇的歌词部分（第 501—509 行）：

　　生潮中，死浪上，

---

　　① 郭沫若：《创造十年》，《郭沫若全集·文学编》第 12 卷，人民文学出版社 1992 年版，第 73 页。

　　② 相关研究参见 David Tod Roy, *Kuo Mo-jo: The Early Years*, Cambridge（Massachusetts）and London: Harvard University Press, 1971, pp. 84-85；［斯洛伐克］高利克《歌德〈浮士德〉在写作与翻译中的接受与复兴（1919—1922）》，《从歌德、尼采到里尔克》，福建教育出版社 2017 年版，第 35—39 页。

淘上又淘下，

浮来又浮往！

生而死，死而葬，

是个永恒的大洋，

是个起伏的波浪，

是个有光辉的生长，

我架起时辰机杼，

替“造化”制造件有生命的衣裳。①

原文中，地祇唱罢，浮士德紧接着说道：“Der du die weite Welt umschweifst, / Geschäftiger Geist, wie nah fühl ich mich dir!”对于“Geschäftiger Geist”，郭沫若将其译为“创造精神”。王璞的研究敏感注意到这是一次创造性的“误译”，在德语中，“Geist”确是“精神”的意思，但“Geschäftiger”则更主要作“忙碌的”来理解②。进一步考察郭沫若前后翻译时所参照的John Anster、Bayard Taylor的英译本，森鸥外的日译本，以及周学普的中译本，他们都译出了“Geschäftiger”忙碌的意思③。这是否就意味着郭沫若真的是误译呢？值得注意的是，在1928年的全译本中，郭沫若将“Geschäftiger Geist”译为“不息的神灵”④，接近本意。那么，这就意味着“创造精神”的由来并非来自一次偶然性的翻译“事故”，而是暗含着一

---

① 《通讯：论诗》，《新的小说》第2卷第1期，1920年9月7日。

② Wang Pu, *The Translatability of Revolution: Guo Moruo and Twentieth-Century Chinese Culture*, Cambridge (Massachusetts) and London: Harvard University Press, 2018, pp. 2-3. 王璞：《宇宙写真——从〈女神〉中的歌德神话到郭沫若早期作品的镜像构造》，《文艺争鸣》2022年第5期。

③ 参见 *Goethe's Faust*, trans. John Anster, London and New York: LL. D. Cassell and Company LTD., 1909, p.33; *Faust: A Tragedy*, trans. Bayard Taylor, Leipzig: F. A. Brockhous., 1872, p.20;『フアウスト 第一部』，森林太郎譯，富山房1913年版，第52页；［德］歌德：《浮士德》（上），周学普译，商务印书馆1935年8月初版，第36页。

④ ［德］歌德：《浮士德》，郭沫若译，创造社出版部1928年版，第39页。

定的思想摩擦。回到译文来看，九句唱词实际上可以划分为三个语义结构：第一至三句，地祇首先描述了人在生死运转的规律中运动起伏的生存状态；第四至七句，在"生"与"死"的复沓节奏中，歌德借助地祇的口吻对"生死一如"的永恒性进行了一种具象式的隐喻处理，由此"生死"在"永恒""起伏""光辉"的语义叠加下不仅超越一般宿命论色彩，而且获得了一种有机性、崇高性的内在提升；第八、九两句，在把握宇宙"生死一如"运转不息的永恒真理之后，抒情主体"我"不仅获得了一种能动的创造性，同时也把自我创造看作宇宙"造化"的分有、投射。地祇的唱段几乎就是歌德自然哲学的诗意再现①，在融合新柏拉图主义、犹太神秘哲学、斯宾诺莎的泛神论的思想基础上，歌德认为"神"构成了世界的本源，自然或宇宙都是作为"神"之本体的"流溢"（emanates）和表现，而人同样也是神性的表现和投射，由此，"神性"作为创造性的本源支配了整个宇宙自然。由此，在斯宾诺莎"神即自然"（Deus sive Natura）的基础上，歌德发展出了"我即神"，正如浮士德所说的"我，这个神性的写真"②。歌德的自然哲学并非局限在形而上学的思想推演，而是作为一种本根性的思想机制具体作用于他的自然科学研究和文艺写作中。在《少年维特之烦恼》中，歌德借维特的抒情阐述了"自然""神性""自我"之间的一元机制：

　　　　把自然底内部的，燃烧着的，神圣的生命启示给我：我在温暖的心中如何地把一切捉着，觉得我自己已好像神化了的一般，在横溢的丰满之中，无穷世界底种种庄严相在我灵台中十分地生动着在哟！伟大的山脉环绕我，险壑在我前，山溪奔腾而下，河流在下面流泻，林木山陵都生声响；我看见它们在大

① 有关歌德"自然哲学"的阐释参见贺骥《〈歌德谈话录〉与歌德文艺美学》，中国社会科学出版社 2014 年版，第 33—39 页。

② ［德］歌德：《浮士德》，郭沫若译，创造社出版部 1928 年版，第 47 页。

地底深部相互作用相互造作，那种种一切不可殚研的生力；又看见在地面上，天宇下，种种千差万别的生物浮游，一切的，一切的都以千差万别的形态增殖；而人则聚息于小屋之中，自营巢窟，而心中偏以为在支配着这广漠的世界！可怜的蠢物哟！因为你是这么小渺，所以你把一切都看得这么微细！——从那人不可到的连山，横过未经人迹的漠野的，以迄于人所不识的重洋底尽头，永恒创造着的精神弥漫，一切微尘受它而生的，都欣欣然自乐。——啊，那时候，我是如何地常常愿得从我头上飞过的大鹤底健翮，焦渴着赶飞到那不可测度的海洋底岸上，想从那"无穷"底涌泡浮沫的杯中饮取那泛涨着的生命之甘醇，只消一刹那在我胸里受了制限的生力之中感觉得本体底一滴的幸福，是在他自身，由他自身把一切万汇发生出的本地。①

维特式的抒情借助对自然表象的描摹清晰呈现了宇宙自然中"不可殚研的生力""永恒创造的精神"，在维特看来，正是这种"创造精神"支配了宇宙的不息运转。对于维特所说的"生力"，郭沫若将其解读为"创生万汇的本源，即是宇宙志意，即是物之自身"（Ding an sich）。在他看来，在把握宇宙本源的基础上，更为关键的是能否与本源契合融通："能与此力冥合时，则只见其生而不见其死，只见其常而不见其变。体之周遭，随处都是乐园，随时都是天国，永恒之乐，溢满灵台。"在郭沫若看来，宇宙本源的意义并不在于其哲学形而上学一面的概念规定，而是力图从中敏锐地把握其运转的逻辑，进而提炼出一种与之相适应的行动哲学。郭沫若的解读实际上正呼应了地祇的唱词，地祇的"生死一如"正是郭沫若后来所领悟到的："一切的自然只是神底表现，我也只是神底表现，我即是神，一切自然都是我的表现。人到无我的时候，与神合体，超绝

---

① 〔德〕歌德：《少年维特之烦恼》，郭沫若译，上海泰东图书局 1922 年 4 月 10 日初版，第 57—58 页。

时空，而等齐生死。人到一有我见的时候，只见宇宙万汇和自我之外相，变灭无常而生生死存亡之悲感。万物必生必死，生不能自持，死亦不能自阻。"① 在这种庄子式的"齐物"论中，地祇的唱词也就不再是对神性的宗教颂歌，而是在"神性"② 的昭示下"制造"（schaff）"生命的衣裳"。换言之，地祇的唱词向浮士德传达的是"创造生命"。歌德在此实现了一种意义上的颠倒，一般性的宗教颂歌总是在抒情指向上将人的存在意义最终导向"神"的怀抱，因而在叙事结构上呈现出一种渐进式不断跃升的崇高姿态。地祇的唱词却对此实现了一种抒情的逆转，"神性"的意义不在于它崇高的本体性，而在于它的崇高性给予人的现世启示。对于歌德的"神性"逆转，郭沫若并不陌生，不久之前，他就替田汉翻译了歌德的《神性》（*Das Göttliche*）一诗。诗的结尾说道：

> 人类独尊宠
> 愿宏济而惠仁！
> 愿俚勉忘劬
> 而创造"益"与"正"
> 愿我人类
> 皎如明神！③

诗的要旨与地祇的唱词仍然是连贯的，都再三强调人要不断努力、不断创造，向神性无限趋近。正如歌德自己所说的："我们人类的生存状态，虽象是把我们拉下来和压迫我们，却给我们以机会来

---

① 郭沫若：《〈少年维特之烦恼〉序引》，《创造季刊》第 1 卷第 1 期，1922 年 3 月 15 日。

② 在 1928 年的全译本中，郭沫若将句中的"造化"（Gottheit）改译为"神性"。

③ ［德］歌德：《神性》，郭沫若译，《歌德诗中所表现的思想》，《少年中国》第 1 卷第 9 期，1920 年 3 月 15 日。原作为盐釜天飙《ゲーテの詩研究》中的第一编"ゲーテの詩に現はれたる思想"，田汉译，其中的歌德诗歌部分为郭沫若译。

使自己高尚化和实现神的意图，甚至以此作为我们的义务。"① 《神性》的写作正是歌德潜心研究斯宾诺莎泛神论的时间，二者之间呈现出鲜明的互文性。郭沫若略带文言的翻译读起来并不拗口，反而呈现一种内在的节奏，原因在于郭沫若并未追随歌德原诗的自由诗体、散文结构，而是整饬了句式、增添了押韵，这样改译的效果在于一方面以规整的体式对应着诗的"神性"思想本身的严肃性和崇高性；另一方面则是力图通过句式和押韵所构造出的内在节奏呈现出"人类"通过"创造"趋向"神性"的动态图示，即力图借助于节奏的构造揭示人达成神性的内在方法。事实上，"人类"→"创造"→"神性"的思想图示在某种程度上构成了歌德的思想原力和抒情原理，不仅决定了他写作的思想主题，也塑造了他的诗歌技法和组织形式。在郭沫若所翻译的 Canymed、《神与巴亚达吕》（Der Gott und die Bajadere）等诗中，歌德的这一抒情方法反复上演。由此来看，郭沫若的改译就不仅仅是诗歌技艺的调整，更主要的是，这显示出郭沫若是从"精神"内里的层面来把握歌德的诗歌表象，正如他后来所总结出的"歌德的'由内而外'"②（von Innen nach Aussen）。而"精神"在歌德的思想褶皱中具有相当重要的位置，他不仅把东方诗艺的最高特性归结为"精神"，还在与爱克曼的谈论中特别强调德文"Geist"本身特有的"创造性"意味③。

回到地祇的唱词，郭沫若"创造精神"的习得并非直接来自诗歌表层，而是来自对唱词中"造化"（神性）的内在精神的综合和提炼。进一步来看，地祇的唱词作为对浮士德的教谕实际上并不完整，在此之前，还有一段不太为人所注意的部分。这一节中，对于浮士德的强烈召唤，地祇以略带训斥的口吻回应道："你要在你心头

① ［德］歌德：《诗与真》（上），《歌德文集》第 4 卷，人民文学出版社 1999 年版，第 361 页。

② 郭沫若：《创造十年》，《郭沫若全集·文学编》第 12 卷，人民文学出版社 1992 年版，第 77 页。

③ 爱克曼辑录：《歌德谈话录》，朱光潜译，人民文学出版社 1982 年版，第 238 页。

把一个世界创造，/负荷培栽，同我们神祇一般欢跃"[①]（Wo ist die Brust，die eine Welt in sich erschuf，/ Und trug und hegte，die mit Freudebeben）。显然，在这段完整的教谕中，地祇的核心思想就是教导浮士德从思想混沌中重新恢复自身的"创造精神"。这再次宣示郭沫若并不是在德语语文学或诗歌修辞学的意义上来把握"Geschäftiger Geist"，而是准确从地祇的教谕中提炼出了《浮士德》中隐含的"创造精神"。在歌德的叙事走向中，浮士德不断表露着对"努力"和"创造"的精神渴望："人的精神，努力着他崇高的行为""我要向至高的存在努力地追求个永远！"[②] 这种高扬的精神姿态对于此时深陷"苦痛"之中的郭沫若而言无疑具有极大的思想感召力。郭沫若把浮士德看作"歌德自己的化身"，经由翻译环节的抒情认同和思想转化，实际上浮士德此时俨然也成为青年郭沫若的主体镜像，他的"创造精神"对于郭沫若来说既是精神指引，也是人格造像。在浮士德的抒情感染下，郭沫若以相当坚定的口吻自勉道："把一己的全我发展出去，努力精进，圆之又圆，灵不偏枯，肉不凌辱。"这与浮士德对靡菲斯特所说的"堂堂男子只有孜孜不息"[③]（Nur rastlos betätigt sich der Mann）在某种程度上形成了内在的呼应。很快，郭沫若进一步在自己的诗歌中回应了浮士德："啊啊！不断的毁坏，不断的创造，不断的努力哟！""不断地努力、飞扬、向上。""创造哟！创造哟！努力创造哟！"[④] 而他有关"创造"的化用也并非只是修饰性的随意点染，而是以思想沉淀为基础，内化为一种有

---

① ［德］歌德：《浮士德》，郭沫若译，创造社出版部1928年版，第38页。

② ［德］歌德：《浮士德》，郭沫若译，创造社出版部1928年版，第126页；《风光明媚的地方》，沫若译，《时事新报·学灯》1920年3月20日。

③ 郭沫若：《波斯诗人莪默伽亚谟》，《创造季刊》第1卷第3期，1922年11月25日。

④ 郭沫若：《立在地球边上放号》，《时事新报·学灯》1920年1月5日；《心灯》，《时事新报·学灯》1920年2月2日；《金字塔·其二》，《时事新报·学灯》1921年2月23日。

效的诗歌技法。例如《女神之再生》中，"创造些新的光明""创造些新的温热""创造个新鲜的太阳"不仅仅作为"女神"宣叙性的舞台唱词，在共工颛顼混沌争战的背景下，它们构成了世界修复、弥合的神性力量，这不仅奠定了整首诗的抒情走向，同时也设定了它的叙事结构。可以说，此时的"女神"就是"创造精神"的同义反复。与此同时，如果更能敏感注意到《浮士德》中"永恒之女性"（das Ewigweibliche）一节作为题辞被郭沫若刻意地挪用，以及"女神"作为郭沫若整部诗集的意义涵盖，那么就会深切感受到"创造精神"从歌德到郭沫若、从《浮士德》到《女神》完成了一次世界性的思想接力，进而伴随着郭沫若在《序诗》中那句"'女神'哟！/你去，去寻那与我的震动数相同的人；/你去，去寻那与我的燃烧点相等的人"[1] 的深情咏叹，可以认为，歌德创造了《浮士德》，也同样"创造"了郭沫若，而这样的"创造"在"女神"的召唤中仍然在持续"创造"着。像歌德对中世纪的"浮士德"故事借用的那样，郭沫若也回到了民族神话的历史起源中，神话借用的意义在于一方面神话起源的意义结构本身就蕴含着一种"创造性"机制的生成，另一方面在于诗歌抒情中"创造性"意义的构造获得了丰富的历史内容、稳定的想象模式，由此"创造性"机制的抽象性获得了一种可能的认知路径。郭沫若以诗剧的形式在体裁上呼应了歌德，更以诗歌逻辑的展演和抒情机制的运作回应了歌德"创造精神"的能动色彩和生产意义[2]。就此而论，"创造精神"对于郭沫若来说就不是一次接受美学的生动表演，他将"Geschäftiger Geist"与"创造精神"对译也不仅仅是对地祇精神象征性的简单概括，更是借此把握了浮士德的精神内核和歌德自然哲学的思想机制。由此，

---

[1] 郭沫若：《序诗》，《时事新报·学灯》1921 年 8 月 26 日。

[2] 有关歌德的"创造精神"与其诗歌的抒情机制之间的关联参见 Christian P. Weber, *Die Logik der Lyrik*：*Goethes Phänomenologie des Geistes in Gedichten*, Freiburg：Rombach Verlag, 2013.

郭沫若在"学习"歌德的基础上完成了一次思想机制和诗歌技艺的锻造。

依照上述分析，从《Faust 钞译》到地祇唱词，郭沫若对《浮士德》的翻译滑动就不仅仅在于机械地遵循文本在写作顺序上的自然连贯，而是看到了浮士德的"述怀"和地祇的"创造精神"之间的逻辑对应和内在关联。具体来看，整部《浮士德》围绕"知识悲剧""爱情悲剧""政治悲剧""艺术悲剧""事业悲剧"辩证式展开，而"夜"这一幕在《浮士德》的整体结构中相当重要，它不仅勾画了"学柳智梏"对浮士德所造成的"痛苦""烦闷"，也预示了浮士德投身"自然"和"大宇宙"的个人成长路径，并且设定了这一成长路径的哲学基础和思想机制，即"创造精神"。换言之，"夜"这一幕提供了浮士德"成长"的"痛苦"心理学、抒情动力学、具体的历史图景以及实现这一图景的哲学认识论和实践方法论，它构成了整部《浮士德》的线索基线。而在《夜》的三部分结构中，除了第三部分"瓦格纳来访"外，浮士德"述怀"以及他召唤"大宇宙符征"和"地祇"两部分都被郭沫若倾力译出。而这两部分恰好对应着浮士德从"苦痛"到"创造"的"转徙"、升华的过程，这一辩证式的转化不仅连带着浮士德在精神层面的不断推动，也意味着歌德要在诗歌技法上创造出与之相适应的形式效果。事实上，对于浮士德的痛苦"述怀"，歌德并未采用一种韵律严格的诗体过分渲染其中的悲剧意味，而是采用了类似"打油诗"的四音步抑扬体①（*Knittelvers*），形式的反讽性意味着浮士德的"痛苦"并非叙事的终点，而恰恰是走出痛苦的开始。② 对于歌德的用韵手法，郭沫

---

① See *Goethe Faust*：*Kommentare*，Albrecht Schöne，Frankfurt am Main：Deutscher Klassiker Verlag，2005，pp. 207-208.

② 浮士德讽刺自己："我既无德器又无钱，/既无名誉又无权。/谁想这条狗命儿/片刻再残延！"郭沫若在和宗白华谈及人格忏悔时也有类似的反讽："我独陷没在这 Stryx 的 amoeba，/只有些无意识的蠕动。""amoeba"意为变形虫。田汉、宗白华、郭沫若：《三叶集》，上海亚东图书馆 1920 年版，第 11 页。

若其实并不陌生，在这段"述怀"的翻译处理上，他同样采用了对应的韵律格式，并且按照汉语的语言习惯用单句押韵对译四音步抑扬体。在浮士德咒骂学问的一段反讽式抒情之后，"明月"的出现将他的视线引入对"背弃自然"的反思。为了"解识得'自然'的教谕"，浮士德摒弃了已有的学问，转而向神秘魔法寻求帮助，在魔法的作用下，浮士德首先召唤出的是"大宇宙符征"（Makrokosmus），它昭示了宇宙运转的方式和规则，然而在郭沫若看来它只是"一座幻景台"，正是因为"大宇宙符征"的虚幻性让浮士德继续召唤出了"地祇"（Erdgeistes），相比于"大宇宙符征"，"地祇"同样呈现了宇宙的内在真理，所不同的是，"地祇"并不是宇宙本体本身，而是一种对应物，是"神性的写真"，它的伦理不是依靠符征的机械图示来讲述宇宙的运转逻辑，而是依靠自身的行动和创造（schaff），以神性为标榜提升自我："我架起时辰的机杼，/替神性制造生动的衣裳。"至此，在这一完整的叙事链条中，浮士德才开始真正实现从"痛苦"到"创造"的主体转换。而郭沫若的翻译逻辑则表明，他和浮士德不仅共享着相似的"痛苦"心理学，更从浮士德的主体转换和"创造精神"中习得了修正自我、克服危机的方法和路径。可以作为参照的是，作为对地祇"创造精神"的回应，浮士德对《圣经》翻译的细节尤为关注，他把《约翰福音》第一句的"泰初有道"（Wort）先是翻译为"泰初有心"（Sinn），进而译为"泰初有力"（Kraft），最终又译为"泰初有业"（Tat）。在"道"→"心"→"力"→"业"的语义递进中，歌德不仅实现了主体自我的唯心主义内转①，即浮士德所说的"感情便是一切"，在拒绝经院

①　哈姆林认为，歌德通过浮士德的《圣经》翻译回应了费希特在《全部知识学的基础》（Wissenschaftslehre）中所强调的"经验、意识甚至生命本身来自于自我通过行动（Tathandlung）和自我主张对自己的展示"See Cyrus Hamlin，"Interpretative Notes"，in Cyrus Hamlin ed.，*Goethe，Faust. A Norton Critical Edition*，trans. Walter Arndt，New York：W. W. Norton & Company，2001，p. 361. 有关浮士德《圣经》翻译的研究还可参见 *Goethe Faust：Kommentare*，Albrecht Schöne，Frankfurt am Main：Deutscher Klassiker Verlag，pp. 246-247.

哲学的修辞学传统的同时,更建立起以"业"(行动)为基础的"创造"哲学①。在郭沫若看来,这正是浮士德从宇宙意志所演绎而来的人生哲学。他借威廉·迈斯特的话总结道:"Du im Lebin nichts verschiebe;Sei dein Leben Tat um Tat!(汝在生中无所用乎徙倚逶迤;让汝一生成为业与业之连锁!)"② 由此可见,"创造"对于郭沫若而言,不仅仅是一种抒情修辞,更是一种本根性的思想机制。质言之,它既是郭沫若的诗歌美学,也是他的道德形而上学、他的哲学认识论和实践方法论。

第二节 "自然"与"艺术":"创造"的元诗学机制

在与陈建雷的"论诗"通信中,除了以"创造精神"对译"Geschäftiger Geist"之外,郭沫若同时还抄录了自己的诗《春蚕》,以春蚕"吐丝"的生命本能来隐喻诗歌的写作机制——"你在创造你的'艺术之宫'"③,"丝"与"诗"的谐音相关并不只是一种修辞技艺,更揭示出诗歌写作的一元论想象,即元诗写作。"创造精神"与《春蚕》"吐丝"的并置,提示着郭沫若不单单在思想原理的基础上看待和接受歌德的"创造精神",同时也从中看到一种新的诗歌写作机制的生成。

《春蚕》原诗三节三十九行,在收入《女神》中时,郭沫若将其删改为三节十五行,大幅度的删改不仅在于形式层面的整饬,同

---

① 有关歌德"创造哲学"的研究参见 Astrida Orie Tantillo, *The Will To Create*: *Goethe's Philosophy of Nature*, Pittsburgh: University of Pittsburgh Press, 2002.

② 郭沫若:《波斯诗人莪默伽亚谟》,《创造季刊》第 1 卷第 3 期,1922 年 11 月 25 日。

③ 郭沫若:《春蚕》,《通讯:论诗》,《新的小说》第 2 卷第 1 期,1920 年 9 月 7 日。

时更在于思想题旨的凝练：删去第三节对"春蚕"客观功用性的吟诵，着重凸显其"创造""艺术之宫"的自然性和自发性。"春蚕"从"吐丝"到"吐诗"的生动演绎实际上正是郭沫若当时诗歌美学的隐喻式呈现，在他看来："诗的创造贵在自然流露。诗的生成，如象自然物的生存一般，不当参以丝毫的矫揉造作。"[①] 而"春蚕"的意义不只是在于对郭沫若诗歌美学的呼应，而且在于它的隐喻式写法提供了一种有关郭沫若诗歌美学的反思机制，它是关于诗的诗，即它的元诗性。而元诗的重要性在于它不只表征着一种诗歌美学或抒情风格，更在于它所蕴含着的诗歌写作机制，这也就意味着它构成了郭沫若诗歌美学的"创造性"起源。颇有意味的是，在郭沫若的整体诗歌写作中，《春蚕》的位置并不孤立。在《女神》的篇章结构中，《春蚕》并不只是作为一首独立的诗歌，而且总括了以其为中心的一系列的诗歌，这些诗歌包括《春蚕》、《密桑索罗普之夜歌》、《霁月》、《晴朝》、《岸上》（三首）、《晨兴》、《春之胎动》、《日暮的婚筵席》。显然，在郭沫若的结构设想中，这些诗歌不仅连贯着统一的思想内在，或许在形式技法上也存在一定的呼应，而"春蚕"由诗歌内容到篇章结构的层次跃升，意味着它在占据着结构上的统摄性和辐射性的同时，也提供了一种具有支配性的诗歌意义起源。也就是说，对于这一组诗来说，"春蚕"是一首"元诗"，它的统摄性换个角度看也意味着它提供了进入这一组诗的方法和路径。从题目看，各篇的联系并不紧密，但主题一致对于郭沫若来说并不是最重要的，他的"归拢"出于一种连贯的写作机制。每首诗都首先以"自然"为抒情的起点：

　　　　无边天海呀！/一个水银的浮沤！/上有星汉湛波，/下有融晶泛流。

　　　　淡淡地，幽光/浸洗着海上的森林。/森林中寥寂深深，/还

---

① 田汉、宗白华、郭沫若：《三叶集》，上海亚东图书馆1920年版，第46页。

滴着黄昏时分的新雨。

岸上的微风/早已这么清和！/远远的海天之交，/只剩着晚红一线。/海水渊青，/沈默着断绝声哗。

月光一样的朝暾/照透了这蓊郁着的森林，/银白色的沙中交横着迷离疏影。

独坐北窗下举目向楼外西望：/春在大自然的怀中胎动着在了！

夕阳，笼在蔷薇花色的纱罗中，/如像满月一轮，寂然有所思索。①

"自然"的起源性并不在其田园诗的浪漫性或作为抒情的衬景。以《密桑索罗普之夜歌》为例，第一节是"自然"与"我"（抒情主体）的呈现，"无边天海"与"一个浮沤"、"上"与"下"不仅立体地勾画了抒情主体眼中的自然全景，同时也为整首诗提供了一种镜像式的抒情结构。"大"与"小"、"上"与"下"的动态结构揭示了自然的表象中所蕴含着的"有生之伦"②，即郭沫若在歌德的泛神论中所提炼出的宇宙意志。然而，"有生之伦"的存在状态是"睡眠"，这不仅呼应着"夜歌"的体式，实际上也决定了诗歌的抒情基调："我独披着件白孔雀的羽衣，/遥遥地，遥遥地，/在一只象牙舟上翘首。""密桑索罗普"（厌世者）的形象开始出现，"独披""遥遥""一只"的语义衔接使得抒情主体"我"成为"浮沤"的

---

① 郭沫若：《密桑索罗普之夜歌》，《少年中国》第2卷第9期，1921年3月15日，写于1920年11月23日；《雾月》，《时事新报·学灯》1920年9月7日；《岸上》（三首），《时事新报·学灯》1920年8月28日，写于1920年7月26日、27日、29日；《晨兴》，收入《女神》前未发表，写于1920年3月；《春之胎动》，收入《女神》前未发表，写于1921年2月26日；《日暮的婚筵席》，收入《女神》前未发表，写于1921年2月28日。

② 《艺文类聚》中提及"有生之伦"，朱生豪将莎士比亚《麦克白》中的"all the creatures""all natures""breather in the world"译为"有生之伦"，可以此为参照。

镜像，而无论是"浮沤"还是"羽衣"（羽化）都暗示着厌世者在生灭之间的内心挣扎。然而抒情重心的不断下落，随着第二节抒情的内转实现了结构上的反转，在"与其"……"宁在"的句式滑动中，厌世者完成了一次重生式的选择：他弃绝了"泪珠的鲛人"，而将自己类比为"坠落了的星辰"，由此完成一次重要的意义选择。考虑到"鲛人"本身诗意的古典性，那么这就意味着郭沫若也在弃绝旧有的抒情模式，或者说他对旧有的抒情模式进行了重新构造；"星辰"的意义不在于黑暗/光明的二元论色彩，而在于它在"坠落"的同时所摇曳着的"幻灭的美光"，在于它"向着'无穷'长损！/前进！……前进！"的生命姿态，由此，"星辰"的"坠落"和"美光""前进"之间蕴含着一种生与灭之间的辩证关系，而随着从"坠落"到"前进"的语义反转，厌世者也完成了一次重生。不难看出，对于整首诗的抒情而言，"自然"具有重要的结构意义，它提供了抒情的起点，也实现了抒情的内转，最终在生死的内在辩证中达成了抒情的崇高性。"自然"在这里与"春蚕"有着相似的意义功能，既作为诗歌本体提供意义生产的根源，同时也作为结构力量编织着抒情的推进和走向。由此，从"春蚕"到"自然"的转换，郭沫若实现了"元诗"写作的抒情再生产，他不只是在诗歌反思的意义上进行写作，而是以诗歌反思为基础生成一种系统性的写作机制。谈及《夜歌》的写作背景，郭沫若说道："那是在痛苦的人生的负担之下所榨出来的一种幻想"[①]，"痛苦"和"幻想"的有机转化不但指向了《夜歌》的诗意生成路径，也反向指向了对郭沫若感伤主体的积极性改造，并且像"春蚕"从"吐丝"到"吐诗"的有机转化一样，其中也蕴含着元诗写作的抒情逻辑和诗意原理。

当然，不只是《密桑索罗普之夜歌》，郭沫若的这一写法在其他几首诗中也都被自觉运用。如果将"雾月""晴朝""岸上""晨

---

① 郭沫若：《创造十年》，《郭沫若全集·文学编》第12卷，人民文学出版社1992年版，第69页。

兴""春之胎动""日暮的婚筵席"这些标题进行并置，不仅能够看到郭沫若有关"自然诗"写作的整体性构想，更能够体会其中统一性的诗歌写作机制："自然"的起源性意义不仅在于其变化的表象对于诗歌体式的支撑和调谐，更在于其表象的客观性下所隐含着的"内在的真理"。这有赖于抒情主体对"自然"的应和、内化和综合，在构造出"第二自然"的同时，也完成了诗歌本身的抒情构造，由此，抒情主体本身也经历了刷新和重构。就此而言，郭沫若的"自然诗"写作并不应该只放在写作的类型学层面加以认定，而是要敏感把握他在自然—抒情主体—诗意（"内在的真理"）的缠绕交织中所建立起的一种新的抒情模式，这正是他抒情的"创造性"意义所在。在他的抒情运转中，抒情主体是与哲学本体、美学实验、诗歌技艺粘连在一起的，因而可以说，他的抒情也是他的认识论和形而上学，是他道德和伦理的凝练。而他的"创造性"抒情实际上也是对歌德的回应，在赫尔德的思想感召下，"狂飙突进"的歌德重读了荷马、莎士比亚和莪相，进而在融合传统的基础上创造出了一种综合自然、神性和诗意的新的抒情风格，为启蒙德意志的兴起提供了一种新的抒情方式。[①]

"春蚕"的"元诗"效力还不止于诗歌写作，在某种程度上也构成了郭沫若整体艺术论的思想参照："我喜欢吐丝的春蚕，我喜欢酿蜜的雌蜂。但是，不是因为丝能衣人，蜜能养人。/丝虽取材于植物的纤维，蜜虽取材花蕊的胎珠；但都是受过一道灵魂的洗礼。"[②] 这里的"春蚕"和"蜜蜂"都同样作为艺术的本体，从"植物的纤维"到"丝"、从"花蕊的胎珠"到"蜜"，这一转变的过程实际上正是艺术生成的过程，它有赖于艺术主体——"灵魂的洗礼"。换言之，艺术是一个由主体摄取—内化—表现的综合过程，

[①] *Goethe Handbuch Band 1 Gedichte*, Herausgegeben von Regine Otto und Bemd Witte, Stuttgart . Weimar：Verlag J. B. Metzler, 2004, pp. 59—62.

[②] 郭沫若：《艺术之象征》，《学艺》第 3 卷第 1 号，1921 年 5 月 30 日。

因为所谓的"自然流露"并非从"纤维"到"纤维"、从"胎珠"到"胎珠"的过程，而是主体在完成摄取和内化之后的一种自发性抒情，这一过程有赖于一个无限、丰满的强大主体。基于此，郭沫若将"艺术家"比喻为"蚕子"，蚕的吐丝即意味着艺术的创造。由此，"春蚕"的象征隐喻不仅构成了郭沫若的诗歌抒情机制，在更广泛的意义上设定了他整体性的艺术生产机制。

值得注意的是，在郭沫若"春蚕"系列的元诗写作开始之初，正是他相当集中地翻译歌德诗歌的收束，二者之间在时间线索上呈现出一定的连贯性①。1920 年 2—3 月，田汉翻译了盐釜天飙《歌德诗的研究》中的第一编《歌德诗中所表现的思想》，并将译稿寄送郭沫若请求其翻译其中的诗歌部分。② 除了其中的《浮士德》片段，以及前面重点提及的《神性》（Das Göttliche）之外，郭沫若翻译的歌德诗歌还包括：《一即全》（Eins und alles）、《西东诗集》（West-östlicher Divan）中的诗歌片段、《伽尼默德》（Canymed）、《遗言》（Vermächtnis）、《湖上》（Auf dem See）、《掘宝者》（Der Schatzgräber）、《寄厚意之人》（An die Günstigen）、《艺术家之歌》（Künstlerlied）、《暮色垂空》（Däemmrung senkte sich von oben）、《神与巴亚达吕》（Der Gott und die Bajadere）、《艺术家的夕暮之歌》（Künstlers Abendlied）、《理想的自由》（Die idealische Freiheit）。③ 这些诗歌的写作范围相当宽泛，既有歌德早期维特式的抒情，也有魏玛古典时期与席勒合作的民谣（Ballad），更包含了歌德晚期力求统

---

① 1920 年 2 月 29 日，田汉在给郭沫若的信中谈及正在翻译盐釜天飙的《歌德诗中所表现的思想》，几日后，即 1920 年 3 月 3 日，郭沫若在信中向宗白华谈及《歌德诗中所表现的思想》的完成和修改情况，该文于 1920 年 3 月 15 日发表于《少年中国》第 1 卷第 9 期；译田汉所翻译的盐釜天飙《歌德诗中所表现的思想》中的歌德抒情诗及《浮士德》片段，而"春蚕"元诗系列写作正开始于 1920 年 3 月。

② 田汉、宗白华、郭沫若：《三叶集》，上海亚东图书馆 1920 年版，第 107、116、136 页。

③ 其中，《湖上》《艺术家的夕暮之歌》《掘宝者》《暮色空垂》后收入《德国诗选》和《沫若译诗集》。

合"神性和世界"（Gott und Welt）的泛神论式的哲理诗。不难看出，郭沫若的翻译几乎囊括了歌德诗歌生涯的每个时期，不仅呈现出歌德在写作题材和诗歌技艺上的丰富多样，而且也借助翻译把握住了歌德诗歌写作的内在机制。因为在这些诗歌当中，内含着一个较为特殊的"艺术家"（Kunst）系列，正如郭沫若倾心打造的"春蚕之什"一样，"艺术家"同样也是歌德元诗（metapoetische）写作的集纳"典范"①。这也就意味着，歌德的这些诗作对于郭沫若来说不仅仅是思想性的，也具有重要的形式意义，它们构成了歌德诗歌抒情思想与形式的有机综合。由此看来，郭沫若的翻译并非机械被动地跨语际转化，而是借助翻译对歌德诗歌抒情史进行了一次重新整合，进而生成一种有效的诗歌写作机制和抒情原理。

1815 年，在编著的《歌德诗集》（*Goethe's Gedichte*）第二卷中，歌德以"艺术家"之名对相关诗作进行主题性的整合。在此之外，"艺术家"系列大约还有 20 首诗歌，它们共同构成了歌德"狂飙突进"时期重要的诗歌实验，这些诗作不仅以其主题的凝聚性使得艺术创造行为本身构成一个重要的写作领域，更重要的是它的主题性所连带出的对艺术本身的反思生成了崭新的艺术观念。因而，"艺术家"系列诗歌一方面构成了歌德新的艺术观念的文本注解，另一方面也蕴含着歌德艺术思想的具体运作机制。正如施莱格尔所说的，歌德把诗歌创作本身"同艺术反思和美的自我反映结合起来，把它们结合成创作能力的诗论，在它的每一个表现中同时也表现自己，无论何处都是诗，同时又是诗的诗"②。对于歌德庞大的"艺术家"诗歌系列，郭沫若所触及的主要是《艺术家的夕暮之歌》和《艺术

---

① 有关歌德的"元诗"写作机制参见 Christian P. Weber, *Die Logik der Lyrik*：*Goethes Phänomenologie des Geistes in Gedichten*, Freiburg: Rombach Verlag, 2013, pp. 141-411.

② ［德］施莱格尔：《浪漫派风格》，李伯杰译，华夏出版社 2005 年版，第 82 页。

家之歌》。在论述完歌德的"世界观"（自然观和宗教观）以及"人生观"（道义观）之后，盐釜天飙重点关注的是歌德的"艺术观"，他敏感注意到"自然"与"艺术"的辩证关系是歌德艺术哲学中的根本性问题："艺术的对象是自然，把自然醇化 Purify 了的便是艺术"①，而《艺术家的夕暮之歌》在他看来则是对这一辩证关系的完美揭示，它的元诗性呈现了歌德艺术哲学的内在创造机制。原诗如下：

> Ach，dass die innere Schöpfungskraft
> Durch meinen Sinn erschölle!
> Dass eine Bildung voller Saft
> Aus meinen Fingern quölle!
> 唉，我愿有内在的创造的力量
> 在我心中怒鸣！
> 我愿有横溢的创造的源泉
> 在我指下飞奔！
>
> Ich zittre nur，ich stottre nur，
> Und kann es doch nicht lassen；
> Und fühl，ich kenne dich，Natur，
> Und so muß ich dich fassen.
> 我只战栗，我只吃惊，
> 我总把他说不成；
> 自然呀！我感觉着你，我认识着你，
> 我所以总要把你来把定。

---

① 《歌德诗中所表现的思想》，盐釜天飙原作，田汉译，《少年中国》第 1 卷第 9 期，1920 年 3 月 15 日。

Bedenk ich dann, wie manches Jahr

Sich schon mein Sinn erschließet,

Wie er, wo dürre Heide war,

Nun Freudenquell genießet;

我想我的寸心

早已闭锁了多少年辰,

我的寸心,成了个枯槁的旷野,

只想把欢乐的源泉来寻;

Wie sehn ich mich, Natur, nach dir,

Dich treu und lieb zu fühlen!

Ein lustger Springbrunn wirst du mir

Aus tausend Röhren spielen.

Wirst alle meine Kräfte mir

In meinem Sinn erheitern

Und dieses enge Dasein hier

Zur Ewigkeit erweitern.

自然呀! 我怎样地渴慕着你,

想把你忠实地,亲爱地感受得成!

你会在我心地中,化作一个活泼泼地的喷泉,

从千万道的管中飞迸,

你会使我全部的力量

在我心地中扩大无垠,

你会使我这有限的存在

展或到无限的永恒。①

---

① [德] 歌德:《艺术家的夕暮之歌》,郭沫若译,《歌德诗中所表现的思想》,《少年中国》第1卷第9期,1920年3月15日。

　　与盐釜天飙的译文比照，可以发现，郭沫若并未从日文转译，而是直接从德文原文译出。全诗五节二十行，郭沫若的译文将最后两节进行了合并。歌德采用了颂歌式的写法和复沓式的结构，整首诗都呈现为"艺术家"——"我"的内在的抒情。前两节呈现为一个完整对应的段落，首节采用的祈愿式的语调，一方面揭示诗的主题，即艺术家对"内在的创造的力量""创造的源泉"的召唤；另一方面也暗示着艺术家创造力量的匮乏。由此，引出第二节中的"自然"，只不过在歌德"我感觉着你，我认识着你，／我所以总要把你来把定"这种相当主观性的句式中，"自然"不再纯然是机械的物质客体，而是在"感觉""认识"的主体性动作中成为一种进入主体内在的流动性力量，对匮乏的主体构成了一种补充和修复，这与笛卡尔等人的主客二元论相当不同。第三、四两节在某种程度上是对第一、二两节的复沓，艺术家首先抒发自我的困境，进而呼唤自然的力量，所不同的是歌德进行了一种螺旋式的处理：一方面，不再仅仅重复艺术家的匮乏，而是探寻其问题的根源，即"寸心闭锁"。在此，歌德将"创造"与"心"或主体进行了关联，由此，艺术创作就不再是对古典主义艺术律令的"留声"和反复，而是对主体自我内在心声的直接抒发，正如浮士德所说的"感情便是一切！"[①]（Gefühl ist alles!）而维特则说："我返回我的本身，寻出了一种世界来！"[②] 这也正是郭沫若在维特的身上所看到的："他是用他的心情去综合，去创造。"[③] 艺术家的"寸心闭锁"在某种程度上也触及了歌德早期抒情的元问题，即"心"的问题，维特说

---

　　① ［德］歌德：《浮士德》，郭沫若译，创造社出版部1928年版，第292页。

　　② ［德］歌德：《少年维特之烦恼》，郭沫若译，上海泰东图书局1922年4月10日初版，第9页。这句话杨武能译为："我只好回到自己的内心，去发现一个世界！"《歌德文集》第6卷，人民文学出版社1997年版，第8页。

　　③ 郭沫若：《〈少年维特之烦恼〉序引》，《创造季刊》第1卷第1期，1922年3月15日。

道："我的精神完全干枯了！"① 浮士德开篇就说道"硬化了的寸心"
"狭隘的生命之门"②。无论是维特还是浮士德，他们都遭受着僵硬的社
会体制与抒情的主体自我之间的拉扯，而"自然"也都构成了他们的
"新生"机制。另一方面，歌德借助"活泼泼地的喷泉""千万道的管
中"的隐喻式表达具体呈现出"自然"→"自我"→"艺术"的运作
机制："自然"首先依靠"自我"的感受性进入"自我"的内在，而
"化作"意味着"自然"的流动和摄取并非线性的、机械的，而是需要
"自我"的内化，即郭沫若所说的"剪裁自然而加以综合创造"③，内化
之后所形成的"力量"又从"自我"之中向外流露，即表现，由此
实现了"有限的存在"和"无限的永恒"的内在转化，艺术的效果
也由此生成。在谈及"自然"与"艺术"的关系时，歌德着重强
调："对艺术家提出的最高的要求就是：他应依靠自然，研究自然，
模仿自然，并创造出与自然现象毕肖的作品来"，并且认为："如果
艺术通过模仿自然，通过努力为自己创造一种具有普遍性的语言，
通过精确地、深刻地研究对象本身，终于达到这样的地步，它准确
地，而且越来越准确地了解了事物的特性以及它们生成的方式，它
认识了许许多多的形态，它懂得把各种不同的具有典型意义的形式
并列并加以模仿——如果艺术达到这样的地步，独特风格就成了艺
术可能达到的最高水准。也就是说，它达到这样的水准，可以等同
于人的最高努力。"④ 在歌德看来，艺术是"真正的中介者"，经由
这一中介，诗歌成为"一种成熟的自然"⑤。换言之，在歌德的构想

---

① ［德］歌德：《少年维特之烦恼》，郭沫若译，上海泰东图书局 1922 年 4 月 10 日
初版，第 75 页。

② ［德］歌德：《浮士德》，郭沫若译，创造社出版部 1928 年版，第 3、5 页。

③ 郭沫若：《自然与艺术——对于表现派的共感》，《创造周报》第 16 号，1923 年
8 月 26 日。

④ ［德］歌德：《〈雅典神殿入口〉发刊词》，《对自然的简单模仿，虚拟，独特风
格》，《歌德文集》第 10 卷，人民文学出版社 1997 年版，第 49、第 9 页。

⑤ ［德］歌德：《上帝与自然》，《文学和语言》，《歌德文集》第 12 卷，河北教育
出版社 1999 年版，第 303、393 页。

中,"自然"与"艺术"的联结不在于发掘新的题材,而在于一种新的具有"典型意义"普遍性的语言,它既关乎抒情范式本身的革新,也涉及一种新的主体自我的构造。

借助《艺术家的夕暮之歌》,歌德的元诗写作为启蒙德意志提供了两种新的抒情范式。一是抒情的内转,把抒情从古典主义的"诗术"转变为主体的创造性抒情,正如盐釜天飙所总结的:"歌德以前的德国抒情诗和其他小说,戏曲,叙事诗一样都是一种戏作。其根柢全置于作者自身的经验的。……当时的抒情诗不必是由作者内心所发出的声音,而是受了作诗术和修辞学的补助所成一种不知原体的蜕壳,这种虚弱的抒情诗一到歌德全然破坏,他务必努力去把自己肺腑中间潜流或澎涨的自然歌咏出来,又并不是故意去努力只在一种,当然不得不歌的状态。"① 因而,歌德的诗歌在某种程度上是人格诗,抒情与自我是内在统一的,他在《寄厚意之人》中写道:"我之迷惘,我之努力,/我之烦恼,我之生存,/都是我这花园中的一些花朵;/我之晚年,我之少时,/我知错犯,我之道义,/都美好地表现着在我诗歌。"② 歌德诗歌的人格化倾向对郭沫若产生了重要的影响,在郭沫若看来"诗是人格底创造底表现"③。二是他为抒情增添了"自然"的维度,把"自然"从田园诗的修辞术提升到"创造精神"的高度,由此,抒情就不再是感伤式的无病呻吟,而是被赋予了一种坚实的哲学认识论基础。抒情来自主体的直觉和感觉对自然表象下内在真理的揭示,这一过程不仅为抒情提供了力量感和动态感,也展现了一种具体的诗歌写作方法和诗意生成的图示。另一首诗《艺术家之歌》其实也是歌德对"自然"与"艺术"的辩证关系的思考和呈现:"宇宙茫浩浩;/一

---

① 《歌德诗中所表现的思想》,盐釜天飙原作,田汉译,《少年中国》第 1 卷第 9 期,1920 年 3 月 15 日。

② [德]歌德:《寄厚意之人》,郭沫若译,《歌德诗中所表现的思想》,《少年中国》第 1 卷第 9 期,1920 年 3 月 15 日。

③ 《通讯》(郭沫若致李石岑),《时事新报·学灯》1921 年 1 月 15 日。

神之所表。／艺海浩茫茫，／一心之所彰。／唯兹艺术心／'美'饰中之'真'。"①　郭沫若的翻译揭示出歌德的抒情诗与他的美学、哲学、宗教认识论是融为一体的。

歌德的抒情改造也并非孤立的，在某种程度上也是对赫尔德的呼应。"狂飙突进"时期的赫尔德提供了一种新的认识论路径："是去把握那股推动从岩石到意识、从自然史到人类史之有机发展的基本动力。"并且认为："所有经验、知识和行动的领域——从诗歌到政治，从动物性到民族志，从矿物到神灵——都应与这些有生命力的概念一并加以重新理解。"②　在赫尔德思想的感召下，歌德不仅重读了荷马、莎士比亚、莪相以及北欧和凯尔特的古典诗歌，更融合了新柏拉图主义、犹太神秘哲学、泛神论和东方古典哲学，在此基础上创造出了崭新的抒情范式，这不单单是诗歌意义上的，更是历史的和哲学的，可以说，他是在创造新的生命，与之相对应的是一整套的新伦理、新道德和新的社会理论构想。

以郭沫若对歌德"艺术家"系列诗歌的翻译与他的"春蚕之什"进行对照，不难发现其中所隐含的"歌德性"。这倒并不在于主题、题材层面的机械模仿，而是在于从歌德元诗的翻译中习得了创造性的诗歌写作原理和抒情逻辑。这意味着像歌德一样，郭沫若的抒情并不在于对个人情绪感伤式的点染，而是力图通过新的抒情范式的建立在个人与时代之间构造出一种以"创造"为表征的新的主体性。歌德通过维特和浮士德的抒情回应了启蒙德意志的"民族性"的建立，同样，宗白华、田汉等人也在郭沫若的"创造"诗学中看到了一个"东方未来的诗人"的长成。

————————

① ［德］歌德：《艺术家之歌》，郭沫若译，《歌德诗中所表现的思想》，《少年中国》第1卷第9期，1920年3月15日。

② ［德］萨弗兰斯基：《德意志理想主义的诞生：席勒传》，毛明超译，社会科学文献出版社2021年版，第48—49页。

第三节　"艺术家"与"创造者"：从"创造" 诗学到"革命"诗学

郭沫若有关歌德诗歌的译介并未就此休止。"女神"之后的郭沫若频繁往来于日本和中国，周转于创造社发起成立的事宜，在看似忙碌的时间褶皱中，仍然内嵌着一个"歌德"时刻。1921年10月，《创造》季刊出版事宜商定之后，郭沫若连续翻译了歌德的两首诗歌——《放浪者的夜歌》（*Wandrers Nachtlied*，1780、1776）、《对月》（*An den Mond*）以及《浮士德》第二部的片段（第11481—11486行）。正如1920年前后，郭沫若的歌德翻译与《女神》写作之间的互文交织，此时的翻译也随之给郭沫若带来了又一段诗歌写作的爆发期。几乎就在翻译歌德诗歌的同时，郭沫若密集写作了《夕阳时分》《重过旧居》《白云》《我的狂歌》《创造者》等一系列诗歌，这些诗歌不仅在形式上呼应了歌德诗歌"沉着的诗调"，也像"三叶集"时期一样，借助翻译和诗歌写作来回应和修正自身的思想裂隙，更重要的是，它们开启了郭沫若有关自身诗歌写作的新的反思。换句话说，他仍然延续了歌德的元诗学的写作机制，所不同的是，他不再把元诗机制仅仅局限在"艺术家"的内部视野，而是扩展到整个宇宙的"创造"过程。在《创造者》中，"艺术家"的诗歌创作过程构成了整个宇宙"创造"过程的映射和分有，由此歌德元诗写作中的"艺术家"在郭沫若的诗歌反思视野中转换成了"创造者"。正如歌德借助"艺术家之歌"为启蒙德意志建立新的抒情一样，郭沫若的"《创造者》的赞歌"也内含着他有关抒情的新的思考。

表面上看，两首《夜歌》以及《对月》中相互贯通的"沉静""平和"的主题又一次被郭沫若借来作为自己"烦恼""隐忧"的抒情注脚，但更值得注意的是，郭沫若从相似的主题中敏感地看到一种新的抒情风格——"沉着的诗调""妙婉的抒情"，或许这并非出自郭沫若的主观判断。事实上，歌德的三首诗都是写给斯泰因夫人的，正如"艺术家"系列一样，"夜歌"也是一个整体：

Über allen Gipfeln Ist Ruh, In allen Wipfeln Spürest du Kaum einen Hauch; Die Vögelein schweigen im Walde。 Warte nur，balde Ruhest du auch。 ——*Wandrers Nachtlied* 1780	一切的山之顶， 沉静， 一切的树梢 全不见， 些儿风影； 小鸟儿们在林中无声。 少时顷，你快， 快也安静。 ——《放浪者的夜歌》
Der du von dem Himmel bist， Alles Leid und Schmerzen stillest， Den，der doppelt elend ist， Doppelt mit Erquickung füllest， Ach，ich bin des Treibens müde！ Was soll all der Schmerz und Lust？ Süßer Friede， Komm，ach komm in meine Brust！ ——*Wandrers Nachtlied* 1776	你从天上来的， 慰解一切的烦恼与心疼， 加倍可怜的， 你加倍以醍醐灌顶， 唉，我已倦于奔驰！ 人生的悲乐何谓？ 甘美的平和哟， 请来，唉，请来入我心扉！ ——《放浪者的夜歌》
Füllest wieder Busch und Tal Still mit Nebelglanz， Lösest endlich auch einmal Meine Seele ganz； Breitest über mein Gefild Lindernd deinen Blick， Wie des Freundes Auge mild Über mein Geschick. Jeden Nachklang fühlt mein Herz Froh' und trüber Zeit， Wandle zwischen Freud und Schmerz In der Einsamkeit. Fließe，fließe，lieber Fluß！ Nimmer werd ich froh， So verrauschte Scherz und Kuß， Und die Treue so. Ich besaß es doch einmal，	又把你缥缈的清辉， 静泻遍林丛溪涧， 把我的魂灵儿， 终久又溶解完全； 你把你和霭的光波， 洒遍了我的周遭， 好像是友人的青眼， 慈恺地替我忧劳。 我的心弦感觉着， 欢时苦日的余音， 介在悦慰与痛楚之间， 我在寥寂之中屏营。 流罢，流罢，可爱的溪流！ 我是再也不能欢慰， 谑浪，亲吻，都已消亡， 一片志诚，也已如此流去。 那样可贵的殊珍，

Was so köstlich ist! Daß man doch zu seiner Qual Nimmer es vergißt! Rausche, Fluß, das Tal entlang, Ohne Rast und Ruh, Rausche, flüstre meinem Sang Melodien zu, Wenn du in der Winternacht Wütend überschwillst Oder um die Frühlingspracht Junger Knospen quillst. Selig, wer sich vor der Welt Ohne Haß verschließt, Einen Freund am Busen hält Und mit dem genießt, Was, von Menschen nicht gewußt Oder nicht bedacht, Durch das Labyrinth der Brust Wandelt in der Nacht. ——*An den Mond* 1777	从前我也有过! 人纵在轗轲之中, 再也不能忘它! 淙鸣罢,溪流, 沿山涧而莫辞劳, 淙鸣罢,溪流, 悄声地和我哀调, 无论你在冬寒之夜, 激涨你的惊涛, 或许在春阳之时, 萦润那含苞的花草。 幸福呀,这样的人儿, 心无所憎遁世, 拥一友人在胸, 同他共享乐趣, 享受那人所不曾知, 人所不曾忆, 通过胸中的迷宫, 夜里逍遥的。 ——《对月》①

　　从文本选择来看,郭沫若的翻译并不是随意的,因为在某种程度上这三首诗都可以放置在"放浪者的夜歌"这一总题之下,只不过歌德采用了三种不同的抒情方式,或者说歌德呈现了"放浪者"在夜晚中的三种思想路径。首先要注意的是抒情主体——"放浪者"特殊的身份,为整体性的抒情提供了一种"动荡性"的抒情前提。这在《夜歌》第二首中得到了最直观的呈现,"烦恼""心疼""可怜""倦于奔驰"的语义叠加效果仿佛就是放浪者的疲倦本身不断地累积加重;与之相对的则是"醍醐灌顶""甘美的平和",它们反

———————

　　① 《放浪者的夜歌》(1780)出现在《海外归鸿》第一信,《放浪者的夜歌》(1776)和《对月》出现在《海外归鸿》第二信,《创造》季刊第1卷第1号,1922年3月15日。

映了放浪者的一种急切的愿景。值得注意的是，诗歌采用了自上而下的纵向抒情结构，这意味着放浪者对于自身"动荡性"的处理不是单向度地自下而上、从自我的内在挣扎出发祈求"天上的你"的眷顾，将抒情方向引入一种悬置的宗教愿景，而是自上而下，"你从天上来的，/慰解一切的烦恼与心疼"。与前者不同的是，它是一个由"放浪者"→"天上的你"→"放浪者"的双向互动的循环过程，这意味着抒情的实现不是来自抒情主体封闭的内在，而在于"内"与"外"、"自我"与"他者"之间的一种情感的传递、感应和回收。由此，随着从"烦恼"到"平和"的辩证转化，诗歌的抒情也就此达成。这也提示着"平和"的实现不是来自"你"的先验和给定，而是依赖于"我"和"你"互动感应基础上的有机转化，因而，这里的"你"不再是宗教意义上的"神"，而是"泛神"，是从"神即自然"到"我即神"的诗意图示。以《夜歌》第二首为对照，或许才能够进一步理解《夜歌》第一首的抒情装置。相比于第二首的情感张力和对话结构，第一首则简略得犹如素描，歌德不仅略去了具有抒情指示性的动词，德意志诗歌传统中的修辞也不见踪影，取而代之的是对"夜"的环境的朴素勾勒。而这样简单的抒情构造也就意味着抒情实现难度的提升，在不依赖于指示性的动词和繁复的造句、语调的托衬下，歌德需要编织出一套更为纯粹的抒情符码。在主题上，这里和第二首一样都在于实现一种"动荡"之后的"沉静""平和"，与第二首"下落"式的结构相似，第一首也是从"山顶"开始，然后是"树梢"、是"林中"，最终落实到"你"。诗的首句至关重要，它不仅是"夜"的高度的起点，与此同时，歌德刻意突出了高度中的"沉静"，进而随着从"山顶"到"树梢"、到"林中"再到"我"的高度落差，"沉静"也获得了一种由高及低、由远及近的运动推力，而放浪者（"你"）抒情（"安静"）的实现也正在于这一推力的自然延伸，这一过程不仅呈现出"沉静"对于空虚的"夜"的填充和完整，更构造出"沉静"的朴素之中隐含的崇高性，由此"山顶"的高度不再是物理意义上的客观性，而是心理意义上的内在崇高。《对月》在结构写法上与《夜歌》两首很相似，放浪者的"寥寂"得到了"月亮"、"溪流"和"友谊"的宽慰，克服"寥寂"的力量来源于三种意象所内含的崇高性、生命的本源性、他者的参照性所共同构造出的意义场域。综上可见，这三首诗的内在统一性不完全在于"放浪者"这一诗歌主题，更重要的是郭沫若所敏感把握到"沉着的诗调""妙婉的抒情"，它们指向了歌德诗歌的一种抒情技法，或者说一种新的抒情范式。事实上，这三首诗的写作时间恰好对应着歌德从"狂飙突进"时期到魏玛古典时代的抒情过渡，他不仅压抑了早期抒情的情感强度和修辞密度，更创造出了一种朴素凝练的意义结构，正如一些研究所揭示的，歌德的"夜歌"系列对应着一种宁静、平和的抒情风格。[①] 抒情所依赖的既不是宗教的给定性和先验性，也不是抒情主体主观性的浪漫感伤，而是一种自我与自然，宇宙相互感应、彼此转化的"泛神论"思想。需要留意的是，歌德写作"夜歌"系列的时间正是他开始接触斯宾诺莎的时候[②]，对于斯宾诺莎的影响，歌德自己说道："我对于斯宾诺莎的信赖，是基于他给我的宁静的影响"，"至少，在这回，我经验到一切的事情都谐和一致来构成外部和内部的宁静。外部的宁静因为我耐心等待着他人替我设想和安排的事的结果而获得，内部的宁静的获得则有待于自己的重新学习。我久已不再想斯宾诺莎了，这时却因看到反对他的文章而再向他请益"[③]。换言之，歌德的新的抒情风格内嵌着一种更为深刻的哲学反思。"宁静""平和"对于歌德而言不只是一种抒情风格，更是一种哲学风

---

① 参见 Rita Schober, Zu Goethes Wandrers Nachtlied: Ein Gedicht, seine Entstehung und seine Wandlung in anderen Sprachen, *Zeitschrift für Germanistik*, Vol. 8, No. 3, Juni 1987, pp. 261–274.

② David Bell, *Spinoza in Germany from 1670 to the Age of Goethe*, Institute of Germanic Studies, London: University of London, 1984, pp. 149–153.

③ [德] 歌德：《诗与真》（下），《歌德文集》第 5 卷，刘思慕译，人民文学出版社 1999 年版，第 716、719 页。

格的建立。实际上，诗歌与哲学的交融是歌德诗歌最为引人注目的地方，从某种程度上可以说，歌德创造了一种哲学诗的诗歌写法，他的哲学就是他的诗歌，他的诗歌就是他的哲学。正如郭沫若所说："诗人与哲学家的共通点是在同以宇宙全体为对象，以透视万事万物底核心为天职。"①

就像斯宾诺莎的"宁静"哲学带动了歌德"平和"的抒情范式的建立，歌德的抒情反思在某种程度上也引动了郭沫若有关抒情的新的思考，在翻译《夜歌》和《对月》的同时，他也不断在诗歌中重新整合自己的诗歌经验，锻造"自然"与"诗歌"有机生成的写作机制：

> 这是我读多思索的摇篮，/这是我许多诗歌的产床。
> 我忘不了博多湾里的明波，/我忘不了志贺岛上的夕阳，/我忘不了十里松原的幽闲，忘不了网屋汀上的渔网，
> 哦那儿贴过我往日的诗歌，/那儿我挂过 Beethoven 的肖像。
> 那儿我放过 Millet 的《牧羊少女》，/那儿我放过金字塔片两张。/那儿我放过白华，/那儿我放过我和寿昌。②

郭沫若的这段抒情反思不只是追忆、整合自身的诗歌经验，实际上也暗含着一种新的诗歌图景和美学理想的建立。就在《夜歌》

① 田汉、宗白华、郭沫若：《三叶集》，上海亚东图书馆1920年版，第15—16页。
② 郭沫若有诗《博多湾》《夜步十里松原》，《巨炮之教训》写道："博多湾的海上，/十里松原的林边"，《电火光中》第二首是《观画——Millet〈牧羊少女〉》，第三首是《赞像——Beethoven 的肖像》，又以宗白华从法兰克福寄赠的"金字塔画片"为本事写作了《金字塔》，并且和宗白华、田汉在"三叶集"时期围绕歌德、浮士德等话题有过深入的探讨。在此期间，郭沫若写作了《新月与晴海》《登临》《叹逝》《梅花树下醉歌》《泪之祈祷》等诗歌，并且翻译了《浮士德》的部分片段以及《歌德诗中所表现的思想》中的歌德诗歌。

翻译的间隙，郭沫若写作了一首对于他而言极为重要的诗歌——《创造者》，颇具证候性的是，他将《创造者》设定为即将发行的《创造》季刊创刊号的卷头语。可以说，《创造者》构成了郭沫若整个"创造"文化事业的"序言"，对于郭沫若而言，它不仅标示着一个新的抒情阶段的开始，更内嵌着一种新的诗歌美学的构想。实际上，无论是歌德的"夜歌"系列，还是《创造者》和郭沫若翻译间隙的诗歌写作，以及另一篇与歌德思想密切相关的文献《〈少年维特之烦恼〉序引》都集束式地呈现在《创造》季刊创刊号上。如果将这一系列密集的诗歌行动进行一种整体性的串联，那么，就会发现"创造者"的诗歌隐喻所映照的是郭沫若诗歌抒情的主体转换，甚至如歌德一样，他力图建立一种具有哲学深度的宇宙诗学。《创造者》一诗具体如下：

> 海上起着涟漪，
> 天无一点纤云，
> 初升的旭日，
> 照入我的诗心。
> 秋风吹，
> 吹着庭前的月桂。
> 枝枝摇曳，
> 好像在向我笑微微。
> 吹，吹，秋风！
> 挥，挥，我的笔锋！
> 我知道神会到了，
> 我要努力创造！
>
> 我唤起周代的雅伯，
> 我唤起楚国的骚豪，
> 我唤起唐世的诗宗，

我唤起元室的词曹，

作《吠陀》的印度古诗人哟！

作《神曲》的但丁哟！

作《失乐园》的米尔顿哟！

作《浮士德》悲剧的歌德哟！

你们知道创造者的孤高，

你们知道创造者的苦恼，

你们知道创造者的狂欢，

你们知道创造者的光耀。

昆仑的积雪北海的冰涛；

火山之将喷裂，宇宙之将狂飙；

如酣梦，如醉陶，

神在太极之先飘摇。

伟大的群星哟！

你们是永不磨灭的太阳，

永远高照着时间的大海。

人文史中除却了你们的光明，

有甚么存在的价值存在？

我幻想着首出的人神，

我幻想着开辟天地的盘古。

他是创造的精神，

他是产生的痛苦。

你听，他声如丰隆；

你听，他吁气成风。

你看，他眼如闪电；

你看，他泣成流泷。

本体就是他，上帝就是他，

他在无极之先，

他在感官之外，
他从他的自身，
创造个光明的世界。
目成日月，
头成泰岱。
毛发成草木，
脂膏成江海，
快哉，快哉，快哉。
无明的混沌，
突然现出光来。
月桂哟，你在为谁摇摆！

婴儿呱呱坠地了，
盆在那儿？
汤在那儿？
淋漓的血液，
染成一片胭脂。
红的玛瑙哟！
血的结晶哟！
风在贺歌，鸟在贺歌，
白云涌来朝贺。
滚滚不尽的云流哟，
把清莹无际的青天流遍了！
产生你的是谁？我早知道。
窗外飘摇的美人蕉！
你那火一样的，血一样的，
生花的彩笔哟，
请借与我草此《创造者》的赞歌，
我要高赞这最初的婴儿，

　　我要高赞这开辟鸿荒的大我。①

　　全诗由四小节组成，与"夜歌"系列相类似，郭沫若也采用了一种"降临"式的叙事结构，呈现"神会"的来临开启了"创造"的时刻，进而过渡到对人文史中诗人创造者的颂歌，再又演绎"盘古"作为"创造精神"的运作过程，最终以"婴儿"为隐喻喻示着"创造社"的诞生。具体来看，首节十二句郭沫若设定了三重结构，前四句首先进行了新的诗歌立法，"我的诗心"与"海""天""旭日"的映照反映了诗的大宇宙本体，即诗来自宇宙本体的流溢，而立法的"神谕"色彩必然要求着一种与之相对应的诗歌技法。与《夜歌》（1780）的写法相类似，郭沫若在造句修辞上都进行了最大限度的减省，由此也构造出相对"平和""宁静"的诗歌格调。然而，随着"秋风"的引入，动作、修辞开始大面积地修复，"吹""摇曳""好像""笑"这一连贯的动作所要呈现的是"秋风"作为自然力的显影所具有的"生动着的力"的一面，正如郭沫若所翻译的《一即全》中所说的："生力内冲，创化无已"（Es soll sich regen, schaffend handeln）。对于此前大宇宙的抽象阔大、宁静平和而言，"秋风"的"摇曳"构成了宇宙"创化"的自然现象学，"秋风"的隐喻提供了宇宙"创造"机制的方法图示，与"神谕"不同的是，它需要抒情主体"我"的感应、吸收和内化，正如歌德所说的对于"内在的真理""公开的秘密"的揭示。因而，在"吹，吹，秋风！/挥，挥，我的笔锋！"的对仗句式和复沓节奏中，"秋风"和"笔锋"实现了意义的谐音转化，由此，抒情主体"我"意识到了宇宙生力（神会）和其创造精神的降临。可以参照的是，郭沫若的"秋风"与雪莱的"西风"具有明显的抒情亲和力，这样的判断并非无迹可寻。在与宗白华讨论诗的"写"与"作"的辩证关系时，郭沫若不只是引用了歌德的"诗兴说"，实际上也借用了雪莱在

————————

① 郭沫若：《创造者》，《创造》季刊第 1 卷第 1 号，1922 年 3 月 15 日。

《为诗辩护》（*A Defence of Poetry*）中的观点："A man cannot say, I will compose poetry"（人不能说，我要作诗）①，对此，雪莱以"风"的隐喻进行了进一步的解说："人是一个工具，一连串外来和内在的印象掠过它，有如一阵阵不断变化的风，掠过埃奥利亚的竖琴，吹动琴弦，奏出不断变化的曲调。"②"风"的隐喻得到了郭沫若的积极回应，正如他所说：

> 我想诗人底心境譬如一湾清澄的海水，没有风的时候，便静止着如象一张明镜，宇宙万汇底印象都涵映着在里面；一有风的时候，便要翻波涌浪起来，宇宙万汇底印象都活动着在里面。这风便是所谓直觉，灵感（inspiration），这起了的波浪便是高涨着的情调，这活动着的印象便是徂徕着的想象。这些东西，我想来便是诗底本体，只要把他写了出来的时候，他就体相兼备。③

这段诗学自白几乎构成了"秋风"段落的思想注解："这是大宇宙中意志流露时的种种诗风"④，这不仅揭示了诗歌写作的具体运作机制，更重要的是，借助"风"的隐喻，郭沫若为早期新诗提供了一种自然哲学背景，他在宇宙起源和诗歌美学之间建立了一种"创造性"的联结机制。在《创造者》写作一年之后，郭沫若翻译了雪莱的《西风颂》（郭沫若译为《西风歌》），再次提及了"风"的隐喻。在他看来，雪莱"风"的隐喻蕴含着一种"转徙"的诗学⑤，由此，大宇

---

① 田汉、宗白华、郭沫若：《三叶集》，上海亚东图书馆 1920 年版，第 6 页。

② 雪莱：《为诗辩护》，缪灵珠译，《十九世纪英国诗人论诗》，人民文学出版社1984 年版，第 119 页。

③ 田汉、宗白华、郭沫若：《三叶集》，上海亚东图书馆 1920 年版，第 7 页。

④ 郭沫若：《〈雪莱的诗〉小序》，《创造》季刊第 1 卷第 4 期（雪莱纪念号），1923 年 9 月 10 日。

⑤ 相关研究参见王璞《抒情与翻译之间的"呼语"——重读早期郭沫若》，《新诗评论》2014 年总第 18 辑，北京大学出版社 2014 年版，第 67—90 页。

宙本体、自然现象学、抒情主体、诗歌美学得到了一元性的整合，这与他此前在歌德诗歌和《浮士德》诗剧中所看到的抒情机制如出一辙，它所映射的不是抒情主体在历史之"风"中的善变性，而是以"泛神论"为思想基础的有机转化，因而，"转徙"不是逃离和舍弃，而是生成和创造："生力内冲，创化无已，／初则流形，继则转徙"。

郭沫若在首节的抒情装置不仅呼应了歌德，也呼应了雪莱。次节，依靠首节借助"秋风"的隐喻所获得的创造性力量，抒情主体"我"仿佛化身一个超越时空的世界巡游者，召唤出古今中外的诗人大哲。在郭沫若的抒情装置中，他将"诗人"与"创造者"进行了等同处理，这样的抒情句法并非随性点染，而是来自首节"神会"——"秋风"——"我"之间的一元想象机制。在"孤高""苦恼""狂欢""光耀"辩证式句法结构中，不仅包含着对立性，更隐含着递升性，这意味着"创造"的展开是一种辩证式上升的过程，这与歌德自然哲学中的"极性"（Polarity）和"上升"（Steigerung）原则形成了内在的呼应。[①] 不仅如此，郭沫若将诗人"创造"的过程比附为"宇宙狂飙"的过程，在他看来，诗人"创造"的过程构成了宇宙创化演绎的征象，在"大宇宙"与"小宇宙"的相互映射下，"创造"指向了"人文史"的构建。质言之，宇宙和诗人的形象比附，不仅为诗歌提供了一种宽广的宇宙视野，更具象地提供了一种宇宙式的抒情句法，呈现出抒情背后的宇宙运转逻辑。更重要的是，二者的相互贯通并不局限于感性的抒情或者抽象的宇宙本体，在郭沫若的抒情综合中，它们指向了人类文明。如果说，歌德的抒情范式对应着一种哲学诗的构建，那么，郭沫若的抒情句法中则暗含着一种宇宙诗的构想，由此，"春蚕"时期的元诗就不局限在"艺术家"的主体范围内，而是扩展到整个宇宙，宇宙的"流溢"和"创化"就是诗本身，而诗则可以看作一个"元宇宙"。

---

① Astrida Orle Tantillo, *The Will to Create*：*Goethe's Philosophy of Nature*, Pittsburgh：University of Pittsburgh Press, 2002, p. 6.

第三节中,郭沫若的"元宇宙"诗学得到了更为深刻的世界本源性推演,"开辟天地的盘古"在此不再是神话谱系中的想象虚构,而是具有地祇气质的"人神",像歌德的"普罗米修斯"一样①,他要在"神"的宗教权威之外创造一个人类的世界:"他从他的自身,/创造个光明的世界。"因而盘古不仅是宇宙的本体("一")本身,还是从"一"中流溢出的所有,是歌德所说的"一即全"(Eins und alles),是"创造的精神"的整全。在"你听""你看"的叙事指引下,"创造精神"开始了具象化的展演,在"如""成"的动作连接下作为本体的物理身体转化成了丰富多样的自然现象学,这一过程既是"创造"机制的形象再现,实际上也是隐喻生成机制的再现,而隐喻则是诗意的重要构成。由此,盘古开天辟地的身体性延展,既是创造精神运转发作的过程,也是诗歌隐喻转化生成的过程,大宇宙意志、创造精神、诗歌隐喻某种程度上是可以相互替换的。在这样的推演逻辑下,第四节"婴儿"的出现就显得自然而然,而在诗的末尾当抒情的笔触从"最初的婴儿"回归到"开辟洪荒的大我"的时候,此时的"婴儿"这个产出者就不再仅仅是一份刊物、一个社团的象征隐喻,而是一个以宇宙为支点的阔达的诗学体系的构想。当郭沫若再次对"大我"致意的时候,整首诗的循环抒情结构也由此完成,这不仅昭示着宇宙本体"创化无已"的永恒性,也喻示着宇宙本体在"创化流徙"的过程中不断再生产的能动性。换言之,郭沫若对"大我"的呼吁不单单是对盘古作为"创造精神"本体的颂歌式致意,更隐含着抒情主体的内在转换,即他的抒情美学正在发生从"艺术家"机制到"创造者"机制的内在转换。他的元诗美学实现了从诗歌本体到宇宙本体的哲学

---

① [德]歌德:《普罗米修斯》,绿原译,《歌德文集》第8卷,人民文学出版社1997年版,第77—79页。相关分析参见 Christian P. Weber, *Die Logik der Lyrik: Goethes Phänomenologie des Geistes in Gedichten*, Freiburg: Rombach Verlag, 2013, pp. 276–314.

式蜕变，诗人不再只是单向度的诗歌写作者，更是宇宙意志本身的创造者，由此，郭沫若为早期新诗锻造出了一种"宇宙"句法以及与之相对应的"宇宙"诗学。

郭沫若的"元宇宙"诗学实验并未就此打住，他的诗歌实验并不完全是经由"艺术家"到"创造者"的跨越将诗歌写作导向终极的哲学形而上学。更为辩证的是，他又从"诗歌"—"宇宙"的上升、扩展视野中回返到文明史本身，正如《创造者》中提到的但丁、歌德一样，以诗歌的形式把握、揭示宇宙的创造机制，进而作用到人类整个"人文史"的构建。因而，"元宇宙"诗学对于郭沫若而言与其说是终极目标，不如说是一种以哲学思辨为基础的视野、方法和中介。然而，这也并非意味着一种"世界大同"的普适性诉求。事实上，无论是但丁还是歌德，他们的世界性意义首先在于其独特的抒情范式中所内嵌的民族性。换言之，但丁、歌德的历史意义与现代意大利和启蒙德意志的建立是无法分割的。同样，郭沫若所要做的，不是机械地从但丁、歌德的抒情范式中接受资本主义文明世界的一整套思想逻辑，而是以之为方法和中介，发展出一种具有华夏民族性根基的抒情形式。这也正是宗白华、田汉等人在郭沫若身上所看到的"东方未来的诗人"这一历史主体和抒情主体机制诞生的可能。由此，郭沫若的"元宇宙"诗学最终所要回应的是在"诗歌"—"宇宙"—"创造"的综合机制中建立一条指向民族性建立的抒情道路。几乎就在《创造者》写作的同时，郭沫若还写作了《我的狂歌》：

> 全宇宙都已赤化了哟！
> 热烈的一个炸弹哟！
> 地球的头颅打破了！
> 血液向天飞，天也赤化了！
> 血液向海流，海也赤化了！
> 地球快要死灭了！
> 跳舞哟！狄仪所司！

快唱着地球的葬歌！①

这样的宇宙狂想并非来自郭沫若抽象的形而上学思辨，而恰恰来自他的现实体验和自然感应本身："北头土股，山峦起伏，不知其名，其中有山形如富士，似不在土股上，更在远方者，太阳每每在其附近落下。落日时，每每红霞涨天，海水成为葡萄酒的颜色，从青森的松林中望去，山巅海上好像 Dionysos 之群在跳舞，好像全宇宙都赤化了的一样，崇高美加悲壮美。"从"落日红霞"到"葡萄酒"到"Dionysos 之舞"再到"全宇宙赤化"，这一系列的意义转化需要相当大的思想情感跨度，这依赖于郭沫若"元宇宙"诗学的创造转化机制，使得日常的自然现象、历史的神话仪式和朴素的"革命"思想之间具有了相互贯通的统一性可能。这样的分析视野并非虚张声势，正如郭沫若自己所说："这样粗暴的咏夕阳的诗，恐怕只好在俄国的赤色诗人中寻找"，并且强调"现代或近的未来的新诗神，也恐怕要变成男性的了呢"②。这里的深刻意味在于，郭沫若借助"元宇宙"的诗学视野不仅看到自然现象学中所蕴含的"革命"态势，更设想一种与之相对应的"革命"诗学。这样的诗学视野的转化事实上在不久之前已然开始。

1921 年 8 月 23 日，郭沫若写作了《宇宙革命底狂歌》，作为朱谦之《革命哲学》的序诗。全诗如下：

宇宙中何等的一大革命哟！
新陈代谢都是革命底过程，
暑往寒来都是革命底表现，

---

① 郭沫若：《海外归鸿》（第一信），《创造》季刊第 1 卷第 1 号，1922 年 3 月 15 日。

② 郭沫若：《海外归鸿》（第一信），《创造》季刊第 1 卷第 1 号，1922 年 3 月 15 日。

风霆雷雨都是革命底先锋，
朝霞晚红都是革命底旗囊。
海水永远奏着革命底欢歌，
火山永远举着革命底烽火，
革命哟！革命哟！革命哟！
从无极以到如今，
革命哟！革命哟！革命哟！
日夕不息的永恒革命底潮流哟！

伟大的暗示——黄河！扬子江！
我渡过血涛滔滔的黄海，
你们吐出浑身底血液来
把海水都已染红了！
黄河扬子江上的居民哟：
那来千钧的重力把你们的眼睑压闭了？
这么明目张胆的，伟大的暗示
你们不会体验吗？
你们是些无机体么？
你们是那河畔上的沙石么？
你们是只好被澎湃着的潮流淘泻的么？

快在这血河中添一点血哟！
快在这血海中添一点血哟！
教那血涛滔滔的黄海
把全球底海水和盘染红！

革命底精神便是全宇宙底本体了：
宇宙只是一个动！
宇宙只是一颗心！

> 心是一个炸弹哟！
> 他的炸药便是这股真情！
> 这便是革命底精神！
> 只消我们一掷！
> 请看这个庞然的宇宙
> 迸出鲜红的火云！
> 掷哟！掷哟！掷哟！
> 把我们这砂上建筑的楼台打破了罢！①

　　首节，郭沫若借鉴《创造者》中的写法，以大面积铺排的方式呈现宇宙运转不息的过程，所不同的是，支配宇宙运转的"创造精神"在这里被"革命"所替换，或者说，郭沫若以"革命"思想重构了宇宙的"创造精神"，此前的"创化无已"在此变成了"永恒革命底潮流"，而抒情主体"我"也随之完成了从"艺术家"→"创造者"→"革命者"的换装。次节，伴随着"黄河！扬子江！"的出现，整一性的宇宙"革命"也获得了具体的时空对应，郭沫若在此实现了"革命者"与"民族性"的思想统一。而"我"的抒情主体地位决定了"我"并不只是普通的革命个体，抒情的启蒙性和召唤性也赋予了"我"发现革命者、制造革命共同体的能动力量，由此，"我"实现了从抒情主体到历史主体的扩展，从纯粹的抒情诗人到"革命"诗人的转化。在第二、三节高强度高密度的抒情呼语之后，"革命"又从展演现场回归到宇宙本体。一方面，力图借助宇宙本体的形而上学为"革命"提供哲学基础和思想正当性；另一方面，借助"革命""宇宙""心"的思想联结，也为"革命"的展开提供了一种清晰的方法图示。郭沫若的"革命"诗学并非具体的革命行动本身，而是借助抒情逻辑完成对革命行动的想象式排演，正如王璞所说的："抒情主体的认同、内转、扩张、强化、工具化和灵活变化，（作为语言仪式和

---

① 郭沫若：《宇宙革命底狂歌》，朱谦之《革命哲学》，上海泰东图书局1921年9月版。

修辞特效）排演了革命文化和革命政治的能动性。"①

可以参照的是，郭沫若的"革命"诗学构想与施莱格尔的"浪漫诗"（romantische Poesie）概念非常相似。同样基于对歌德元诗抒情的接受，施莱格尔在《雅典娜神殿》"断片"中提出了著名的"浪漫诗"概念②，在他看来：

> 浪漫诗是渐进的总汇诗。它的使命不仅是要把诗的所有被割裂开的体裁重新统一起来，使诗同哲学和修辞学产生接触。它想要、并且也应当把诗和散文、天赋和批评、艺术诗和自然诗时而混合在一起，时而融合起来，使诗变得生气盎然、热爱交际，赋予生活和社会以诗意，把机智变成诗，用一切种类的纯正的教育材料来充实和满足艺术的形式，通过幽默的震荡来赋予艺术的形式以活力。③

不难看出，在施莱格尔的"浪漫诗"构想中，"体裁"的"混合""融合"、"社会"的"教育"是一组核心思想，这不仅意味着诗学本身的革命，也意味着经由诗学革命以至社会革命的思想统一性，正如拜泽尔所揭示的："浪漫诗指的并不是一种文学或文艺批评的形式，而是浪漫派的普遍美学理想。这一理想的确是革命性的：它不仅要求我们变革文学和文艺批评，也要求变革所有的艺术和科学；并且它坚持要我们打破艺术与生活间的藩篱，以便世界本身变

---

① 王璞：《抒情与翻译之间的"呼语"——重读早期郭沫若》，《新诗评论》2014年总第18辑，北京大学出版社2014年版，第67—90页。

② 有关施莱格尔对歌德元诗抒情的接受参见 John William Scholl, *Friedrich Schlegel and Goethe, 1790—1802: A Study in Early German Romanticism*, Modern Language Association, 1906, p.129. Christian P. Weber, *Die Logik der Lyrik: Goethes Phänomenologie des Geistes in Gedichten*, Freiburg: Rombach Verlag, 2013, pp.34-36.

③ ［德］施莱格尔：《浪漫派风格：施勒格尔批评文集》，李伯杰译，华夏出版社2005年版，第82页。

得'浪漫化'。"① 这就意味着，施莱格尔的"浪漫诗"革命始终内含着一个民族国家的内在视景。尽管没有证据表明郭沫若接触过施莱格尔的思想，但在歌德元诗抒情的接受美学的涵盖下，二者之间建立了一种历史的亲和力和参照性。而在这样跨越性的视野整合中，歌德、施莱格尔、郭沫若的抒情都会得到一种新的理解，它反映了诗歌抒情与一整个历史时代的辩证关系。

小　结

至此，郭沫若从歌德的元诗写作和"艺术家"主体机制出发，完成了从"创造"诗学到"元宇宙"诗学再到"革命"诗学的抒情跨越。在此过程中，郭沫若上演了与歌德抒情的深刻对话关系，他不仅"学习""成为"歌德，甚至也"超越"了歌德，正如他在之后的"浮士德"批判中所说的："在中国的浮士德，他是永远不会再老，不会盲目，不会死的。他无疑不会满足于填平海边的浅滩，封建诸侯式地去施予民主，而是要全中国成为民主的海洋，真正地由人民来作主。"② 郭沫若看到了歌德的抒情与启蒙德意志兴起的密切关系，与此同时，他也意识到在"文明史"和"世界史"批判以及地缘政治的内在转换中，歌德的抒情无疑也有着无法超越的局限，而这恰好构成了郭沫若新的抒情范式建立的历史起点。经由"创造"诗学、"元宇宙"诗学和"革命"诗学的内在转换，他不仅成长为"东方未来的诗人"，同时更成长为"新中国的预言诗人"③，他的抒情既是个人的抒情，也是历史的抒情，是一种创造性的抒情政治。

---

① ［美］拜泽尔：《浪漫的律令》，黄江译，华夏出版社 2019 年版，第 20—21 页。

② 郭沫若：《中国的浮士德不会死——〈浮士德〉第二部译后记》，《文萃丛刊》第 7 期，1947 年 6 月 5 日。

③ 周扬：《郭沫若和他的〈女神〉》，《解放日报》1941 年 11 月 16 日。

第 四 章

社会改造视野下的"自我"与"新诗"

第一节　社会改造与 1920 年代诗歌青年的诞生

1920 年代初，历经"尝试"阶段的新诗，并未像预设的前景那样呈现出脱胎换骨、步入正轨的成长迹象。相反，初立的"新诗坛"日渐显露出"消沉""老衰"之势①，甚而，在一些新诗人看来，"新诗热已经过去"②。对此，周作人的说法更为形象："几个老诗人不知怎的都像晚秋的蝉一样，不大作声，而且叫时声音也很微弱，仿佛在表明盛时过去"，"大家辛辛苦苦开辟出来的新诗田，却半途而废的荒芜了，让一班闲人拿去放牛"③。周作人将新诗的发展与民初政治的反复进行比附，对新诗的前途表现出无比的担忧。周作人的担忧并非多余，新诗此时的问题在于，一方面，对于被"新文化"激荡起来的"新青年"而言，新诗的情感政治属性提供了一种有效的表达功能；另一方面，"新诗"与"新青年"同处于现代

---

① 周作人：《新诗》，《晨报副镌》1921 年 6 月 9 日。

② 朱自清：《新诗》，《朱自清全集》第 4 卷，江苏教育出版社 1990 年版，第 210 页。

③ 周作人：《新诗》，《晨报副镌》1921 年 6 月 9 日。

性的开端，青年只是看到新诗表达自我的单面，机械性地忽视了作为表达手段的新诗同样具有成长性，在形式与内容上都并不成熟，需要青年不断地修养完善，进一步达成形式的改造。如此一来，在一种无限扩张的浪漫化诗风中，新诗的有效性不仅呈现出空洞化、模式化的趋向，青年能动的自我也陷入沉溺与停滞状态，二者之间相互成长、相互辩证的有机张力慢慢消解。

进一步来看，"五四"之后，思想革命、社会改造的整体性的方案逐渐分化出歧义纷杂的路径方向。新文化运动在思想解放上提供众多可能性的同时，事实上也在造就着新的问题框架和矛盾结构。与"新文化"一起"运动"起来的"新青年"，作为社会的一个有机部分，呈现出了崭新的历史动能。然而，内含于"新"的框架之中的，还有尚不稳固的主体形象、模糊分散的伦理意涵。并且，社会的改造面向意味着其并不完全具备安顿、消化这些青年的组织能力。也就是说，无论是青年还是社会，作为问题，二者都处于一个需要改造的位置。如果说，社会改造在统一的行动目标之上也整合了大多数青年的人生意义，那么，1920 年代初的思想分化必然意味着青年的人生方向、价值观念又将重新处于一个调整和被提问的历史位置。据时人观察，当时的青年"颓废，失意，悲观之程度更甚而显著"①。在沈雁冰看来，"青年的烦闷，烦闷后的趋向，趋向的先兆"都是亟待解决的重大问题②。

在此前提下，无论对于当时的"新诗坛"，还是身处其中的青年新诗人，都面临着新一轮的反思和改造。对这一问题的展开，一方面，新诗在 1920 年代初的历史位置大致可以得到一定程度的描摹和勾勒；另一方面，青年的诗歌活动，在"后五四"的历史情境中，有着怎样的社会实践意义，包含着怎样的伦理意涵和文化心理，以及作为一种文化选择，新诗为 1920 年代的青年开启了怎样的生命情

---

① 黄日葵：《我理想底今后底诗风》，《晨报副镌》1921 年 11 月 12 日。
② 沈雁冰：《创作的前途》，《小说月报》第 12 卷第 7 号，1921 年 7 月 10 日。

境，在青年人生道路选择上具有怎样的组织引导作用，也可得到一定的透视和宽解。"新诗""青年""社会"之间的思想张力就此也会呈现相当辩证的话语支点。

一　"诗的泉源"：一种生活政治的兴起

新诗发生的同时，反对的声音就开始存在。其中自然有新旧争辩的成分，但相比于外部的辩难，某种内在的危机似乎更为紧张。1920 年代初，社会改造的整体面向连带出一种分工自治的社会意识，历经一系列小团体、小组织的改造实践，"社会"逐渐的实体化。在此过程中，"新诗"也慢慢从"思想革命"的气氛中具体落实为一个自足的文类空间。在表达青年的同时，新诗也在成为被消费的对象。青年中间一时弥漫着"专门做新诗的风气"①。"专门"在这里并不意味着专业，而是在于新诗成为隐匿逃遁的场所。如此，大多数青年借助新诗在表达自我生活感受的同时，并未能够实现情感层面的主体超越。新诗作为改造的手段，不仅没有对青年苦闷混乱的生活起到规整引导的作用，反而在自我空洞化的同时成为青年苦闷混乱的一部分。那么，在能动的青年与亟须改造的社会之间，新诗似乎成为一道关卡。这样一来，"本来怀疑新诗的人不用说，便是本来相信新诗的人，也不免有多少的失望"②。不仅"创作之浅薄，模仿之弊病"，"极须纠正的必要"③，如何借助新诗"把光明的道路，指导给烦闷者，使新信仰与新理想重复在他们心中震荡起来"④，也成为必然要反思的问题面向。对新诗的怀疑，不仅呈现出一种文类在社会语境迁变中的升沉起伏，在深层次上更透视出作诗的青年在历史结构中的动荡位置和心灵迷思。因为，新诗并不仅仅

---

① 中夏：《新诗人的棒喝》，《中国青年》第 1 卷第 7 期，1923 年 12 月 1 日。

② 朱自清：《新诗》，《朱自清全集》第 4 卷，江苏教育出版社 1990 年版，第 210 页。

③ 叶圣陶：《盼望》，《文学旬刊》第 18 号，1921 年 11 月 1 日。

④ 沈雁冰：《创作的前途》，《小说月报》第 12 卷第 7 号，1921 年 7 月 10 日。

是外在于青年的身外之物,对于这些思想分化、处境茫然的青年而言,新诗是一种重要的人生选择,而个体的选择事实上与人生志趣、价值信仰是无法分割剥离的。这也就意味着,新诗在社会心理中的位置升沉,更为深刻地指向了1920年代青年的生活境遇、心灵状态和情感结构。

"新诗坛冷落的因果",在朱自清看来,"生活的空虚是重要的原因":

> 我想我们生命里,每天应该加进些新的东西。正如锅炉里每天须加进些新的煤一样。太阳天天殷勤地照着我们,我们却老是一成不变,懒懒地躲在命运给我们的方式中,任他东也好,西也好;这未免有些难为情吧![①]

换言之,朱自清并不简单地将新诗的问题仅仅归结为艺术手段的高低、成败,而是更为深刻地注意到艺术与生活之间的一元机制,看到生活之于新诗的发生器作用。由此,诗的问题被纳入青年自我的生活情境中。在查尔斯·泰勒的研究中,"生活"对于现代社会的建立具有无比重要的意义:"'生活'的重要在于,它是维持沉思的'善良生活'和作为公民的行为的必要的背景基础。日常生活是善良生活的真正核心。"因而"生活"并不只是琐碎浮泛的生存表象,更重要的是它内含着自我的生活理想和价值追求:"我如何生活,这与什么样的生活值得过有关;或者什么样的生活能实现蕴含在我特殊才能中的希望;或以我的天资要求成为某种人的责任。"可以说,"生活"构成了现代自我的思想基底,自我的困境在某种程度上也可以归结到一种"生活"的困境:"根本性的现代困境,是什么使人的生活值得过,或者什么赋予他们

---

① 朱自清:《新诗》,《朱自清全集》第4卷,江苏教育出版社1990年版,第214页。

的个体生活以意义。"①

　　1920 年代初，与"手创诗国的先生们"共同"改造社会"的"五四"青年在打造社会实体的同时，自身也开始步入社会，成为其中的一部分。然而，无论是社会还是青年的主体自我都始终处于一个变动调整的位置。前面提及，"五四"在思想革命的一面为社会改造提供了众多的可能性，但"可能性"换个角度看也意味着不断需要解决应对的问题，这些问题随着思想层面的讨论最终落实为具体的生活感受，大问题分散为小问题，随着这些小问题的铺陈、共振，解决问题而不能的苦闷、烦恼成为青年一时普遍的心理状态，当时一些青年就曾感慨："这个悲戚的，消极的烦闷，实是现在的最大一个问题"②，"人心至此疲惫萎靡到了极点"③。沈雁冰也认为："'混乱'与'烦闷'也大概可以包括了现社会之内的生活。"④ 此时的青年就像"迷途的鸟"，生活"充满着空虚，烦闷与无意义"⑤。那么，如何既能够对松散的生活加以把握，又不被生活的不确定性压倒倾覆，这是当时青年的人生困境。有关人生的意义感，查尔斯·泰勒认为这需要建立一种有效的叙述和表达："我们必须努力给我们的生活以意义或实质，而这意味着不可逃避地我们要叙述性地理解我们自己"，"意义的出现也来自我们在多大程度上意识到探究与表达有关。我们是靠表达而发现生活意义的。……发现生活意义依赖于构造适当的富有意义的表达"⑥ 吉登斯同样将意义感的获得归结到一种"个人化的叙事"："作为可信自我的成就的个人完整性，来源于

　　① ［加］查尔斯·泰勒：《自我的根源：现代认同的形成》，韩震等译，译林出版社2001 年版，第 18、19—20、14 页。

　　② 西谛：《文学中所表现的人生问题》，《文学旬刊》第 5 号，1921 年 6 月 20 日。

　　③ 黄日葵：《我理想底今后底诗风》，《晨报副镌》1921 年 11 月 12 日。

　　④ 沈雁冰：《创作的前途》，《小说月报》第 12 卷第 7 号，1921 年 7 月 10 日。

　　⑤ 俞平伯：《迷途的鸟底赞颂》，《诗》第 2 卷第 1 号，1923 年 4 月 15 日。

　　⑥ ［加］查尔斯·泰勒：《自我的根源：现代认同的形成》，韩震等译，译林出版社2001 年版，第 76、25 页。

在自我发展的叙事内对生活经验的整合，这就是一种个人信仰体系的创建"，并且"个体为了能够保持'正常外貌'而同时又确信拥有超越时空的个人连续性，必须有效地将其行为举止整合到个人化的叙事之中"①。作为一种"叙述"，对于当时的青年而言，新诗成为一种重要的人生选择。它不仅为青年内在的郁结提供宽广的抒情通道，将散乱迷失的自我编织进入一种形式秩序当中，进而借助形式的连续性重新组织自我，赋予人生意义感的同时也完成自我的再生产。因而对应于更为广泛的生活结构，新诗本身也成为一种相当重要的提问方式。

以《诗》杂志为例，它的构想和创制，大致带有鲜明的"生活"底色。1920 年，浙江一师经历了一场解聘风波，在蒋梦麟的推荐下，朱自清、俞平伯、刘延陵奔赴一师接手了相关工作。生活空间的变动，事实上也在调整一个人的心绪、情感，诗意的生成机制某种程度上也暗含其中。俞平伯后来追述："在杭州时，我开始做新诗，朱先生也正开始做，他认为我的资格比他老，拿他做的新诗给我看"，有了这些"做诗的朋友"，自然"兴致也就高起来"②。其后，朱自清回到扬州，就聘省立第八中学，几个月后，因为校长的处事不公，愤而辞职。此后，经刘延陵介绍又到上海吴淞的中国公学中学部任职。而叶圣陶此时也应舒新城之邀，前赴中国公学教授国文。生活的奔波使烦恼苦闷自然郁结心中，但一种新鲜的生活感受也在暗暗滋长，而一种诗歌杂志的构想也在其中酝酿。正如叶圣陶所说："生活是一切的泉源"，因而"也就是诗的泉源。"③ 回忆当时的情形，刘延陵说：

---

① ［英］安东尼·吉登斯：《现代性与自我认同》，赵旭东等译，生活·读书·新知三联书店 1998 年版，第 91、113 页。

② 萧离：《朱自清先生的治学和做人——俞平伯先生访问记》，《平明日报》1948 年 8 月 26 日。

③ 叶绍钧：《诗的源泉》，《诗》第 1 卷第 4 号，1922 年 4 月 15 日。

　　早一年的九月里，朱、叶两兄和我一同在上海吴淞的某中学教书。……我们三个人都是过惯城市生活的；那时我们日日看见的，无非是大都会里人群紧张拥挤来来去去的情形。一旦换了一个模样完全相反的环境，而与大自然中恢宏阔大的景象早晚相见，我们便像生活在另一个世界里面，而有一种新颖而兴奋的情绪在胸中激荡。后来我们匆匆地决定出版一种专载新诗的刊物，也与其时我们的这种情绪不无关系。①

　　而生活空间的位移也在生活感受的层面得到具体细致的回应，个人生活中的变换总是需要心理重组。这不仅从实践层面触发了《诗》的创制，更揭示了诗的某种发生机制。生活在打开诗的话语空间的同时，作为内容也构成了《诗》的主体面貌。面对一种结构化的烦闷，新诗首先构成一种表达、疏解的通道。借助新诗的话语组织，无论是"长蛇"般的"烦恼"，还是个人在世界中位置感迷失的"心悸"②，都得到一定程度的整理和安顿。但新诗的重要性在这些新诗人那里显然并不只是一种表达，而更是探寻生活意义的形式结构。在烦闷的外表之下，对生活的意义感、归属感的思考呈现出更为广泛的写作幅度。而意义、归属的寻求必然伴随着一系列的疑问——"怎样能得到一个平静而安慰的快乐的灵境？""怎样保持我们一闪的生命"③。"理不清的现在，摸不着的将来"在刻画青年"漂泊者"的形象位置的同时，也呈现出一种进退维谷的生存困境："这样莽莽荡荡的世界之中，到底那里是他的路呢？"④ 深刻之处更

---

　　① 刘延陵：《〈诗〉月刊影印本序》，《新文学史料》1990年第2期。

　　② 徐玉诺：《跟随者》，《诗》第1卷第1号，1922年1月15日；朱自清：《心悸》，《诗》第1卷第3号，1922年3月15日。

　　③ 参见王统照《烦激的心啊》，徐玉诺《杂诗》，《诗》第1卷第1号，1922年1月15日。

　　④ 朱自清：《转眼》，《诗》第1卷第1号，1922年1月15日；郑振铎：《漂泊者》，《诗》第1卷第3号，1922年3月15。

在于，纵然有"路"可寻，但是"一阵风起，车痕履迹都模糊了。人生就是这样了！"①这种空虚感在郑振铎看来："他好像一只空的船，漂泊在失望的海上，没有风也是会颠簸的。"②这里不难看出当时青年的矛盾状态，一方面在烦闷之中努力追寻意义；另一方面，生活的意义归于空虚。但是，虽然青年"也知道将来带回来的无非是失望；但觉得这是他底仅有的道路"。因而，"他底一生，只知道径行心之所安，宁可跟随众生一起迷失了路途，不愿问'生'底究竟是什么"③。

如果说一种切实可行的生活方案彰显了横向的空间意义，那么，这种存在主义式的反思毋宁指向了一种现代性的内在深度。这些青年显然认识到生活的"哀与乐"并不在于一时的摆脱和超越，这也就意味着生活建设并不是进化式的。在吉登斯看来，"把握自己的生活"包含着一定的风险，"因为它意味着遭遇种种开放的可能性。个体必须准备与过去形成某种程度的彻底隔离，如果必要，个体还要想出新办法，以避免简单地用旧有的习惯来导引新的行动进程"④。如果说，作为文类的新诗也意味着一种现代性，那么，现代性对于《诗》周围的青年而言，与其说意味着朝向一种无限的未来，不如意味着一种相互缠绕、相互辩证的矛盾结构的生成和发现。而矛盾性作为一种内在深度打开现代的心灵空间的同时，作为"叙述"的新诗，则以形式的面貌具体而微地呈现了这一矛盾的过程。新诗的内外之间，不仅涵容了青年的日常生活的伦理与道德，思想的、心灵的、精神的内在世界也在其间交织缠绕，非常密切地关联呼应了1920年代知识青年心灵世界苦闷、失落、彷徨的生命样态和人生情境。新诗不仅成为青年暂时委身的想象空间，自我的抒发，既提供

---

① 叶绍钧：《路》，《诗》第1卷第1号，1922年1月15日。

② 郑振铎：《空虚之心》，《诗》第1卷第3号，1922年3月15日。

③ 俞平伯：《迷途的鸟底赞颂》，《诗》第2卷第1号，1923年4月15日。

④ ［英］安东尼·吉登斯：《现代性与自我认同》，赵旭东等译，生活·读书·新知三联书店1998年版，第83页。

了身心安顿、抛却苦闷的话语缝隙，事实上也是在调整着他们的生活位置、人生目标。

　　生活的支撑，无疑为面目模糊的新诗提供了稳定的内容框架。相比于当时空疏、矫造的诗歌风气，《诗》的出现在营造一个完整的诗歌空间的同时，也在为新诗坛提供一种踏实稳重的诗歌态度。在刘延陵看来："一个人只有与生活接触的方面很广，从生活上感受到的也很深，然后他所经历的非常的事故和日常的事情才都可以成为他写诗的资料。"①　与生活相交涉，构成了《诗》杂志的基本写作倾向。而在作为诗的构成性内容的同时，"生活"事实上还承担着一定的评价责任。刘延陵认为："想教他的诗的内容丰富的人，则似乎也不可专在书与玄想之中搜索，而应注意生活。"②　"内容丰富"显然并不只是诗的皮相，在某种程度上更是一种高下优劣的评价标准，而诗的"内容丰富"与否，又是与生活成比例的。一旦诗人的"生活充实"，那么，"除非不写，写出来没有不真实不恳切的，绝没有虚伪浮浅的弊病"。这样一来，生活就不仅仅是诗的参量，更关涉着一种写作态度。然而，从生活向诗的跨越并不是简单的横向移植。因为生活在作为"泉源"的同时，也在呈现出一定的规定性。生活并不是平面表层的，而是有"空虚""充实"之分，在这种区分下，"惟有充实的生活是汩汩无尽的泉源"③。也就是说，诗在安顿生活的同时，也在呈现出对生活的规定和塑造。对于当时迷乱、困顿的青年而言，这或许是更为重要的。

　　在《诗》创办的过程中，朱自清和俞平伯之间有一段较为密切的"人生"通信。面对"诱惑底力量，颓废底滋味，与现代的懊恼"④，朱自清意识到"只有狭小的情绪，实在辜负了我的生活"，

---

① 刘延陵：《〈诗〉月刊影印本序》，《新文学史料》1990年第2期。
② 云菱：《去向民间》，《诗》第1卷第3号，1922年3月15日。
③ 叶绍钧：《诗的源泉》，《诗》第1卷第4号，1922年4月15日。
④ 朱自清：《信三通》，作于1922年11月7日，收入O. M. 社编《我们的七月》，上海亚东图书馆1924年版，第196页。

因而"以后颇想做些事业，抶发那情绪的错"。而新诗也是被当作一种事业来对待的，这一时期，朱自清陆续创作了《睁眼》《静》《灯光》《毁灭》等诗歌，在发抒"悲哀""幻灭"的生活苦闷的同时，在暗暗培养一种"积极""崇实"的人生态度也。朱自清自言自己虽"潦倒"，但"态度却颇积极"，"丢去玄言，专崇实际"的生活，是他这时新诗写作的主要企图："摆脱掉纠缠，还原了一个平平常常的我！从此我不再仰眼看青天，不再低头看白水，只谨慎着我双双的脚步。"① 朱自清将这种态度概括为生活的"刹那主义"：

> 我第一要使生活底各个过程都有它独立之意义和价值。——每一刹那有每一刹那的意义和价值！每一刹那在持续的时间里，有它相当之位置；它与过去、将来固有多少的牵连。……我们只须"鸟瞰"地认明每一刹那自己的地位，极力求这一刹那里充分的发展，便是有趣味的事，便是安定的生活。②

借助诗的想象，可以暂时逃离生活的烦闷，但是显然相比于逃离，更重要的是字句的安置、辗转，作为一种解决方案，诗人的内心生活被重新编排、组织，"我要一步步踏在土泥上，打上深深的脚印"③，人生的位置感、方向感在这样的语言节奏中也得到了一种安顿和慰藉，诗与生活之间的张力结构也由此呈现。新诗作为一种新的文类，不仅需要一种新知识的界说，更对应着一种新生活、新境

---

① 朱自清：《毁灭》，《小说月报》第 14 卷第 4 号，1923 年 4 月 10 日。
② 朱自清：《信三通》，作于 1922 年 11 月 7 日，收入 O. M. 社编《我们的七月》，上海亚东图书馆 1924 年版，第 197—198 页。有关"刹那主义"的研究另可参看谭桂林《俞平伯：人世无常与刹那主义——现代文学主题的佛学分析之一》，《中国现代文学研究丛刊》1996 年第 2 期；段美乔《论"刹那主义"与朱自清的人生选择和文学思想》，《中国现代文学研究丛刊》2003 年第 3 期。
③ 朱自清：《毁灭》，《小说月报》第 14 卷第 4 号，1923 年 4 月 10 日。

界的创制。新诗的创制，大抵也有一个挣扎的过程。对于朱自清而言，"向着圆满生活的努力"①，诗是一种相当重要的"努力的痕迹"②。而这与其说是朱自清个人的生活体验，毋宁说是一代青年共同的情感结构。对于"这种入世的实际的刹那主义"，叶圣陶后来说："当时有些人颇受感动"，"充分表现出近几年来知识分子的意识形态，不是他一个人如是想，如是说，是他说了一般知识分子所想的"③。而这也让"另造新生活"的人生理想有了某种社会层面的实现可能。

对生活的关注，不仅将新诗从传统的焦虑之中拉入现代的语境，与此同时作为新诗的内容构成，生活在参与新诗建构自我的过程当中也将现代性的经验植入其中。而作为叙述的新诗，在表达现时的生活感受的同时，亦在通过重建内心秩序的方式，创制一种新的主体自我。正如吉登斯所说："生活制度之所以对自我认同具有中心的重要性，正是因为它们把习惯与身体的可见外表方面联系起来。"作为一种"仪式表演"，生活"也指明了个体的背景以及其培育的自我意象"④。由此，《诗》在呈现新诗形式体制构造的努力之外，也在兴起一种"生活的政治"，青年的生活在向诗歌提供内容输出的同时，新诗也借助形式的再生产指向了生活的改造和更新。

二　"怎样作诗"与"怎样做人"

作为一种新的文类，新诗其时不为"一般社会所欢迎"，这固然在于"社会实在没有容纳新文艺的程度"，但同样也在于新诗处于成

---

① 朱自清：《自治底意义》，《朱自清全集》第 4 卷，江苏教育出版社 1990 年版，第 2 页。

② 朱自清：《小舱中的现代》，《小说月报》第 13 卷第 9 号，1922 年 9 月 10 日。

③ 叶圣陶：《新诗零话》，《叶圣陶集》第 9 卷，江苏教育出版社 2004 年版，第 112 页。

④ ［英］安东尼·吉登斯：《现代性与自我认同》，赵旭东等译，生活·读书·新知三联书店 1998 年版，第 69 页。

长阶段的上升属性。不仅在于"一般社会",就是当时的诗歌青年也曾感叹"白话做诗的苦痛","白话诗的难处"①。尽管如此,在青年当中,新诗却具有相当大的感召力。在提供一种崭新的表意方式之外,"新"的心理特质也在作为一种强大的内驱力量。"新"不仅描摹着一种世界面貌,更意味着占据着一种进步的社会身份、呈现着一种可供追寻的理想目标,而"驱新"则成为提升自我的重要手段,促使一代青年自问理想上的"我"应该如何认知这个世界,理想上的"我"应该追求何种价值。然而,"新"也意味着一种真空状态,意味着动荡与不安,不仅作为文类的新诗需要去建设,一代青年的内在人格也需要去培养和塑造。胡适就在《谈新诗》中提及,当时有许多青年向他寻求"做新诗的方法"②。而在俞平伯看来:"如真要彻底解决怎样做诗,我们就先得明白怎样做人。"③ "怎样才能解放做诗底动机?"也是与青年"人格底修养"密切相关④。对诗的提问,实际上也是对人的提问。可以说,早期新诗的兴起不仅关涉一种文类的规划与建设,一种知识场域的开掘与深拓,更与一代青年的历史位置调整、内在人格养成密切相关。

　　"五四"前后,紧凑的知识气氛造就了一条相当清晰的社会改造思路——"点滴的改造""零碎的改造",作为"点滴"的基础分子,自我、个人自然是相当重要的落实环节。当时的青年普遍认为,改造自我即改造社会。在这样的思路之下,"五四"之后,青年应该如何自我完善,应该具有怎样的心理素质,应当追求怎样的人生理想,都发生了微妙的变化。人格修养成为青年改造自我的必要环节,

────────

① 俞平伯:《社会上对于新诗的各种心理观》,《新潮》第 2 卷第 1 号,1919 年 10 月 30 日。

② 胡适:《谈新诗——八年来一件大事》,《星期评论》双十节纪念号,1919 年 10 月 10 日。

③ 俞平伯:《〈冬夜〉自序》,《冬夜》,上海亚东图书馆 1922 年版,第 3 页。

④ 俞平伯:《做诗的一点经验》,《新青年》第 8 卷第 4 号,1920 年 12 月 1 日。

康白情甚至把"做人"当作一种"事业"来看待①。蒋梦麟观察到"五四以后青年的态度和从前大变了",而这个态度在他看来可叫作"心的革命",实际上就是青年人格内在的"革命",而这并不仅仅关乎青年自我的提升,"这个态度的变迁和中国将来的事业很有关系"②。作为"事业"的一部分,"诗的改造",在周作人看来,"实在只能说到了一半"③。这自然是出于新诗幼稚的弊病,但在诗的框架之外,新诗人自身也是处于被提问的位置。在一些青年看来,"要写出好诗真诗",除却"要作诗底艺术的训练",还要"做诗人人格的涵养,养成优美的情绪,高尚的思想精深的学识"。只有这样,一个新诗人才能养成,进而才能"造出健全的、活泼的,代表人性国民性的新诗"④。

　　然而,无论"作诗"还是"做人",在当时,都不具有系统完整的方法图示可供选择借鉴,这也就意味着,"作诗"与"做人"不是哪一方占据主导的问题,而是同处被建设的位置、被填充的框架下,二者如何既描写又塑造彼此。换言之,"作诗"与"做人"鲜明地呈现出相互交织、彼此缠绕的张力结构。其中,"真""善""自由"的诗学追求广泛地分布在这一时期的诗歌话语之中,大致构成了一种诗歌共识。对于怎样作诗,俞平伯就说:"我怀抱着两个做诗的信念:一个是自由,一个是真实。"⑤ 在《雪朝》的"短序"中,郑振铎宣称:"我们要求'真率',有什么话便说什么话,不隐匿,也不虚冒。我们要求'质朴',只是把我们心里所感到的坦白无饰地表现出来,雕斫与粉饰不过是'虚伪'的遁逃所,与'真率'

---

① 康白情:《新诗底我见》,《少年中国》第 1 卷第 9 期, 1920 年 3 月 15 日。

② 蒋梦麟:《学潮后青年心理的态度和利导方法》,《新教育》第 2 卷第 2 期, 1919 年 10 月。

③ 周作人:《新诗》,《晨报副镌》1921 年 6 月 9 日。

④ 宗白华:《新诗略谈》,《少年中国》第 1 卷第 8 期, 1920 年 2 月 15 日。

⑤ 俞平伯:《〈冬夜〉自序》,《冬夜》,上海亚东图书馆 1922 年版,第 3 页。

的残害者。"① 这样的提法，自然是针对当时诗坛上的 "模仿" "滥作" 的弊病。对此，叶圣陶也给予了相关的 "箴言"："我所希望于新诗家的，不是鹦鹉的叫声，而是发自心底的真切的呼声。"② 不难看出，对 "真" 的要求，不仅需要落实在新诗的内容层面，同时也是对一种严肃诚挚的诗歌态度的要求和规范，这与新诗的品质追求构成了内在的呼应。而 "新诗的精神端在创造"③，创造不仅在于文类的现代性建设，更在于青年借助新诗的声音创造出一种内在的自我。新诗在承担表达的同时，诗歌形式与内容的打造、配合，也在呈现青年自我的一种形象。模仿之风盛行，意味着青年模糊了自我、迷失了自我，不仅人格锻造无从谈起，主体性的建设流于空洞，创造的时代精神更是无法伸张，而社会改造也就失去了统一明确的方向。也就是说，"真" 在新诗弊病的纠正之外，有着更为深刻的问题指向。"五四" 之后，"对事事都要问为什么，对事事都要怀疑"④ 是青年普遍的心理态度，这就意味着无论是社会、国家还是个人、自我始终都处在一个动荡变化的问题框架之中。求真作为一种解决方案覆盖于不同的社会层次。真实、自由被认为是一种进步、向上的人格的表现，是通向完美人格的进阶道路。而 "要有真实而自由的生活，要有真实而自由的文艺，须得创作去，只有创作是真实的"⑤。创作新诗，自然是青年必然的人生选择。"真实" "真诚"除在诗的层面作为一种标准之外，对于青年的人格养成更是一种重要的理想目标。在此，"真实" 与 "真诚" 也成为连接诗与自我的有效通道，对于从事新诗写作的青年来说，应将新诗理解为一种自

---

① 郑振铎：《〈雪朝〉短序》，《雪朝》，商务印书馆 1922 年 6 月版。

② 叶圣陶：《对鹦鹉的箴言》，《叶圣陶集》第 9 卷，江苏教育出版社 2004 年版，第 87 页。

③ 康白情：《新诗底我见》，《少年中国》第 1 卷第 9 期，1920 年 3 月 15 日。

④ 蒋梦麟：《学潮后青年心理的态度和利导方法》，《新教育》第 2 卷第 2 期，1919年 10 月。

⑤ 佩弦：《文艺的真实性》，《小说月报》第 15 卷第 1 号，1924 年 1 月 10 日。

我修养。"做人"与"作诗"的问题二分也恰好由此得到了目标的扭合和统一。与此同时，新诗对"真"的追求有着更为广泛的话语分布。这一时期，在一种普遍性的文学氛围中，"真精神""真文学"①的观念不断被提倡，大致可以窥探文学场域之间较为内在的联动关系，一代青年共识性的文学趣味和心理状态也大致浮现。

　　既然"作者真实的话"构成了当时"所要求的文艺"的重要标准，那么，"怎样才是真实的话"②这个更为关键的问题就不得不被纳入思考和讨论的范围。在一些诗人看来，"诗是独立的表现自我"，因而要"创造'真'的文学"，就要"努力发挥个性，表现自己"③。初看起来，"真"似乎就意味着自我，自我与真实之间似乎是可以相互替代、没有距离的。但自我并不是一个静止的平面、可以自由生发的自主场域。换句话说，自我与真实之间并不是没有距离的，自我需要一种外向的伸展和行动。对于作诗的真实与否，叶圣陶认为："可以把'我的'两个字来作鉴定的标准。"意思是"这一些材料须要不是物的，也不是他人的，而是我自己得来的"④。但在"我"的基础之上，"得来"的实践意义似乎是更为紧要的。对于一个处于空位的"自我"而言，一系列知识实践和文化动作是塑造其人格主体性的重要步骤。再者，在新旧杂糅的社会结构中，与其说是把"自我"当作一种完整自主的场域加以凸显，不如说是在建设的层面上为"自我"的"向上或品格的增进"创造"自由"的社会气氛。要强调的是，虽然，自由是"五四"精神品质的中心话语，但一种观念的提倡，并不是一蹴而就的，而是需要适当的时间、距离来落实和消化的。1920年代初，社会在呈现分化的同时，与"五四"整体性的内在关联也是不容忽视的，在理论与实践的逻辑之

---

①　参见《通讯：翻译文学书的讨论》，《小说月报》第12卷第2号，1921年2月10日；郎损《社会背景与创作》，《小说月报》第12卷第7号，1921年7月10日。

②　佩弦：《文艺的真实性》，《小说月报》第15卷第1号，1924年1月10日。

③　冰心：《文艺丛谈》（二），《小说月报》第12卷第4号，1921年4月10日。

④　圣陶：《亭居笔记》，《文学旬刊》第75期，1923年6月2日。

外，某种深化的意义更为关键。而“新诗的精神乃是自由的精神”①，新诗的主要目标就在于“希望作者再不要被诗形支配自己”，“在形式上则夺回被占去的支配权，要绝对自由地驱遣词章”②。在这里，“我”的“自由”一面被凸显，可以说，自由是达到理想自我的一种手段，而理想在这里显然就意味着真实。与此同时，自由不仅作为自我的内涵构成，更对应着新诗的形式品格。也就是说，诗形不仅仅是新诗的外在风貌，更规范和界定着动荡中的自我，新诗的伦理内涵也在这一相互激荡的过程之中呈现出来。但是，对于早期新诗而言，自由并不是一个完成状态，而实现自由是一个相当困难的过程。俞平伯就说：“白话诗的难处，正在他的自由上面。”③某种程度上，对自由的处理是一首诗成立与否的关键，同样这也是新诗成长道路上的重要环节。在《诗》的具体展开中，“长”“短”大致构成了其中的诗形面貌，然而两者并非处于同一位置，“长”“短”之间的辩证关涉着新诗的内在品质。《诗》第一卷第四号集中刊载了“小诗二十二首”，这也影响一般的社会风气，“短诗底流行”，在朱自清看来有两方面因素：一是周作人翻译的“日本的小诗”的推进，二是“泰戈尔飞鸟集”的影响。这两方面本在“境界”“作风”的内在环节加以推介，孰料，短诗的形制之“短”开启了作诗的“便宜”之径。“世间往往有很难的事被人误会为很容易”，这样一来，因为“容易”“滥作”，短诗“便只有感伤的情调和柔靡的风格”。在朱自清看来，“短”并不意味着“容易”，相反，“短”的集中性要求着更高的“境界”和“涵养”。而“短诗的单调与滥作”，减损的不仅是诗的品质，自我借以实现的修养目标也难以达成。相比之下，“长诗”出现在了朱自清的期待视野当中，较之于

---

① 刘延陵：《美国的新诗运动》，《诗》第 1 卷第 2 号，1922 年 2 月 15 日。

② 圣陶：《亭居笔记》，《文学旬刊》第 74 期，1923 年 5 月 22 日。

③ 俞平伯：《社会上对于新诗的各种心理观》，《新潮》第 2 卷第 1 号，1919 年 10 月 30 日。

短诗，长诗在体量上要求着"丰富的生活和强大的力量"，而体量意味着丰富的内容和扩展的能力，因而，长诗"能表现情感底发展以及多方面的情感"。而有了好的长诗，"才有诗的趣味底发展，才有人的情感底圆满发展！"① 不难看出，长诗在诗形体制的追求之外，也规范着新诗的内在品格，同时，更深刻对应着自我伦理内涵的修炼和完善，在这一层面，新诗的伦理也就是自我的伦理。新诗与自我在空间的层面得到了某种隐喻性的表达：新诗的内在品格需要身体的自我磨砺、修养，与此同时，借助新诗的空间展开和体制规范，自我又得到新一轮的构造和提升。

在早期新诗的话语实践中，真实、自由作为一种显豁的诗学追求，对于成长中的诗和自我，都起到了相当重要的组织作用。诗的真实意味着"表现自我"，而自我又始终处于动荡的过程中，需要一定的知识力量和伦理意涵加以引导和塑造。在形式和内容两方面，新诗承担了这样的角色，即在有限的自我与尚未成形的诗歌体制之间寻求一种建构和调和。换言之，诗与自我从来就不是相互割裂、彼此分隔的，自我在为诗提供真实、自由的内涵的同时，诗也在作为一种规范性的力量对自我的真实、自由的内容加以改造。泰勒认为："知道我是谁就是了解我立于何处。我的认同是由承诺和自我确认所规定的，这些承诺和自我确认提供了一种框架和视界，在这种框架和视界之中，我能够在各种情境中尝试决定什么是善的，或有价值的，或应当做的，或者我支持的或反对的。换言之，它是这样一种视界，在其中，我能够采取一种立场。"② 新诗作为自我的一种想象，同时也发挥着一种人生的意义构成作用。由此，"作诗"与"做人"不仅在理想目标层面达到了统一，更在具体的方法论层面融合了彼此。

---

① 朱自清：《短诗与长诗》，《诗》第 1 卷第 4 号，1922 年 4 月 15 日。

② ［加］查尔斯·泰勒：《自我的根源：现代认同的形成》，韩震等译，译林出版社2001 年版，第 27 页。

三　"另辟一世界"：走向社会改造

"作诗"与"做人"在沟通彼此，各自开启一种崭新的生命情境和伦理意涵的同时，并未固步于各自的封闭空间。在诗与自我的动态过程中，实际上都隐含着社会的背景纵深。对于1920年代初的诗歌青年而言，所要解决的问题就在于：借助新诗的表达，在形式和内容方面，怎样将自我的人格理想与僵硬冷漠的社会环境相调和，进而如何创造一种既是个人的又是社会的自我？以此为基础，在诗歌青年的眼中，新诗创作"实在是另辟一世界"①。那么，在自我与社会之间，新诗究竟扮演了怎样的角色、承担着怎样的责任呢？

新诗之所以能够在自我与社会之间扮演相应的沟通角色，在于当时的知识青年普遍把新诗看作一种强大的社会改造力量。"五四"前后，在社会改造的总体框架之下，"如何改造"是当时青年的主要思想动力，但寻求方法的同时，对问题的认识程度也在一天天地深化。相继经历"平民教育团""新社会"等小团体试验的朱自清、俞平伯、郑振铎等人逐渐感受到改造社会的"障碍"："人和人中间心灵上底差异"造成了一种"隔膜"②。然而，社会的造就在需要众多团体拼凑、铺展的同时，更依赖于其中隐含的联结、凝聚关系。而"文学的使命"就在于"使那无形中还受着历史束缚的现代人的情感能够互相沟通，使人与人中间的无形的界限渐渐泯灭"③。这在某种程度上与当时青年的"有机体"想象是密切相关的。在当时一些青年看来，"宇宙""事物"都是"文艺的实质"，其结构都是"文艺的方式"，而"文艺"又是"浑然的一个有机体"④。由此，

---

① 佩弦：《文艺的真实性》，《小说月报》第15卷第1号，1923年1月10日。
② 俞平伯：《诗底自由和普遍》，《新潮》第3卷第1号，1919年10月1日。
③ 沈雁冰：《创作的前途》，《小说月报》第12卷第7号，1921年7月10日。
④ 叶圣陶：《文艺谈》，《叶圣陶集》第9卷，江苏教育出版社2004年版，第26、42页。

文艺、自我、社会虽然各自独立，但某种空间性的想象方案又在勾连彼此，所以"文艺"的改造"也可以影响到社会底改造上去"。作为文学的一部分，"诗底效用是在传达人间底真挚，自然，而且普遍的情感，而结合人和人底正当关系"①。如此，不仅个人自我的内涵深度得到了强调，一种带有广泛扩展性的"普遍的情感"也是新诗写作的主要追求，在这一层面，普及与提高非但不相互龃龉，反而具有了统一融合的可能。叶圣陶就认为，新诗的"创作和欣赏两面，固然希望逐渐地提高，更希望逐渐地普及"②。不止于此，"普遍的情感"实际上也指向了自我的修正。1920 年代初，社会空间日益分化，新诗也被独立界分出来，成为一个独立完整的专业领域。然而，作为一种改造的力量，新诗本身就处于一个被改造的阶段，这样的情境让新诗始终呈现出一种矛盾张力，在承担情感表达责任的同时，也成为自我沉溺的一种手段。情感的肤浅、矫作，新诗的内涵意境自是流于空泛，自我的心灵锻造也走向歧途，社会改造的能量也随着青年行动感的丧失而日渐消散。这种情形下，普遍的声音就不仅仅是突破封闭自我，一种广泛性的联结动机更是包含其中。换言之，在"普遍的情感"视野之下，诗与诗人都被置放在一个被评判的位置。那么，新诗如何处理情感，如何超越自我，进而造成"普遍"的态势就成为问题的关键。

白话诗阶段，"尝试"的先生们大都"仅仅把新诗的作用当作一种描摹的（representative）"③，意在刻画社会苦痛、激发民众不满，以此造成改造社会的鼓动之势，然而收效甚微。其中，"描摹"手法的单调性让唤醒民众的责任担当大打折扣，而且"描摹"的工具性逻辑在"我们"与"他们"之间划分了彼此。"描摹"流于表

---

①　俞平伯：《诗底进化的还原论》，《诗》第 1 卷第 1 号，1922 年 1 月 15 日。

②　叶圣陶：《"民众文学"》，《文学旬刊》第 26 期，1922 年 1 月 21 日。

③　俞平伯：《〈草儿〉序》，康白情《草儿》，上海亚东图书馆 1922 年版，第 2 页。

面，不仅民众的内心不曾被深探、体会，自我也没有经历一种他者的审视，始终处于一个知识的位置。诗人虽然"常在社会前头""指导社会"，"却不是在社会外面。因为外社会去指导社会，仿佛引路的人抛弃游客们而独行其道，决是不可能的"①。相较之下，在1920年代初新诗的反思中，《诗》杂志周围的青年处理更为深入，在描写自我、修养自我的同时，与一般民众接触、交涉也构成了"自我"外向展开的一个步骤。"去向民间""努力创造民众化的诗"成为朱自清等人的一个行动方向②。在朱自清的诗中，对民众的观察也是净化自我的一部分，被"侮辱"的阿庆非但没有反抗，反而"如常的小心在意，更教我惊诧，甚至沉重地向我压迫着哩!"③ 观察并非完全客观地对外部世界进行分析性的技术处理，而是连带着观察主体的情感认知和道德体悟、自我完成自省的过程，实际上也是抹平心理落差、树立情感姿态的过程。在俞平伯看来，这正是所谓"诗人的态度"："他决不耐只去旁观，是要同化一切而又为一切所同化的。"④ 在另一些诗作中，自我与民众非但不是分立的，相反，民众与我的社会位置甚至发生了完全的翻转："他远远见着——，见了歧路中徬徨的我;他亲亲热热地招呼"，"从这些里，我接触着他纯白的真心。但是，我们并不曾相识"⑤。对于"歧路中徬徨的我"，"他"的"招呼"无疑是一种重要的情感姿态，在抚慰之余，更为"我"构造出一种方向感。这正如俞平伯说的："在社会一方面看，诗人自然是民众底老师，但他自己却向民间找老师去!"⑥ 如果说，"民众"与诗人在知识的层面被各自分化，那么恰

① 俞平伯：《诗底进化的还原论》，《诗》第1卷第1号，1922年1月15日。
② 云菱：《去向民间》，《诗》第1卷第3号，1922年3月15日；俞平伯：《〈冬夜〉自序》，《冬夜》，上海亚东图书馆1922年版，第4页。
③ 朱自清：《宴罢》，《诗》第1卷第4号，1922年4月15日。
④ 俞平伯：《诗底进化的还原论》，《诗》第1卷第1号，1922年1月15日。
⑤ 朱自清：《人间》，《小说月报》第12卷第8号，1921年8月10日。
⑥ 俞平伯：《诗底进化的还原论》，《诗》第1卷第1号，1922年1月15日。

恰是在情感的层面二者得到了融合。而情感在当时并不意味着不需要分辨:"个人在他底情感和思想,无时无地不受社会势力所影响,不为社会势力所约束改变。"① 一方面,情感本身是一个社会化的过程,置身并受制于强大的社会和道德规范;另一方面,特定的社会情境召唤并规定着特定的情感。换句话说,新诗与情感同样是一个相互生发的过程。

1920 年代初,作为一种新的文类和新的现代性主体,新诗和青年自我的建设规划无疑都是相当艰难的。然而,置身具体的社会情境中,各自建设的同时,如何既普及情感,与民众联结,进而又把情感作为提高的目标,造成改造社会的普遍态势,是更为复杂却也相当必需的。这就意味着,诗"不但是自感,并且还能感人","一方自己底心灵,独立自存的表现出来;一方又要传达我底心灵,到同时同地,以至于不同时不同地人类。"俞平伯认为,"这种同感的要求""在社会心理学上看来,是很明显而且重要的"②。也就是说,作为联结方式的情感既有着具体的内容,也有着明确的方向。在讨论"五四"前后的改造道路问题时,费约翰认为,启蒙实际上是一种"代表"关系,而"知识分子对被压迫者的代表,是通过'人类的同情心'而实现的"③。这一期间,对当时的文坛起到相当的组织作用的文学研究会,把"扩大同情""深邃慰藉""提高精神"当作"文学的使命""责任"和"努力"建设的方向加以看待④,在其成员之间构成了一种广泛的呼应。作为文学研究会的一部分,《诗》大致分享着这一整体性的观念氛围。在一些新诗人看来,诗固然是"人生底表现",在此基础上,"还是人生向善的表现"⑤。"向善"

---

① 俞平伯:《诗底自由和普遍》,《新潮》第 3 卷第 1 号,1919 年 10 月 1 日。

② 俞平伯:《诗底自由和普遍》,《新潮》第 3 卷第 1 号,1919 年 10 月 1 日。

③ [澳]费约翰:《唤醒中国:国民革命中的政治、文化与阶级》,李恭忠、李里峰等译,生活·读书·新知三联书店 2004 年版,第 466 页。

④ 参见西谛《文学的使命》,《文学旬刊》第 5 号,1921 年 6 月 20 日。

⑤ 俞平伯:《诗底进化的还原论》,《诗》第 1 卷第 1 号,1922 年 1 月 15 日。

在作为诗的内容构成被提倡的同时，也隐含着一种外向联结的目标和方法。因为，新诗"是有社会性的"，所以"若只能自感便不算有效的诗"，那么"向善"在指向诗人自我的同时，更指向读者。这就要求，新诗在"自感"之外，还要"感人"："能从他们心田里，唤醒了那久经睡着的，不相识者的同情"①。在"感人"之外，更要"感人向善"："作者底态度是向着善的，并且还要使读者感受之后，和作者发生相同的态度。"② 如此一来，不仅诗人自我被提升，新诗的具体内容在得以达成的同时，也开辟出具有"普遍的情感"的"另一世界"，"走向民间"的联结机制也由此产生。更重要的意义还在于，此一面向以一种合目的的方式为当时的青年和新诗开启了新的人生命意和内涵意境。正如朱自清所说："越能'兼善'，才越能'独善'，否则所谓'善'的也就很浅薄了!"③ 这样的"混融"和"综合"无论对于 1920 年代初的青年还是新诗都是相当重要的。《诗》的创制，通过杂志的集纳，新诗在社会层面对 1920 年代初诗歌青年的联结聚合起到相当重要的组织作用，新诗特有的情感交流方式，不仅重新组织、安顿了青年的内心生活，使得诗人群体之间的"隔膜"壁垒在诗与思的流通环节被消融、打破，透过出版阅读的社会化过程，对于如何造成更为广泛、普遍的社会联合也提供了相当有效的方案路径。

1920 年代初，历经"尝试"的新诗进入一种"停滞"，个中因由，既有一种新文类建设的艰难，又在于一种接纳新诗的社会心理、社会机制尚未成形，由此形成了一种颇具张力的问题结构。新诗的问题性不仅关涉自身的进取方向，更与一种现代自我的人格内涵、改造社会的动力机制密切相关。对新诗的批判已然构成一种将要之

---

① 朱自清：《转眼》，《诗》第 1 卷第 1 号，1922 年 1 月 15 日。
② 俞平伯：《诗底进化的还原论》，《诗》第 1 卷第 1 号，1922 年 1 月 15 日。
③ 朱自清：《自治底意义》，《朱自清全集》第 4 卷，江苏教育出版社 1990 年版，第 2 页。

势，问题是以什么样的姿态进行批判。深处复杂多变的社会结构，新诗的抒情面向极易被当作自我沉溺的一种手段，因而在走向社会的过程中被认为是一种行动的障碍。这就意味着，新诗与青年、社会不再具有统合的可能，这样，新诗就从社会批判的位置走向被社会批判的背面。与之相反，《诗》周围的诗歌青年并不反感走向社会，他们也对把新诗作为逃避现实的象牙塔的态度抱持相当的警惕和一定的批判。他们的关怀在于，在走向社会的感召下，青年是否具备分担责任进而改造社会的能力。也就是说，青年以什么样的主体形象、伦理意涵参与到社会之中。在这样的思考框架之下，新诗成为一种重要的人生选择。在开启新的人生境界的同时，一种崭新的主体自我也被新诗叙述出来。而新诗的形式面貌、伦理内涵也在此过程中被构造出来。

第二节　"劳动"的诗学："劳动"与早期新诗的写作机制

"一战"之后，西方近代社会思潮的输入呈现出更为驳杂多元的趋势，在呼应国内社会改造运动的同时，也进一步将整体性的社会改造细化分割为不同的问题单元。其中，"劳动问题"尤为凸显。不仅《新青年》《星期评论》等思想前卫的杂志开辟劳动专号对相关问题进行集中讨论[1]，以"劳动"为主题的刊物也开始大

---

[1]　1920 年 5 月 1 日，《新青年》刊出"劳动节纪念号"，封面配有罗丹"劳工神圣"的插图，封二则采用了蔡元培"劳工神圣"的题签。《星期评论》也策划了"劳动日纪念"专号，封面配有劳工的插图以及劳动世界歌；后来的研究也指出："劳动问题是'星期评论'最关心的一个问题，在刊物上所占的篇幅最多，地位最重要。"《五四时期期刊介绍》第一集，人民出版社 1958 年版，第 175 页。郑振铎、瞿秋白等人发起的《新社会》更是连续三期刊出"劳动号"，参见《新社会》第 17—19 号，1920 年 4 月 11 日、4 月 21 日、4 月 1 日。

量出现①。对劳动的大力关注,一方面与一战后劳工地位的提升、世界范围内的罢工浪潮相关;另一方面,对于投身"造社会"的新青年而言,"劳动"话语凝聚着对新社会、新自我的想象投射,它不仅被视为新社会得以运转的基础义务,同时也被看作达成理想的人生境界和自我实现的有效方式。在一般性的言论鼓吹之外,"劳动问题"也被带入"工读互助""平民教育""新村"等具体的社会实践环节,但成效并不显著。根据一些青年观察,在众多的社会问题中,"独劳动问题则波涛汹涌,日趋激烈,成为现在惟一难解决的问题"②。在此情况下,田汉、沈玄庐、周作人、俞平伯等人对劳动问题采取了颇为不同的观照视野,他们敏感地注意到"诗与劳动"的有机关联,力图以诗的方式来应对劳动问题。

从"劳动与社会"到"诗与劳动"的转变,意味着文艺与社会各自边界的相互打破。由此,劳动不再被封存于社会的框架之下,在作为机械的物质运动以及抽象的思想观念的同时,它也需要经历一种情感体验的内化。而诗的介入则暗示着在早期新诗的发生环节,新诗并非抽象的审美形式,而是内置于社会改造的整体框架之中,它与劳动的结合不只是单方面地体现在对劳动的想象处理,与此同时,劳动的中介性机制也隐含着早期新诗的生产逻辑。

一　诗与劳动

文学革命之后,新诗开始被"新青年"所接纳。根据当时青年的观察,"几乎没有一种报纸、杂志,不有几首新诗"③。作为社会改造中最为活跃的青年团体,少年中国学会也沉浸在热闹的新诗氛围中。1919 年年底,对新诗讨论颇多的少年中国学会决定刊载一期

---

① 如吴稚晖主编的《劳动》月刊,陈独秀、李汉俊主编的《劳动界》周刊,北京共产主义小组创办的《劳动音》等。

② 郑振铎:《什么是劳动问题?》,《新社会》第 17 号,1920 年 4 月 11 日。

③ 梁实秋:《〈草儿〉评论》,闻一多、梁实秋《冬夜草儿评论》,清华文学社 1922年版,第 1 页。

"诗学研究号"，后因年关印刷不便以及稿件延迟等问题，专号顺延至次年二、三月分两期刊出。其中不仅涉及新诗发展路向的讨论，同时也以诗人译介的方式为草创的新诗引入了一种"世界诗歌"的参照图谱。而田汉的长文《诗人与劳动问题》在知识视野上则稍显不同，如果说早期新诗的兴起旨在快速构建出一种独立自足的诗歌场域，那么，"诗"与"劳动"的视野拼接显然溢出了诗的审美边界。田汉的综合视野与"劳动问题"在社会改造思潮中的浮现密切相关。

社会改造在打开新的社会空间、造就新的社会实体的同时，也在不断提出新的问题框架。在无政府主义、社会主义、泛劳动主义、互助论等驳杂思想的相互激荡下，不仅"青年问题""妇女问题"引起广泛关注，"劳动问题"也开始占据重要的话语位置。"劳动"所纽结的问题在于，它不仅关系到生产方式的现代转换，现代劳动机制的建立同时也意味着一种现代主体的生成，而劳动分工、技术工业所引发的主体异化也连带出一种现代文明的批判视野，更重要的是，政党力量从劳动所隐含的阶级差异中看到了翻转出潜在的革命阶级的可能。概括地说，劳动作为中介性视野对应着一种新的主体和新的社会形式的有机想象。与之相关的是，"劳工神圣""走向民间"等口号开始在知识青年中间此起彼伏，显然已经形成一种相互联结、彼此呼应的态势。此时的田汉虽然身在日本，但并未隔绝在劳动问题之外，一方面，少年中国成员间频繁的通信往来造就了知识共享的风气，而在他们的知识讨论中劳动是主要论题之一；另一方面，此时的日本也弥漫在大正时期社会改造的气氛中。因而，对于"劳动问题"他不仅一直注目，同时也身体力行地参与到"可思姆俱乐部"这种具有鲜明社会改造背景的团体中①，

---

①　根据小谷一郎的研究，"可思姆俱乐部"成立于 1921 年 11 月，以朝鲜"三·一事件"为背景，以"人类解放"为理想追求。田汉出席了第一次例会。参见［日］小谷一郎《关于田汉早期创作之一瞥》，刘平译，《新文学史料》1991 年第 2 期。

与当时具有民主倾向的东京帝大新人会也保持着一定的接触①，更重要的是，他还借镜大正时期的知识氛围从中提炼出更为宽广的批判性视野②。

针对国内的"劳动问题"现状，田汉并不满意，在他看来："现在算有许多人渐渐知道什么劳动者了，却还不知道什么是'劳动问题'，更不知劳动问题要如何解决！知得这点子的又不过是一部分不劳动的先生们，千言万语什么'劳工神圣'哪！说起满口，写起满纸。饱食的还是饱食，暖衣的还是暖衣，坐摩脱卡的还是坐摩脱卡，那班做牛做马的真劳动者还是做他的牛，做他的马，穿他的烂衣，戴他的辫子，吃他盐水拌白菜！咳！这是中国的劳动问题！"③ 不难看出，田汉的不满在于"劳动"在作为问题被提出的时候，仍然停留在一种观念性的知识视野和言论姿态上，并没有被落实为一种可行的实践方案。④ 田汉的批判并非基于域外经验的主观切

---

① 田汉不仅与新人会接触，而且将《少年与新人的问答》一诗赠与新人会。参见［日］小谷一郎《创造社与日本——青年田汉与那个时代》，刘平译，《中国现代文学研究丛刊》1989 年第 3 期；［日］小谷一郎《田汉与日本——以在日时的田汉及其与日本作家的交流为中心》，小谷一郎、刘平编《田汉在日本》，人民文学出版社 1997 年版，第 495—498 页。

② 在给左舜生的信中，田汉写道："你所举的有关'社会组织问题'的，有关'两性问题'的，有关'教育问题'的，有关'劳动问题'的，任就哪一问题讲，都有庞杂的事象可征，浩瀚的书籍可读，是容易提出、不容易解决的。"进而又指出："'社会问题'此邦以京都之河上肇博士为权威，所著《社会问题研究》每期十五钱，现出第五期了。'劳动问题'此间研究者颇热心。'早大'的安部矶雄尤铮铮有声。我看见过 Adame Samenlis *The Problems of Labors* 也经此君译出。前日购了一本 Liebkriecht 的 *Karl Marx* 传没有读完被友人借去了。"《田汉致舜生》，《少年中国学会会务报告》第 4 期，1919 年 6 月 1 日。

③ 田汉：《诗人与劳动问题（续）》，《少年中国》第 1 卷第 9 期，1920 年 3 月 15 日。

④ 当时江苏一师的学生就曾作诗反讽"劳工神圣"："'劳工神圣'/这话真的吗？呸！劳工—神圣……/怎样劳工就是神圣呢？"张邵英：《劳工神圣》，《学生文艺丛刊》第 3 集，1923 年 11 月。

入，事实上"不晓得从何处着手"①"怎样做劳动者底同情"②的呼声在从事社会改造的青年中间已经形成普遍的批判态势。某种程度上，这也是"五四"历史限度的元问题，即知识与方法、观念与行动之间难以抹除的落差。

针对"劳动问题"的停滞，田汉另辟蹊径，他并不把劳动仅仅看作是社会表象，而是综合自身驳杂的知识经验，不仅将劳动问题引入世界范围内，从社会学的角度考察劳动在近代的历史起源，从而拉开劳动问题的视野纵深，更利用自己擅长的文艺知识，将劳动内置于近代以来的文艺思潮和社会运动的整体框架中进行横向比较③，从而提取出"诗与劳动"的想象方案：

> 我何以把一个奉祀 Muse 的诗人，和现今流行的劳动问题相提并论？因为我近来颇用心研究时来势迫的妇人问题和劳动问题等。每每读书的时候，辄发见很多从前读过的西诗中间，有许多与现今所谓劳动问题生关系的，集而论之，也很可以发人深省，引人"由文学向社会"的兴味。④

① 一位叫韩潮的青年学生在写给《觉悟》的信中说道："若说'劳工神圣'底真意义，我班次很低，学识很浅，实在一点都不明瞭。自从看过力子回答我们的话，和你劝告我的信，我底心不知不觉，受非常的刺激，极愿意待劳工如神圣，但是我不晓得从何处着手。"韩潮：《对于"劳工神圣"的觉悟》，《民国日报·觉悟》1920 年 10 月 21 日。

② 参见采真、望道《通信：怎样做"劳动者底同情"?》，《民国日报·觉悟》1920 年 11 月 29 日。

③ 田汉不仅引述贺川丰彦的《阶级斗争史论》、北泽新次郎的《劳动问题》、麻生久的《人类解放之诸精神》、室伏高信的《社会主义批判》、生田长江的《最新社会问题十二讲》、高畠素之的《社会主义与进化论》，以及德国学者勃纶塔罗的《工业劳动者问题》对劳动的近代起源、劳动阶级的发展阶段、解决劳动问题的社会思潮进行充分解说，也参照厨川白村的《近代文学十讲》、坪内道遥的《近世文学思潮之源流》、白鸟省吾的《民主的文艺之先驱》以及惠徹（Whittier）的"劳动诗歌论"等力图在诗与劳动之间做到串联、调和。

④ 田汉：《诗人与劳动问题》，《少年中国》第 1 卷第 8 期，1920 年 2 月 15 日。

田汉的意图相当明确，他力图以诗的方式介入 "劳动问题" 的漂浮状态中，进而将劳动从一种静态的知识、旁观的姿态植入青年的情感体验和主体机制中。对于形式与内容都相当空洞单薄的新诗而言，田汉不仅敏感捕捉到 "劳动" 所携带的丰富的社会经验，更以一种相当辩证的思路注意到新诗对于劳动问题解决的可能性。

相比于新诗此时对合法性的追求，田汉的思路似乎有些突兀，他非但没有回避诗与社会之间的相互缠绕，使两者做到相互切割进而各自开辟自身独立自足的空间场域，反而提出以诗的方式来解决劳动问题。这里连带出的问题是田汉有关新诗建设方案的认知和想象。在他看来，初创的新诗虽然急需一整套稳定的诗歌知识和审美标准来建构自身，但所谓的诗意、诗性并不是无中生有、凭空产生的，而恰恰是在与社会问题的不断触碰、不断整合的过程中相互激发的，劳动问题借助诗的形式被加以呈现，经由形式秩序的重新编织得到一种逻辑式的解决，诗歌也能够从劳动问题中获取丰富的经验内容。以诗歌改造社会的思路在田汉的新诗构想中具有一以贯之的脉络。在《诗人与劳动问题》写作前不久，田汉还写作了《平民诗人惠特曼的百年祭》，他的目的并不在对惠特曼的人生轨迹、诗学思想进行一般性的勾勒，而是从惠特曼那里看到了 "诗与民主" 的内在关联。田汉首先强调美国的民主精神与一种与之相契的诗歌精神密不可分："美国有今日的光荣，今日的胜利，一定有些东西不和他分开的，一定有些东西永远指导他，随伴他，鼓励他的，像英国有莎翁、弥尔敦等一班诗圣一样！""莎翁、弥尔敦" 在美国的化身显然就是惠特曼，在田汉看来："他的诗立志解放世间一切困顿网罟之人，发皇 '美国精神'（Americanism），鼓吹 '民主主义'。" 依照惠特曼对美国民主的刻画，中国的劳动问题在田汉看来也是可以用诗歌的方式加以应对和解决的。惠特曼的意义还在于，他不仅勾画出民主精神，更借以对民主的呈现、构造生成了一种崭新的诗歌形式①，这对于此时沉浸在对早期新诗构想中的田汉而言无疑具有更大的感召力。

　　田汉有关"诗与劳动"的辩证思考并未就此停止，他还将这些思想感悟带入具体的新诗创作中。田汉在写作《诗人与劳动问题》的间隙，还写就了《竹叶》一诗，与《诗人与劳动问题》的续篇同期刊载。② 颇有意味的是，此后他又对《竹叶》进行小幅修改，改题《一个日本劳动家》刊载于《少年中国》第 2 卷第 2 期。《竹叶》与《一个日本劳动家》前后比照，修改之处只在个别的字句标点，叙事内容与思想题旨并未发生偏移和更换。③ 而恰恰是在改题环节，呈现出"劳动"在田汉思想意识中浮现的过程。相比于《竹叶》标题的写景色彩对于劳动主题的淡化，《一个日本劳动家》则更为醒目，显得思想题旨更为集中。全诗由五小节构成，叙事也较为清晰，主要记述冬日街景中一个贫苦劳动者流落街头的场面。田

---

　　① 在惠特曼看来，"'气欲歌劳动家的雄大，不可不求之欧洲残废的诗形以外。因为欧洲的诗人是以希腊半神及中世纪武士为英雄的，……欲表现新世界的新想念新事物，何必要假借旧世界的旧形式'呢？"田汉：《平民诗人惠特曼的百年祭》，《少年中国》第 1 卷第 1 期，1919 年 7 月 15 日。

　　② 田汉年谱记载，1919 年 11 月底，田汉"开始撰写长篇论文《诗人与劳动问题》，至次年二月上旬完稿"。参见张向华编《田汉年谱》，中国戏剧出版社 1992 年版，第 35 页。而《竹叶》则写于 1920 年 1 月 29 日，参见《竹叶》尾注日期，《少年中国》第 1 卷第 9 期，1920 年 3 月 15 日。

　　③ 《竹叶》：竹叶和松枝，/满街吹得莎莎的响。/春日町的那头，/只看见有些人来往。从春日町往水道桥，/是一条冷淡的街道；/正在炮兵工场的左边，/行客和街灯一样的少。这时候有一辆拖货物的空车，/横傍着一间关了门的矮屋，/阶级边躺着一个劳动家，/只希希歔歔的在那儿痛哭！只有一盏昏暗的街灯，/照着他那凄凉的面目。这时候人家都忙着过年，/谁还来管他的死活！电车空窿窿地来；/他又空窿窿地去。/炮兵工场的里头，/还劈利啪啦地打个不住！《一个日本劳动家》：竹叶、松枝，满街吹得莎莎的响。/春日町的那头，/只看见人来人往。从春日町往水道桥去，/是一条冷淡的街道；/正在炮兵工场的左边，/行客和街灯一样的少。这时候，有一辆拖货物的空车，/横傍着一间关了门的矮屋，/阶级边躺着一个劳动家，/吞声的在那儿痛哭！只有一盏昏暗的街灯，/照着他那凄凉的面目。/这时候，人家都忙着过年，/谁还来管他的死活！电车空窿窿地来；/又空窿窿地去。/炮兵工场的里头，/还劈利啪啦地打个不住！

汉采用了一种现实主义小说式的写法，前两节由声景到视景的过渡，不仅烘托街景的荒凉，更以"炮兵工厂"的突然出现构造出日常生活与社会制度之间的某种对立，"炮兵工厂"的"冷淡"更将对天气的感官引申为一种社会的冷漠。在此环境的笼罩下，第三节中的"劳动家"形象开始出现。此时的劳动并未呈现出本该有的力度或韧性，"躺着"不仅暗示着劳动的失效，更象征着劳动精神的坍塌，而"阶级"则为这种坍塌引入了一种批判性的社会视野，将社会现象深入社会制度层面。面对"劳动家"的惨状，最后两节着重于社会对此的回应。两节都设定了一种反讽式的结构。第四节以"过年"构造出一种以家庭为象征的情感温度和理想远景，然而"人家"与"他"的分立则意味着在冰冷处境与情感温度之间始终是有距离的。最后一节，"电车"一如往常的来去，"炮兵工厂"永不停歇地转动生产，都在勾画着现代工业文明机械式的运动对劳动者个人性的痛苦遭遇的漠视和遗忘，劳动虽然构成现代工业的重要环节，但工业生产的运转机制在于一种标准化程序的设定，它所征用的是劳动者的机械复制，劳动者的个人遭遇和情感世界则被排除在外。在个人遭遇与社会制度的对立中，整首诗的情感落差也由此生成。[1]

由社会现象到个人感知再到诗的生成，这一连贯的路径并非一蹴而就，其间需要自我敏感的捕捉、内化，以及一种艺术化的形式手法。对内斯比特（E. Nesbit）[2]"劳动诗"的翻译或许为田汉提供了一种诗歌经验的参照，内斯比特的《大工业中心》（*A Great Industrial Center*）就相当细致地刻画出了一个现代工厂的机械式劳动："工作——在一个昏暗无边枯涩寡欢的工场/找不出一点什么阳光；/工作，为丰富别人的享乐，/工作，为他们找出一点什么开心，/工

---

[1]　这种反讽式的张力在周作人的《东京炮兵工厂同盟罢工》也曾出现，周作人通过"我们"从"造枪"到"收监"的境遇转变构造出"他们"与"我们"之间的阶级差异。参见周作人《东京炮兵工厂同盟罢工》，《新青年》第 6 卷第 6 号，1919 年 11 月 1 日。

[2]　田汉译为吕斯璧。

作，没有希望，没有休息，没有和平，/只有到死那天才得到安静。"①　与田汉的写法相似，首句也是铺陈糟糕的工作环境，进而借助于"工作"领起句式的不断复沓，构造出一种永动的劳动节奏，这种机械式的节奏不仅抹去了劳动者的"阳光""开心""希望""休息""和平"等一切物质权利和情感追求，同时也抽干了他们的生命能量。不无讽刺的是，他们在重获生命的"安静"的同时，也走向了死亡。内斯比特在呈现劳动者悲惨的工作环境的同时，事实上已经将反抗的情绪、批判的矛头指向了不合理的劳动制度，因而，他的批判并不是一种口号式的宣教，批判的生成恰恰在于对劳动的客观呈现。这一批判方法显然被田汉所吸纳、内化。对内斯比特的阅读翻译不仅为田汉打开了劳动的视界，更为他提供了一种有效的批判方法。

　　像早期新诗大多数的劳动书写一样，田汉虽然也采用了一种即景式的写法，但抒情主体始终隐藏在客观叙事之下，诗的舞台布景全部集中于劳动者身上，即景类似于零度叙事的电影镜头，对"景物"保持一种相对客观的扫描和刻画。这也就意味着，情感并非抒情主体的主观预设、投射，而恰恰是自我体验式的不断生成。田汉对劳动处理的独特之处在于，诗的叙事视角不只是一种即景旁观，而且以全景式的镜头呈现景的客观流动，在此过程中激活读者的主体感知，在景与景的连接错位中呈现情感的生成过程。并且，驳杂的劳动知识也为他带来了开阔性的社会批判视野，由此，书写劳动就不只是对劳动者一般性的同情怜悯，更从劳动者的悲苦遭遇看到了制度性的社会问题。基于这样的综合视野，抒情自我也不再是一种短暂的激情流露，而是获取了一种由社会表象刺激到自我内化思

---

　　①　参见《诗人与劳动问题》第四部分《讴歌劳动的诗歌》。根据田汉的提示，*A Great Industrial Center* 的原诗引自内斯比特的诗集 *Ballads and Lyrics of Socialism 1883—1908*，为其中第 14 首，参见 Nesbit, *Ballads and Lyrics of Socialism 1883—1908*, London : The Fabian Society, 3 Clements Inn, W. C. A. C. Fifield, 44 Fleet Street, E. C. 1908, pp. 38—39.

辨的情感能力，基于这种情感与理智之间的辩证，也习得了洞察社会的分析能力和批判视野。由此，田汉的劳动诗显然不只是专注于劳动问题本身，更重要的是，能够借助劳动问题创造出一种新的自我，这也正是他写作《诗人与劳动问题》的初衷，他借用新人会会员麻生久的话说道："今日我们劳动运动的骨子，我以为在使人类的世界脱离病的所有支配移于本来的创造支配！！"①

二　劳动体验与新诗的写作机制

田汉以新诗解决劳动问题的构想并不孤立，在当时的南方诗坛也得到了一种呼应。就在《诗人与劳动问题》发表一个多月后，《星期评论》的"劳动日纪念"号刊出了沈玄庐的《诗与劳动》。《星期评论》由沈玄庐、戴季陶等人发起，在某种程度上代表了江浙一带知识精英的政治文化立场。它的"评论"范围也相当驳杂，可以说，熔政治、思想、时事和具体的社会问题于一炉。而新诗也在他们的文类布局中占有重要的位置，构成了他们介入社会问题的一种有效方式。因而当新诗与劳动问题都在兴起发酵的同时，沈玄庐也捕捉到二者之间关联结合的可能。

不同于田汉世界性的知识视野，沈玄庐更注重从中国诗歌传统的角度来思考诗与劳动问题。更具体地说，他的诗论范围锚定在从《击壤歌》到《诗经》这一上古时段。沈玄庐的讨论重心在于通过相关诗篇对劳动者不幸生活的刻画构造出一种阶级话语，在某种程度上套用了诗的"平民化"与"贵族化"的论调，内在于政治动员的总体目标之中，但在具体的逻辑分析中也隐含着一种相当新颖的诗歌观念。沈玄庐首先认定诗与情感的有机关联："什么叫做'诗'？随情底所感、因物即景写了出来、可以反覆咏叹的就叫做诗。"由此，将诗从传统诗歌修辞技法中剥离开来，而繁复的诗歌技

---

① 参见田汉在《诗人与劳动问题（续）》中对麻生久《人类解放之诸精神》的引用。

法不仅与丰富的情感相背离，更对应着一种阶级差异。换言之，繁复即意味着贵族性、修辞性。因而，诗与情感的对应不仅带来了阶级的翻转，凸显平民、劳动的意义，更提供一种崭新的诗歌生成逻辑，即劳动—情感—诗的一元想象，正如沈玄庐所说："以能劳动的人，处在动的宇宙间，无处不是情感，即无处不是诗。离开动，就没有宇宙；离开劳动，就没有社会；离开情感，就没有诗。"① 这与康白情、郭沫若等人提倡的浪漫主义的抒情诗学极为相似，它对情感的注重，不仅是对古典主义形式诗学的破除，更主要的是将诗的生成植入情感之中，不仅指向一种真实性、创造性的现代诗学建构，更力图以诗的创造机制生产出一个内在化的主体自我，而劳动诗学的意义也正在于此，借助于对劳动内在机制的模仿吸收，在建立新诗写作机制的同时，也能够促成主体自我的不断再生产。由此，劳动对诗而言不仅是需要解决的问题和内容构成，其中也暗含着诗的生成机制。田汉在大量的知识表述之外，也有着相似的感悟，他认定："做诗与做工同属一种神圣的劳动，而同以表现自己的全生命——就是自己的创意之客观化、具体化为生命！以古典主义的结果，束缚诗人的创意，而换拟古人的风格，使诗歌机械化！以资本主义的结果，束缚劳动者的创意，而一为企业家的命令是从，为资本家的利益动，使人类机械化！"② 因而，作诗对他而言并不是一种抽象的艺术活动，而是与普通的劳动一样分享着相似的心理过程和工作机制，所以他认为："做诗人的第一步只在做人，而做人的第一步我便要说只在劳动。"③

　　诗与劳动的有机结合在某种程度上成为当时文学创作的标准模式，支配了新诗的扩张和新文学的生产。1920 年 11 月 23 日，郑振

---

① 玄庐：《诗与劳动》，《星期评论》"劳动纪念号"，1920 年 5 月 1 日。

② 田汉：《诗人与劳动问题》，《少年中国》第 1 卷第 8 期，1920 年 2 月 15 日。

③ 田汉：《诗人与劳动问题（续）》，《少年中国》第 1 卷第 9 期，1920 年 3 月 15 日。

铎召集会议，商讨文学研究会的组织成立事宜，会上周作人被推举草拟《文学研究会宣言》，周作人当日日记记载："下午至万宝盖耿济之宅赴会共七人。"① 28 日，周作人完成《文学研究会宣言》的写作。② 宣言的要旨不仅在于公布文学研究会发起的原因，其中也连带着文学活动开展的方向和方法的设计构想，除此之外，周作人更看重文学工作方式的现代转换，他将这种工作方式形象地比喻为 "劳农"："将文艺当作高兴时的游戏或失意时的消遣的时候，现在已经过去了。我们相信文学是一种工作，而且又是于人生很切要的一种工作；治文学的人也当以这事为他终身的事业，正同劳农一样。"③ 在周作人的设想中，文学的功能发生了一种根本性的替换，它不再是短暂性的娱乐消遣，而是一种人生的构成。换言之，对于写作主体而言，文学不是外在于自身，它既是一种自我表现，也是一种自我的不断生成和建构。而这种工作方式的获得也并非难以企及，在周作人看来，文学与劳动分享着共同的工作机制。而他有关文学与劳动工作方式的有机想象与他此时对新村事业的投入密切相关。

1918 年 10 月，以武者小路实笃《一个青年的梦》为思想契机，周作人以极大的热情精力投入新村事业中，实践一种理想的 "人的生活"。而在新村的理念构想中，劳动具有重要的实践意义，在周作人看来，新村的根本思想之一就是 "劳动"："各人应各尽劳动的义务。"④ 在武者小路实笃的设想中，"人的生活" 即一种劳动的生活："人的生活是怎样呢？是说各人先尽了人生必要的劳动的义务，再将其余的时间，做个人自己的事。" 而劳动的意义效力在于它的权利辩证法，当自我全身心地沉浸其中的时候，不仅意味着牺牲和付出，

---

① 《周作人日记》（中），大象出版社 1996 年版，第 158 页。
② 当日日记有相关记述："晚为伏园作文学会宣言一篇。"《周作人日记》（中），大象出版社 1996 年版，第 159 页。
③ 周作人：《文学研究会宣言》，《晨报》1920 年 12 月 13 日。
④ 周作人：《新村的精神》，《民国日报》1919 年 11 月 23 日。

与此同时也滋生出自我享有的合理权利："各人有这样权利，便只因各人在劳动上，已经尽了义务。"因而，如果说新村的实践也意味着一种理想的生活构造，那么，劳动显然是实现这种理想的根本途径，正如武者小路实笃所说："据我想这最好的方法，只有各人各尽了劳动的义务，无代价地能得健康生活上必要的衣、食、住这一法。……这样我们才能享幸福的人的生活。"然而这种理念规划只是一方面，相比较而言，周作人更为感兴趣的是一种具体的劳动感受和身心体验。在《新村的生活》中，武者小路实笃清晰地复现了新村同人热闹鲜活的劳动场景：

> 大家停了工作，在河中洗净了锄镰等农具，乘船回来。吃麦四米六的饭，很觉甘美。地炉中生了火，同大家闲谈，随后到楼上，拟定先发队的规则，今年年内便照着做事。每日值饭的人五时先起，其余的六时起来；吃过饭，七时到田里去，至五时止。十一时是午饭，下午二时半吃点心，都是值饭的人送去。劳动倦了的时候，可做轻便的工作。到五时，洗了农具归家。晚上可以自由，只要不妨碍别人的读书；十时以后息灯，这是日常的生活。雨天，上午十一时以前，各人自由，以后搓绳或编草鞋，及此外屋内可做的工作。每月五日作为休息日，各人自由。又有村里的祭日，是释迦、耶稣的生日。一月一日，新村土地决定的那一天 August Rodin 的生日。又因为这样是四月直跳到十一月，所以 Toltoy 的生日也加进去，定为祭日。就是一月一日、四月八日、八月二十八日、十一月十四日、十二月二十五日这五天，定为新村的祭日。到那时节，当想方法举行游戏。①

---

① 武者小路实笃在《新村的生活》中的论述，转引自周作人《日本的新村》，《新青年》第 6 卷第 3 号，1919 年 3 月 15 日。

不难看出，新村劳动的开展并非一种个人主义式的杂乱场面，而是同人之间相互协力、秩序井然。这种秩序感也体现在劳动时间的清晰排布上，借助时间的规定，劳动的自我不仅被赋予了一种清晰的工作方向，时间的连续编织也将自我植入一种和谐的生活节奏中，因而劳动给人的感受不再是劳力辛苦，更像是自我的安顿和身心的组织。换言之，劳动不仅是一种幸福生活的构造，更直接的是借助劳动的秩序感、意义的获得创造出一个崭新的自我。武者小路实笃就激动地表达劳动所带来的"愉快"感受，认为劳动是一件"快事"①。新村劳动的独特之处还在于，它也是一种自我调节。一方面，个人的"读书""游戏"等业余生活在提供新的意义空间的同时，也在调节劳动的疲惫、避免劳动的机械化；另一方面，劳动过程中的情绪节奏和心理感受在生活中的延伸，也为个人性的生活提供一种展开机制，从而保证自我意义感的稳定性、持续性。

而这种鲜活的劳动体验也并不完全是一种读者式的纸上旁观，在与日本新村建立密切联系之后，1919 年 4 月，周作人亲自访问了日向新村，归国不久即写就了《访日本新村记》，其中生动地记述了自己的劳动体验：

> 当日他们多赴上城工作，我也随同前往。种过小麦的地，已经种下许多甘薯；未种的还有三分之二，各人脱去外衣，单留衬衫及短裤布袜，各自开掘。我和第五高等的学生，也学掘地，但觉得锄头很重，尽力掘去，吃土仍然不深，不到半时间，腰已痛了，右掌上又起了两个水泡，只得放下，到豆田拔草。

如果说此时的劳动对于作为读书人的周作人来说还带有一些行

---

① 武者小路实笃著有《新村的劳动》专门谈及新村主义与劳动的关系，并且他向周作人寄赠了此书。参见周作人 1920 年 4 月书目，《周作人日记》（中），大象出版社1996 年版，第 172 页。

动的障碍，那么在一段时间的学习和适应之后，周作人很快找到了劳动的节奏：

> 恰好松本君拿了一篮甘薯苗走来，叫我帮着种植。先将薯苗切成六七寸长，横放地上，用手掘土埋好，只留萌牙二寸馀露出地面。这事很容易，十馀人从三时到六时，或掘或种，将所剩空地全已种满。

而在劳动的沉浸中，此前身体的痛苦和障碍很快被单纯的精神满足和幸福感知所替代：

> 回到中城在草地上同吃了麦饭，回到寓所，虽然很困倦，但精神却极愉快，觉得三十馀年来未曾经过充实的生活，只有半日才算能超越世间善恶，略识"人的生活"的幸福，真是一件极大的喜悦。①

这种幸福感并不完全是劳动独有的触发，而是劳动在具体的行动步骤、方式方法、物理实感等多方面因素的综合下造就了一个可供自我全身心投入的独特时空。换言之，劳动打开了自我实现的触发机制。正如周作人所说："他的单纯的目的，只在作工，便在这作工上，得到一种满足与愉乐。"实际上，这与文学或者说诗歌创作的情感机制极为相似，都在于为自我实现提供一种需要克服的障碍和攀登距离，也都带来一种生理性的幸福愉悦。此时的周作人虽然完成了从知识分子到劳动者的换装，但这一过程并非一种身份的取舍，毋宁说，劳动构成了对知识的一种调适。因为借助劳动的行动，不仅在一定程度上克服了知识的空想、与社会的隔绝，同时，知识也从劳动的具体工作步骤、方法中获取了一种新的经验。

---

① 周作人：《访日本新村记》，《新潮》第 2 卷第 1 号，1919 年 10 月 30 日。

就在周作人沉浸在新村的劳动体验之中时，他翻译了武者小路的诗《劳动的歌六首》，发表在《批评》第 5 号"新村号"上。这六首诗周作人是从《新村》杂志中摘译的，在译者附记中他交代了翻译的初衷："读者从这歌里，或者能够看出新村的人对于劳动的解释及意义，便是译者的大幸了。"① 换言之，在一般性的宣扬之外，周作人也看重以诗的方式来传达新村的劳动理念。六首诗前三首是短歌，后三首较长，都统一于一个整体性的叙事逻辑。武者小路实笃的叙事策略在于不断将劳动与"勇敢""自由""喜悦"等与劳动者的人格构成密切相关的词句相关联，在二者之间建立起一种因果逻辑，将劳动指认为劳动者人格自我的不断呈现，在复沓的句式结构中，劳动的展开也意味着一种人格自我的不断生成、不断成长，正如武者小路所说："为自己生长"，而随着劳动的达成，自我也"成为有用的人，/也成为正当的人"。进而获得了"以'人'的资格而生活"。武者小路对劳动意义的阐发与周作人对新诗的设想极为贴切，在周作人看来，诗的本质就是"以抒情为主"，为了表现"我们这刹那的内生活的变迁"②，进而借助于抒情完成自我的更新，实现自我的成长。因而，周作人从武者小路的诗中接收到的不只是劳动意义的再次宣扬，也从中辨识出有关新诗的写作经验。他这一时期的诗歌洋溢着浓郁的劳动气息③，在对劳动者观看书写的同时，他的情感机制也被激发。由此，劳动不仅作为实际的内容构成，劳动的体验也被周作人挪用为新诗的写作方法。

可以参照的是，对于文学研究会同人来说，诗与劳动写作方法的结合并不少见。例如，叶圣陶不仅与周作人一样参与到新村事业的建设中，更与周作人在新村、文学、新诗等问题上保持着密切往

---

① 《劳动的歌六首》，武者小路实笃作，周作人译，《批评》第 5 号"新村号"，1920 年 12 月 26 日。

② 仲密：《自己的园地（十三）：论小诗》，《晨报副镌》1922 年 6 月 21 日。

③ 例如《两个扫雪的人》《背枪的人》《苦人》等。

来。而劳动体验此时也是他文学开展的主要方式。在小说《苦菜》中，个人的灵肉冲突正是借着劳动体验完成了自我的调适和修复①；而新诗《平畴》则讲述了"无尽的平畴"如何在劳动体验中内化为"心的平畴"②。对于叶圣陶来说，劳动体验的意义在于为他提供了一种在身与心、体力与心力之间的转化机制，实现了从社会生活到诗歌创作的过渡。这种相互转化的有机的诗歌方式事实上也是他这一时期努力建构的文艺理想。③

三　劳动与"诗的共和国"

当周作人等人把诗歌文艺看作"劳农"，不仅为早期新诗提供了可供模拟的写作机制和工作方式，与此同时，劳动问题也从新诗的形式机制和想象空间获得了一种解决路径，即劳动非但不是一种受苦行为，反而是意义生产的来源；并且当诗歌文艺与普通劳动等而视之，那么劳动自古以来所预设积累的身份、阶级差异也就此被拆解和抹除。正如田汉所言："我们人类最大的职务在为世界创一种健全的文明，健全的文明一定在灵肉一致的圣域。劳力劳动者——如工场劳动者神圣在能于物质的生产方面贡献于文明，同时不可忘记劳心劳动者，如新闻记者，美术家，思想家，文学家等实于精神的生产方面向永劫的文明为最大的寄与。"④ 在他看来，无论是文艺创作还是劳农都是一种平等的社会工作，劳动者专注于自身的工作义务、相互协同，为新社会的造就提供一种合理的工作伦理基础。而诗歌与劳动相互贯通、相互转化的能力，意味着各种复杂缠绕的社

---

①　有关《苦菜》中劳动体验的论述参见姜涛《"菜园"体验与五四时期文学"志业"观念的发生——叶圣陶的小说〈苦菜〉及其他》，《励耘学刊》（文学卷）2010 年第 2 期。

②　圣陶：《平畴》，《小说月报》第 14 卷第 1 号，1923 年 1 月 10 日。

③　叶圣陶此时系列写作的《文艺谈》即在于建构一种生活材料与诗歌文艺之间相互转化的"有机诗学"。

④　田汉：《诗人与劳动问题（续）》，《少年中国》第 1 卷第 9 期，1920 年 3 月 15 日。

会问题都能够在这样的综合视野中得到妥善处理，对于急需方法指引的社会改造而言，显然诗与劳动的有机想象具有极大的感召力。换言之，诗与劳动的效力不仅在于文艺本身或劳动问题一角，而是整个社会的改造。

"社会改造"问题虽然一开始就造就了广泛的知识氛围，但在一定程度上也封闭于知识视野的内部，在知识与行动之间仍然有不小的落差。1919年3月23日，北京大学平民教育团成立，这种颇具行动实感的组织方式对于苦闷的"五四"青年而言显然具有不可抗拒的吸引力，在他们看来，平民教育的展开不仅是一次知识的施展和淬炼，同时也能够跳脱出知识的单一视野，在弥合知识与劳动裂痕的同时，也能够修复自我的主体限制。1919年4月，北大学生俞平伯加入了平民教育团，为第四讲演所讲演员；11月2日，俞平伯随同第四讲演所第三组在京师学务局四城宣讲所作题为"打破空想"的讲演，讲演主题与青年当时在知识与劳动之间的思想分裂的情形非常贴切。然而，讲演虽然实现了知识与劳动的碰触，打开了底层民众的生存空间，但同时也暴露出一定的局限，即知识与劳动之间普遍的隔膜。罗家伦、杨贤江等人所在的长辛店讲演组即遭遇了这种困境："在长辛店虽然扯着旗帜，开着留声机，加劲的讲演起来，也不过招到几个小孩和几个妇人罢了。讲不到两个人，他们觉没有趣味，也就渐渐引去。这样一来，我们就不能不'偃旗息鼓''宣告闭幕'啦!"[1]

而"诗与劳动"综合视野的提倡则为处于平民教育困境中的俞平伯提供了另一种思路。随着周作人对新村事业的关注与提倡，以及用新诗来处理劳动问题、构想新村社会，这些实践显然对作为学生的俞平伯构成强烈的吸引，而他的出发点也仍然在于如何与劳动接触与民众交流。而诗在他看来则具有一种构造"普遍"的

---

① 《平民教育讲演团农村讲演的报告》，《北京大学日刊》第580号，1920年4月13日。

能力：

> 诗不但是自感，并且还能感人；一方是把自己底心灵，独
> 立自存的表现出来，一方又要传达我底心灵，到同时同地，以
> 至于不同时不同地人类。这种同感（sympathy）的要求，在社
> 会心理学上看来，是很明显而且重要的。人人都有，天才的诗
> 人有了更加强烈，每每从他底作品流露出来；因为自己底同感
> 既强，要求旁人和我同感的欲望也因之而强。这根社会的带子
> 把诗人缚住，所以只管让他自由，却依然不失去诗底普遍性。①

对知识与劳动隔膜的深切体验使得俞平伯格外看重沟通能力、
感染能力，而诗的情感效力显然满足了他的预想，凭借着诗的感染
力，读者不仅与作者实现了情感共鸣，这种共鸣也打破了一切时空
的界限，在人与人之间造就了一种广泛的情感联结。值得注意的是，
俞平伯当时在社会问题与新诗讨论上的发言与周作人有一定的互文
关系，可以说，周作人在某种程度上构成了俞平伯的一个思想原点。
俞平伯有关诗的"普遍性"的论断即取自周作人对新文学建设方案
的一个设想。在周作人以文艺移人性情的改造思路中，不仅要创制
一种"人的文学"，更隐含着一种由"个人"到"全人类"的普遍
联结目的，诗歌在其中不仅是单纯的艺术形式，更是一种潜在的文
化政治，它的兴起不只在于个人的抒情，也要求"以普遍的文体，
写普遍的思想和事实"②，进而造就一种平民社会。换言之，文艺的
"普遍性"意义表现在一方面通过把文艺"降格"的方式拉近与劳
动阶级的距离；另一方面，借助这种平等地位的构造赋予每个劳动
者相同的主体位置，进而依靠文艺的感染力串联起分散的劳动主体，
形成一种劳动共同体。而周作人的"普遍"思想也构成他此时新诗

---

① 俞平伯：《诗底自由和普遍》，《新潮》第 3 卷第 1 号，1919 年 10 月 1 日。
② 仲密：《平民文学》，《每周评论》第 5 号，1919 年 1 月 19 日。

创作的一个起点。就在写作《平民的文学》一个月后，周作人写出了新诗史中的"第一首杰作"——《小河》。《小河》采用象征的形式，以寓言式的口吻讲述一条小河被一个农夫筑堰截断，引起小河周围的生物"朋友"不同的反应。它所象征的正是一种"普遍性"的破坏，正是农夫的行为阻碍了小河与"稻""桑树""田里的草和虾蟆"等生命世界的联系。周作人在后来的追忆中多次表达了这种"古老的忧惧"心理①。叶圣陶也认为，"这首诗所捉住的情境是很普遍的"，而这种普遍显然不是杞人忧天，而关系到当时重要的社会问题："如果联想到人类社会方面去，更觉得这样的情境差不多随时随地都有。"而叶圣陶不仅注意到了《小河》的思想内里，更察觉到普遍的思想情境与新诗的写法之间的有机统一："这样取材是比较好的办法：情境普遍，使多数读者感到亲切有味，仿佛他们意想中原来有这么一种情境似的。"② 它不仅表征着诗歌本身的浑融完整，更呈现出诗歌普遍效力的形式机制。而"普遍"在周作人思想中的生成事实上与他对托尔斯泰的接受密切相关，托尔斯泰在某种程度上构成了周作人对文艺"普遍性"信服的思想纵深。

　　纵观周作人的"五四"时期，托尔斯泰的身影始终在其中闪现。从日记中来看，他在不断收集托尔斯泰的文艺著作以及相关

---

　　① 周作人回忆《小河》时说道："大抵忧惧的分子在我的诗文里由来已久，最好的例是那篇《小河》，民国八年所作的新诗可以与二十年后的打油诗做一个对照。这是民八的一月廿四日所作，登载在《新青年》上，共有五十七行，当时觉得有点别致，颇引起好些注意。或者在形式上可以说，摆脱了诗词歌赋的规律完全用语体散文来写，这是一种新表现，夸奖的话只能说到这里为止。至于内容那实在是很旧的，假如说明了的话，简直可以说这是新诗人所大抵不屑为的，一句话就是那种古老的忧惧。这本是中国旧诗人的传统，不过不幸他们多是事后的哀伤，我们还算好一点的是将来的忧虑。"参见周作人《知堂回想录》，香港三育图书文具公司 1980 年版，第 388 页。而这种忧虑其实也是周作人投入新村事业的重要思想契机，他借武者小路实笃的话表达了自己从忧虑中创造新社会的理想："我望从这忧虑，生出新世界的秩序来。"周作人：《读武者小路君所作〈一个青年的梦〉》，《新青年》第 4 卷第 5 号，1918 年 5 月 15 日。

　　② 圣陶：《周作人的〈小河〉》，《新少年》第 1 卷第 9 期，1936 年 5 月 10 日。

的研究文献①，与此同时，他也对其中的文学作品投入较多的翻译精力②。而在具体的文学作品之外，托尔斯泰的文艺观也是他建构新文学的主要参照。他对文艺"普遍性"的理解在很大程度上就是吸取自托尔斯泰《艺术论》中的观点。1919 年 2 月的购书记录中记有托尔斯泰《艺术论》的英文版③，而在《宗教问题》《圣书与中国文学》《诗的效用》等多篇文章中他都对《艺术论》有所阐发。这里要注意的是《艺术论》的写作背景和动机。1890 年前后，以自己晚期文艺思想的反思和整合为契机，托尔斯泰对整个现代艺术门类进行了大幅度的解构和调整，他不仅对晚近兴起的颓废主义大加批判④，更针对现代艺术越加专业化体制化以及由此导致的社会效力的凝缩而不满，因而《艺术论》所要解决的就是"希望我所论到现在艺术所行经的假路，和真正艺术的任务的基本意见，能够正确无误"⑤。换

---

①　周作人 1918 年 1 月的书目中记有加藤一夫的《トルストイ人道主义》，在 10 月 21 日的日记中记有"得丸善三日寄小包内トルストイ短篇集"，10 月的书目中也有记录。从 1919 年 12 月 4 日开始，日记记录对《托尔斯泰全集》的持续购入情况，至 1920 年 12 月 18 日买全。在 1920 年 7 月的书目中记有托尔斯泰的《人生论》和《性欲论》。参见《周作人日记》（上），大象出版社 1996 年版，第 797、779、809、810 页；《周作人日记》（中），大象出版社 1996 年版，第 66—67、73、90、104、107、115、122、125、138、163 页。

②　例如对《空大鼓》等小说的翻译。

③　《周作人日记》（中），大象出版社 1996 年版，第 76 页。

④　周作人在《三个文学家的记念》和《诗的效用》都介绍了托尔斯泰对波德莱尔的批评，声称"托尔斯泰用了社会主义的眼光批评他说一点都不能了解的作家"。参见仲密《三个文学家记念》，《晨报副镌》1921 年 11 月 14 日；《自己的园地（五）：诗的效用》，《晨报副镌》1922 年 2 月 26 日。

⑤　［俄］托尔斯泰：《艺术论》，耿济之译，商务印书馆 1923 年 3 月版，第 259 页。这段话在 Aylmer Maude 的英译本 What Is Art? 中对应的段落是："my hope is that my fundamental thought as to the false direction the art of our society has taken and is following, as to the reasons of this, and as to the real destination of art, is correct." Leo Tolstoy, What Is Art?, trans. Aylmer Maude, New York：Funk&Wagnalls Company，1904，p. 200. 相比较而言，丰陈宝的译法更为准确："我总是希望：我的基本思想——关于现代艺术所走的不正确道路、关于它走上这条道路的原因以及关于什么是艺术的真正使命的基本思想，是正确无误的。"［俄］托尔斯泰：《艺术论》，丰陈宝译，人民文学出版社 1958 年版，第 192 页。

言之，托尔斯泰不仅要对封闭固化的艺术体制进行打破和越界，更重要的是重新建立艺术与社会的有机关联。他的做法是化用基督教的宗教情感，以情感的普遍实现艺术与大众的"合一"：

> 基督教艺术的内容便是使人与神合一及人们互相合一的感情。……但基督教的所谓人们的合一，并非只是几个人的部分的独占的合一，乃是包括一切，没有例外。一切的艺术都有这个特性，——使人们合一。各种的艺术都使感染着艺术家的感情的人，精神上与艺术家合一，又与感受着同印象的人合一。①

托尔斯泰的这一思想事实上不仅构成周作人有关文艺"普遍性"的由来，同时也启发了周作人对新诗的情感本体认知。

在周作人的影响下，投身社会改造的俞平伯也开始被托尔斯泰吸引。他曾多次在与杨振声、周作人有关新诗的讨论中称许托尔斯泰的观点。② 1921 年 3 月，耿济之所翻译的《艺术论》作为"共学社丛书"经由商务印书馆出版发行。俞平伯得以直接进入托尔斯泰有关艺术与社会的理想世界，对于《艺术论》他自己也表达过相当深刻的阅读感受："我读了他底《艺术论》（一九二一年共学社译本）竟感动很深，觉得他底话大体是真实的。"在这种感情的情绪中，俞平伯几乎套用了《艺术论》的核心观点写作了《诗底进化的还原论》。俞平伯的感动在于，托尔斯泰"攻击现代各新派的艺术，

---

① 周作人在《圣书与中国文学》对《艺术论》第十六章的引用。在《宗教问题》中，他又引述了《艺术论》中相近的说法："托尔司泰说，文学不但要使别人晓得我的意思，要他受到我的同一的感触；如我向他说，即能使他发生与我同样的情感，无形中彼此就互相联络了。这自然是专指好的结合力而言，文学的作用便都在此，其与宗教相同处也在此。"周作人：《宗教问题》，《少年中国》第 2 卷第 11 期，1921 年 5 月 15 日。

② 在与杨振声讨论诗歌与知识的关系时，俞平伯提到："托氏底议论，作品，我也极为赞美。"参见平伯、金甫《通讯》，《诗》第 1 卷第 3 号，1922 年 3 月 15 日。而在与周作人有关"诗的效用"通信中，他又强调："我正和托尔斯泰一样，不很赞成专门艺术底训练。"参见周作人、俞平伯《通讯》，《诗》第 1 卷第 4 号，1922 年 4 月 15 日。

根本反对以美为鹄的，主张以宗教意识——向善——代之"①。托尔斯泰不仅打破了艺术的知识限制，更通过将宗教情感植入艺术之中的方式，借助情感的普遍感染效力使艺术获得了一种接触劳动、沟通民众的能力，与此同时，宗教情感也以此为基础勾画了一个"向善"的社会图景。换言之，托尔斯泰为俞平伯所带来的不仅是一种新的艺术构想，更为社会改造提供了一种清晰的远景目标，而艺术重构实际上也就是达成这一目标的具体方法。值得注意的是，就在《诗底进化的还原论》写作的同一天，他还完成了《打铁》②一诗的写作。诗与文之间显然构成了强烈的互文关系。

　　《打铁》从标题上即可窥探其中的劳动色彩。全诗由五小节构成，借助"打铁"与"打刀"的辩证关系，讲述劳动在暴力和日常之间的不同意义。首节从声景层面呈现热闹的打铁场面，而其中也埋伏着"打铁"与"打刀"的分歧。这种分歧在次节得到了展演，"铁"与"刀"从同一的劳动生产演变成了一种暴力杀戮。第三节，短暂的暴力之后又重新归于劳动的日常，并将暴力与日常的更替引入无意识的批判中。第四节以重复的方式将暴力与日常的对立引申为一种历史常态。而结尾的处理是，"刀"与"铁"相互争斗的状态不再延续："大家肩着锄头来；/天亮了，大亮了！/刀将永被人们忘却了！"正是劳动的工作方式和时间序列的重新复位，完成了对"刀"这一暴力象征的"忘却"。劳动在此的意义不仅在于对暴力的克服和消解，更在提示着一种平和的理想社会。而在写法上，俞平伯借用了歌谣的形式，与劳动主题极为契合，这与当时新潮同人所提倡的"主义与艺术一贯"的诗歌作风也形成了一定的呼应③。而这种写法与他此时对诗歌的民间取向有着内在关联，在他看来："其

---

① 俞平伯：《诗底进化的还原论》，《诗》第 1 卷第 1 号，1922 年 1 月 15 日。

② 俞平伯：《打铁》，《诗》第 1 卷第 2 号，1922 年 2 月 15 日。

③ 傅斯年在《背枪的人》《京奉车中》的选编附记中说道："我们应当制造主义和艺术一贯的诗。"《新潮》第 1 卷第 5 号，1919 年 5 月 1 日。

实歌谣——如农歌，儿歌，民间底艳歌，及杂样的谣谚——便是原始的诗，未曾经'化装游戏'（sublimation）的诗"，他认定诗本身就起源于劳动生活，因而对于新诗他也极力实行一种平民化的风格："就诗说诗，新诗不但是材料须探取平民底生活，民间底传说，故事，并且风格也要是平民的方好。"这正是他所谓诗的"还原"和"进化"，通过恢复平民化的风格为新诗植入劳动的精神和情感完成对现代诗歌体制的改造，达到一种进化的效果。而在此过程中，不仅新诗完成了改造，新诗的平民色彩也实现了一种广泛的社会沟通。正如他所期许的："将来专家的诗人必渐渐地少了，且渐渐不为社会所推崇；民间底非专业的诗人，必应着需要而兴起。情感底花，倘人间若有光明，若人们向着进化底路途，必要烂熳到全人类底社会上，而实现诗国底'德模克拉西'。"① 换言之，他对新诗平民化的构想其实也就是对一个理想的"诗底共和国"② 的创造。

第三节　社会改造与浪漫主义的修正：
纪游诗与长诗的兴起

作为一种现代文类生成之外，早期新诗的发生，与现代中国主体"自我"的起源密切相关。近代以来，"自我"在不同的社会变革方案中都扮演着至关重要的角色。"五四"普遍被认为是一个发现"自我"的时代，这样的认识是与"五四"在近代历史结构中的位置紧密相关的。在西学东渐的历史动向的冲击之下，个体的自我重新处于一个被提问、被"发现"的历史位置。而"自我"的创制不能仅仅停留于思想观念层面的鼓动，"自我"的建立更依赖于一种现

---

① 俞平伯：《诗底进化的还原论》，《诗》第 1 卷第 1 号，1922 年 1 月 15 日。"德模克拉西"在后文中又写为"德谟克拉西"。

② 俞平伯：《诗底进化的还原论》，《诗》第 1 卷第 1 号，1922 年 1 月 15 日。

代的叙述形式来表达"心声"。早期新诗的兴起在某种程度上就对应于这种叙述形式的建立，"喊出人人心中最神圣的一种热情"①。早期新诗的情感政治面向对"五四"中的"自我"构成了强烈的表达吸引，新诗某些制度性的环节，例如风景、语言等，作为一种认识装置，为一种有内在深度的"内面自我"的发现提供了可能。凭借"作诗"与"做人"的一元化想象，早期新诗与现代自我建立了相当紧密的互文关系。在表现自我的同时，早期新诗也随着自我的无限扩张呈现出一种强烈的浪漫主义风气。而浪漫的沉溺也潜藏着一定的危机，青年只是一味地表达自我，忽视了诗的有效来源，不仅新诗本身陷入情感的重复、形式的模仿，青年自身也陷入情感的障碍和成长的困境中，二者之间在社会改造中呈现出的能动的结构张力也慢慢失效。在相关的批判视野和应对方案中，康白情的纪游诗写作不仅为新诗锻造出了综合的形式风格，更生产出一种社会化的自我形象。而新诗的形式政治面向也由此展开，经历长诗小诗的形式辩证，一种"曲折""深刻"的主体自我在朱自清等人的长诗写作中被生产出来。

一　浪漫主义及其批判

　　早期新诗的兴起与一种以"浪漫"为底色的社会心理密切相关。一方面，新诗相对自由的形式极大地迎合了苦闷压抑的青年表达自我的情感冲动；另一方面，新诗的自由也暗含着一种无限扩张的内在精神。也就是说，此时的自我不再拘束于内部抒情，而是倾向于一种整体性的联合，由此，个体的情感震荡迅速扩展为一种结构性的社会问题，浪漫也从私人情感转换为一种社会性的精神底色。针对早期新诗的"浪漫"抒情，梁实秋就曾有过颇为形象的描述，这一时期的青年"处处要求扩张，要求解放，要求自由。到这时候，情感就如同铁笼里猛虎一般，不但把礼教的桎梏重重的打破，把监

---

① 闻一多：《〈女神〉之时代精神》，《创造周报》第 1 卷第 4 号，1923 年 6 月 3 日。

视情感的理性也扑倒了。这不羁的情感在人人的心里燃烧着,一两个人忍不住写一两首情诗,像星火燎原一般,顷刻间人人都在写情诗"①。而新诗的"浪漫"属性与社会改造的广泛展开也有着内在的关联。新诗不只是提供表达自我的通道,与此同时,其相对完整的形式结构也对自我在情感与理智上的分裂进行了一次整合和修复。换言之,新诗在抒情的同时,也对动荡的自我完成了整体性、统一性感受的构造。由此,艺术与自我达成了一种有机的融合,自我实现的个体和艺术作品既"都是有机整体,在其中相互冲突的力量(理性和感性)被锻造成一个不可分割的统一体";同时也"都展现出自由、无拘无束,因为二者的显现都只遵循他们自身内部的法则,他们自身内在的动力和独立于外部的力量"②。

对于社会改造而言,这种整体性、统一性的主体感知是相当重要的。在社会改造的发起者看来,"我们集合在'改造'赤帜下的青年同志,认今日的人类必须基于相爱互助的精神,组织一个打破一切界限的联合","我们的联合,不止是这几个团体的联合;凡是我们的同志团体,我们希望都联成一气"③。因而,对于当时的青年而言,从事新诗写作与投入社会改造的事业当中共享着相似的情感动机和行为逻辑。换言之,对于新诗与社会改造,浪漫或许只是表象和氛围,浪漫的根源在于一种统一性的构造。因而,新诗与社会改造的起点都在于一种社会理想的达成,基于这一理想,二者互为内容和形式,形成一种能动的张力结构。这样的观察视点不单单适用于"五四",拜泽尔在研究德国早期浪漫派的时候,也注意到了"浪漫"与"统一性"的关联:

---

① 梁实秋:《现代中国文学之浪漫的趋势》,《晨报副镌》1926年3月27日。

② [美]弗雷德里克·拜泽尔:《浪漫的律令——早期德国浪漫主义观念》,黄江译,华夏出版社2019年版,第49页。

③ 《改造联合宣言》,《少年中国》第2卷第5期,1920年11月15日。

浪漫派根本的伦理理想是教化、自我实现、所有人的发展及个体力量合为一体；其基本的政治理想是社群，是在国家中追求善的生活。这些理想的共同点在于对统一性的渴望：试图联合所有个体的力量，并使个体与他者及自然和解。因此，浪漫派的奋斗目标在本质上是整体论的：通过理性，去创造那种在古代曾被赋予的个体与自我、与他人以及与自然的统一。①

对于"五四"前后的浪漫气氛，过去研究多看到其过度沉溺的一面而加以批判，却忽略了浪漫得以生成的特定历史语境，以及它如何建制成一种结构性的社会心理、情感态度。由此，浪漫在被批判的同时，也要辩证看待，它在呈现社会病症的同时，事实上也构成了观看现代中国历史起源一个重要的视点，可以说，浪漫不是终结，而是一个开始。浪漫的生成不仅表征着一种"动的""反抗的"时代精神和情感心理，同时也造就了一种能动的现代主体，更带动了作为主体生成方式的早期新诗的兴起。"五四"前后，对于变动不居的历史态势而言，"浪漫"具有相当强劲的话语效力，在某种程度上可以被看作"五四"的历史发生器。正如姜涛所说："浪漫'趋势'不仅塑造了特定的文学风格、意识，也广泛渗透于社会文化、日常生活、激进政治等诸多领域，那些浪漫的'陈言套语'，往往与启蒙的、国族的、革命的、阶级的话语交错生成，在五四前后一代青年对崭新历史主体、文化主体的筹划背景中，对于一种创造性自我及其历史可能性的信任，更是居于这种关联的核心。"②

此时的浪漫作为一种动态的主体机制，将新诗、自我与社会扭合成相互缠绕、彼此交织的张力结构。然而，随着新文学的扩张，

---

① ［美］弗雷德里克·拜泽尔：《浪漫的律令——早期德国浪漫主义观念》，黄江译，华夏出版社 2019 年版，第 43 页。

② 姜涛：《解剖室中的人格想象：对郭沫若早期诗人形象的扩展性考察（初稿）》，《新诗与浪漫主义学术研讨会论文集》，北京，2011 年 10 月，第 119—136 页。

新诗逐渐被纳入文学生产环节，在造就一批诗歌青年的同时，新诗能量的多元性慢慢减缩为一种静态的文类形式，与之相关的是，"浪漫"也很快从一种主体机制被一种浮泛的姿态和时髦的身份所取代。朱自清就曾观察到一些青年"一人作自十馀首到百馀首，且大概在很短的时日内写成"①，进而"一礼拜便写成了一本集子"②，速度之快、数量之大，令人惊叹。至此，新诗"创作之浅薄，模仿之弊病"③的局面不难想象。在此，新诗非但没有形成有效的表达，反而成为一种"粗制滥造"的文化生产。此外，当时作新诗的人，大多是在校的学生。虽然这样的身份优势能够为作诗提供必要的情感和知识条件，但是情感的幼稚、人生经验的单调同样也会把新诗引向错误的方向。

以当时流行的小诗为例，按照周作人的初衷，小诗的提倡和借鉴完全是为了表现现代人"刹那内生活的变迁"。与此同时，周作人也相当明确地提醒小诗成立的条件：

> 这便是须成为一首小诗，——说明一句，可以说是真实简炼的诗。本来凡诗都非真实简炼不可，但在小诗尤为紧要，所谓真实并不单是非虚伪，还须有切迫的情思才行，否则只是谈话而非诗歌了。我们表现的欲求原是本能的，但是因了欲求的切迫与否，所表现的便成为诗歌或是谈话。④

不难看出，小诗的提倡完全延续了周作人对新诗发展道路的思考和设计，即诗的发生机制主要依赖于主体切迫的内在情动，充分的情感既构成了新诗写作的起点，也支配了具体技法的选择和形式

① 朱自清：《短诗与长诗》，《诗》第1卷第4号，1922年4月15日。
② 朱自清：《新诗》，《朱自清全集》第4卷，江苏教育出版社1990年版，第208页。
③ 叶圣陶：《盼望》，《文学旬刊》第18号，1921年11月1日。
④ 仲密：《自己的园地（十三）：论小诗》，《晨报副镌》1922年6月22日。

的面貌。① 因而，小诗粗看上去形制不大，但对诗的理解认知和技艺反而有着更高的要求、更大的难度。在给出小诗写作的条件的同时，周作人也相当警惕短小暗藏的"陷阱"，因而也对可能发生的后果提出劝告："倘若是很平凡浮浅的思想，外面披上诗歌形式的衣裳，那是没有实质的东西，别无足取。"② 然而，对于一些急于以诗歌装点自我的青年而言，小诗形制的短小恰恰也意味着"容易"，根据梁实秋后来的观察："在新文学运动初期，一大部分写'小诗'的人是因为这种体裁比较的容易练习。"③ 正因为看上去容易上手，"现在的诗家却似乎将它看得太简单了，淡焉漠焉，没相干的情感，往往顺笔写出，毫不经意"④。也就是说，小诗虽然看起来容易操作，但作诗的青年并未把握其中的要旨，在愈作愈滥的同时，自身情感的匮乏、作风的单调被进一步暴露。在一些批评者看来，浪漫的空洞化与自我修养的贫乏恰恰是"新诗破产"的根源所在：

> 现在作新诗的人，我们只要约略一想，便知道大多数——十之九——是学生。其中确有少数是天才，而大多数呢？起初原也有些蕴藏着的灵感；但那只是星火，在燎原之前，早已灭了；那只是一泓无源之水，最容易涸竭的。解放启发了他们灵感，同时给予他们自由，他们只知道发挥那灵感，以取胜于一时，却忘记了继续找寻，更求佳境。⑤

----

① 在周作人看来："这种小诗在形式上似乎有点新奇，其实只是一种很普通的抒情诗，自古以来便已存在的。本来诗是'言志'的东西，虽然也可用以叙事或说理，但其本质以抒情为主。"仲密：《自己的园地（十三）：论小诗》，《晨报副镌》1922 年 6 月 22 日。

② 仲密：《自己的园地（十三）：论小诗》，《晨报副镌》1922 年 6 月 22 日。

③ 梁实秋：《论诗的大小长短》，《新月》第 3 卷第 10 期，1931 年 12 月。

④ 朱自清：《短诗与长诗》，《诗》第 1 卷第 4 号，1922 年 4 月 15 日。

⑤ 朱自清：《新诗》，《朱自清全集》第 4 卷，江苏教育出版社 1990 年版，第 208 页。

　　新诗的风行在较大程度上得力于其强烈的抒情面向成功调动了青年浪漫的自我想象，但浪漫在激发一种主体自发性的同时，一些追赶时髦，将新诗看作一种身份标识的文学青年也忽略了主体自我也是需要知识、实践不断补足充实的。因而，虽说新诗在当时"尽是歌咏自己"，"但是真能搔着自己的痒处的，能有几人？"① 换言之，浪漫制造的灵感并不是永动恒常的，当灵感消耗殆尽，新诗的动力机制也就荡然无存了。新诗的危机实际上正是来自"自我"对浪漫的某种误读。对于新诗的发明者来说，这自然脱离了他们所预期的发展轨道。因为，新诗的提倡本身是内在于思想革命、社会改造的整体文化逻辑之中的。如果说早先的"浪漫"作为一种强大的主体机制有效粘合了自我与社会，那么，显然，此时失效的浪漫在自我与社会之间进行了彻底的切割。

　　作为一种应对策略，一方面，新诗"节产"② 的声音得到了一定程度的呼应；另一方面，加强诗人的人格修养在当时的应对方案中显得更为紧要。依照梁实秋的分析，新诗的"幼稚"，正归结于"现在一般幼稚的诗人，修养不深，工夫不到"③。对于早期新诗来说，无论是语言形式还是主题内容，都是相当贫乏的。因而，如何能够提供一种源泉性的生发机制是新诗人念兹在兹的紧迫任务。尤其在新诗出现危机的情况下，"诗的源泉"④ 问题更加成为有关新诗出路的讨论中心。在这样的话语气氛中，"诗的一元论"⑤ 出现在不少新诗人的方案性想象之中。依照这样的分析视野，只要加强人格修养，新诗的危机很快便能跳脱出自身的文类局限，新诗破产的担忧也将被诗人的修养问题所替代，这样一来，"如真要彻底解决怎样

---

　　① 朱自清：《新诗》，《朱自清全集》第 4 卷，江苏教育出版社 1990 年版，第215 页。

　　② 郭沫若：《文艺上的节产》，《创作周报》第 19 号，1923 年 9 月 16 日。

　　③ 梁实秋：《读〈诗底进化的还原论〉》，《晨报副镌》1922 年 5 月 8 日。

　　④ 叶绍钧：《诗的源泉》，《诗》第 1 卷第 4 号，1922 年 4 月 15 日。

　　⑤ 田汉、宗白华、郭沫若：《三叶集》，上海亚东图书馆 1920 年版，第 49 页。

做诗,我们就先得明白怎样做人"①。

二 纪游诗与社会化诗风的产生

作为早期新诗的代表人物,康白情尤为看重自我的修养,他认为"新诗是新诗人创造的,那么要预备新诗底工具,根本上就要创造新诗人——就是要作新诗人底修养"。他对修养的贯注并不只是笼统浮泛的发言姿态,对于如何修养,他还开列出了具体的"修养"方案,其中包含四个步骤:"人格底修养"、"知识底修养"、"艺术底修养"和"感情底修养"②。不难看出,四个步骤之间非但不是各自孤立的,反而共同内在于一个有机性的结构整体:既有工具、本体之分,又有内外之别。其中,"观察""活动""自然""社会"都是较为突出的关键字眼。在这些话语的密集分布中,一种"动的修养,活的修养""社会化的修养"③ 呼之欲出。与此同时,一个知行合一的能动"自我"的想象也包含在其中。

值得注意的是,康白情对修养问题的思考并不孤立,并不只是个人的主观看法,而且内置于少年中国的知识氛围之中。对于如何修养,少中成员之间的看法并不一致。在魏时珍看来,修养应当专注于个人,减少过多的社交:"若既瘁于勤而又多社交以扰之,是整而无暇也。"对于魏时珍这种"静的修养"看法康白情并不认同,在他看来:"我以为我们是人,应该从事于人的生活。人是要作社会的活动的,所以我们要习惯社会的生活。我们要想成为一个社会里健全的人去征服社会、改进社会,除非先把自己加入社会里去陶冶过。"④ 换言之,社会对于康白情来说不只是社交场域,更重要的是

---

① 俞平伯:《〈冬夜〉自序》,《冬夜》,上海亚东图书馆1922年版,第3页。

② 康白情:《新诗底我见》,《少年中国》第1卷第9期,1920年3月15日。

③ 《康白情致余家菊》,《少年中国》第1卷第6期"会员通讯",1919年12月15日。

④ 《康白情致魏时珍》,《少年中国》第1卷第3期"会员通讯",1919年9月15日。

康白情把它看作锻造自我的不同事体、不同经历的汇合。因而康白情所反对的不只是修养的方法,同时也是一种机械单调的主体生成方式。而这种书斋式的"静的修养"与此时"在书与玄想之中搜索"① 诗歌的浪漫青年非常相似,二者在逃离社会、自我封闭的同时,不仅割舍了有机综合的形式风格,自我的能动性也被大大缩减。

相比于此时青年之间的浪漫风气所带来的停滞,康白情提出的"社会化的修养"具有相当刺激的话语冲击力。而这种白情式的修养美学②并不只是停留在一般的言论层面,除此之外,这个能动的"自我"形象也具体刻画落实在康白情这一时期的社会经历与新诗实践之中。

康白情的新诗创作在早期新诗的格局势力中占有相当重要的位置,《草儿》在胡适看来是当时"出版的许多新诗集之中","最重要的创作"③。其中,纪游诗是胡适颇为中意的部分。这里的纪游与其说是山川景致的观览,不如说是由紧凑的行程所编织的社会履历。这一时期的康白情不只活跃在"少年中国""新潮"的社团内部,同时也积极投入更为庞大的社会改造事业中,参与全国学联的具体串联工作中,由此他的身影在南北之间频繁出现。④ 他在旧诗中将这段经历总结勾画为"南北奔驰为国亡"。而这段高密度的社会履历也造就了他此时的新诗写作,不仅提供了丰富的社会材料,也决定了他综合的形式技法。这一时期的新诗创作分布广泛,写景、纪游、

---

① 云菱:《去向民间》,《诗》第 1 卷第 3 号,1922 年 3 月 15 日。

② 参见袁一丹《诗可以群:康白情与"少年中国"的离合》,《新诗评论》2011 年第 2 辑,北京大学出版社 2011 年版,第 99—124 页。此外,魏时珍也称康白情的修养方法为"白情式的社交",参见《康白情致魏时珍》,《少年中国》第 1 卷第 5 期"会员通讯",1919 年 11 月 15 日。

③ 胡适:《评新诗集(一):康白情的〈草儿〉》,《读书杂志》第 1 期,1922 年 9 月 3 日。

④ 作为学生领袖的康白情,这一时期东奔西走、南北奔驰,而这样的社会性经历与其新诗写作形成了内在的呼应。参见袁一丹《诗可以群:康白情与"少年中国"的离合》,《新诗评论》2011 年第 2 辑,北京大学出版社 2011 年版,第 99—124 页。

演说、赠别等手段的运用造就了一张体量巨大、内涵驳杂的新诗地图。社会在他那里除了是自我展开的空间场域，社会的动态感、复杂性同时也意味着它是一种自我修养的手段和途径，更是他新诗写作的一种发生机制。

在大多数人的观感中，《草儿》的独到都在长于写景上①。事实上，其中的纪游诗因为写景、叙事、演说、抒情等多方面的融入而呈现一种意义上的内聚。换言之，写景的亮点只是其中的一面。在胡适看来，《草儿》"在中国文学史上最大的贡献"正在于他的纪游诗，无论是"行程的纪述""景色的描写"，还是"长篇的谈话"都被囊括其中。② 某种程度上，《草儿》为初创不久的早期新诗提供了一种综合的形式风格。在康白情的新诗生涯中，有两段集中的纪游诗写作，一段是跟随北大游日团赴日考察，另一段则是赴美留学前在庐山的游历。1920 年 4 月 28 日，在社会改造的热烈气氛中，康白情与黄日葵等北大游日学生团成员赴日考察，与日本新人会进行交流。③ 在这一过程中，不仅有演说、游历等实践方式参与其中，新诗

---

① 梁实秋认为："《草儿》里比较的最差强人意的诗要算是那几首写景诗。也可以说，写景是《草儿》的作者所最擅长的，天才所独到。"梁实秋：《草儿评论》，闻一多、梁实秋《冬夜草儿评论》，清华文学社 1922 年版，第 13 页；同为少中成员的李思纯则认为康白情"尤工于景物的描绘"。《李思纯致宗白华》，《少年中国》第 2 卷第 8 期，1921年 2 月 15 日。

② 胡适：《评新诗集（一）：康白情的〈草儿〉》，《读书杂志》第 1 期，1922 年 9月 3 日。草川未雨也认为："草儿这三百来页的诗集，写景、描绘最多，尤其以纪游占最大部分，而作者在新诗上的贡献，也就在纪游上。"草川未雨：《中国新诗坛的昨日今日和明日》，北平海音书局 1929 年版，第 53 页。

③ "少年中国"的《会务报告》中记载："康君白情，黄君日葵，徐君彦之，孟君寿椿，皆于四月二十八日组织一九二零北京大学游日学生团离京赴日，作宣传及视察之事业。"《会务报告》，《少年中国》第 1 卷第 11 期，1920 年 5 月 15 日。另可参见李永春、史飞《少年中国学会与 1920 年北京大学学生游日团》，《民国研究》2014 年秋季号，总第 26 辑；《康白情生平及著作年表简编》，诸孝正、陈卓团编《康白情新诗全编》，花城出版社 1990 年版，第 338—339 页；《黄日葵大事年表》，《黄日葵文集》，中共广西壮族自治区党史资料征集委员会办公室编，广西人民出版社 1989 年版，第 275 页。

也是重要的记述手段。在神户贫民窟访问贺川丰彦后，黄日葵完成了《赠贺川丰彦先生》一诗的写作，以物质之"贫"与思想之"富"的辩证，表达对贺川丰彦平民精神的深切认同，这与社会改造的思想走向也极为贴合。

这段行程也同样激活了康白情的作诗动力，在游日途中，康白情写就了《日光纪游十一首》①。十一首诗之间有着清晰完整的叙述结构，起首讲述游日团事宜结束后一行几人"一道儿去逛日光去"，中间七首专注大略登山途中"走马观花"式的，以及对日本世俗生活的一种主观感受，随着行程的拉长延伸，诗歌形式也在叙事、描写、议论中灵活变动，后三首则以写景收束。在某种程度上诗与诗之间的错落衔接可以看作一首完整纪游诗的不同段落、不同层次。因而，诗的终点虽在写景，但前面大量的铺叙也并非多余，事实上在这些要言不烦的铺叙中，康白情借助"走马观花"的视角不仅捕捉到了风景，更主要的在于"走马观花"也提供了一种主体内嵌的方式，行程深入的同时也就是抒情自我不断被置入风景之中的过程；叙事、议论、描写的不断更换，其实也就是抒情自我对外在生活画面的不同处理方式，或者说形式的多元呈现出了自我的不同面貌，而形式的综合则拼凑出一个能动、丰富的自我形象。不仅如此，风景安排在诗的最后暗示着，对于抒情自我而言它不是一种外在的突入，而恰恰生成于自我的不断构造中。进而，写景也并不只是对风景的机械摄入，写景的展开其实也就是抒情的实现。在诗的结尾，康白情在对中禅寺湖、华严泷这些物质风景细腻描摹的同时，诗歌也在"威娜司""死恋底风气""少年哲学家藤村操"的叠合之间构造出一个爱情、思想与人生相互交织的抒情空间，自我也由外在的观看深入一个高度自由的内面空间。

相比于日本的短暂游历，庐山之行时间更为充裕，旅程也更为

————————————

① 康白情：《日光纪游十一首》，《草儿》，上海亚东图书馆1922年版，第98—113页。

漫长。因而,与《日光纪游十一首》不同,《庐山纪游三十七首》① 在体量上更为庞大,形式也更为丰富复杂。每一首诗都相对独立,思想意旨与具体写法也都相当不同。在内容上,既融入个人性的情感体验,也掺入社会性的材料;体制上,长短交错、记述、对话、人称转换、复沓等多种手段共同参与,在某种程度上构成了康白情诗歌技艺的试验场。但形式的多样事实上取决于不同诗歌主题的频繁转轨,其中不仅有纯粹的风景观感,也有同学友谊的情感代入、社会作工的心态延伸、自我意志强度的考验追问等。主题思想的密集使得叙事节奏始终处于一种加速之中,抒情视角就不再只是单纯的观景,而更多的是自我主观意志的一种快节奏的展演,这与康白情在社会改造中的行动步点极为相似,这种情感底色可以看作他"作工"的社会心态的复写。由此,风景对于他而言并不是一次审美的逃离,而更像是紧张的社会生活的延伸。借助纪游的行程和诗歌综合的形式,在他思想中积压的社会问题得到了一种疏散和整合。他所发明的综合的形式风格来源于他在具体的社会工作中丰富多面的实践方式。换言之,他的新诗生成套用了社会改造的思路和逻辑。而这样的新诗面目在某种程度上恰恰与胡适早期的新诗构想形成了内在的呼应,那就是创造一种能够兼具"丰富的材料,精密的观察,高深的理想,复杂的感情"的诗体形式②。而"丰富""精密""高深""复杂"从具体经验层面来看恰好对应着一种现代人格自我的想象。③

---

① 康白情:《庐山纪游三十七首》,《草儿》,上海亚东图书馆 1922 年版,第 150—234 页。

② 胡适:《谈新诗——八年来一件大事》,《星期评论》双十节纪念号,1919 年 10 月 10 日。

③ 可以参照的是,在《三叶集》通信中,针对郭沫若诗形的简单,宗白华也敏感注意到康白情所创制的综合复杂的形式风格:"我觉得你的诗,意境都无可议,就是形式方面还要注意。你诗形式的美同康白情的正相反,他有些诗,形式构造方面嫌过复杂,使人读了有点麻烦(《疑问》一篇还好,没有此病)。你的诗又嫌简单固定了点,还欠点流动曲折。"田汉、宗白华、郭沫若:《三叶集》,上海亚东图书馆 1920 年版,第 26 页。

可以说，康白情的新诗经历不单单是一种"抽象的抒情"，更是一种颇具行动实感的社会经验整合。对于早期新诗的贫乏、单调，这些社会性内容的参与自然是及时、必要的补足和纠正。并且，借助这些丰富、驳杂的内容支撑，新诗在分行之外更获具了一种综合的形状、崭新的面貌。与此同时，随着诗歌内部经验之间的交叠、穿插，一个能动的自我形象也在其间确定了根柢。康白情的意义正在于此，不仅为深陷危机的新诗创造了综合的形式面貌，更为苦闷停滞的青年提供一种能动丰富的经验自我、一种朝向社会的开放的人格想象。实际上，这种社会化的诗歌生成方式并非个例，在社会改造的氛围笼罩下，新诗普遍被当作自我与社会相互激荡的重要手段。① 参与新诗，对于很多新诗人而言，不仅是在意义感的征召下刷新自我的主体形象，更是一种扩展性的社会实践。如果说新诗的危机在某种程度上确实来自青年自我的封闭的话，那么，凭借一种社会化的诗歌手段，自我已经不再是自足静止的内向空间，在开放扩展的同时也参与了社会秩序的定义与社会形式的生产。

三　长诗的兴起

虽然《草儿》在当时的接受视野中得到了较高的评价，但是其洋溢的"社会化"的诗歌美学，在另外的声音中并没有得到多么积极的回应姿态。由于"演说""动作""纪事"大量盘踞其中，梁实秋认为，《草儿》中"只有一半算得是诗，其余一半直算不得是诗"②。成仿吾更是加重论述口径，指斥"康白情的《草儿》，实是一篇演说词"③。在"诗"与"非诗"之间，形式问题在早期新诗中贯穿始终的内在紧张无意间也被揭示出来。新诗之"新"，既意味着

---

① 在"少年中国学会"的实践活动中，新诗更多的是与"劳动""社会改造"等现实问题纽结在一起的。

② 梁实秋：《〈草儿〉评论》，闻一多、梁实秋《冬夜草儿评论》，清华文学社1922年版，第13页。

③ 成仿吾：《诗之防御战》，《创造周报》第1号，1923年5月13日。

一个空洞的内容框架需要丰富，复杂的现代经验去填充、弥补，同时在“诗”的标准之下也需要一个富有意味的形式的组织运作。依照前文的分析，综合性的社会诗风在网罗现代生活、扩充自我方面的确显示了强劲的效果，但是不加择取、辨识也会伤害新诗的形式面貌：“材料的缺乏可以叫做诗的人破产，材料的不加选择也可以损坏诗的价值。”①“社会化的修养”在一定程度上以其综合的形式风格调和了新诗“丰富”“复杂”的内容品性，扩展了新诗的表意功能和写作范围，对诗歌青年的浪漫习性有所修正，但是，形式的综合也意味着一种粗砺芜杂。由此，“精细”“高深”的形式美感也需要进一步反思和锻造。

　　在早期新诗浪漫风气的批判中，形式方面也始终处于被攻击的中心。因为，形式并不单单是句式诗行的机械组织，更关乎诗歌意义的呈现方式和过程，正如苏珊·朗格所说：“符号与其象征之物之间必须具有共同的逻辑形式。”② 如果说分行也意味着一种形式，那么，在行句参差不齐的堆叠中，诗的意义是如何生成的呢？换言之，如果不能赋予形式明确的规定和意义，危机的乌云将始终笼罩在新诗的上空。因而，对浪漫机械性的修正也在于从形式的单调模仿中构造出一种“有意味的形式”。事实上，对于形式的探索在早期新诗的“尝试”中占有相当的分量，譬如，小诗的流行和长诗的兴起。而小诗由“时髦”很快走向了惨淡。其中，固然有形式“容易”的陷阱，但形式并非完全抽象、自足，而是与一种自我生成的方式紧密相连。正如伊格尔顿所说：“语言不仅是我使用的方便工具，而且是一种创造了我的东西。”③ 小诗的“单调与滥作”，在减损诗的品

---

① 俞平伯：《社会上对于新诗的各种心理观》，《新潮》第 2 卷第 1 号，1919 年 10 月 30 日。

② ［美］苏珊·朗格：《情感与形式》，刘大基、傅志强译，中国社会科学出版社 1986 年版，第 37 页。

③ ［英］特里·伊格尔顿：《二十世纪西方文学理论》，伍晓明译，北京大学出版社 2007 年版，第 123 页。

质的同时，内在自我的生长空间、丰富内涵也一并受到删削、消耗。

与小诗相对，这时，长诗出现在一些新诗人的期待视野之中。在朱自清的判断中，"长诗的稀少反映出的是'一般作家底情感底不丰富与不发达！这样下去，加以现在那种短诗底盛行，情感将有萎缩、干涸底危险！"① 照此分析，小诗的失败根源在于青年自我主体性的匮乏、空洞。那么，相比于小诗的单调，长诗的意义首先就在于发展"多方面的情感"。如果说社会改造同时也意味着一种自我的再造，那么，丰富、复杂的自我结构自然是所要追寻的理想目标。较之于短诗，长诗在体量上要求着"丰富的生活和强大的力量"，而体量意味着丰富的内容和扩展的能力。而长度不仅仅是语词的堆积，相比较而言，"复杂而错综"的"意境、情调"、"曼衍"的"结构"、"委曲周至"的"描写"发挥着更为重要的作用。因而，形式就不只是新诗的皮相，而且与自我的意义生成相呼应：

> 在铺张的结构里，我们固然失去了短诗中所有的"单纯"和"紧凑"，但却新得着了"繁复"和"恢廓"。至于情绪之不能持续着一致的程度，那是必然；但让它起起伏伏，有方方面面的转折——以许多小生命合成一大生命流，也正是一种意义呀。②

而所谓的"起伏""转折"在呈现诗歌内部的节奏动态的同时，也呈现出了青年自我的社会轨迹、内心感受。按照布尔迪厄的理解，"作家如同任何社会行动者一样，身上带有处于实践状态的这些结构，但无法真正地支配它们，只有通过形式加工，才能实现对一切空载语言的自动作用下通常以暗含的或无意识的状态被埋葬的东西

---

① 朱自清：《短诗与长诗》，《诗》第 1 卷第 4 号，1922 年 4 月 15 日。
② 朱自清：《白采的诗》，《朱自清全集》第 1 卷，江苏教育出版社 1988 年版，第 224 页。

的回想"①。长诗不仅扩充了自我，在梁实秋看来，长诗的"繁复深刻"更生产出了"伟大"②，因为伟大在某种意义上恰恰是以一种长度来体现。作为新诗史上的"第一首杰作"，《小河》在胡适心中的位置也是与长度制造出的"曲折"③ 效果密切相关的。

在漂浮的言论之外，朱自清也把有关长诗的体悟带入新诗创作之中。1922 年 12 月 9 日，朱自清完成了长诗《毁灭》的写作。在诗的开头有一段简短的文字交待了背景：

> 六月间在杭州。因湖上三夜的畅游，教我觉得飘飘然如轻烟，如浮云，丝毫立不定脚跟。当时颇以诱惑的纠缠为苦，而亟亟求毁灭。情思既涌，心想留些痕迹。④

这里提及的游湖事件指的是，1922 年 6 月初，朱自清与俞平伯、郑振铎等人相聚西湖、泛游三日的事。北大毕业之后，朱自清很快回归到家庭与事业中，奔波于江浙不同的教育场域。家庭的、工作的、社会的矛盾彼此交织、相互缠绕，生活中"五光十色"的诱惑对其心境也构成不小的扰动。⑤ 因而，对于此时的朱自清而言，同人的欢聚显然制造出了一种巨大的情感反差，知识情感的分享极大地涵容了生活的困顿，但欢聚的短暂也带来一种更为失落的"毁灭"情绪，俞平伯在自己的诗中也记述了这种离散感："欢会将散时，/大家都说：'要回去了。'/回到哪里去呢？/谁都说不出来，/谁都是

---

① ［法］布尔迪厄：《艺术的法则：文学场的生成与结构》，刘晖译，中央编译出版社 2011 年版，第 64—65 页。

② 梁实秋：《论诗的大小长短》，《新月》第 3 卷第 10 期，1931 年 12 月。

③ 胡适：《谈新诗——八年来一件大事》，《星期评论》双十节纪念号，1919 年 10 月 10 日。

④ 朱自清：《毁灭》，《小说月报》第 14 卷第 4 号，1923 年 4 月 10 日。

⑤ 俞平伯谈及《毁灭》的写作也提到家庭社会的干扰："《毁灭》作者的病源，我所知及他自己说过的，至少有两个家庭的穷困冲突与社会的压迫。"俞平伯：《读〈毁灭〉》，《小说月报》第 14 卷第 8 号，1923 年 8 月 10 日。

漂泊者啊!"① 面对自我的情感分裂,朱自清的应对方案是毁灭一个破碎纷乱的自我,进而构造出一个具有持续性的感情力度、意义感知的主体形象。正是这一矛盾情绪构成了《毁灭》的写作起点。在给俞平伯的信中,朱自清坦诚了这一动机:"我自今夏与兄等作湖上之游后,极感到诱惑底力量,颓废底滋味,与现代的懊恼。……我一面感到这些,一面却也感到同程度的怅惘。因怅惘而感到空虚,在还有残存的生活时所不能堪的!我不堪这个空虚,便觉飘飘然终是不成,只有转向,才可比较安心——比较能使感情平静。"② 这种种困扰造就了一种强烈的回归倾向,"摆脱掉纠缠,还原了一个平平常常的我!"在自我的分裂中,"还原"的方法唯有"毁灭"现在的"摇摇荡荡的我"。在这里,朱自清主要不是把长诗看作扩容的手段,而是在一种"曲折"的节奏层次中呈现一种生活态度和人生道路:"我要一步步踏在土泥上,打上深深的脚印。"时代加于自我身上的种种矛盾和困境,对于朱自清来说,首先不是躲避逃脱,而是以一种具体的诗歌形式对之进行持续坚定的凝视、回击。朱自清借用长诗的形式表达"毁灭"的情绪并非偶然为之,在形式与情感之间事实上有着相当深刻的积淀。③ 长诗的选择不仅仅是简单的情绪宣泄,朱自清更重要的意图在于从"毁灭"的过程中翻转、锻造出一种繁复、曲折、持续性的情感强度和意义秩序。

在"毁灭"的矛盾心理中,朱自清对感情问题格外重视。《毁灭》写作前不久,朱自清写作了《离婚问题与将来的人生》一文,针对美国式婚姻建构于枯燥的经济关系之上,朱自清尤为推重婚姻

---

① 俞平伯:《倦》,作于 1922 年 6 月 13 日,收入《西还》,上海亚东图书馆 1924 年版,第 39 页。

② 朱自清:《信三通》,作于 1922 年 11 月 7 日,收入 O. M. 社编《我们的七月》,上海亚东图书馆 1924 年版,第 196 页。

③ 俞平伯也认为《毁灭》的写作与一种深厚复杂的感情积淀相关:"这种思想意念决非突然而来,且非单纯地构成的。"俞平伯:《读〈毁灭〉》,《小说月报》第 14 卷第 8 号,1923 年 8 月 10 日。

的感情基础①。在反思自己的批评态度时，他也指出"多修养方面下手发展情绪"②。在自我的人生规划上，他也把感情看作调整的关键："以后颇想做些事业，掘发那情绪的错，因为只有狭小的情绪，实在辜负了我的生活了！"③ 这种强烈的感情自觉意识也被他拿来校准自己的新诗写作："但觉白情意气纵横，字里行间，隐有热血忿勇，非我沾沾所可及。"④ 他从康白情综合的形式风格中所看到的并不只是形式本身的魅力，更体悟到形式表层之下的感情力量。但是显然他又对这种激情的短暂突现并不满足："近来读白情诗（尤其是《鸭绿江以东》一类的作品），读《乐谱中之一行》，读屠格涅夫《前夜》底译本，皆足令我男儿之火中烧，深以惓伏为耻！但此情绪终难持久，故还是不能长进！"⑤ 换言之，感情的短暂复现固然调动了自我，但朱自清也认识到激情的内在限度，进而力图生成一种长时段持续性的感情生活，正如他所说："我第一要使生活底各个过程都有它独立之意义和价值。——每一刹那有每一刹那的意义和价值！每一刹那在持续的时间里，有它相当之位置；它与过去、将来固有多少的牵连。"⑥ 这与他对长诗的构想形成了深刻的呼应。

　　在《毁灭》之前，朱自清对长诗写作已经有所尝试。同年 3 月 28 日，他写作了《匆匆》。在给俞平伯的信中透露了写作的缘起："日来时时念旧，殊低徊不能自已。明知无聊，但难排遣。'回想上

①　知白：《离婚问题与将来的人生》，《妇女杂志》第 8 卷第 4 号，1922 年 4 月。

②　《寄俞平伯（三）》，作于 1922 年 4 月 13 日，1948 年收入《文学杂志》第 3 卷第 5 期"朱自清先生纪念特辑"。

③　《寄俞平伯（四）》，作于 1922 年 3 月 26 日，1948 年收入《文学杂志》第 3 卷第 5 期"朱自清先生纪念特辑"。

④　《寄俞平伯（四）》，作于 1922 年 3 月 26 日，1948 年收入《文学杂志》第 3 卷第 5 期"朱自清先生纪念特辑"。

⑤　《寄俞平伯（三）》，作于 1922 年 4 月 13 日，1948 年收入《文学杂志》第 3 卷第 5 期"朱自清先生纪念特辑"。

⑥　朱自清：《信三通：一九二二年十一月七日残信》，收入 O. M. 社编《我们的七月》，上海亚东图书馆 1924 年版，第 197 页。

的惋惜',正是不能自克的事。因了这惋惜的情怀,引起时日不可留之感。我想将这宗心绪写成一诗,名曰《匆匆》。"① 不难看出,其中的"低徊""无聊""惋惜"的情怀与《毁灭》中的情感体验非常接近,在某种程度上《匆匆》构成了《毁灭》的情感预热,而在形式择取上也是一次试验。《匆匆》虽然"写得颇长",但朱自清其实是当作散文诗来处理,在一定程度上虽也具备了长诗的形貌,但没有脱离"散"的特点。例如,抒情虽然呈现出细密绵长的意味,但在情感的处理上仍然只是一种惶惑之感的流露、发泄,并未从中翻转出对"狭小的情绪"克服,进而整合出一个崭新的自我形象。这也造成了它与《毁灭》的意义距离。《毁灭》的意义在于,借助字句的安顿、辗转,自我不仅实现了对现代生活的不确定性的把握,借助形式逻辑的构造,自我也完成了心灵秩序的重新组织。换言之,它不只是抒情,更是在抒情中内置了自我成长、再生产的形式机制。这也正是长诗在体量之外的"伟大"之处:它在打开自我内面的同时,也呈现了自我构建的逻辑方法。在它"复杂而错综"的"意境、情调"和"曼衍"的"结构"中暗含着对一种"丰富的生活和强大的力量"生产的可能,对于"后五四"时期陷入停滞的社会改造而言,这是相当重要的。因为,社会改造在激荡起青年自我"动的""反抗"的主体机制的同时,也极易陷入"主义"话语的激情狂热中,而一种持续性的感情强度和曲折繁复的形式机制显然能够修复、克服激情的短暂性,为社会改造注入了解决问题所需要的情感力度、形式方法,进而保证了改造的连续性、有效性的可能。

　　随着一批新诗人的加入,长诗写作一时也形成了气候②。在他们的设想中,新诗扩张、生产的能力获得是一方面,更重要的是在抒

---

　　① 《寄俞平伯(四)》,作于1922年3月26日,1948年收入《文学杂志》第3卷第5期"朱自清先生纪念特辑"。
　　② 当时代表性的长诗如俞平伯《迷途的鸟底赞颂》、王统照《独行者之歌》、刘延陵《铜像底冷静》、白采《赢疾者的爱》等。

情、叙事、议论、说理等形式环节的淬炼下建立一个既有广度又有深度的主体自我。凭借形式的创造，新诗人不仅更新了自我生成和认识世界的角度和方式，并且随着一种文本秩序的构造，与之相对应的一种崭新的主体感知和存在方式也被召唤出来。正是在形式的层面通过自我体验的呈现和描写，自我和时代的现代性风格建立了相互生产的关系。

第 五 章

从无声到有声：《野草》与
"自我"的"彷徨"

第一节　"后五四"的鲁迅与《野草》的写作缘起

　　1924 年 9 月 15 日，鲁迅写作了《秋夜》，两个多月后将其题为《野草—秋夜》发表于创刊不久的《语丝》周刊，由此开启了散文诗系列《野草》的写作。至 1926 年 4 月 10 日《一觉》的写定，鲁迅总共完成了 23 篇散文诗的写作。一年之后，鲁迅又于广州白云楼为《野草》添写了一篇"题辞"，两日后将编定的《野草》稿件及"题辞"寄付李小峰。对于《野草》，鲁迅自己相当重视，他不仅坦诚《野草》之于自己的哲学本源意义，对其中的写作技术也是相当自信。①《野草》更为重要的意义在于，它构成了鲁迅 1920 年代思想转折的文学视点，是鲁迅"一次冲决第二次绝望的生命行动"②。然而，它将诗与哲学的混合也造成了相当大的解读难

---

　　①　章衣萍曾转述鲁迅在谈话中对《野草》的评价："他的哲学都包括在他的'野草'里面。"衣萍：《古庙杂谈》（五），《京报副刊》第 105 号，1925 年 3 月 31 日。在给萧军的复信中鲁迅说："我的那一本《野草》，技术并不算坏。"《341009 致萧军》，《鲁迅全集》第 13 卷，人民文学出版社 2005 年版，第 224 页。

　　②　汪卫东：《探寻诗心：〈野草〉整体研究》，北京大学出版社 2014 年版，（转下页）

度。具体来看,它的思想题旨包括自我检省、复仇、文明批判等多个层面;而形式技法则综合了戏剧、戏拟、对话、独白、杂文等多种笔法,二者的驳杂与总题中的"野"性相呼应,共同造就了它的歧义与难解。

以往的《野草》研究以细读释义为主,近年来一种整体性研究的视野开始植入《野草》研究中,它不仅强调《野草》篇目之间整体性的呼应关联,更注重鲁迅的思想与文本之间的有机生成。其中,从写作缘起的角度考察《野草》生成路径的方法也颇具启发。王彬彬强调"特定时代"的背景性因素,符杰祥则认定鲁迅早期的"摩罗诗力"构成了《野草》的"诗心"与"根本",而汪卫东更强调1923年鲁迅的"第二次绝望"对于《野草》的发生器作用。[①] 这些观点各有侧重,但大都将《野草》的生成置放在鲁迅思想史的脉络体系中,将其视为鲁迅对自我思想挫折和精神危机的处理和应对。本书的思考起点同样基于此,但也稍有不同。与汪卫东所认为的1923年的"第二次绝望"对《野草》的直接刺激相比,本书的关注点在于《野草》在思想与形式、哲学与诗之间的有机关联是如何建构的。因而时间节点也不只注目于《野草》写作前一年的1923年,而是将考察时段进一步前置在1920年,进而探查在"后五四"的长时段历史中鲁迅如何再次陷入"沉默"[②],他的思想轨迹如何变化。

(接上页)第 10 页。木山英雄也将《野草》的主体建构逻辑回溯至"呐喊"失败后的鲁迅,他将《野草》看作鲁迅"失败"后的"第二次行动"。参见 [日] 木山英雄《文学复古与文学革命》,赵京华编译,北京大学出版社 2004 年版,第 25 页。

① 参见王彬彬《〈野草〉的创作缘起》,《文艺研究》2018 年第 1 期;符杰祥《〈野草〉的命名来源与"根本"问题》,《文艺争鸣》2018 年第 5 期;汪卫东《探寻诗心:〈野草〉整体研究》,北京大学出版社 2014 年版。

② 汪卫东虽然看到了鲁迅 1923 年的"绝望"时刻,但《野草》并非应激式的写作,"绝望"也并非一蹴而就,而是埋伏在"后五四"时期相对漫长的思想困境和情感积压所带来的又一次"沉默"中,以"第二次沉默"来概括《野草》写作前鲁迅的思想状况,并非意在否定鲁迅 1923 年的"绝望"心境,而是在此基础上将《野草》写作的背景纵深进一步拉伸,充分激活其中暗含的丰富性与可能性。

在此过程中，哪些文学的、思想的、译介的因素参与其中，这段思想前史与文学经验如何帮助他完成了从 "沉默" 到 "野草" 的过渡，进而又是如何作用于《野草》的思想构成和形式机制。

一　从 "下山" "放火" 到 "永远轮回"

在鲁迅的思想构成中，尼采占据着一种 "本根" 性的位置，尼采的思想光影几乎伴随了鲁迅的一生。留日之初，与尼采的接触不仅使鲁迅获得了一种文明批判的世界视野，也为其设定了 "摩罗诗人" 这一理想的人格造像。可以说，借鉴尼采既构成了鲁迅的思想起点，也开启了鲁迅的 "新生" 机制。"五四" 时期，正是查拉图斯特拉 "下山" 与 "放火" 的牺牲精神和决绝姿态赋予了鲁迅走出 "沉默"、参与新文化事业当中的力量和信心。而在 1920 年代的思想转折中，也正是借助尼采 "永远轮回" 的哲学视野，鲁迅不仅再次 "看见时代"，也进一步 "看见自己"。此后，鲁迅虽然对尼采的观照视点有所调整，但尼采的身影并没有从鲁迅的思想痕迹中完全抹去，即便是在 1930 年代的生命尾声，鲁迅仍然鼓励徐梵澄完整翻译自己未能完成的《查拉图斯特拉如是说》。

值得注意的是，鲁迅虽然深受尼采的影响、背负着 "中国的尼采"① 的名号，但他对尼采大多数的引述并不超越《查拉图斯特拉如是说》的范围，尤其是其中的《序言》部分。② 更有意味的是，"五四" 前后，鲁迅曾两次译介《序言》，一次采用古奥的文言、一次改用相对流畅的白话。此外，1918 年的译本鲁迅只摘译了前三节，而 1920 年的译本鲁迅则将全部十节完整译出。考虑到两次翻译

---

① 志摩：《关于下面一束通信告读者们》，《晨报副刊》1926 年 1 月 30 日。鲁迅在《无花的蔷薇》中也引述了这段话。

② 郜元宝认为："许多学者都注意到，鲁迅一生引用尼采，基本不超过《查拉图斯特拉如是说》。我想补充一句，鲁迅一生引用尼采最多也仅限于他本人先后两次翻译的该书《序言》部分。" 参见郜元宝《"末人" 时代忆 "超人" —— "鲁迅与尼采" 六题议》，《同济大学学报》（社会科学版）2015 年第 1 期。

行为的时间节点恰好跨越了"五四"前后的两个时段，那么翻译之间的形式落差也极有可能暗合着鲁迅对新文化运动事业的态度转变，以及由此引发的思想转折。

1918 年，以《狂人日记》为起点，鲁迅开始打破沉默、走出"寂寞"，投身"新青年"团体的文化事业中。然而从"寂寞"到"呐喊"的漫长距离，显然并不像《呐喊自序》所描述的那么流畅，鲁迅虽然提及金心异"说到希望"对他的感召和诱惑，他自己也借着小说之名、发出"救救孩子……"的声音与之相呼应，但相比于这种外在的请托，某种内在的思想认同更为重要。换言之，鲁迅的"呐喊"显然需要一种更为深刻的思想契机。

而就在《狂人日记》发表的同一期，周作人也发表了《读武者小路君的〈一个青年的梦〉》，两篇文章在篇目上前后紧挨。在前一个月的日记中，周作人详细记录了作文前后的情况。4 月 8 日，在收到中西屋寄来的"アル青年ノ夢"之后，周作人立即投入阅读之中，在连续两日阅读之后，又于 11 日作"杂文一篇"①。周作人如此密集的心力付出不仅在于其中洋溢的希望色彩——"将来的种子"，更重要的是，武者小路实笃真诚的声音为周作人投身新文化运动的理想事业设定了"知其不可为而为之"的思想姿态②。在周作人思想的传染下，鲁迅也被其中透彻的思想、坚固的信心所感动，他将武者小路实笃的思想动机视为"在大风雨中，擎出了火把"，并很快投入具体的翻译中。但与此同时，对其中"梦"的色彩，他也表露出"怀疑"和"恐怖"，坦诚自己"也有意见不同的地方"③。相比于武者小路实笃，尼采对鲁迅的"呐喊"事实上构成了更为直接有效的思想感召。

---

① 参见《周作人日记》（上），大象出版社 1996 年版，第 743—744 页。

② 周作人：《读武者小路君的〈一个青年的梦〉》，《新青年》第 4 卷第 5 号，1918 年 5 月 15 日。

③ 鲁迅：《〈一个青年的梦〉译者序》，《新青年》第 7 卷第 2 号，1920 年 1 月 1 日。

　　在《狂人日记》写作的同一时间段，鲁迅采用文言的形式、以《察罗堵斯德罗绪言》为题翻译了《查拉图斯特拉如是说》序言的前三节①。这三节大致讲述察罗堵斯德罗（按文中人名）如何从"入于重山"到"下山""爱人"的经历，是其整个"超人"故事的一个序幕。第一节首先讲述的是察罗堵斯德罗面对太阳的一番自白，尼采采用"吾能俱贶焉，能判分焉""吾必入于渊深""吾必如汝沦降矣"这些相当主观的句式来凸显察罗堵斯德罗下山的决绝姿态，这种姿态意味着他的下山并不受外力的干扰，而是来自自我内在声音的召唤和内心意志的决断。换言之，句式的形式表层实际上勾画出的是一个具有强大主体意志的内在自我，这与尼采的思想原色非常契合。然而，从写作技术来看，人物突然性的主观自白相当冒险，对于感受、聆听的读者而言，自白的突然出现类似于一种危险的闯入，它非但不能有效植入读者的内心世界，达到共感共情的叙事效果，反而会激起读者的一种反向保护机制，从而屏蔽自白的叙事力量。为了回避这种叙事的冒险，尼采在察罗堵斯德罗主观自白的开头设置了一小段背景切入："察罗堵斯德罗行年三十，乃去故里与故里之湖，而入于重山，以乐其精神与其虚寂，历十年不倦，终则其心化。"② 这段背景的重要之处，并不只在于为接下来的自白提供叙事的起点，保持叙事的完整，而是在于它呈现了察罗堵斯德罗从"乐其精神与其虚寂"到"心化"的内在转变过程。正是这一漫长的转变为察罗堵斯德罗高扬的自白提供了强大的"心力"，它意

---

　　① 1918 年，鲁迅在《狂人日记》《随感录四一》《随感录四六》中都引述了《查拉图斯特拉如是说》序言部分，且都采用白话译法。考虑到序言此时的频繁以及译法的转换，鲁迅译《察罗堵斯德罗绪言》可能在《狂人日记》前后。李浩则认为这篇译文"翻译的最晚时间定在 1917 年。"参见李浩《鲁迅译稿〈查拉图斯特拉如是说·序言〉》，《上海鲁迅研究》2015 年第 1 期（春季号）。另外需要注意的是，鲁迅对 Zarathustra 的译名并不一致，前两节采用察罗堵斯德罗，第三节则采用札罗式多。由此，可以推断，三节有可能并不在同一时间翻译。

　　② 《察罗堵斯德罗绪言》，鲁迅译，王世家、止庵编《鲁迅著译编年全集》第 3 卷，人民出版社 2009 年版，第 109 页。

味着主体意志并非来自神的"布施"，而是自我在"虚寂"中的历练和锻造，由此，察罗堵斯德罗完成了由神到"再人"的过程。通过察罗堵斯德罗下山前的这段前史，鲁迅显然看见了自己，他不但看到自己"回到古代""钞古碑"①的"十年不倦"的"虚寂"，同时也借助于察罗堵斯德罗"心化"的转变机制重新赋予自己十年"沉默"和"寂寞"以一种思想蓄积、精神锻造的能动意义。由此，鲁迅由"沉默"到"呐喊"的裂变可能并不完全在于金心异的召唤，或许是察罗堵斯德罗的"下山"为鲁迅提供了一种可供追摹的主体机制。换言之，此时的鲁迅就是察罗堵斯德罗。因而，新文化运动对于鲁迅来说不只是"听将令""敲边鼓"式的被动回应、迎合，更重要的是，它是鲁迅的一次精神"下山"，从而开启了鲁迅"爱人"的文学事业。

为了进一步凸显察罗堵斯德罗决绝的"下山"信念，尼采在序言第二节安排了一个"黄耇"的形象，根据鲁迅的解说，"黄耇"其实就是信仰的圣者。这一节，尼采以对话的体式重点呈现"认识的圣者（Zarathustra）与信仰的圣者"②有关"下山"与否的辩诘。圣者一再以反问的语气质疑察罗堵斯德罗"下山"的合理性，察罗堵斯德罗则不断以"爱人""赠与"的信念来回击圣者"爱神而不爱人"的虚妄，他以"神死矣"的论断既宣告自我"再人"的决断，同时也赋予"人"存在的合理意义。由此，在第三节，察罗堵斯德罗开始向民众布告自己的"超人"理念。鲁迅的译介到此为止。换言之，此时的察罗堵斯德罗所呈现的始终是一个"下山""放火"、具有超强意志的主体形象。鲁迅不仅借助翻译行动将自我植入这一主体机制当中，更从中获得了重新投身文学事业的强大信念。某种程度上，正是这种信念构成了鲁迅"五四"时期的文学起点，

---

① 鲁迅：《呐喊自序》，《晨报副刊·文学旬刊》第 9 号，1923 年 8 月 21 日。

② 唐俟：《〈察拉图斯忒拉的序言〉译者附记》，《新潮》第 2 卷第 5 号，1920 年 9 月 1 日。

支配了其文学事业的展开。

鲁迅的第一篇白话小说《狂人日记》即有尼采的思想点染,某种程度上,"狂人"就是察罗堵斯德罗。在小说第十节,"狂人"对"大哥"说出了一段揭示人之进化本质的话:"大哥,大约当初野蛮的人,都吃过一点人。后来因为心思不同,有的不吃人了,一味要好,便变了人,变了真的人。有的却还吃,——也同虫子一样,有的变了鱼鸟猴子,一直变到人。有的不要好,至今还是虫子。这吃人的人比不吃人的人,何等惭愧。怕比虫子的惭愧猴子,还差得很远很远。"① 而这段话也正是察罗堵斯德罗对民众布道时强调的:"汝尝取道自虫而徂人矣。而今之汝,其为虫也尚多。/汝尝为猿狙矣。而今之汝,尚较诸猿也猿甚。"② 正是看到"人"对于自己作为"污秽的浪"的本质的无知,察罗堵斯德罗才提出"超人"的解救方案。这一逻辑恰恰构成了《狂人日记》的思想起点,并且鲁迅在这之后不断借助"自虫而徂人"的观点来批判顽固的国民性。针对当时社会改革中的阻碍言论,鲁迅将其中"意志略略薄弱的人"比作"猴子社会"。鲁迅意识到"尼采式的超人"的渺远,但在批判之余,鲁迅也从现实当下看到一种可以实现的远景和信心,他"确信将来总有尤为高尚尤近圆满的人类出现"③。可以说,鲁迅通过翻译《察罗堵斯德罗绪言》实现了自我从"沉默"、"寂寞"到"呐喊"的内心转变,更从察罗堵斯德罗的人格经验中获取了再次开展文学事业的信念和勇气。察罗堵斯德罗的"下山""放火"在唤醒鲁迅的同时,也为他提供了一种主体机制,更为其提供了文学事业和文明批判的思想资源和知识视野。换言之,察罗堵斯德罗既是鲁

① 鲁迅:《狂人日记》,《鲁迅全集》第1卷,人民出版社2005年版,第452页。

② 《察罗堵斯德罗绪言》,鲁迅译,王世家、止庵编《鲁迅著译编年全集》第3卷,人民出版社2009年版,第112页。在1920年的译本中,鲁迅将这段译为"你们已经走了从虫豸到人的路,在你们里面还有许多份是虫豸。你们做过猴子,到了现在,人还尤其猴子,无论比那一个猴子。"

③ 唐俟:《随感录四一》,《新青年》第6卷第1号,1919年1月15日。

迅"五四"时期的一个文学起点，也是一个思想原点。①

1920 年 8 月，鲁迅将两年前以古奥的文言译出的《察罗堵斯德罗绪言》进行重译，不仅以白话替换文言，翻译范围更从此前的前三节扩展为全部十节。那么，此次鲁迅重译的目的何在呢？在体量的增多下究竟隐含着怎样的思想变化？如果考虑到尼采之于鲁迅的思想发生学意义，那么，重译对于鲁迅来说显然不是对尼采思想的重复接纳。也就是说，重译意味着尼采之于鲁迅的思想意义此时已经发生了错位、滑动和偏移。这也就提示着考察重译的隐衷，既要留意序言的完整形式说了什么以及是怎样说的，同时也要照顾鲁迅翻译前后的思想动向。

1918 年的译本只传达出了察罗堵斯德罗"下山"的决断姿态，相对于序言完整的形式结构只是一个序幕和开始。在鲁迅新译出的第四至十节中，察拉图斯忒拉②开始遭遇群众，并且向群众解说怎样实现超人，但在群众的嘲笑和嫌忌的回应中，察拉图斯忒拉开始认识到他与群众之间的隔膜和距离："但我于他们还辽远，我的意思说不到他们的意思。我于人们还是一个中间物在傻子和死尸之间。"他此时的形象也由序言开始时的高扬转变为一个寒风中的"孤独者"，"下山"与"放火"的爱人理想此时也被一种无意义所替代："无聊的是人的存在而且总还是无意义。"到此为止，

---

①　可以参照的是，凝缩着周作人"五四"时期"人道主义"思想印痕的《点滴》的命名即取自鲁迅所译的《察拉图斯忒拉的序言》第四节："我爱那一切，沉重的点滴似的，从挂在人上面的黑云，滴滴下落者：他宣示说，闪电来哩，并且作为宣示者而到底里去。"并且周作人将这段话抄录在《点滴》的扉页。需要注意的是，这段引述与鲁迅发表的译本也有细微差异，"沉重的点滴"在发表译本中是"沉重的水滴"，而"滴滴下落者"在发表译本中则是"点滴下落者"，可见在译文发表前后鲁迅仍然有小幅度的修改。这也正符合鲁迅在译者附记中所表述的修改计划："译文不妥当的处所很多，待将来译下去之后，再回上来改定。"参见周作人《点滴》（扉页），北京大学出版部 1920 年版；唐俟《〈察拉图斯忒拉的序言〉译者附记》，《新潮》第 2 卷第 5 号，1920 年 9 月 1 日。

②　鲁迅在 1920 年的译本中将 Zarathustra 译为察拉图斯忒拉。

察拉图斯忒拉的"下山"经历所昭示的不是一种浪漫主义的献身故事，而是一个理想幻灭的悲剧。而就在这种挫败的感受中，察拉图斯忒拉不仅看清了群众，也重新获得了"新真理"："要结识创造者""向我的目的，我走我的路；我跳过迁延和怠慢。"① 这与尼采不退败的权力意志思想极为贴合。在序言的最后，察拉图斯忒拉又重新得到了"鹰"和"蛇"的引导。值得注意的是，鲁迅将"蛇"注解为"永远轮回"（Ewige Wiederkunft）的象征。根据张钊贻的研究，鲁迅在此提及"永远轮回"之后再无相关论说②。而这一概念不仅关乎察拉图斯忒拉的命运理想、人生姿态，更内含着鲁迅此时对尼采的理解，以及由此折射的他的思想转机和对序言的翻译初衷。

尽管鲁迅没有对"永远轮回"再加阐释，但在序言发表的同时，也有一些尼采研究者关注到了这一概念，较有代表性的是李石岑在《民铎》"尼采号"中发表的一篇《尼采思想之批判》，从写作发表时间来看，两篇文章非常接近③，在某种程度上可以参照对读。李石岑的文章整体上是对尼采的批判，在批判总结的第五条中，他说道：

> 尼采超人理想之意义，在增进刚健不退转之生活。彼之所谓超人，不求之于来世，不求之于观念界，而求之于现世与事实。故其人生观为破坏的、反抗的、奋斗的、前进的。但彼力倡永远轮回说，不免减杀超人之意义。永远轮回者，谓宇宙诸现象永远轮回，周而复始者也。尼采权力意志之中心意义，既

---

① ［德］尼采：《察拉图斯忒拉的序言》，唐俟译，《新潮》第 2 卷第 5 号，1920 年 9 月 1 日。

② 参见［澳］张钊贻《鲁迅：中国"温和"的尼采》，北京大学出版社 2011 年版，第 375 页。

③ 鲁迅在 1920 年 8 月 10 日译完序言并写了译者附记，9 月 1 日发表于《新潮》第 2 卷第 5 号；而李石岑的文章则发表于 8 月 15 日的《民铎》第 2 卷第 1 号。

在征服与创造,而宇宙复以权力意志而形成,则永远轮回之事实,当然无由而发生,亦无发生之必要。此种假设,岂唯无必要,适以自贬学说之真价而已。①

在李石岑看来,"永远轮回"即是一种宿命论式的历史重复,而这种重复显然与尼采以进化为思想底色的权力意志理论相冲突,因为重复相对于上升式的进化是一种消解。结合察拉图斯忒拉从"下山"教群众"超人"到被群众嘲笑的悲剧结局,"永远轮回"不仅意味着"超人"理想的幻灭和失效,更揭示出唤醒群众、改革社会的绝无可能。由此,"超人"不再面向群众,它开始调整为自我如何化解和应对不断重复的痛苦经验。鲁迅扶植的文学青年向培良就曾写过一篇名为《永久的轮回》的文章表露这种"永远轮回"的绝望经验:

　　不知道什么时候我忽然知道了永久的轮回这思想,于是这个便噩梦似捉住了我。
　　我要这样想:"生命没有起始,也没有终结。在我死灭的那一天,便什么也没有了,我完全消散于无形,将我的所有归返太空。我的悲哀,我的痛苦,我的企切,以及我的欢乐,都将随我的底而无有。我梦想着这救释我的虚无。但是不能够。永久的轮回狰狞地向我吼着:'你将一次又一次经过你的痛苦,一次又一次经过你的悲哀,一次又一次经过你的欢乐,从无始以至无终。一切都将以完全同样的形式无终绝地重复着,没有变更,也不能逃避。'"
　　我像就刑的临死者;而最糟糕的事乃是我并不知道我的死期,我的恐怖和绝望将延至于无穷,永远地永远地我将枯焦于企切的压迫中,我的身体将枯焦而死灭,但我的心却将仍然

---

① 李石岑:《尼采思想之批判》,《民铎》第 2 卷第 1 号,1920 年 8 月 15 日。

活着，活着，将临视着我身体底死灭，将观赏着这永远无尽的恐怖和绝望。①

向培良的话语方式与 1920 年代思想转变后的鲁迅非常相似。而鲁迅重译序言实际上就在于"永远轮回"与他当时思想状况的契合。那么，鲁迅在翻译序言之时究竟处于怎样的思想处境？这种思想处境又是如何重新激活了他的"尼采"经验的？

察拉图斯忒拉虽然赋予了鲁迅从"沉默"到"呐喊"的信念和勇气，但鲁迅在投身"新青年"的文化事业中时并非完全"听将令"，他时刻保持着"怀疑""忧惧"的心理②，对于社会改造，他始终立定在旁侧式的批判视野。而就在"呐喊"与"怀疑"的游移之间，随着"问题与主义"之争的爆发，以及《新青年》的南迁，对于鲁迅而言，不仅一个倾力打造的知识共同体就此瓦解，一个相对统一的思想界也由此分裂。此前"呐喊"的鲁迅此时重又归于"自言自语"中，与察拉图斯忒拉一样，相比于此前的面向群众，此时的鲁迅开始面对自己，他不仅看到十年前"沉默"中的无意义③，看到自己的"苦"，同时也借助自我的反思机制重新看到了中华民国

---

① 向培良：《永久的轮回》，《十五年代》，上海支那书店 1930 年版，第 178—180 页。另外，有关"狂飙社"与尼采的关系可参见谭桂林、杨姿《鲁迅与 20 世纪中国国民信仰建构》中的第三章第一节"五四思想界的尼采影响"，本书对向培良的材料的理解即受该著启发。

② 鲁迅"五四"时期的思想行动可与周作人对新村的投身相对照。后来在《〈自选集〉自序》中鲁迅说明了自己对于"文学革命"求同存异的姿态："我的作品在《新青年》上，步调是和大家大概一致的"，"然而我那时对于'文学革命'，其实并没有怎样的热情"。鲁迅：《〈自选集〉自序》，《鲁迅全集》第 4 卷，人民出版社 2005 年版，第 468 页。可以说，鲁迅投身"新青年"阵营在某种程度上在于"文学革命"的文化革新意义呼应了他早先自己被压抑的思想革命理想。

③ 在《自言自语》序中，鲁迅借助"他"这一口吻说："留下又怎样呢？这是连我也答复不来。"而在追叙钱玄同质疑自己钞古碑时，鲁迅也有相似的回答："没有什么用""没有什么意思"。

这座"古城"①，更看到自己曾经大加批判的"吃人"仍在继续。在给宋崇义的信中，鲁迅就针对"新思潮"的"思想不彻底、言行不一致"以及民众的不觉悟进行深刻的批判②。种种国民性问题的重复让此时的鲁迅很自然地对"永久轮回"产生强烈的心理认同③。

就在鲁迅重译完《察拉图斯忒拉的序言》前几日，他创作了《风波》，而《风波》不只是讲述复辟，更主要的是借助复辟的政治事件照射出群众不曾觉悟的灵魂"复辟"，这让从"沉默"到"呐喊"的鲁迅备受打击、尤为痛苦，社会问题的一再反复，使得他不仅看清了中华民国"永远轮回"的本性，他也看到自己绝望心境的"永远轮回"。后来在编辑《热风》的过程中，鲁迅就直白地表露这种心情：

> 几个朋友却以为现状和那时并没有大两样，也还可以存留，给我编辑起来了。这正是我所悲哀的。我以为凡对于时弊的攻击，文字须与时弊同时灭亡，因为这正如白血轮之酿成疮疖一般，倘非自身也被排除，则当它的生命的存留中，也即证明着病菌尚在。④

此时的鲁迅，又从"呐喊"回复到"自说自话"的状态⑤。而从"新生"的破产到北京"沉默"时期"钞古碑"，到"新青年"

---

①　《自言自语》首篇《序》的写作日期与鲁迅一般习惯性的签署非常不同，前者写作"中华民国八年八月八日灯下记。"刻意凸显"中华民国"，与现实中的"民国"不"民"形成强烈的反讽。

②　鲁迅又提到："中国人无感染性，他国思潮，甚难移殖；将来之乱，亦仍是中国式之乱，非俄国式之乱也。而中国式之乱，能否较善于他式，则非浅见之所能测矣。"《200504 致宋崇义》，《鲁迅全集》第 11 卷，人民文学出版社 2005 年版，第 382—383 页。

③　根据张钊贻的研究，尼采本人认为《查拉图斯特拉如是说》的主旨就是"永远轮回"。参见张钊贻《鲁迅：中国"温和"的尼采》，第 371 页。

④　鲁迅：《热风·题记》，《鲁迅全集》第 1 卷，人民文学出版社 2005 年版，第 308 页。

⑤　鲁迅不仅在"问题与主义"爆发的同时写了散文诗"自言自语"系列，在后来的《热风·题记》中又补充说"我自说我的话"。

时期的"呐喊",再到 1920 年前后的思想分化、乱象重来,鲁迅一再"伸出手",却又一再挫败,对《察拉图斯忒拉的序言》的重译显然呼应了他此时绝望的心境,但也不止于此,因为,"永远轮回"对于察拉图斯忒拉而言不仅仅是照亮他"超人"失败后的绝望心境,"永远轮回"在序言中出现在察拉图斯忒拉认识到与群众隔绝之后,重新发现"创造"的"新真理",以及象征自我"高傲"和"聪明"的"鹰与蛇"的复归,这意味着察拉图斯忒拉又从面向群众回到了内在自我,成为"寒风中的孤独者"。换言之,"下山"对于察拉图斯忒拉来说与其说是"爱人"、宣传"超人",不如说是一次自我的锻造,在历经"超人"理想的幻灭之后,习得了"永远轮回"的主体经验,这正是尼采思想所强调的主体意志,即自我不断应对挫败的人生态度①。由此,鲁迅不仅从"永远轮回"中看清民国的社会本质,看到自我的不断挫败,更从中建立起一种孤独奋战的主体精神。而正是这种主体精神构成了鲁迅《野草》写作的思想缘起。

1923 年 7 月以后,兄弟失和事件使得鲁迅彻底陷入"沉默",它不仅意味着兄弟之情的斩断,更标志着兄弟二人共同建立的理想共同体的轰毁,由此,鲁迅的"沉默"由此前的社会悲剧开始发酵内化为自我的个人悲剧,它使得鲁迅"五四"以来的主体姿态和言论方式都将失效,进入一种"无物之阵",正如《野草题辞》开篇鲁迅所说的:"当我沉默着的时候,我觉得充实;我将开口,同时觉得空虚。"② 在这种崩裂的矛盾时刻,"永远轮回"的主体经验在鲁迅的内心再次被唤起、再次被印证。如果说在重译《察拉图斯忒拉的序言》前后,鲁迅更主要的是通过社会问题的反复进

---

① 在张钊贻看来,"这种孤独的奋战精神就是尼采对'永远重现'态度的主要体现。"张钊贻将鲁迅所译的"永远轮回"理解为"永远重现"。参见张钊贻《鲁迅:中国"温和"的尼采》,北京大学出版社 2011 年版,第 371 页。

② 鲁迅:《野草题辞》,《语丝》第 138 期,1926 年 7 月 2 日。有关兄弟失和的解读还可参见 [日] 丸尾常喜《耻辱与恢复——〈呐喊〉与〈野草〉》,秦弓、孙丽华编译,北京大学出版社 2009 年版,第 118—119 页。

而看到自己"下山""放火"的挫败，那么此时，他开始意识到那个一直坚信"超人"和"进化"的自我才是"永远轮回"的根源所在。正是此时"永远轮回"的体验构成了《野草》写作的起点①。在第一篇《秋夜》中，鲁迅不仅写到直刺高空的"枣树"，同时还写到一片"野花草"中"极细小的粉红花"。"粉红花"与"枣树"之间有着关于"梦"的态度对比：

> 我记得有一种开过极细小的粉红花，现在还开着，但是更极细小了，她在冷的夜气中，瑟缩地做梦，梦见春的到来，梦见秋的到来，梦见瘦的诗人将眼泪擦在她最末的花瓣上，告诉她秋虽然来，冬虽然来，而此后接着还是春，胡蝶乱飞，蜜蜂都唱起春词来了。②

"梦"对于鲁迅而言显然有着重要意义，它既构成了鲁迅的人生方式，也构成了他的文学起源。"粉红花"在这里既可以理解为鲁迅过去的自我，也可以理解为鲁迅此前一直十分在意、付出心力和"希望"的"孩子"或者青年。诗中还设置了一个"瘦的诗人"，他的角色任务并不在看护"做梦"的"粉红花"，而是以一种悲哀痛苦的姿态唤醒"做梦"中的花，因为"梦"在"春"与"秋"的衔接之间构造出了"永远轮回"的意义效果。鲁迅连续使用"此后""接着""还是"三个副词，构造出一种无限绵延的语感效果，进一步拉伸延展"永远轮回"的无限性、重复性。除了"瘦的诗人"觉悟了"永远轮回"的意义之外，"枣树"也有着相似的认识经验："他知道小粉红花的梦，秋后要有春；他也知道落叶的梦，春

---

① 根据鲁迅后来的回忆，当他思想"彷徨"的时候，正是"尼采的《Zarathustra》的余波"重新让他从"沉默"中走出，开始说话作文。参见鲁迅《我和〈语丝〉的始终》，《鲁迅全集》第4卷，人民文学出版社2005年版，第172页。

② 鲁迅：《野草—秋夜》，《语丝》第3期，1924年12月1日。

后还是秋。他简直落尽叶子，单剩干子，然而脱了当初满树是果实和叶子时候的弧形，欠伸得很舒服。”正是基于对“永远轮回”的把握，“他”不仅“知道小粉红花的梦”，同时也“知道落叶的梦”。换言之，“他”看清了自己生存的整个园内的“梦”的虚幻。因而，他获得了一种超脱的意志和勇气，与“奇怪而高”的天空展开对峙：“最直最长的几枝，却已经默默地铁似的直刺着奇怪而高的天空，使天空闪闪地鬼䀹眼；直刺着天空中圆满的月亮，使月亮窘得发白。”同样作为先觉者，“枣树”与掉“眼泪”的诗人采取了截然不同的姿态。如果说《秋夜》设定了整个《野草》的写作姿态，那么，察拉图斯忒拉在体认“永久轮回”之后的顽强意志则构成了这种写作姿态的重要思想来源。《过客》也表达着类似的思想姿态，在给赵其文的信中，鲁迅说道：

> 《过客》的意思不过如来信所说那样，即是虽然明知前路是坟而偏要走，就是反抗绝望，因为我以为绝望而反抗者难，比因希望而战斗者更勇猛，更悲壮。但这种反抗，每容易蹉跌在“爱”——感激也在内——里，所以那过客得了小女孩的一片破布的布施也几乎不能前进了。①

这种“反抗绝望”的主体意志显然与察拉图斯忒拉的“永久轮回”相呼应。而《察拉图斯忒拉的序言》（以下简称《序言》）对于《过客》的意义还在于，它不仅提供思想主题的映衬，也提供其中的核心意象和形式方法。《过客》采用戏剧的写法，与《序言》在形式上非常接近。而《过客》中的“老翁”“女孩”“过客”与《序言》中的人物造像也很相似，只不过添加了“女孩”这一形象。“老翁”对应着“圣者”，而“过客”实际上就是察拉图斯忒拉。同

---

① 《250411 致赵其文》，《鲁迅全集》第 11 卷，人民文学出版社 2005 年版，第 477—478 页。

时在故事情节上也几乎套用了《序言》第二节与圣者辩驳的结构方法:《序言》中圣者不断地劝诫察拉图斯忒拉不要"下山",《过客》中"老翁"也接连劝阻"过客""回转"。而鲁迅并非机械挪用形式的外表,而是从《序言》中抽取出察拉图斯忒拉"过客"的本质,以之作为核心形象重新编织进自己的诗歌叙事。对于"过客"而言,"路"是他的宿命。《序言》中察拉图斯忒拉最后作别圣者时说:"我有什么给你们呢!但不如使我赶快走罢,趁我从你们只取了一个无有!"在遭遇群众的"辽远"之后,察拉图斯忒拉仍然在走:"暗的是夜,暗的是察拉图斯忒拉的路","察拉图斯忒拉依然在暗的小路上向前走"。并且在获得"新真理"之后,他再次坚定了自己的"走":"我要向我的目的,我走我的路;我跳过迁延和怠慢。这样但愿我的走便是他们的下去!"① 而"过客"的生命起源也是"走":"从我还能记得的时候起,我就只一个人。我不知道我本来叫什么,我一路走。"他生命的全部展开也都被"走"所支配:"从我还能记得的时候起,我就在这么走,要走到一个地方去,这地方就在前面。我单记得走了许多路,现在来到这里了。我接着就要走向那边去,(西指,)前面!"在短暂的停留之后,"过客"告别了"老翁"的"回转"规劝以及"女孩"的"布施",重新走向了一片"无有":"然而我不能!我只得走。我还是走好罢……"可以说,以"走"为中介,察拉图斯忒拉从尼采的思想世界走入了鲁迅的《野草》世界,二者之间借助于"走"的"永远轮回"建立起深刻的思想共鸣。而"走"不仅支配了《过客》的叙事动力,同时也构成了整个《野草》的思想肌理,某种程度上,《野草》就是一部关于"走"的诗学。

可以参照的是,在《野草》写作前不久的《娜拉走后怎样》中,鲁迅讲述了一个关于"走"的基督传说:"欧洲有一个传说,

---

① 德人尼采作:《察拉图斯忒拉的序言》,唐俟译,《新潮》第 2 卷第 5 号,1920 年 9 月 1 日。

耶稣去钉十字架时，休息在 Ahasvar 的檐下，Ahasvar 不准他，于是被了咒诅，使他永世不得休息，直到末日裁判的时候。Ahasvar 从此就歇不下，只是走，现在还在走。走是苦的，安息是乐的，他何以不安息呢？虽说背着咒诅，可是大约总该是觉得走比安息还适意，所以始终狂走的罢。"① Ahasvar 的意义在于，他构成了鲁迅自我的镜像。鲁迅虽然陷入 "沉默"，但精神并未塌陷，以 "永远轮回" 为精神感召，以及借助 "过客" 的再叙事，鲁迅重新找到了自我之 "路"，即 "走"，"走" 意味着不关乎起点与终点，只是始终处于 "走" 的存在主义状态，由此，自我才能不断激活和保持一种活力和创造的意志。② 此外，《野草》中的 "牺牲" "求乞与布施" 等思想主题中也都有《察拉图斯忒拉的序言》中的声音回响。可以说，《察拉图斯忒拉的序言》不仅构成了《野草》的思想起点，也为《野草》提供了有效的形式借鉴，二者共同作用于一个 "行" 与 "走" 的鲁迅。

二 绥惠略夫与 "黄金时代" 的终结

就在译完《察拉图斯忒拉的序言》不多久，鲁迅又快速投入《工人绥惠略夫》的译介中。译本之间的快速转换、衔接，一个重要原因即在于绥惠略夫的身上恰好也 "显出尼采式的强者的色采来"，在鲁迅看来，"他用了力量和意志的全副，终身战争，就是用了炸弹和手枪，反抗而且沦灭（Untergehen）"③。这可以说是察拉图斯忒拉 "永远轮回" 的反抗意志的回响和复现。然而，鲁迅的用意显然并不在于重复尼采的声音，"绥惠略夫" 的意义在于，它为思想震

---

① 鲁迅：《娜拉走后怎样》，《鲁迅全集》第 1 卷，人民文学出版社 2005 年版，第 170 页。

② 在《过客》写作几日后，鲁迅翻译了伊东干夫的《我独自行走》一诗，诗中写道："我独自行走，／沉默着，橐橐地行走。""但是，我行走着，／现今也还在行走着。"

③ 鲁迅：《译了〈工人绥惠略夫〉之后》，《鲁迅全集》第 10 卷，人民文学出版社 2005 年版，第 184 页。

荡、摇摆中的鲁迅提供了一个新的批判视角,即绥惠略夫宣告了一个以人道主义为精神底色的"黄金时代"的终结。

1926 年,在与向培良的谈话中,鲁迅具体讲述了翻译《工人绥惠略夫》的起因始末。欧战之后,教育部接收了上海德国商人俱乐部里的德文书,作为接收人员之一,鲁迅具体参与到了这批德文书的整理分类中,而正是在这批德文书中,鲁迅发现了《工人绥惠略夫》的德文底本。而激起他翻译的动力,在于从绥惠略夫的身上看见了自己:

> 那一堆书里文学书多得很,为什么那时偏要挑中这一篇呢?那意思,我现在有点记不真切了。大概,觉得民国以前,以后,我们也有许多改革者境遇和绥惠略夫很相像,所以借借他人的酒杯罢。然而昨晚上一看,岂但那时,譬如其中的改革者的被迫,代表的吃苦,便是现在,一便是将来,便是几十年以后,我想,还要有许多改革者的境遇和他相像的。①

在鲁迅看来,绥惠略夫的身上隐含着一重民国镜像,那就是改革者牺牲的无效,也可以说是改革理想的幻灭。

《工人绥惠略夫》的思想内核就是理想的幻灭。主人公绥惠略夫在学生时代参与革命事业中,革命消歇后,以工人的身份四处躲藏追捕。在租房的过程中,结识了人道主义者大学生亚拉藉夫。在此过程中,绥惠略夫经历了与亚拉藉夫有关人道主义的辩论、对底层工人悲惨生活的目睹、与沦落的工人运动领袖的遭遇、与梦中自我的对话争论等一连串的事件。正是绥惠略夫一系列的遭遇赋予了他怀疑批判的眼光,在与亚拉藉夫的辩驳中,他宣告了自己"不信黄金时代",对亚拉藉夫的人道主义空想进行批判质疑。最终在警察的

---

① 鲁迅:《记谈话》,《鲁迅全集》第 3 卷,人民文学出版社 2005 年版,第 375—376 页。

追捕下，为保存武器资料的亚拉藉夫牺牲，而逃亡中的绥惠略夫在群众的漠视下愤激地走入剧场，对着"平安"的群众疯狂射击。绥惠略夫的死标志着"黄金时代"的终结。这一终结的实现，一方面以亚拉藉夫的牺牲宣告了人道主义理想的幻灭，另一方面以绥惠略夫的复仇呈现了先觉者从绝望痛苦到自我毁灭的精神历程。而绥惠略夫对"黄金时代"的批判不只在针对人道主义的空想，更在于理想的空乏所导致的无谓的牺牲。正如绥惠略夫的指责："你们将那黄金时代，豫约给他们的后人，但你们却别有什么给这些人们呢？……你们……将来的人间界的豫言者，当得诅咒哩！"①

绥惠略夫的遭遇极大地刺激了同为"改革者"的鲁迅自己，唤起了他民元以来改革挫败的痛苦经验。在译者附记中，鲁迅不无感慨地说："人是生物，生命便是第一义，改革者为了许多不幸者们，'将一生最宝贵的去做牺牲'，'为了共同事业跑到死里去'，只剩了一个绥惠略夫了。"②而就在翻译《工人绥惠略夫》的同时，鲁迅写作了小说《头发的故事》。虽然鲁迅自己回忆小说起因于当时嫉视女子剪发③，但小说的内里则借用了"绥惠略夫"式的批判视角。小说以"双十节"挂旗为切入点，将叙述方向引入革命时空，接着又以清末以来的头发变迁折射革命精神的失效、民众的怠惰。N 先生从这一系列的挫败经验中看到了牺牲的虚耗，进而看到了自我的"绝望"。因而，对于当时社会上的"理想家"提倡的女子剪发、工读互助，他表现出了强烈的怀疑，借着绥惠略夫的"声音"，他同样

---

① ［俄］阿尔志跋绥夫：《工人绥惠略夫》，鲁迅译，王世家、止庵编《鲁迅著译编年全集》第 3 卷，人民出版社 2009 年版，第 529 页。

② 鲁迅：《译了〈工人绥惠略夫〉之后》，《鲁迅全集》第 10 卷，人民文学出版社 2005 年版，第 183 页。

③ 鲁迅：《从胡须说到牙齿》，《鲁迅全集》第 1 卷，人民文学出版社 2005 年版，第 260—261 页；许羡苏的回忆也提到《头发的故事》本事在于女高师的短发禁令。参见许羡苏《回忆鲁迅先生》，鲁迅研究室编《鲁迅研究资料》（3），文物出版社 1979 年版，第 203 页。

质疑道："你们将黄金时代的出现豫约给这些人们的子孙了，但有什么给这些人们自己呢？"① 如果说，对《工人绥惠略夫》的翻译，让鲁迅深刻体验了先觉者从人道主义理想走向复仇社会的绝望，习得了"黄金时代"终结的经验，那么，《头发的故事》则借助这一批判视角重新追叙、整合了作为先觉者鲁迅的生命历程，他不仅唤醒了自己的革命记忆，更从革命牺牲的虚耗中看清了当下热闹的社会改造的虚幻，从自我的挫败经验中再造了"黄金时代"终结的绝望认识论。正是借助绥惠略夫对"黄金时代"的质疑，鲁迅不仅认识到以人道主义为思想动机的社会改造理想的虚妄，更从虚妄中反观自我思想空间中的人道主义成分。由此，鲁迅既洞悉了时代，也"看见"了自我。

1919 年 4 月，此时完全沉浸在新村理想中的周作人亲自访问了日本日向新村，7 月底，在归国途中即以一种几近迷醉梦幻的语调写作了《访日本新村记》，详细记述了自己的新村体验。而鲁迅在与钱玄同有关这篇访问记发表的通信中却表现出了一种稍显冷漠的态度："关于《新村》的事，两面都登也无聊，我想《新青年》上不登也罢，因为只是一点记事，不是什么大文章，不必各处登载的。"② 内中意味颇可深嚼。1920 年年底，为新村事业奔波忙碌的周作人病倒了，而正是这段"病中"的经历，使得他进入新诗写作的爆发期，他开始以新诗为手段系统反思整理"五四"时期那个"人道的自我"，"病中的诗"集中呈现了他此时思想的动摇与混乱："我近来的思想动摇与混乱，可谓已至其极了，托尔斯泰的无我爱与尼采的超人，共产主义与善种学，耶佛孔老的教训与科学的例证，我都一样的喜欢尊重，却又不能调和统一起来，造成一条可以行的

---

① 鲁迅：《头发的故事》，《鲁迅全集》第 1 卷，人民文学出版社 2005 年版，第 488 页。

② 《190813 致钱玄同》，《鲁迅全集》第 11 卷，人民文学出版社 2005 年版，第 379 页。

大路。"① 借助诗的抒情，周作人对"五四"时期的人道理想和新村的空想进行了彻底的清理。而这段"过去的生命"与鲁迅密切相关。鲁迅不仅亲自记述了这些诗作，更以"慢慢的读"的方式生产出了其中生命过去的动态效果。② 这些诗作对于鲁迅而言不仅是听和旁观，实际上他也将自我的思想经验植入其中。在《野草题辞》中，鲁迅以一种绝望的口吻再次说道："过去的生命已经死亡。"③ 以周作人的思想危机为参照，此时的鲁迅同样处于人道主义理想幻灭的精神震荡中，他开始慢慢褪去人道主义的思想色彩，逐渐向"个人的无治主义"转变。这构成了鲁迅译介《工人绥惠略夫》的主要动机。在译者附记中，鲁迅提到了阿尔志跋绥夫的另一部小说《赛宁》，主人公赛宁的精神内在就是"无治的个人主义或可以说个人的无治主义"④，而绥惠略夫从革命到沦为革命的弃儿，再到走向社会复仇，实际上也就是从人道主义的"黄金时代"走向了"个人的无治主义"。可以说，通过《工人绥惠略夫》的翻译，鲁迅不仅形成了对"黄金时代"的批判视野，更从绥惠略夫的主体意志中获取了"个人的无治主义"的思想道路。而这一过程并非一蹴而就的，"人道主义"与"个人的无治主义"在鲁迅当时的内心在某种程度上呈现出一种辩论、斗争的混乱状态。在给许广平的信中，鲁迅就提到他当时思想的摇摆性："我的意见原也不容易了然，因为其中本有着许多矛盾，教我自己说，或者是'人道主义'与'个人的无治主义'的两种思想的消长起伏罢。所以我忽而爱人，忽而憎人。"⑤

---

① 仲密：《山中杂信一》，《晨报》1921 年 6 月 7 日。

② 参见仲密《〈病中的诗〉题记》，《晨报》1921 年 5 月 3 日；周作人《知堂回想录》，香港三育图书文具公司 1980 年版，第 403—404 页。

③ 鲁迅：《野草题辞》，《语丝》第 138 期，1926 年 7 月 2 日。

④ 鲁迅：《译了〈工人绥惠略夫〉之后》，《鲁迅全集》第 10 卷，人民文学出版社 2005 年版，第 181 页。

⑤ 《250530 致许广平》，《鲁迅全集》第 11 卷，第 493 页。可以参照的是，周作人在思想混乱的同时，也有着"爱与憎"的纠缠。参见周作人《爱与憎》，《新青年》第 7 卷第 2 号，1920 年 11 月 1 日。

绥惠略夫"黄金时代"的认识论对鲁迅影响深远,在译介之后他在不同场合又反复提及,某种程度上构成鲁迅 1920 年代以后观照社会现实的有力批判视角,与此同时,它也构成了此后鲁迅文学事业再次兴起的思想原点。① 以 1924 年 8 月写作的《娜拉走后怎样》为中介,对"黄金时代"的批判构成了《野草》写作的重要起点。

1923 年 7 月,失和事件使得本就思想动荡的鲁迅从"沉默"陷入彻底的绝望。在《娜拉走后怎样》中,鲁迅首先就坦陈自己的思想处境:"人生最苦痛的是梦醒了无路可以走。"② 失和后的周作人同样流露出无路可走的困境,他将自己视为"悲观和失望"中"寻路的人"③。而在有关"路"的解说中,鲁迅首先就提醒对"黄金世界"④ 的警惕:"万不可做将来的梦。阿尔志跋绥夫曾经借了他所做的小说,质问过梦想将来的黄金世界的理想家,因为要造那世界,先唤起许多人们来受苦。"在鲁迅看来,"黄金世界"除了它的虚妄和遥远之外,更在于它借助"希望"之名引发了不幸者的苦痛:"为了这希望,要使人练敏了感觉来更深切地感到自己的苦痛,叫起灵魂来目睹他自己的腐烂的尸骸。"⑤ 这一说法与绥惠略夫指责亚拉藉夫以人道之爱的名义唤醒阿伦加,却对她的求助无动于衷的愤怒言论如出一辙:"伊来到你这里因为伊爱你……因为伊有着纯洁的澄澈的灵魂,这就是你将伊唤醒转来的……现在,伊要堕落了,伊到

① 根据中井政喜的研究,《阿 Q 正传》《孤独者》的创作与"绥惠略夫式的视角"密切相关。参见 [日] 中井政喜《鲁迅探索》,卢茂君、郑钦民译,知识产权出版社 2017 年版,第 55—59、191—192 页。

② 鲁迅:《娜拉走后怎样》,《鲁迅全集》第 1 卷,人民文学出版社 2005 年版,第 166 页。

③ 参见周作人《自己的园地序》,《晨报副镌》1923 年 8 月 1 日;作人《寻路的人——赠徐玉诺君》,《晨报副镌》1923 年 8 月 1 日。

④ 鲁迅在《娜拉走后怎样》中将"黄金时代"的说法改换为与之接近的"黄金世界"。

⑤ 鲁迅:《娜拉走后怎样》,《鲁迅全集》第 1 卷,人民文学出版社 2005 年版,第 167 页。

你这里，为的是要寻求正当的东西，就是你教给伊爱的。你能够说给伊什么呢？……没有……你，这梦想家，理想家，你要明白，你将怎样的非人间的苦恼种在伊这里了。你竟不怕，伊在婚姻的喜悦的床上，在这凶暴淫纵的肉块下面，会当诅咒那向伊絮说些幸福生活的黄金似的好梦的你们哪。你看——这是可怕的！"绥惠略夫接着说："可怕的是，使死骸站立起来，给他能看见自己的腐烂……可怕的是，在人的灵魂中造出些纯洁的宝贵的东西，却只用了这个来细腻他的苦恼，锐敏他的忧愁……"① 不难看出，鲁迅的讲演显然暗含着对绥惠略夫的回应，与绥惠略夫相似，他对"黄金世界"的排斥也是对群众的拒绝："只是这牺牲的适意是属于自己的，与志士们之所谓为社会者无涉。"这也就意味着，此时的鲁迅完成了从先觉者到"个人"或者说"过客"的转变，他"始终狂走"，进而，使绥惠略夫与察拉图斯忒拉借助"走"的主体机制实现了思想的汇合。与此同时，也就宣告了他不再为群众牺牲："群众，——尤其是中国的，——永远是戏剧的看客。牺牲上场，如果显得慷慨，他们就看了悲壮剧；如果显得觳觫，他们就看了滑稽剧。北京的羊肉铺前常有几个人张着嘴看剥羊，仿佛颇愉快人的牺牲能给与他们的益处，也不过如此。而况事后走不几步，他们并这一点愉快也就忘却了。"他从与群众和牺牲的切分中确立起了新的路途："对于这样的群众没有法，只好使他们无戏可看倒是疗救，正无需乎震骇一时的牺牲，不如深沉的韧性的战斗。"② 由此，鲁迅基本告别了"黄金世界"，"爱人"的鲁迅转变为"过客"的鲁迅。可以说，《娜拉走后怎样》并不只是针对知识女性的一次演讲，同时也是"五四"后鲁迅自我的精神历险。而"娜拉"问题显然也并非女性问题，而是整个"五

---

　　① ［俄］阿尔志跋绥夫：《工人绥惠略夫》，鲁迅译，王世家、止庵编《鲁迅著译编年全集》第 3 卷，人民出版社 2009 年版，第 527—528 页。

　　② 鲁迅：《娜拉走后怎样》，《鲁迅全集》第 1 卷，人民文学出版社 2005 年版，第 170—171 页。

四"问题结构的一个缩影。鲁迅以"韧性战斗"的主体姿态在告别"黄金世界"的同时，也完成了对"五四"时期空乏、虚妄的思想困境的克服。由此可以看出，娜拉就是鲁迅，而鲁迅就是"五四"的一个寓言。鲁迅的"告别"也延伸到了《野草》的写作姿态中。

在借助"秋夜"进入"野草"的世界之后，鲁迅随即开始了"告别"。1924 年 9 月 24 日，《秋夜》写作的几日后，鲁迅在同一天写下了《影的告别》和《求乞者》。两首诗虽然题目相异，但内在精神很一致，都在于对"过去的生命"的告别。而鲁迅首先要告别的即"你们将来的黄金世界"。有意味的是"告别"的主体，他不是"肉身"的"形"，而是"精神"的"影"。鲁迅不仅采用"分身术"的写法，以"形""影"分立的形式将诗歌引入一个分析、自省的内在时空，更借用倒置赋予"影"一种支配性的主体位置。"人睡到不知道时候的时候，就会有影来告别，说出那些话——"整首诗的展开即"影"的说话，而所说的话即有一个主题——"告别"。而他要告别的也不仅仅是身外的"黄金世界"，更是那个"你"，那个也曾幻想"黄金世界"的自我的过去式，"然而你就是我所不乐意的。//朋友，我不想跟随你了，我不愿住。//我不愿意！"换言之，此时的鲁迅既看到"黄金世界的虚妄"，同时也看到曾经将之作为理想事业的那个自我的虚妄，因而，他对虚妄理想的告别也就是对一种陈旧的自我形式的告别。[1] 绥惠略夫以社会复仇的形式完成了自我的告别，而鲁迅的"影"则选择了"彷徨于无地"，一种"自啮其身"的毁灭[2]。那么，"无地"又是什么呢？"影"继续说话："我不过一个影，要别你而沉没在黑暗里了。然而黑暗又会

---

[1]　在《影的告别》写作当日给李秉中的信中，鲁迅说道："我很憎恶我自己"，又说："我自己总觉得我的灵魂里有毒气和鬼气，我极憎恶他，想除去他，而不能。"《240924 致李秉中》，《鲁迅全集》第 11 卷，人民文学出版社 2005 年版，第 452—453 页。

[2]　鲁迅对李秉中坦陈："我也常常想到自杀，也常想杀人，然而都不实行，我大约不是一个勇士。"《240924 致李秉中》，《鲁迅全集》第 11 卷，人民文学出版社 2005 年版，第 453 页。

吞并我，然而光明又会使我消失。""无地"开始是"黑暗"，接着是"光明"，然而又什么都不是，它是"黑暗"与"光明"之间的中间物，它是不断地主体自反。而随着"影"对自我"自反性"本质的接受，他开始重新建立自我："我独自远行，不但没有你，并且再没有别的影在黑暗里。只有我被黑暗沉没，那世界全属于我自己。"正是通过对"黑暗"的接纳，"我"重新发现了"我自己"，此时的鲁迅意识到他的"彷徨"即他的"自我"，他所告别的既是"黄金时代"，更是"黄金时代"映射出来的陈旧的自我。由此，鲁迅完成了从"虚无"到"实有"的心灵辩证法。值得注意的是，鲁迅不仅借用了"黄金时代"的批判视野设定了"告别"的抒情姿态，更从绥惠略夫的精神历险中抽离出一种形影分离的形式方法。①《工人绥惠略夫》的第十节同样采用形影对话的形式，借助于"影"的冷静视角，绥惠略夫"憎人"外表下"爱人"的一面被披露："你的憎恶，你的狂乱的计画，也仍不外乎你所骂詈的这广大的，牺牲一切的爱……"对于"影"的客观陈述，绥惠略夫并不能接受，"影"继续说服道："是的，这是真的……你是尽了你天职的全力爱着人类，你不能忍受那恶，不正，苦痛的大众，于是你的明亮的感情，对于最后的胜利，对于你所供献的各个可怕的牺牲的真理，都有确信的感情，昏暗而且生病了……你憎，就因为你心里有太多的爱！而且你的憎恶，便只是你的最高的牺牲！"②"影"的意义在于，他补充了绥惠略夫的前史，通过这段刻画，绥惠略夫在"爱与憎"之间的情感辩证被勾画出来。更重要的是，他在拼凑出绥

---

①　有关《影的告别》所采用的形影分离的形式方法，大多数的研究将之视为受陶渊明《形影神》的影响。在最近的研究中，秋吉收将之视为受到周作人翻译的佐藤春夫《形影问答》的影响。参见［日］丸尾常喜《耻辱与恢复——〈呐喊〉与〈野草〉》，秦弓、孙丽华编译，北京大学出版社2009年版，第152页；［日］秋吉收《鲁迅：野草と雑草》，福冈：九州大学出版会2016年版，第183—187页。

②　［俄］阿尔志跋绥夫：《工人绥惠略夫》，鲁迅译，王世家、止庵编《鲁迅著译编年全集》第3卷，人民出版社2009年版，第532—533页。

惠略夫形象完整性的同时，也从根本上回应了绥惠略夫走向社会复仇的命运结局，他的复仇不是出于"憎"，而恰恰是出于"爱"和"牺牲"①，而"牺牲"一旦遭遇善于"平安"与"忘却"甚至是"反噬"的群众，"爱"的深沉就翻转成了"绝望"的彻底。在与许广平的通信中，鲁迅再次谈到绥惠略夫从"黄金世界"走向"自我沦灭"的悲剧命运："我疑心将来的黄金世界里，也会有将叛徒处死刑，而大家尚以为是黄金世界的事，其大病根就在人们各各不同，不能像印版书似的每本一律。要彻底地毁坏这种大势的，就容易变成'个人的无政府主义者'，《工人绥惠略夫》里所描写的绥惠略夫就是。这一类人物的运命，在现在，——也许虽在将来，是要救群众，而反被群众所迫害，终至于成了单身，忿激之余，一转而仇视一切，无论对谁都开枪，自己也归于毁灭。"② 而这段话实际上也是鲁迅自己"借借他人的酒杯"。绥惠略夫的"影"显然也说出了鲁迅在"沉默"中"说不出"的话，既揭示了绥惠略夫复仇的历史起点，也表现了鲁迅"绝望"的自我根源。

　　在"绝望"中，鲁迅不仅"告别"了陈旧的自我，也告别了自我的"牺牲"。《求乞者》所要讲述的就是拒绝"求乞"、告别"牺牲"。对于"求乞的孩子"，"我"表现出了极端的"憎恶"："我厌恶他的声调，态度。我憎恶他并不悲哀，近于儿戏；我烦厌他这追着哀呼"，"我就憎恶他这手势。而且，他或者并不哑，这不过是一种求乞的法子"。"我"憎恶的原因在于，从"孩子"的"求乞"中看到了群众对"牺牲"的利用与态度的轻慢。在1920年代之后，鲁迅多次谈到"牺牲"的"无用"。1922年11月，在北大反对讲义收

---

　　① 鲁迅也有此认识："伟大如绥惠略夫和亚拉藉夫，他虽然不能坚持无抵抗主义，但终于为爱做了牺牲。"鲁迅：《译了〈工人绥惠略夫〉之后》，《鲁迅全集》第10卷，人民文学出版社2005年版，第184页。

　　② 《250318致许广平》，《鲁迅全集》第11卷，人民文学出版社2005年版，第466页。

费风潮中，鲁迅就发出"牺牲"之于群众就类似于"散胙"的讥讽①。在《野草》写作不久前的《娜拉走后怎样》中，鲁迅继续攻击群众对"牺牲"的玩弄："群众，——尤其是中国的，——永远是戏剧的看客。牺牲上场，如果显得慷慨，他们就看了悲壮剧；如果显得觳觫，他们就看了滑稽剧。北京的羊肉铺前常有几个人张着嘴看剥羊，仿佛颇愉快人的牺牲能给与他们的益处，也不过如此。而况事后走不几步，他们并这一点愉快也就忘却了。"② 在与许广平谈到"社会战斗"时鲁迅也说："对于社会的战斗，我是并不挺身而出的，我不劝别人牺牲什么之类者就为此。"③ 而就在这段通信几日后，鲁迅以一种相当讽刺的文体"谟"再次尖锐刺穿群众的虚伪面目下暗藏的对于先觉者"牺牲"的"阴谋"，他们不仅以"一切牺牲"的名义吸食尽先觉者的血肉，就连只剩下的"一条破裤"也要剥削殆尽。更具讽刺意义的是，这一系列"阴谋"的展开最终收束于"你不要这么萎靡不振，爬呀！朋友！我的同志，你快爬呀"④ 这种奚落、嘲讽的语调中。"牺牲"与群众"反噬"的置换使得鲁迅最终由"布施"走向"憎恶"："我不布施，我无布施心，我但居布施者之上，给与烦腻，疑心，憎恶。"鲁迅将牺牲者的悲惨尽数都投射在"垂老的女人"身上，年轻时以牺牲肉体养育子女，而当肉体耗尽、子女成人，所换回的却是"冷骂和毒笑"。像"影"

---

① 在鲁迅看来："凡有牺牲在祭坛前沥血之后，所留给大家的，实在只有'散胙'这一件事了。"鲁迅：《即小见大》，《晨报副镌》1922 年 11 月 18 日。后来在给许广平的信中鲁迅又提及此事："提起牺牲，就使我记起前两三年被北大开除的冯省三。他是闹讲义费风潮之一人，后来讲义费撤去了，却没有一个同学再提起他。我那时曾在《晨报副刊》上做过一则杂感，意思是牺牲为群众祈福，祀了神道之后，群众就分了他的肉，散胙。"《250518 致许广平》，《鲁迅全集》第 11 卷，人民文学出版社 2005 年版，第 491 页。

② 鲁迅：《娜拉走后怎样》，《鲁迅全集》第 1 卷，人民文学出版社 2005 年版，第 170 页。《示众》即对"戏剧的看客"的批判和咒诅。

③ 《250311 许广平》，《鲁迅全集》第 11 卷，人民文学出版社 2005 年版，第 462 页。

④ 鲁迅：《牺牲谟》，《鲁迅全集》第 3 卷，人民文学出版社 2005 年版，第 38 页。

一样,她走入"无地"般的"荒野","眷念与决绝,爱抚与复仇,养育与歼除,祝福与咒诅"这些矛盾情绪的穿梭、交叉让她"颓败的身体"开始了生之颤动:"当她说出无词的言语时,她那伟大如石像,然而已经荒废的,颓败的身躯的全面都颤动了。这颤动点点如鱼鳞,每一鳞都起伏如沸水在烈火上;空中也即刻一同振颤,仿佛暴风雨中的荒海的波涛。"这颤动不仅为她的绝望赋形,更形成一种强力搅动了整个世界:"她于是抬起眼睛向着天空,并无词的言语也沉默尽绝,惟有颤动,辐射若太阳光,使空中的波涛立刻回旋,如遭飓风,汹涌奔腾于无边的荒野。"① 她"颓败线的颤动"是一个无声的信号,意味着复仇的幕布已经升起。而"颓败线的颤动"这一形象极有可能借鉴了《工人绥惠略夫》。在第十四节的逃亡中,绥惠略夫梦见了"两个黑色的形象":

　　一个是寂寞的立着,两手叉在胸前,骨出的手指抓在皮肉中间。晴空的风搅着他蓬飞的头发。眼是合的,嘴唇是紧闭的,但在他精妙的颓败的筋肉线上,现出逾量的狂喜来,而那细瘦的埋在胸中的指头发着抖。他只是一条弦,周围的空气都在这上面发了颤,因为精魂的可怖的紧张而起震动了。

　　在半坏的平坦处的边上,躺着别的一个形象:丰腴,裸露而且淫纵的,在坚硬的石上帖着伊华美的身躯,一个隆起的,精赤的,无耻的身躯挺着情趣的胸脯,悬空的呼吸。忍了笑宛转伊玫瑰色的身体,在玫瑰的双膝全不含羞的张在石上的,白的圆的两腿之间,天风吹拂着纤毛。伊的两手紧握了崖边;伊的直底下是日光中的晃耀的平野。②

---

① 鲁迅:《颓败线的颤动——野草之十六》,《语丝》第 35 期,1925 年 7 月 13 日。

② [俄] 阿尔志跋绥夫:《工人绥惠略夫》,鲁迅译,《鲁迅著译编年全集》第 3 卷,王世家、止庵编,人民出版社 2009 年版,第 557 页。

　　"两手叉在胸前""颓败的筋肉线""无耻的身躯挺着情趣的胸脯"显然构成了 "颤动" 的重要来源。换言之，鲁迅借助对《工人绥惠略夫》的翻译，不仅重新整合了自我的思想，更从中敏感捕捉到了可资借鉴的文学形象，而正是这些形象碎片经过鲁迅的重新整理编织最终汇入了《野草》的技术环节。

　　在《影的告别》和《求乞者》写作一个多月后，鲁迅又在同一天写下了两篇同题诗《复仇》和《复仇（其二）》。鲁迅对于 "看客" 的复仇方式即在于让他们陷入 "无聊"，也就是他之前说的 "使他们无戏可看"[①]。而在具体写法上，鲁迅采用了一种双重 "看" 的视角：其一是 "路人们" 对 "旷野中裸身的两人" 的 "赏鉴"，其二则是 "裸身的两人" 对路人 "无聊" 的反向 "赏鉴"，在两种目光的转换之间，路人赏鉴的是两人的干枯的肉体，而两人赏鉴的则是路人干枯无聊的灵魂，由此，被看的两人完成了目光的回击。因而，复仇的意义不只在让路人陷入无聊，更重要的是以目光的转换照射出他们灵魂的干枯和无聊，鲁迅将此视为一场 "无血的大戮"，而被看的自我由此得以跃升超脱："永远沉浸于生命的飞扬的极致的大欢喜中。" 此外，裸身两人对立于旷野的情节设置和那容易让人联想到此前提到的绥惠略夫在逃亡途中梦见的 "两个黑色的形象" 的场景。可以说，绥惠略夫不仅开启了鲁迅的复仇机制，也为他的复仇提供了形式方法。而《复仇（其二）》的写作实际上与 "绥惠略夫" 相关。鲁迅借助于对基督复活故事的改写促成了《复仇（其二）》的成型，其中也再次提

---

　　① 鲁迅曾两次提及《复仇》的写作缘起，一次在 1931 的《〈野草〉英译本序》中，鲁迅说道："因为憎恶社会上旁观者多，作《复仇》第一篇。" 另一次在 1934 年给郑振铎的信中，鲁迅提到："我在《野草》中，曾记一男一女，持刀对立旷野中，无聊人竞随而往，以为必有事件，慰其无聊，而二人从此毫无动作，以致无聊人仍然无聊，至于老死。题曰《复仇》，亦是此意。" 参见鲁迅《〈野草〉英译本序》，《鲁迅全集》第 4 卷，人民文学出版社 2005 年版，第 365 页；《340516 致郑振铎》，《鲁迅全集》第 13 卷，人民文学出版社 2005 年版，第 105 页。

到路人的"辱骂""戏弄"和"讥诮",而复仇的实现与传统基督故事不同,它不是讲述基督由人变神的过程,而是由"神之子"到"人之子"的"沦降"。事实上,这也正是鲁迅"五四"前后的精神历程。他借察拉图斯忒拉的"沦降"宣告了自我的"再人",他开始认识到"就是我决不是一个振臂一呼应者云集的英雄"①。而《工人绥惠略夫》同样与基督复活有关,阿尔志跋绥夫不仅在开头引用了《路加福音》第十三章的内容对看客的群众发出诅咒:"你们若不悔改,都要如此灭亡",而且在"两个黑色的形象"对峙的场景中也植入了"恶魔"与"基督"的对话②。这些细节构成都被鲁迅"拿来"运用在《野草》写作技术上,共同作用于他的思想清理和生命重造。

鲁迅从"绥惠略夫"那里不仅习得了"黄金时代"的批判视野,以此看见了时代的弊病,也看见自我的限度,同时他也挪用其中的形式方法,将其植入《野草》的文本结构中,在思想与形式的综合作用下,完成了从"超人"到"个人"、从"人道主义"到"个人的无治主义"的心灵辩证过程。③

三　爱罗先珂的"寂寞"与鲁迅的"看见自己"

1921 年 7 月,在《现代小说译丛》的翻译过程中,鲁迅注意到了被日本当局以"危险思想"之名驱逐出境的爱罗先珂,随即开始订购秋田雨雀为他编著的《天明前之歌》(《夜明け前の歌:エロシエンコ創作集》),粗阅之后,鲁迅在 8 月底给周作人的信中流露出

---

① 鲁迅:《呐喊自序》,《晨报副刊·文学旬刊》第 9 号,1923 年 8 月 21 日。

② [俄] 阿尔志跋绥夫:《工人绥惠略夫》,鲁迅译,王世家、止庵编《鲁迅著译编年全集》第 3 卷,人民出版社 2009 年版,第 474、557—558 页。

③ 丸尾常喜将"人道主义"与"个人的无治主义"之间的消长起伏看作《野草》写作的重要思想背景,参见 [日] 丸尾常喜:《耻辱与恢复——〈呐喊〉与〈野草〉》,秦弓、孙丽华编译,北京大学出版社 2009 年版,第 120—130 页。

将之翻译的意向。① 9 月，鲁迅从《天明前之歌》中选译了第一篇《狭的笼》（《狭い籠》）以及第四篇《池边》（《沼のほとり》）。随即，鲁迅开始进入一种加速翻译节奏中。而随着 1922 年 2 月爱罗先珂入住周宅，他开始从"纸上"的静态空间走入鲁迅的现实世界，鲁迅对爱罗先珂也开始从单向的文本接受转入动态的思想互动。至1923 年 4 月，爱罗先珂离开北京返回俄国，鲁迅有近两年的时间沉浸在这段"爱罗先珂的时光"当中。爱罗先珂的到来显然对于此时的鲁迅有着不可忽视的重要意义：他的"到来"不仅与此时鲁迅的思想状况形成极大的呼应，让"寂寞"中的鲁迅再次"看见自己"，更重要的是为鲁迅确立起了新的思想姿态，进而构成了《野草》写作的一个重要思想起点。

如前所述，1920 年前后《新青年》的分化、思想界的分裂以及一系列政治军事行动给予了鲁迅相当大的刺激，他的思想开始进入在"人道主义"与"个人的无治主义"之间来回摆荡的状态，此时他对《察拉图斯忒拉的序言》以及阿尔志跋绥夫的相关译介，在某种程度上都是为了应对这种思想危机。与爱罗先珂的相遇事实上也处于这一思想延长线上。在第一篇译文《池边》完成之后，鲁迅写了一段译者附记，在某种程度上也为解读鲁迅对爱罗先珂的接受提供了路径和线索。鲁迅在开篇首先就引述了芬兰文人帕依瓦林塔（Päivärinta）的一段有关"忘却"的话："人生是流星一样，霍的一闪，引起人们的注意来，亮过去了，消失了，人们也就忘却了。"在他看来，爱罗先珂就是那颗"流星"，他以一种跨越"人间的疆界"的"大心"、一种"俄国式的大旷野的精神"，对于他所游历的国度"发出身受一般的非常感愤的言辞"，以"笼

---

① 鲁迅原信是："大打特打之盲诗人之著作已到，今呈阅。虽略露骨，但似尚佳，我尚未及细看也。如此著作，我亦不觉其危险之至，何至于兴师动众而驱逐之乎。我或将来译之，亦未可定。"《210830 致周作人》，《鲁迅全集》第 11 卷，人民文学出版社 2005 年版，第 414—415 页。

中的'下流的奴隶'"的比喻对这些国家国民性的弊病进行愤激的批判，然而所换取的只是"驱逐""辱骂和毒打"和被"忘却"①。爱罗先珂的遭遇与鲁迅笔下的"先觉者"或"牺牲者"非常相似，鲁迅借着 N 先生的口吻说道:"他们都在社会的冷笑恶骂迫害倾陷里过了一生;现在他们的坟墓也早在忘却里渐渐平塌下去了。"② 正是爱罗先珂的被"忘却"激发了鲁迅有关"忘却"的历史经验。而"忘却"则是鲁迅针对时代与庸众的重要批判思路。鲁迅对爱罗先珂的译介恰恰是要对这种习惯性的"忘却"进行颠覆:"由不得要绍介他的心给中国人看。"③ 在后来的回忆中鲁迅再次强调爱罗先珂的思想批判意义:"其实，我当时的意思，不过要传播被虐待者的苦痛的呼声和激发国人对于强权者的憎恶和愤怒而已，并不是从什么'艺术之宫'里伸出手来，拔了海外的奇花瑶草，来移植在华国的艺苑。"④ 在《狭的笼》中，老虎在梦幻中力图冲出"狭的笼"，而且希望"消除世间一切狭的笼"，然而不仅女人因"撒提"（殉葬）自杀而彻底击碎了老虎的"梦"，同时老虎也遭到"看客""下流的笑"和"痴呆的脸"。老虎最终领悟到:"人类是被装在一个看不见的，虽有强力的足也不能破坏的狭的笼中"，"人才是下流的奴隶"⑤。而"人类"的不觉悟所带来的挫败与绝望使得老虎的勇气也慢慢消磨。爱罗先珂尤为看重"狭的笼"这一意象，在此后的文本中他还不断使用，在《雕的心》中，他借助"雕"看到

---

① 参见鲁迅《〈池边〉译者附记》《〈狭的笼〉译者附记》，《鲁迅全集》第 10 卷，人民文学出版社 2005 年版，第 220、217—218 页。

② 鲁迅:《头发的故事》，《鲁迅全集》第 1 卷，人民文学出版社 2005 年版，第 485 页。

③ 鲁迅《〈池边〉译者附记》，《鲁迅全集》第 10 卷，人民文学出版社 2005 年版，第 221 页。

④ 鲁迅:《杂忆》，《鲁迅全集》第 1 卷，人民文学出版社 2005 年版，第 237 页。

⑤ ［俄］爱罗先珂:《狭的笼》，鲁迅译，王世家、止庵编《鲁迅著译编年全集》第 4 卷，人民出版社 2009 年版，第 208 页。

"下面是暗的狭的笼，下面是奴隶的死所"①。在《世界的火灾》中，他将安于现状的"幸福"看作"关在狭的笼中"②。由此，"狭的笼"在某种程度上构成了他看待世界的一种根本性的批判视角。而"狭的笼"显然也重新激活了鲁迅的"古城"体验，并且他将二者进一步综合为"中华民国"勾画出了一个"铁屋子"的历史造像③。透过爱罗先珂的被"忘却"，鲁迅重新看见了习惯"忘却"的时代和庸众，并赋予这个时代新的批判形象。

爱罗先珂的意义还在于，他让鲁迅也重新"看见自己"。对于爱罗先珂的童话主题，鲁迅将之概括为"作者所要叫彻人间的是无所不爱，然而不得所爱的悲哀"④。《狭的笼》中，老虎的自由之梦因"撒提"的陋习而破碎；《池边》则讲述两只蝴蝶为了恢复太阳、拯救世界而被大海吞没，不仅遭到动物同类的攻击逮捕，也受到人类的非议误解；《古怪的猫》中，猫本着"人""鼠""猫"之间没有边界的"同情可爱的兄弟之情"而不捉老鼠，反而被人类以断食、打骂的形式加以报复。爱罗先珂借助童话的形式反复摹写着"爱人"神话的破灭，这与鲁迅"五四"前后的思想经历非常契合，这些童话某种程度上可以看作"五四鲁迅"的精神寓言，重新激活了鲁迅的"无所可爱"的心声。1919 年 1 月，鲁迅就曾借助一封名为《爱情》的收信，发出"没有爱""无所可爱的悲哀"的呐喊⑤。可以说，正是这种"爱"构成了鲁迅从"沉默"步入"呐喊"的思想动力，而也是"爱"设定了"五四鲁迅"的思想底色和主体机制。爱

---

① ［俄］爱罗先珂：《雕的心》，鲁迅译，王世家、止庵编《鲁迅著译编年全集》第 4 卷，人民出版社 2009 年版，第 239 页。

② ［俄］爱罗先珂：《世界的火灾》，鲁迅译，王世家、止庵编《鲁迅著译编年全集》第 4 卷，人民出版社 2009 年版，第 271 页。

③ 鲁迅在 1919 年的"自言自语"中已经产生"古城"体验，"狭的笼"激活了鲁迅的"古城"体验，二者的综合促成了《呐喊自序》中"铁屋子"意象的生成。

④ 鲁迅：《〈爱罗先珂童话集〉序》，《鲁迅全集》第 10 卷，人民文学出版社 2005 年版，第 214 页。

⑤ 唐俟：《随感录四〇》，《新青年》第 6 卷第 1 号，1919 年 1 月 15 日。

罗先珂与鲁迅有关"不得所爱的悲哀"的思想呼应还体现在对《世界的火灾》的翻译中。

《世界的火灾》采用了嵌套式的叙事结构:在一个又暗又冷的"寂寞的夜",为了等待天明,"我"给"哥儿"讲述了一个亚美利加实业家为了给"纽约的暗洞"带来温暖和光明而"放火"的故事,实业家的行为非但没有获得民众的同情和理解,反而被当作"狂人"送进精神病院。实业家的"狂人"形象很容易让人联想到下山"放火"的察拉图斯忒拉以及《狂人日记》中的"狂人",而如果考虑到"察拉图斯忒拉"以及《狂人日记》之于鲁迅的思想起点意义,那么,显然鲁迅借由爱罗先珂的文本再次看到了自我的根源。而《世界的火灾》则将"狂人"以故事的形式加以叙述,这意味着"狂人"始终处于与现实绝缘的"记忆"之中。正是这种叙事机制将鲁迅重新带回到"狂人"时代,重新看到年青时候"放火"的梦,看到了过去那个"爱人""超人"的自我。可以说,《世界的火灾》意味着"狂人"的复活,它也为鲁迅开启了一次自我复活的机制。以狂人的复活为中介,《世界的火灾》勾连了"五四"时期的《狂人日记》《察拉图斯忒拉的序言》和"后五四"时期的《长明灯》,完整拼凑出狂人形象的脉络谱系,狂人的一再复现不仅在于它是鲁迅的自我根源,同时也意味着鲁迅通过不断顾返的方式、不断唤醒它的形象意义来应对自己不同阶段的思想危机,狂人对于鲁迅的文学世界而言构成了一种元形象。

借助爱罗先珂的童话世界,鲁迅不但看见了过去的自我,同时也看到"现在"的自我。1922年3月初,在周作人的陪同下,刚抵京不久的爱罗先珂即赴女子高等师范发表题为《智识阶级的使命》的演讲,对自他从上海所感受到的中国知识分子与民众隔绝、自私自利、不肯牺牲等种种形态进行大力批判。鲁迅虽未一同前往,但对演讲的内容应当相当熟悉。而也就在此时,北京因教育经费停发爆发了欠薪和索薪事件,也就是鲁迅后来提到的"亲领"事件,两个月后，鲁迅以此为本事写作了《端午节》①。小说讲述官员兼教员的方玄绰在端午节前因自我的怯懦对欠薪事件一再退让，而最终只能以“无用”的《尝试集》聊以自慰。《端午节》的写法与此前稍有不同，鲁迅此前的小说大多将目光投注在民众身上，而此时鲁迅则将目光回转到知识分子身上。② 周作人就注意到“方玄绰”之于鲁迅的自叙色彩③，这种说法并非没有根据。一方面，鲁迅确曾遭遇了“亲领”事件；另一方面，当时鲁迅也明确坦陈了自己的“怯懦”。在爱罗先珂有关智识阶级演讲的一个月后的 4 月 4 日晚，鲁迅与爱罗先珂一同观看了俄国歌剧团所表演的歌剧《游牧情》，而正是剧院中的等级秩序给予了鲁迅极大的刺激，他不仅看到一个“沙漠化”的北京，更看到自我的“怯懦”和“偏狭”④。正是这“怯懦”的自省点染了《端午节》的写作。可以说，爱罗先珂的对智识阶级的批判让鲁迅重新调整了文学视线和思想方向，他开始从外在的社会批判转向内在的自我批判，进而看到一个在启蒙高度之下的有限的自我，正如鲁迅后来在《呐喊自序》中所说的：“我虽然自有无端的悲哀，却也并不愤懑，因为这经验使我反省，看见自己了：就是我决不是一个振臂一呼应者云集的英雄。”⑤

爱罗先珂在北京的行迹主要围绕讲演和世界语教学展开，他以

---

① 鲁迅在《记“发薪”》中回忆说：“‘亲领’问题的历史，是起源颇古的，中华民国十一年，就因此引起过方玄绰的牢骚，我便将这写了一篇《端午节》。”参见鲁迅《记“发薪”》，《鲁迅全集》第 3 卷，人民文学出版社 2005 年版，第 369 页。

② 有关爱罗先珂与《端午节》写作的关系参见彭明伟《爱罗先珂与鲁迅 1922 年的思想转变——兼论〈端午节〉及其他作品》，《鲁迅研究月刊》2008 年第 2 期。

③ 周作人说：“这是小说，却颇多有自叙的成分，即是情节可能是小说化，但有许多意思是他自己的。”参见周遐寿《鲁迅小说里的人物》，上海出版公司 1954 年版，第 114 页。

④ 参见鲁迅《为“俄国歌剧团”》，《鲁迅全集》第 1 卷，人民文学出版社 2005 年版，第 403—404 页。

⑤ 鲁迅：《呐喊自序》，《晨报副刊·文学旬刊》第 9 号，1923 年 8 月 21 日。

相当"热烈的情调"① 投入其中，然而很快便发出"寂寞"的叫喊。爱罗先珂的"寂寞"不仅在于讲演和世界语学习的呼应寥寥②，更在于他从中体验到了一个"精神沙漠"的北京。鲁迅在观看俄国歌剧团之后说到爱罗先珂的这种体验："有人初到北京的，不仅便说：我似乎住在沙漠里了。"③ 在《鸭的喜剧》中，鲁迅又一次强调了爱罗先珂的"寂寞"："寂寞呀，寂寞呀，在沙漠上似的寂寞呀。"④ 对此，周作人也有印证："他在北京只住了四个月，但早已感到沙漠上的枯寂了。"⑤ 对于爱罗先珂"精神沙漠"般的北京体验，鲁迅并不陌生，此前他以沙山包围的"古城"形象来勾画北京。而就在爱罗先珂"寂寞"产生的前后，鲁迅亲历了两次堪称"精神沙漠"的事件。一次即前面提及的观看俄国歌剧团对等级秩序的不满；另一次则是 1922 年年底的北大演剧事件，爱罗先珂观剧后再次表达了他的"寂寞"："没有戏剧的国度，是怎样寂寞的国度呵，我到了中国，最强烈的感到的便是这一节。"他不仅具体对学生模仿优伶的表演技术表达不满，更对男女不能同时观剧的野蛮习惯表达愤激，尤其是由此映照出青年的麻木与顺从：

　　　　长成于旧道德中的年老的人们，即使最愚劣的习惯也还是

----

① 周作人：《送爱罗先珂君》，《晨报副镌》1922 年 7 月 17 日。

② 根据周作人的回忆："他来教世界语，用世界语讲演过几次俄国文学，想鼓舞青年们争自由的兴趣，可是不相干，这反响极其微弱，聚集拢来者只是几个从他学世界语的学生。"不久在给冯省三的《世界语读本》作序的时候，周作人也提到跟从爱罗先珂学习世界语的只有包括冯省三在内的三个人。参见周遐寿《鲁迅小说里的人物》，上海出版公司 1954 年版，第 169 页；作人《世界语读本》，《晨报副镌》1923 年 6 月 5 日。

③ 鲁迅：《为"俄国歌剧团"》，《鲁迅全集》第 1 卷，人民文学出版社 2005 年版，第 403 页。

④ 鲁迅：《鸭的喜剧》，《鲁迅全集》第 1 卷，人民文学出版社 2005 年版，第 583 页。

⑤ 周作人：《怀爱罗先珂君》，《晨报副镌》1922 年 11 月 7 日。

要遵循，这结局固然是没有法子想，然而大学和专门学校的年青的男人和女人，又何以竟不反抗那朽烂的已为全世界所弃的习惯的呢？景仰真理而心地温顺的年青的男女学生们，又何以并不一同研究戏剧，在没有好戏剧的中国里，建设起真的戏剧来的呢？中国的年青的男女学生们，难道并没有这元气，来弃掉这于理智和感情全都相反的腐烂了的习惯么？中国的年青的男女学生们，难道并没有这力量，敢将唾沫吐在那生长在旧的道德和新的不道德里，弄脏了戏剧的真艺术的老年和少年们的脸上，而自走正当的道路么？对于并没有这一点元气的年青的男女学生们，我还称之为可怜，称之为近于白痴呢，还是说他是生长在不健全的旧道德里，退化了的父母所生的，在年青时候，已经堕落，无论于真理，于虚伪，两无干系的退化的孩子呢？①

这一连串的质疑显然不仅仅是针对演剧本身，而且是因对青年饱含希望，以及希望的挫败所带来的"寂寞"与"悲伤"："然而无论怎么说，遇见这年青的屡弱的男女学生们，我就觉得寂寞，觉得悲伤。"更具讽刺意味的是，就在演剧事件几日后，北大学生魏建功即撰文予以回应，他不仅采用"全篇带刺的文字"，更对爱罗先珂的失明加以攻击。② 鲁迅对此非常愤慨，不仅对爱罗先珂"爱中国的青年"之深而不平，更对青年的奚落加以回击："我敢将唾沫吐在生长在旧的道德和新的不道德里，借了新艺术的名而发挥其本来的旧的不道德的少年的脸上！"③ 由此，不难理解爱罗先珂"寂寞"的来由，在热力与沙漠的对冲之下，"寂寞"与"悲

---

① ［俄］爱罗先珂：《观北京大学学生演剧和燕京女校学生演剧的记》，鲁迅译，《晨报副镌》1923 年 1 月 6 日。

② 魏建功：《不敢盲从》，《晨报副镌》1923 年 1 月 13 日。

③ 鲁迅：《看了魏建功君的〈不敢盲从〉以后的几句声明》，《鲁迅全集》第 8 卷，人民文学出版社 2005 年版，第 142—143 页。

哀"自然产生了。进一步看,与其说爱罗先珂感受到的是"寂寞"与"悲哀",不如说是绝望与挫败。这样的自我感知对于"五四"后的鲁迅而言自然不难体会。周作人对于"精神沙漠"的体验也有反省:"我们所缺乏的,的确是心情上的润泽,然而不是他这敏感的不幸诗人也不能这样明显的感着,因为我们自己已经如仙人掌类似的习惯于干枯了。"① 由此可见,爱罗先珂的"寂寞"体验并非个例,而他也将这种"寂寞"体验进一步植入北京时期的创作中。

《时光老人》一开篇,爱罗先珂就反复述说一种"寂寞"之感。首先,"的确有一个大而热闹的北京",然而"到夜间,我尤其觉得寂寞",而也正因为此时的"寂寞","我"开始回忆"做过的梦",而梦的美好反而进一步映衬了"我"此时的"寂寞":"想到这些事,我就寂寞的歔欷了。"而在这些"寂寞"中,有一件让"我""非常之寂寞"的事:

> 但看见青年的人们学着老年,许多回重复了自己的父亲和祖父的错处和罪恶,还说道我们也是人,昂然的阔步着,我对于人类的正在进步的事,就疑心起来了。不但这一件,还有一看见无论在个人的生活上,在家庭间,在社会上,在政治上,重复着老人的错处和罪恶的青年,我就很忧虑,怕这幸福的人类接连的为难了几千年,到底不能不退化的了。②

这段讲述与爱罗先珂在演剧事件中的遭遇和感受非常接近,"寂寞"的来源都指向了青年的麻木、消极,由此表达对自己"爱人类"的梦造成打击和怀疑,"想到这事的时候,在我是最为寂寞

---

① 周作人:《怀爱罗先珂君》,《晨报副镌》1922 年 11 月 7 日。
② [俄] 爱罗先珂:《时光老人》,鲁迅译,王世家、止庵编《鲁迅著译编年全集》第 4 卷,人民出版社 2009 年版,第 643 页。

的"。换言之，青年的刺激只是问题的一面，更重要的是它借助 "寂寞" 的挫败体验指向了主体自我的反思。爱罗先珂并没有将反思的展开诉诸自白，而是以 "时光老人" 的出现、以一种具有一定高度的他者的存在来开启自我的反思机制。"时光老人" 以 "严厉的训斥" 开始讲述人类 "蠢才生蠢才" 的轮回故事以及 "一所又大又古的寺院" 密闭的生活。在 "时光老人" 的训斥中，"我" 再次看到自己改革之梦的 "无用"，"古的诸神" 依然存在。不难看出，《时光老人》与鲁迅此时的思想有着内在的贯通。在 "寂寞" 中 "钞古碑" 的鲁迅本着 "爱人" 的梦开始 "下山" "放火"，在 "五四" 的思想氛围中，鲁迅坚信："人类总不会寂寞，因为生命是进步的，是乐天的。"① 然而，对牺牲的漠视、民众的不觉悟使他最终习得了 "永远轮回" 的经验而再次陷入 "沉默"，正如他所说："不愿意发些明知无益的急迫的言论。"② 爱罗先珂此时的思想遭遇在某种程度上复刻了 "五四" 前后的鲁迅，他的 "寂寞" 体验也唤醒激活了 "寂寞" 的鲁迅，而鲁迅此时的 "寂寞" 则集中于《呐喊自序》的写作。

《呐喊自序》中鲁迅数十次提及 "寂寞"，而 "寂寞" 则根源于年轻时候做过的梦的一再幻灭，然而这实际上只是叙事的表层。换言之，鲁迅的叙述重心虽然在呈现一个曾经 "寂寞" 的自我，然而 "寂寞" 与 "梦" 的反复则在叙述的链条中导引出了 "我" 现在的 "寂寞"。也就是说，鲁迅的追忆实际上是一种叙事的颠倒，正是他现在的 "寂寞" 唤起了往日的 "寂寞"。换言之，1922 年的鲁迅再次陷入 "寂寞"，而也是此时的 "寂寞" 唤醒了 "钞古碑" 时期的 "寂寞"，鲁迅借助《呐喊自序》的回忆叙事构造出了自我 "寂寞" 的人生③。

---

① 唐俟：《随感录六六　生命的路》，《新青年》第 6 卷第 6 号，1919 年 11 月 1 日。
② 鲁迅：《看了魏建功君的〈不敢盲从〉以后的几句声明》，《鲁迅全集》第 8 卷，人民文学出版社 2005 年版，第 142 页。
③ 有关 "寂寞" 之于《呐喊自序》的写作意义还可参见［日］木山英雄《文学复古与文学革命》，赵京华编译，北京大学出版社 2004 年版，第 20 页。

鲁迅甚至把"寂寞"看作自己"灵魂"的重要构成。①《呐喊自序》
与《时光老人》有着相似的叙事结构，首句"我在年青时候也曾经
做过许多梦，后来大半忘却了，但自己也并不以为可惜"与《时光
老人》第二段的首句"我的北京并不是做些美的梦的所在；便是先
前什么时候做过的梦，也要给忘掉的了"非常相似，而时光老人的
训斥所开启的反思机制，也同时激发了鲁迅对自我生命的回顾、对
自我思想历程的梳理。而《呐喊自序》正是鲁迅的一部精神自传。
考虑到两篇文章的发表时间相近，《时光老人》极有可能促发了
《呐喊自序》的写作②。但这种促发只是一个时间点的爆发，而爱罗
先珂的"寂寞"贯穿了他的整个北京时期，因而鲁迅对这种"寂
寞"的感知也伴随始终。此外，鲁迅的"寂寞"体验也不完全是爱
罗先珂的感染。早在"新生"时期，鲁迅已经有着"寂寞"的语言
自觉。③"五四"时期，鲁迅思想的重心即在于破"寂寞"。在《随
感录六三　与幼者》中，鲁迅借用有岛武郎的一段话表达自己从
"钞古碑"的"寂寞"中走出的愿望："人间很寂寞。我单能这样说
了就算么？你们和我，像尝过血的兽一样，尝过爱了。去罢，为要
将我的周围从寂寞中救出，竭力做事罢。"与此同时，在《随感录六
六　生命的路》中鲁迅进一步坚定了"寂寞"不再的信念："人类

---

① 鲁迅的原话是："这寂寞又一天一天的长大起来，如大毒蛇，缠住了我的灵魂
了。"鲁迅：《呐喊自序》，《晨报副刊·文学旬刊》第 9 号，1923 年 8 月 21 日。

② 参见刘彬《旧"事"怎样重"提"——以〈呐喊自序〉为例》，《中国现代文学
研究丛刊》2019 年第 2 期。

③ 《摩罗诗力说》中，鲁迅用"寂寞"描述"古民之心声"的中落："嗟夫，古民
之心声手泽，非不庄严，非不崇大，然呼吸不通于今，则取以供览古之人，使摩挲咏叹
而外，更何物及其子孙？否亦仅自语其前此光荣，即以形迻来之寂寞，反不如新起之邦，
纵文化未昌，而大有望于方来之足致敬也。"鲁迅：《摩罗诗力说》，《鲁迅全集》第 1 卷，
第 67 页。《破恶声论》开篇就描绘一个文明崩毁的"寂寞"中国："本根剥丧，神气旁
皇，华国将自槁于子孙之攻伐，而举天下无违言，寂漠为政，天地闭矣。"后面又说：
"而今之中国，则正一寂漠境哉。"鲁迅：《破恶声论》，《鲁迅全集》第 8 卷，人民文学
出版社 2005 年版，第 25、26 页。

总不会寂寞，因为生命是进步的，是乐天的。"① 鲁迅之所以采用
"总不会"的表述方式，一方面表现了他当时重新投入文学事业的思
想姿态和信念；另一方面则在于正是经历了"钞古碑"时期的"寂
寞"，他才以"总不会"的语调表达一种"寂寞"不再的希望。在
给傅斯年的信中，鲁迅表达了类似的看法："我自己知道实在不是作
家，现在的乱嚷，是想闹出几个新的创作家来，——我想中国总该
有天才，被社会挤到在地下，——破破中国的寂寞。"② 而在随后的
翻译中，也有"寂寞"的语用自抉。③ 另外值得参照的是 1922 年 1
月，在爱罗先珂到来之前，周作人发表了所译的有岛武郎的小说
《潮雾》，在小说最后，周作人从《有岛武郎著作集》中摘译了一段
有岛武郎的创作观，谈及自己的创作缘起，有岛武郎首先强调的就
是"寂寞"的催促："第一，我因为寂寞所以创作。在我的周围，
习惯与传说，时间与空间，筑了十重二十重的墙，有时候觉得几乎
要气闭了。'但是' 从那威严而且高大的墙的隙间，时时 '望见' 惊
心动魄般的生活或自然，忽隐忽现。得见这个的时候的惊喜，与看不
见这个了的时候的寂寞，与分明的觉到这看不见了的东西决不能再在
自己面前出现了的时候的寂寞呵！在这时候，能够将这看不见了的东
西确实的还我，确实的纯粹的还我者，除艺术之外再没有别的了。我
从幼小的时候，不知不识的住在这境地里。那便取了所谓文学的形
式。"④ 这段有关"寂寞"与"创作"的译文后来作为《附录 关于

---

① 唐俟：《随感录六三　与幼者》《随感录六六　生命的路》，《新青年》第 6 卷第
6 号，1919 年 11 月 1 日。

② 鲁迅：《对于新潮一部分的意见》，《鲁迅全集》第 7 卷，人民文学出版社 2005
年版，第 236 页。

③ 在描述绥惠略夫逃亡途中梦见的"两个黑色的形象"时，鲁迅的译文是："一个
是寂寞的立着，两手叉在胸前，骨出的手指抓在皮肉中间。"［俄］阿尔志跋绥夫：《工人
绥惠略夫》，鲁迅译，王世家、止庵编《鲁迅著译编年全集》第 3 卷，人民出版社 2009
年版，第 557 页。

④ ［日］有岛武郎：《潮雾》，周作人译，《东方杂志》第 19 卷第 1 号，1922 年 1 月
10 日。

作者的说明》而被收入《现代日本小说集》中①。再者，这一时期鲁迅与爱罗先珂的思想关系并非单向接受，而是一种共享式的互动。由此，鲁迅的"寂寞"并非一种单向移植，而是爱罗先珂"寂寞"的叫喊唤起了鲁迅的"寂寞"体验，进而以形式方法的借鉴开始系统梳理自我"寂寞"的思想道路。

而鲁迅对于"寂寞"实际上也并不只是感应、回忆，在"寂寞"中他也在酝酿着"反抗之歌"②。1923 年 4 月底，随着爱罗先珂离开北京返回苏联，鲁迅也随即结束了近两年的"爱罗先珂时光"，然而他"寂寞"的体验非但没有随着爱罗先珂的离开而结束，反而进一步发酵。1923 年，除了两篇爱罗先珂的童话译文外，鲁迅没有任何与文学相关的创作。随着 1923 年 7 月 18 日兄弟失和事件的爆发，鲁迅在"寂寞"中进一步陷落。值得注意的是，在失和前一天，周作人从日本报纸了解到有岛武郎的自杀，随即以"有岛武郎"为题写作了一篇短文。文章中，周作人不仅表达了深刻的同情，同时也再次提及有岛武郎"寂寞"的创作观，并从中看到了"寂寞"的自己："其实在人世的大沙漠上，什么都会遇见，我们只望见远远近近几个同行者，才略免掉寂寞与虚空罢了。"③ 从"寂寞"的强度来看，《有岛武郎》的写作很有可能不只是对有岛武郎的纪念，这里的"同行者"一方面暗示周作人有着潜在的对话对象，另一方面也暗含着"同行者"的失落与分离。由此可以推测，失和事件可能在绝交书的前一日就已经发生。那么，这里的同行者就是鲁迅，正是失和事件带给周作人幻灭的寂寞感让他重新想起了有岛武郎的"寂寞"。

---

① 周作人编译：《现代日本小说集》，上海商务印书馆 1923 年 6 月初版，第 370—372 页。值得注意的是，《现代日本小说集》中，有岛武郎的两篇小说由鲁迅翻译，而作者说明则采用了周作人《潮雾》的译者附记。由此可见，兄弟二人对有岛武郎的"寂寞"认知是共通的。

② 鲁迅：《为"俄国歌剧团"》，《鲁迅全集》第 1 卷，人民文学出版社 2005 年版，第 404 页。

③ 作人：《有岛武郎》，《晨报副镌》1923 年 7 月 17 日。

换言之，他正是借有岛武郎的"寂寞"来隐晦地表达失和的"寂寞"。这种推测并非没有根据。失和几日后，周作人在为《自己的园地》作序时再次强调自己的"寂寞"："我因寂寞，在文学上寻求安慰"，"或者国内有和我心情相同的人，便将这本杂集呈献与他；倘若没有，也就罢了。——反正寂寞之上没有更上的寂寞了"①。在坦陈"寂寞"情绪的同时，周作人也表达了对"想象的友人"的召唤，这与此前的"同行者"说法如出一辙。而就在《自己的园地序》发表同期，周作人还有一篇《寻路的人——赠徐玉诺君》，在某种程度上印证了对"想象的友人"的召唤，他从徐玉诺"寻路的人"的形象中获得了极大的情感共鸣。颇有意味的是，就在周作人的序言发表不久，鲁迅的《呐喊自序》也在同一刊物刊载，前后只差一期。如前所述，鲁迅在《呐喊自序》中数十次提及自己的"寂寞"，两篇序言除了作为各自文集出版前的广告宣传，在某种程度上也形成了内在的对话关系②。可以说，兄弟失和进一步加剧了鲁迅的"寂寞"，如果说爱罗先珂的到来激活了鲁迅的"寂寞"体验，让鲁迅重新"看见自己"，那么兄弟失和则以理想共同体的轰毁让"寂寞"中的鲁迅只剩下自己。而"寂寞"的不断发酵最终促成了《野草》的写作。③

① 周作人：《自己的园地序》，《晨报副刊·文学旬刊》第7号，1923年8月1日。
② 在《呐喊自序》同页的中缝中恰好也有《自己的园地》出版广告。有关《呐喊自序》与《自己的园地序》之间的内在对话关系还可参见〔日〕伊藤德也《周作人笔下的"凡人"——〈生活之艺术〉的主体性》，〔日〕藤井省三主编《日本鲁迅研究精选集》，中央编译出版社2016年版；黄艳芬《〈呐喊〉和〈自己的园地〉文集内外及关联"对话"——解读周氏兄弟失和的一个角度》，《鲁迅研究月刊》2020年第3期。
③ 《野草》编定之后，鲁迅曾谈及寂寞与创作的关联："人感到寂寞时，会创作；一感到干净时，即无创作，他已经一无所爱。""创作总根于爱。""创作虽说抒写自己的心，但总愿意有人看。"鲁迅：《小杂感》，《语丝》第4卷第1期，1927年12月17日。可以说，"寂寞"几乎支配了这一时期鲁迅的文学创作。《野草》首先就内置于"寂寞"的背景纵深。在《影的告别》和《求乞者》写作同日给李秉中的信中，鲁迅说："我喜欢寂寞，又憎恶寂寞。"《一觉》中提到："《沉钟》的《无题》——代启事——说：'有人说：我们的社会是一片沙漠。——如果当真是一片沙漠，这虽然荒漠一点也（转下页）

　　在《希望》中，鲁迅首先就发出"寂寞"的叫喊："我的心分外地寂寞。"这让人联想到爱罗先珂"寂寞"的叫喊。有关《希望》，以往的研究多注意到其中的裴多菲因素，而相关的爱罗先珂因素则注意不多。随着诗的进一步行进，鲁迅开始陈述寂寞的原因。"我大概老了"，而在年老时刻，"我"开始回忆曾经的"希望""耗尽了我的青春"，进而产生自责，但"我"仍然"肉薄这空虚中的暗夜"，然而在"迟暮"的努力中所看到的只是"青年们很平安"，于是陷入了"绝望"。《希望》的主题并不难理解，后来鲁迅就说："因为惊异于青年之消沉，作《希望》。"① 这与爱罗先珂在北京时对青年的爱与批判有着共通的地方②。而叙事结构与《时光老人》也可以相互参照。《时光老人》也与对青年的失望相关，"我"在感到"寂寞"的同时开始回忆往日的"梦"，而当看到现在的青年"重复着老年的错处和罪恶"，两相对照，加重了"寂寞"之感，进而以时光老人的严厉训斥开启一种自我的反省机制。而《希望》也正是

（接上页）还静肃；虽然寂寞一点也还会使你感觉苍茫。何至于像这样的混沌，这样的阴沉，而且这样的离奇变幻！'"并且他将青年赠送的《沉钟》看作"在这风沙碅洞中，深深地在人海的底里寂寞地鸣动。"参见《240924 致李秉中》，《鲁迅全集》第 11 卷，人民文学出版社 2005 年版，第 452—453 页；鲁迅《一觉——野草之二十三》，《语丝》第 75 期，1926 年 4 月 19 日。在与《野草》同一时期的《彷徨》中，"寂寞"也反复出现。《祝福》中写道："她大约因为在别人的祝福时候，感到自身的寂寞了。"《伤逝》中写到涓生终日在外徘徊后回到寓所时的心情："是异样的空虚和寂寞。"1933 年，鲁迅在《题〈彷徨〉》中总结自己的"彷徨"时代时写道："寂寞新文苑，平安旧战场。两间馀一卒，荷戟独彷徨。"参见《鲁迅全集》第 2 卷，人民文学出版社 2005 年版，第 7、128 页；《鲁迅全集》第 7 卷，人民文学出版社 2005 年版，第 156 页。

　　① 鲁迅：《〈野草〉英译本序》，《鲁迅全集》第 4 卷，人民文学出版社 2005 年版，第 365 页。

　　② 鲁迅在批评魏建功时说道："我早就疑心我自己爱中国的青年倒没有他这样深。"当爱罗先珂离京返俄的时候，周作人也对青年的失望进行反讽："爱罗君又出京了。他的去留，在现在的青年或者已经没有什么意义，未必有报告的必要。"鲁迅：《看了魏建功君的〈不敢盲从〉以后的几句声明》，《鲁迅全集》第 8 卷，人民文学出版社 2005 年版，第 142 页；作人：《再送爱罗先珂君》，《晨报副镌》1923 年 4 月 21 日。

青年的消沉促发了"我"在年老时刻的自省。可以说，在思想主题
上，二者相当接近。除此之外，《希望》中也出现了爱罗先珂童话中
的意象。"僵坠的胡蝶"明显来自鲁迅翻译的爱罗先珂的第一篇童话
《池边》。《池边》讲述两只蝴蝶"不忍目睹世界的黑暗，想救世界，
想恢复太阳"①却最终僵坠大海。"蝴蝶"显然就是鲁迅年轻时候做
过的那许多梦。正是这些"蝴蝶"的存在映照出"平安的青年"，
而青年的平安更进一步映现出希望与牺牲的徒劳，进而从希望走向
希望的背面。

爱罗先珂之于《野草》的意义还不止于此，他与鲁迅对《野
草》的文体选择和设计密切相关。换言之，鲁迅如何能够在 1923
年的"沉默"从"说不出"到"说得出"以及他为何要以散文诗
的形式来处理自我的思想危机？1922 年 4 月 4 日，鲁迅与爱罗先
珂一同观看了俄国歌剧团的表演，正是对现场等级制度的目睹以
及隐忍让鲁迅看到了自己的"怯弱"和"偏狭"，进而也看到了一
个"沉默"的自我："我的声音怕要销沉了罢"，"沉默了我的歌
声罢"②。不久，鲁迅就翻译了《桃色的云》，除却"从速赠与中
国的青年"的思想共感外，鲁迅也从中体认到诗歌表现的重要意
义："世间本没有别的言说，能比诗人以语言文字画出自己的心和
梦，更为明白晓畅的了。"③ 对诗歌表意可能的体认极有可能影响
到《野草》的文体选择，对于"野草"时期思想"芜杂"的鲁迅
来说，以诗歌的形式来书写"野草"显然暗含着一条"明白晓畅"
的自我修正道路。而鲁迅译介爱罗先珂的初衷在某种程度上既在
于对其诗人身份的体认，更在于对诗歌形式表层之下"赤子之心"

①　[俄]爱罗先珂：《狭的笼》，鲁迅译，王世家、止庵编《鲁迅著译编年全集》
第 4 卷，人民出版社 2009 年版，第 188 页。

②　鲁迅：《为"俄国歌剧团"》，《鲁迅全集》第 1 卷，人民文学出版社 2005 年版，
第 403—404 页。

③　鲁迅：《桃色的云·序》，《鲁迅全集》第 10 卷，人民文学出版社 2005 年版，第
229 页。

的思想内在的激赏:"广大哉诗人的眼泪,我爱这攻击别国的'撒提'之幼稚的俄国盲人埃罗先珂,实在远过于赞美本国的'撒提'受过诺贝尔奖金的印度诗圣泰戈尔;我诅咒美而有毒的曼陀罗华。"① 爱罗先珂与泰戈尔的比照鲜明地呈现出鲁迅的诗歌态度,在他看来,诗歌不仅仅是艺术形式或人间美与爱的颂歌,更是思想愤激的"血和泪"。正是基于这种诗歌态度的共鸣,爱罗先珂的"诗人的眼泪"最终也走入了鲁迅的《秋夜》。在写到做梦的"细小的粉红花"时,出现了诗人的角色:"梦见瘦的诗人将眼泪擦在她最末的花瓣上",而诗人的眼泪在于他看破了时间的轮回性:"告诉她秋虽然来,冬虽然来,而此后接着还是春。"这正是鲁迅从爱罗先珂身上看到的"爱的悲哀"。而这段有关轮回的感想除了与鲁迅对尼采的接受之外,也能看到《时光老人》的影响。在对人类的愚蠢进行批评时,爱罗先珂写道:"人的蠢才。滴答滴答,……滴答滴答,……并不是现在才成蠢才的,什么时候都如此。……便是过去,……便是现在,……便是将来,……滴答滴答,……滴答滴答……"② 爱罗先珂借助时光老人之口说出了人之历史永远愚蠢的本质,进而借助"滴答滴答"的声音连续性加强这种轮回的感受效果。这与"瘦的诗人"的话本质相同。而"瘦的诗人"也可以看作写作《野草》时的鲁迅自己,它的文本参与意味着此时的鲁迅作为诗人身份的设定,意味着鲁迅将以诗人的面目面对"秋夜"。而"秋夜"的意义空间也能从爱罗先珂那里找到某种对应。《时光老人》的写作也是在一个"寂寞"的"秋夜":"北京的十一月的夜间是冷的。十一月的夜间的北京是静的。唉唉!使我的心也像北京的十月的夜间这么冷,也像十一月的夜间的北京这么静,这才好哩!向着一个谁,我这样

---

① 鲁迅:《〈狭的笼〉译者附记》,《鲁迅全集》第 10 卷,人民文学出版社 2005 年版,218 页。

② [俄]爱罗先珂:《时光老人》,鲁迅译,王世家、止庵编《鲁迅著译编年全集》第 4 卷,人民出版社 2009 年版,第 643 页。

的叫出来了!"① 与身在冷而静的夜间的爱罗先珂一样,"秋夜"中的鲁迅也端坐在"冷的夜气中",二者都赋予"秋夜"相似的意义空间。《世界的火灾》也是发生于一个"又暗,又冷"的"寂寞的夜",而那个亚美利加实业家所看到的"庭园的白杨和枫树"则被鲁迅置换成两株枣树②。可以说,"秋夜"对于鲁迅和爱罗先珂来说都有着特定的写作发生意义。因而,爱罗先珂叫喊的"这个谁",实际上就可以看作"秋夜"中的鲁迅。爱罗先珂对于《野草》的写作而言,不仅在于"诗人的眼泪"所扭和的思想底色和诗歌态度与鲁迅形成内在呼应,进而为鲁迅设定了诗人的身份、决定了《野草》的诗歌的文体③,更在于借助"寂寞"感知的相通,鲁迅从爱罗先珂的"秋夜"写作氛围中看到了"秋夜"这一特定的象征空间所内含的写作发生学意义。

1920 年前后,"问题与主义"之争的爆发、"新青年"的分化等一系列事件给予鲁迅极大的刺激,他的思想也随之陷入"爱与憎"的动荡、摇摆中。④ 在重新审视"五四"自我的同时,他也在寻求新的思想资源以求对混乱的自我进行修正和整合。在此过程中,借助对

---

① [俄]爱罗先珂:《时光老人》,鲁迅译,王世家、止庵编《鲁迅著译编年全集》第 4 卷,人民出版社 2009 年版,第 648 页。

② [俄]爱罗先珂:《世界的火灾》,鲁迅译,王世家、止庵编《鲁迅著译编年全集》第 4 卷,人民出版社 2009 年版,第 270、273 页。

③ 值得注意的是,作为爱罗先珂北京时期文化事业开展的见证人和翻译者,周作人就提到对爱罗先珂演讲文字翻译的难度,原因即在于他的诗歌体制。周作人原话是:"想象丰富,感情热烈,不愧了诗人兼革命家两重人格,讲演大抵安排得很好,翻译却也就不容易,总须预先录稿译文,方才可以。预备时间比口说要多过几倍,其中最费力气的是介绍俄国文学的演说,和一篇'春天与其力量',那简直是散文诗的样子。"参见周作人《知堂回想录》,香港三育图书文具公司 1980 年版,第 414 页。

④ 鲁迅后来回忆:"后来《新青年》的团体散掉了,有的高升,有的退隐,有的前进,我又经验了一同同一战阵中的伙伴还是会这么变化,并且落得一个'作家'的头衔,依然在沙漠中走来走去,不过已经逃不出在散漫的刊物上做文字,叫作随便谈谈。有了小感触,就写些短文,夸大点说,就是散文诗,以后印成一本,谓之《野草》。"鲁迅:《〈自选集〉自序》,《鲁迅全集》第 4 卷,人民文学出版社 2005 年版,第 469 页。

《察拉图斯忒拉的序言》的重译，鲁迅不仅回顾了“下山”与“放火”的自我，更习得了“永远轮回”的思想经验，在对应理想幻灭心境的同时，也赋予了他一种崭新的主体意志。不久，鲁迅又从“绥惠略夫”那里接受了“黄金时代”的批判视野，由此，不仅看到时代的本质①，也看到一个有限的自我。而爱罗先珂的“到来”则让鲁迅看见了自己的“寂寞”，以“寂寞”的情感体验为中心，鲁迅既以回忆的方式构筑起了自我“寂寞”的人生，又从“寂寞”之中看到一种新的写作发生的可能。可以看到，鲁迅以译介的方式在不断回应、修正自我的思想危机，他不仅从中获得了思想的共鸣，也借鉴了丰富的形式方法，在思想与形式的综合锻造下，最终走向了《野草》的写作。

第二节　“声”之内转——作为
“心声”的《野草》

　　“声”对于鲁迅的文学起源具有重要的意义。留日早期，正是注意到“诗力”与“心声”之间的有机关联，鲁迅才弃医从文，进而投入“新生”的文学事业中；“五四”时期，随着一种文化政治的兴起，为了唤起更多的“真的声音”，一个“呐喊”的鲁迅到来；1920 年之后，思想共同体的分化、国民性问题的一再反复，让鲁迅不仅看清民众“永远轮回”的本性，也看见一个有限度的自我，由此，“呐喊”的声音逐渐“销沉”，“寂寞”的鲁迅重归“寂寞”，

---

　　①　在《好的故事》与《过客》中间，鲁迅写作了《忽然想到》的第三篇，对“中华民国”的“永远轮回”表达了极大的失望情绪：“我觉得仿佛久没有所谓中华民国”“我觉得革命以前，我是做奴隶；革命以后不多久，就受了奴隶的骗，变成他们的奴隶了”“我觉得许多烈士的血都被人们踏灭了，然而又不是故意的”“我觉得什么都要从新做过”“我觉得民国的来源，实在已经失传了，虽然还只有十四年！”鲁迅：《忽然想到》，《鲁迅全集》第 3 卷，人民文学出版社 2005 年版，第 16—17 页。

而"寂寞"的极限则以《野草》写作的完成为收束。可以说,"声"之探求构成了鲁迅人生展开的主要线索①。在此过程中,如果说"呐喊"对应着一个外发性的启蒙自我,那么,《野草》的写作则意味着鲁迅经历了一次"声"的内转②,即他通过自我内在声音的设定,完成了"心声"的找寻。在总结性的《野草题辞》中,鲁迅首先就说:"当我沉默着的时候,我觉得充实;我将开口,同时感到空虚。"③ 换言之,此时的鲁迅舍弃了面向民众的启蒙声音,开始独自面对自我,并且以"沉默"的方式赋予自我一种内在的声音。而在《野草》的首篇《秋夜》中,鲁迅首先就设定了一个封闭的自我空间,整个"秋夜"的展开都来自"我"的"看见"和"听到",除了"夜游的恶鸟"之外,所有的声音都出自"我"。可以说,整个《野草》都是一个自我声音的内在展开。颇有意味的是,鲁迅的文学起点从"心声"的找寻开始,而"心声"最终的落实并不是外在的,而恰恰是暗藏在鲁迅的自我内部。由此,借助《野草》的写作,鲁迅重新唤醒了早期的"心声"机制,进而以一种崭新的主体姿态投入对"无声的中国"的批判之中。

一 从"寂寞"到"无词的言语"

1920 年之后,鲁迅的思想姿态已经相当不同。此前"相信将来总要做到""生命是进步的,乐天的""以后也该永远有路"的坚定

---

① 季剑青曾经论及"声"与鲁迅白话写作起源的关系,以此为基础,我把"声"扩展为鲁迅整个人生展开的一个历史基点和主要诉求,进而把《野草》看作鲁迅由"声"之探求到"声"之内转的标志。参见季剑青《"声"之探求:鲁迅白话写作的起源》,《文学评论》2018 年第 3 期。

② 在刘大杰看来:"由《呐喊》而至于《彷徨》,由《彷徨》而至于《野草》中的坟墓,这是鲁迅作品的内心的移动的过程。"刘大杰:《〈呐喊〉与〈彷徨〉与〈野草〉》,中国社会科学院文学研究所鲁迅研究室编《1913—1983 鲁迅研究学术论著资料汇编》第一卷,中国文联出版公司 1985 年版,第 380 页。

③ 鲁迅:《野草题辞》,《语丝》第 138 期,1926 年 7 月 2 日。

信念开始动摇①，而对"黄金时代"的不信任感则日益滋长②。鲁迅的思想转向清晰地投射在他这一时期的文体选择上，不仅完全停止了呈现"时弊的攻击"、体现其思想锋芒的随感录的写作，用以"引起疗救的注意"的小说也日渐寥落③，取而代之的是对翻译的大力投入，而正是借助翻译，鲁迅重新梳理了自我的精神历程、整合了自我的思想危机。随着爱罗先珂的"到来"，鲁迅的"寂寞"再次被唤醒，以《呐喊自序》的写作为标志，一个"寂寞"的鲁迅随之生成，同时，也意味着一个"呐喊"的鲁迅的结束。兄弟失和事件使得鲁迅的"寂寞"进一步发酵，鲁迅也随之进入"梦醒了无路可以走"的"无物之阵"，以《秋夜》的时空设定为开端，一个"野草"的鲁迅开始到来。这段思想经历鲁迅后来在《〈自选集〉自序》中有着清楚的交代：

> 后来《新青年》的团体散掉了，有的高升，有的退隐，有的前进，我又经验了一回同一战阵中的伙伴还是会这么变化，并且落得一个"作家"的头衔，依然在沙漠中走来走去，不过已经逃不出在散漫的刊物上做文字，叫作随便谈谈。有了小感触，就写些短文，夸大点说，就是散文诗，以后印成一本，谓之《野草》。④

换言之，《野草》是鲁迅第二次"寂寞"的产物，它既是"寂

---

① 参见鲁迅《〈一个青年的梦〉译者序》，《新青年》第 7 卷第 2 号，1920 年 1 月 1 日；唐俟《随感录六六　生命的路》，《新青年》第 6 卷第 6 号，1919 年 11 月 1 日。

② 参见本章第一节有关"绥惠略夫"的论述。

③ 参见鲁迅《热风·题记》，《鲁迅全集》第 1 卷，人民文学出版社 2005 年版，第 308 页；鲁迅《我怎么做起小说来》，《鲁迅全集》第 4 卷，人民文学出版社 2005 年版，第 526 页。

④ 鲁迅：《〈自选集〉自序》，《鲁迅全集》第 4 卷，人民文学出版社 2005 年版，第 469 页。

寞"鲁迅的文体表现,也是鲁迅应对"寂寞"的一种形式手段。《野草》的开始首先就是内置于一个"寂寞"的"秋夜"。以"哇的一声,夜游的恶鸟飞过了"为分界,《秋夜》被分割成两个意义结构,一个是"我""看见",另一个是"我""听到",而无论是"看"还是"听",都是出自抒情自我的主体性发散。换言之,"看"和"听"都是主体自我存在的外在标识,二者的合力共同拼凑出了一个完整的自我。而"看"的对象主要是"枣树":"在我的后园,可以看见墙外有两株树,一株是枣树,还有一株也是枣树。"不仅这个句子早已被经典化,相关的解读也呈现出经典化的趋势,比较合理的看法是将此看作一种修辞效果。① 但需要注意的是,修辞并非仅仅停留于形式的外部,它实际根源于思想根底的一种呈现。"一株……,还有一株……"的句式与"看"密切相关,它清晰地呈现了"看"的过程,而"看"也并非静态式的扫描,而是主体内在的意识凝聚。也就是说"看"作为一种外在的表征呈现出了主体内在的能动过程。从"一株"到"另一株"的"看",鲁迅不但完成了对"枣树"的意义区分,更重要的是,从意义区分中,鲁迅"看见"了一个内在的自我。这与鲁迅"五四"后的思想经历极为契合。这也就意味着鲁迅从对"民国"的看、社会的看、民众的看回复到对自我的看,而这一过程的完成正是伴随着他"寂寞"的生长。"寂寞"对于鲁迅而言不仅是从外在社会空间的痛苦撤离,更是一个打开主体自我的情感机制。

而"看见"的行为很快被"夜游的恶鸟"的出现所打断,"我"也随之转入"听到"的环节:"我忽而听到夜半的笑声,吃吃地,似乎不愿意惊动睡着的人,然而四围的空气都应和着笑。"然而,这笑声并非出自他者,而恰恰来自"我"自己:"夜半,没有别的人,我即刻听出这声音就在我嘴里,我也即刻被这笑声所驱逐,回进自

① 参见张洁宇《独行者与他的灯:鲁迅〈野草〉细读与研究》,北京大学出版社2013年版,第38—41页。

己的房。"① 鲁迅在此使用了一个障眼法,"我"好像听到了一个他者,然而这个他者很快被证实就是"我"自己,这里的写作技巧在于不仅呈现了一个发现自我的动态过程,更展现出鲁迅向外展开寻找"声音"而不得,进而回返到自我的内部,在自我内部发现了他苦苦探求的"声"。这与此前向外的"呐喊"已经完全不同,此时的"声"是向内的。鲁迅对"秋夜"这一意义时空似乎格外看重,1933 年鲁迅再次写到"秋夜"的体验:"我漫步着,漫步着,在少有的寂寞里。"只不过,此时"秋夜"里的"声音"已经"和先前不同了"②,在某种程度上这构成了对 1924 年"秋夜"的复写,鲁迅借助于"听"的回返,在自我的内部发现了"声"的根源。可以说,整个《野草》的写作都围绕着"声"之内转进行展开。

紧随《秋夜》的是《影的告别》,它整个的结构方式都内置于自我的内部,是"影""说出那些话",是现在的"自我"告别曾经那个虚幻的"自我"。在《求乞者》中,鲁迅不仅袒露对外在声音的"厌恶"和拒绝,更揭示自己厌恶的原因:"我厌恶他的声调,态度。我憎恶他并不悲哀,近于儿戏;我烦厌他这追着哀呼。"③ 鲁迅在意的并不是声音本身,而是求乞者声音中的"调"和戏弄的"态度"。对于这种声音鲁迅并不陌生。《药》中不仅写到华老栓在儿子吃过人血馒头之后,"整天的笑着",更写到康大叔等人对牺牲的革命者的唾骂④。在翻译《察拉图斯忒拉的序言》的过程中,鲁迅同样遭遇了"求乞者"戏弄般的"声音"。在察拉图斯忒拉向民众宣讲自己的"超人"计划之后,民众的反应是"欢呼而且鼓舌",察拉图斯忒拉只能无奈地"对他的心说,'他们在这里笑:他们不懂

---

① 鲁迅:《野草—秋夜》,《语丝》第 3 期,1924 年 12 月 1 日。

② 鲁迅:《秋夜纪游》,《鲁迅全集》第 5 卷,人民文学出版社 2005 年版,第 268 页。

③ 鲁迅:《野草三　求乞者》,《语丝》第 4 期,1924 年 12 月 8 日。

④ 鲁迅:《药》,《鲁迅全集》第 1 卷,人民文学出版社 2005 年版,第 468—469 页。

我，我不是合于这些耳朵的嘴．'" 他又说："现在他们瞥视我而且笑，而且他们正在笑，他们也仍嫌忌我。这有冰在他们的笑里。①"类似的戏弄场景在《复仇（其二）》中再次出现，"兵丁们给他穿上紫袍，戴上荆冠，庆贺他；又拿一根苇子打他的头，吐他，屈膝拜他；戏弄完了，就给他脱了紫袍，仍穿他自己的衣服。"在痛苦之中，耶稣发出了绝望的叫喊："'以罗伊，以罗伊，拉马撒巴各大尼?!'（翻出来，就是：我的上帝，你为甚么离弃我?!）"② 以质疑上帝的方式，耶稣完成了自己 "人之子" 身份的确认。耶稣的宿命事实上也是鲁迅的遭遇，他借助耶稣 "人之子" 的叫喊抛弃了那个启蒙的、虚幻的自我，随之一同抛弃的还有自己 "呐喊" 的 "声音"："然而我的心很平安：没有爱憎，没有哀乐，也没有颜色和声音。"这里的 "声音" 并不是鲁迅自己的声音，而是启蒙的声音、外部的声音。"没有" 意味着鲁迅收束了自我，将此前 "下山" 的自我回收到自我的内部，而回收的原因即在于曾经 "血腥的歌声"被 "自欺的希望" 所 "耗尽" 了，因而鲁迅说："我的心分外地寂寞。"③ "寂寞" 并不在于理想的幻灭，而在于从幻灭之中看到了 "希望" 的虚妄与自欺。鲁迅在给许广平的信中不止一次提到 "希望" 的 "空想" 性。④ 而这也还不是 "声" 之内转的全部。除却对"黄金时代" 虚无的体认，人与人之间情感的隔膜也是重要原因。

---

① ［德］尼采：《察拉图斯忒拉的序言》，唐俟译，《新潮》第 2 卷第 5 号，1920 年 9 月 1 日。

② 鲁迅：《复仇（其二）——野草之六》，《语丝》第 7 期，1924 年 12 月 29 日。

③ 鲁迅：《希望——野草之七》，《语丝》第 10 期，1925 年 1 月 19 日。

④ 在 1925 年 3 月的回信中，鲁迅说："其实古今的圣贤以及哲人学者所说，何尝能比这高明些，他们之所谓 '将来'，不就是牧师之所谓 '死后么？'" "我看一切理想家，不是怀念 '过去'，就是希望 '将来'，对于 '现在' 这一个题目，都交了内卷，因为谁也开不出药来。其中最好的药方，即所谓 '希望将来' 的就是。" "所谓 '希望将来'，就是自慰——或者简直是自欺——之法，即所谓 '随顺现在' 者也一样。"参见《250311 致许广平》《250318 致许广平》《250323 致许广平》，《鲁迅全集》第 11 卷，人民文学出版社 2005 年版，第 461、466、468 页。

《风筝》的写作重心正是如此，它以 1919 年的《我的兄弟》为故事基础进行改写，在亲情的叙事表层之下揭示的是难以打破的隔膜：当"我"旧事重提，祈求兄弟谅解的时候，兄弟却以"不记得了""全然忘却"阻隔了"我"想要忏悔、沟通、对话的道路，因而"我的心只得沉重着"①，一个想要向外展开的"我"，只能退缩到自我的内部。《风筝》的故事可与兄弟失和事件相参照，在给鲁迅的绝交书中，周作人说道："过去的事不必再说了"，"以后请不要再到后边院子里来。没有别的话。愿你安心，自重"。② 对于周作人突然的"绝交"，鲁迅并非没有反应，在第二天的日记中他记载了事情的后续："上午启孟自持信来，后邀欲问之，不至。"③ 与《风筝》中的"我"一样，鲁迅同样遭遇了沟通的"隔膜"，周作人的"不至"在拒绝对话的同时，也把想要开口的鲁迅封闭在了"寂寞"的自我内部。在此后的写作中，鲁迅只能一直沉浸在自我的"梦"中，最终在对牺牲反噬的愤怒中，发出了"无词的言语"。

不难看出，整个《野草》都发生在鲁迅的自我内部，因而，《野草》的"声音"不是向外的，而是内转的，因而也就是鲁迅自己的"心声"。而"心声"的实现是以面对外在的"沉默"和"寂寞"为前提的，只有当"沉默"的时候，鲁迅才能够回转到自我之中，因为"过去的生命已经死亡"，意味着"五四"时期的主体机制和思想姿态已经失效，自我必须从"呐喊"的外发状态回转到自我的内在，进行反思自省。这也正是《野草题辞》开篇所说的："当我沉默着的时候，我觉得充实；我将开口，同时感到空虚。"1927 年 9 月，身在广州的鲁迅再次回顾了这段在"沉默"与"开口"之间的寂寞挣扎：

---

① 鲁迅：《风筝——野草之九》，《语丝》第 12 期，1925 年 2 月 2 日。

② 周作人：《与鲁迅书》，《周作人散文全集》第 3 卷，钟叔河编订，广西师范大学出版社 2009 年版，第 184 页。

③ 《鲁迅全集》第 15 卷，人民文学出版社 2005 年版，第 475 页。

　　夜九时后，一切星散，一所很大的洋楼里，除我以外，没有别人。我沉静下去了。寂静浓到如酒，令人微醺。望后窗外骨立的乱山中许多白点，是丛冢；一粒深黄色火，是南普陀寺的琉璃灯。前面则海天微茫，黑絮一般的夜色简直似乎要扑到心坎里。我靠了石栏远眺，听得自己的心音，四远还仿佛有无量悲哀，苦恼，零落，死灭，都杂入这寂静中，使它变成药酒，加色，加味，加香。这时，我曾经想要写，但是不能写，无从写。这也就是我所谓 "当我沉默着的时候，我觉得充实，我将开口，同时感到空虚"。①

　　1926 年 9 月 25 日，鲁迅从厦大国学院搬到了集美楼上，这里记述的即当时的经历。需要注意的是，无论是鲁迅写作《怎么写——夜记之一》的时间，还是事件发生的时间，都与 "秋夜" 密切相关。更为巧合的是，《野草》首篇《秋夜》同样产生于 1924 年的一个 "秋夜"，在某种程度上三者之间形成了一种内在的呼应，而这种呼应显然并不只是时间上的接近，更主要的在于，"秋夜" 的时空意义内含了鲁迅相似的情感体验。夜记中写道："除我以外，没有别人。" 又说："几乎就要发见仅只我独自倚着石栏，此外一无所有。"《秋夜》中也说道："夜半，没有别的人。" 在这一独立的时空，鲁迅排除了一切身外，重新捕获了自我，而自我的呈现并非机械的，而是需要 "听得自己的心音" 这一动态过程加以显现。换言之，正是 "心声" 的复活，自我才会现身。可以说，"秋夜" 构成了鲁迅发现自我的 "时间" 机制，重新唤起了自我的 "心声"。此时的 "心声" 不再是 "血腥的歌声"，而是 "无量悲哀，苦恼，零落，死灭"。而 "秋夜" 的意义更在于，它能够对颓败的 "心声" 进行新的锻造和酝酿："使它变成药酒，加色，加味，加香。" 由此，"秋

_____

　　① 鲁迅：《怎么写——夜记之一》，《鲁迅全集》第 4 卷，人民文学出版社 2005 年版，第 18—19 页。

夜"不但为鲁迅提供了发现"心声"的时间契机，更为"心声"的
整合、重造提供了一种新生的机制。就在夜记写作后不久，鲁迅在
一篇《小杂感》中再次提及了"秋夜"的新生意义："要自杀的人，
也会怕大海的汪洋，怕夏天死尸的易烂。但遇到澄静的清池，凉爽
的秋夜，他往往也自杀了。"① 在《野草》写作的同时，鲁迅的确有
过自杀的念头，但他的自杀并非付诸现实行动，而《野草》的写作
正可以看作他完成"自杀"的诗歌象征②。因而，自杀的毁灭意义
换个角度看也蕴含着新生的可能。借助诗歌形式的再生产，鲁迅锻
造出了一个崭新的自我。③ 可以参照的是，《野草》中大半与"夜"
有关。《希望》中表达了对"暗夜"的反抗："肉薄这空虚中的暗
夜。"《好的故事》发生在一个"昏沉的夜"。《颓败线的颤动》中，
"老女人"在深夜中走向了"无边的荒野"。《腊叶》同样照应了
"秋夜"。整个《野草》都可以看作作为鲁迅"心声"的"夜之
歌"④。

　　鲁迅借助"秋夜"的意义空间发现了自我的"心声"，而也正
是"心声"的发现，决定了《野草》的文体选择。因为在鲁迅早期
的文学经验中，"心声"与"诗力"是密切相关的。值得注意的是，
在《野草》写作前后，鲁迅一再反顾早期的摩罗诗人，重新激活了
自身的"诗力"经验。

---

① 鲁迅：《小杂感》，《鲁迅全集》第 3 卷，人民文学出版社 2005 年版，第 556—
557 页。

② 汪卫东就认为："《野草》确乎展现了向死（《影的告别》到《过客》）——生
死纠缠（《死活》到《死后》）——新生（《这样的战士》到《一觉》）的生命追问的
不可逆的时间性过程，其整体性顿然显现。"参见汪卫东《"诗心"、客观性与整体性：
〈野草〉研究反思兼及当下鲁迅研究中存在的问题》，《文艺争鸣》2018 年第 5 期。

③ 《野草》写作后，鲁迅在编辑《坟》的时候说："我还想生活，在这社会里。"
鲁迅：《写在〈坟〉后面》，《鲁迅全集》第 1 卷，人民文学出版社 2005 年版，第
300 页。

④ 鲁迅在后来写作的《夜颂》中说："只有夜还算是诚实的。我爱夜，在夜间作
《夜颂》。"鲁迅：《夜颂》，《鲁迅全集》第 5 卷，人民文学出版社 2005 年版，第 204 页。

二 "诗力"与"心声"的回返

鲁迅在《怎么写》中记述的"听得自己的心音"的经历事实上就在他编辑《坟》后不久。在《写在〈坟〉后面》中，鲁迅表达了相似的情感体验："今夜周围是这么寂静，屋后面的山脚下腾起野烧的微光；南普陀寺还在做牵丝傀儡戏，时时传来锣鼓声，每一间隔中，就更加显得寂静。电灯自然是辉煌着，但不知怎地忽有淡淡的哀愁来袭击我的心。"① 在寂静的夜的时空，鲁迅的"心声"再次被开启。由此可见，鲁迅回返"心声"并不是应激式的情绪闪现，而是有意识地进行"回心"内转。这一点从《坟》的编辑中即可管窥。

《坟》是一部"论文和随笔集"②，收录了鲁迅自 1907 年到 1925 年的 4 篇早期文论、19 篇白话文以及一前一后的序跋。《坟》的时间跨度相当大，集合了鲁迅将近二十年的写作史，而它的体式在鲁迅自己看来也是"截然不同"。那么，鲁迅为何要编辑这样一部看起来内容不太相关的文集呢？首先，长时段的编选在某种程度上勾勒连缀起了鲁迅整个前期的文学生涯，对于鲁迅而言，这次编辑具有检省自我的深刻意味，鲁迅自己也说："这总算是生活的一部分的痕迹。所以虽然明知道过去已经过去，神魂是无法追蹑的，但总不能那么决绝，还想将糟粕收敛起来，造成一座小小的新坟，一面是埋藏，一面也是留恋。"其次，更重要的原因在于，鲁迅从中看到了"自我的根源"。《坟》的编辑起意最初就在于鲁迅"偶尔看见了几篇将近二十年前所做的所谓文章"，而且从中重新咀嚼到了某种不能割弃的原点意义："自己却总还想将这存留下来，而且也并不'行年

---

① 鲁迅：《写在〈坟〉后面》，《鲁迅全集》第 1 卷，人民文学出版社 2005 年版，第 298 页。

② 参见景宋《鲁迅先生撰译书目》，中国社会科学院文学研究所鲁迅研究室编《1913—1983 鲁迅研究学术论著资料汇编》第 1 卷，中国文联出版公司 1985 年版，第 169 页。

五十而知四十九年非'，愈老就愈进步。"也就是说，在鲁迅看来，这些"少作"并不因其处于进化链条的开端而应该被压抑和省略，在开端之中恰恰蕴含着自我的文学起源，而它的原点意义在鲁迅看来并没有持续性的发作："其中所说的几个诗人，至今没有人再提起，也是使我不忍抛弃旧稿的一个小原因。他们的名，先前是怎样地使我激昂呵，民国告成以后，我便将他们忘却了，而不料现在他们竟又时时在我的眼前出现。"① 由此，鲁迅编辑《坟》的根本原因在于重新召唤"摩罗诗人"，他力图借助《坟》的编辑，把自我重新嫁接到早期的文学起源中，一方面重新恢复自我"激昂"的主体姿态，另一方面也为自我的心声寻找有效的文学经验和形式机制。在《写在〈坟〉后面》中，鲁迅再次强调了"摩罗诗人"的重要意义："其中所介绍的几个诗人的事，或者还不妨一看。"② 在此前一年写作、后也收入《坟》中的《杂忆》中，鲁迅不仅同样提及了"摩罗诗人"，更细致讲述了"摩罗诗人"带给他的情感撞击："那时我所记得的人，还有波兰的复仇诗人 Adam Mickiewicz；匈牙利的爱国诗人 Petöfi Sándor；飞猎滨的文人而为西班牙政府所杀的厘沙路"，"有人说 G. Byron 的诗多为青年所爱读，我觉得这话很有几分真。就自己而论，也还记得怎样读了他的诗而心神俱旺"③。后来，在《奔流》的编校中看到白莽所译的《彼得斐行状》，不仅再次唤起了鲁迅的"摩罗"记忆，更激起了鲁迅自身的诗歌经验："收到第一篇《彼得斐行状》时，很引起我青年时的回忆，因为他是我那时所敬仰的诗人"，"绍介彼得斐最早的，有半篇译文叫《裴彖飞诗论》，登在二十多年前在日本东京出版的杂志《河南》上，现在大

---

① 鲁迅：《〈坟〉题记》，《鲁迅全集》第1卷，人民文学出版社2005年版，第3—4页。

② 鲁迅：《写在〈坟〉后面》，《鲁迅全集》第1卷，人民文学出版社2005年版，第299页。

③ 鲁迅：《杂忆》，《鲁迅全集》第1卷，人民文学出版社2005年版，第233—34页。

概是消失了。其次，是我的《摩罗诗力说》里也曾说及，后来收在《坟》里面"①。综合《野草》前后鲁迅密集的"摩罗"记忆来看，"摩罗诗人"的意义在于不仅激活了鲁迅早期的"心声"体验，让鲁迅重新看见了"自我的根源"，更在于鲁迅力图借助记忆的回返，从"摩罗诗人"所凝聚的"诗力"与"心声"的主体机制中重新习得一种自我新生的可能。

　　1907年前后的鲁迅与写作《野草》时的处境极为相似，都深处"寂寞"之中，但也稍有不同，相比于《野草》时自我的"寂寞"，鲁迅在留日时期所面对的是作为"寂漠境"的整个"中国"②。因而，鲁迅早期的思想底色并不是面对自我，而是为了应对整个时代。也就是说，他的整个思想行动在根本上仍然内置于清末以来变法图新的思想氛围中。然而对于当时风行一时的世界主义和无政府主义等思想潮流，鲁迅非但不热心其中，反而将之视作"扰攘""恶声"对其大力批判。内中原因在于，鲁迅从种种思潮流变中所洞察到的仅仅是变革的表象。而在鲁迅看来，变革的根柢在于"心声"和"内曜"："内曜者，破黮暗者也；心声者，离伪诈者也。"鲁迅的变革逻辑仍然在"立人"，而"立人"的方法则在于"声入心通"的一元化："盖惟声发自心，朕归于我，而人始自有己；人各有己，而群之大觉近矣。"③ 换言之，只有获得心声，发现自我的内在空间，才能创制出一个自觉的现代主体，进而经由"个"与"群"的辩证，完成一个崭新的民族共同体

---

　　① 鲁迅：《〈奔流〉编校后记　十二》，《鲁迅全集》第7卷，人民文学出版社2005年版，第197—198页。

　　② 《破恶声论》开篇写道："本根剥丧，神气旁皇，华国将自槁于子孙之攻伐，而举天下无违言，寂漠为政，天地闭矣。狂蛊中于人心，妄行者日昌炽，进毒操刀，若惟恐宗邦之不蚤崩裂，而举天下无违言，寂漠为政，天地闭矣。""而今之中国，则正一寂漠境哉。"鲁迅：《破恶声论》，《鲁迅全集》第8卷，人民文学出版社2005年版，第25—26页。

　　③ 鲁迅：《破恶声论》，《鲁迅全集》第8卷，人民文学出版社2005年版，第25页。

的构造。鲁迅与当时流行的变革潮流的间距即在于此。问题在于,心声的原动力在哪,"心"与"声"进行怎样的综合才能够生成一种能动有效的"心声"。

在鲁迅看来,"心声"的起源就是诗歌:"盖人文之留遗后世者,最有力莫如心声。古民神思,接天然之閟宫,冥契万有,与之灵会,道其能道,爰为诗歌。其声度时劫而入人心,不与缄口同绝;且益曼衍,视其种人。"① 换言之,诗歌为"心声"的表达呈现提供了一种有效的形式机制,借助诗歌的传衍,不仅人类历史被叙述和建构,依靠对历史的串联、编织诗歌更造就了独立的民族种群。文明的衰落在鲁迅看来并不是制度器物的失效,而是作为民族历史根源的"心声"的中断以及能够表达"心声"的诗人的"绝迹"②。那么,重振文明即意味着重新唤起"心声"、重新召唤诗人的出现。但是鲁迅尤其强调,文明的重振并非文明的复古,而是在"时时上征,时时反顾"、综合复古和"拿来"的基础上保持文明不断进化的姿态。这也就意味着"诗力"与"心声"都不是简单的拟古,而是一种新的创造。很快,在"别求新声于异邦"的思路中,鲁迅发现了"摩罗诗人",鲁迅不仅从他们身上看到付诸行动的反抗意志,更看到"诗力"唤起"心声"的强大效果③。鲁迅对"诗力"与

---

① 鲁迅:《摩罗诗力说》,《鲁迅全集》第 1 卷,人民文学出版社 2005 年版,第65页。

② 鲁迅认为民族式微在于:"降及种人失力,而文事亦共零夷,至大之声,渐不生于彼国民之灵府,流转异域,如亡人也","诗人绝迹,事若甚微,而萧条之感,辄以来袭"。鲁迅:《摩罗诗力说》,《鲁迅全集》第 1 卷,人民文学出版社 2005 年版,第 65—66、67 页。

③ 鲁迅对"摩罗诗人"的理解是:"今则举一切诗人中,凡立意在反抗,指归在动作,而为世所不甚愉悦者悉人之。""凡是群人,外状至异,各禀自国之特色,发为光华;而要其大归,则趣于一:大都不为顺世和乐之音,动吭一呼,闻者兴起,争天拒俗,而精神复深感后世人心,绵延至于无已。"鲁迅:《摩罗诗力说》,《鲁迅全集》第 1 卷,人民文学出版社 2005 年版,第 68 页。

"心声" 的理解很有可能受到赫尔德的影响①。赫尔德认为,民族的语言起源就是 "诗歌成分的汇集",诗歌不仅根植于民族的情感,更依赖其 "同情" 的感染效力统合分散的民众,由此,既依靠民族精神的凝聚维护民族的独立统一,更通过对民众抒情能力的建立来保持民族的进化节奏。② 正如冯庆所说:"赫尔德的语言起源论最终不仅要通向民族文化的独立性,还要通向族群当中每一个体重新理解传统、重新创作新的抒情范式的自我觉悟。也就是说,能够参与到对民族之诗的感悟当中表达自我的民众越多,抒情的自我启蒙也就能够越顺利地进行下去——这才是赫尔德的本意:塑造一个通过文艺生活积极表达自我并与他人互相沟通的新生活范式。"③ 换言之,

---

① 有关赫尔德对鲁迅的影响还可参见李音《从 "旧事重提" 到 "朝花夕拾"》,《文学评论丛刊》2012 年第 2 期。事实上,赫尔德与周作人之间也存在极大的思想关联,参见陈怀宇《赫尔德与周作人——民俗学与民族性》,《清华大学学报》(哲学社会科学版) 2009 年第 5 期;刘皓明《从 "小野蛮" 到 "神人合一"——1920 年前后周作人的浪漫主义冲动》,《新诗评论》2008 年第 1 辑,北京大学出版社 2008 年版,第 67—118 页。

② 在赫尔德看来:"诗歌源于对积极活跃的自然事物的发声所作的模仿,它包括所有生物的感叹和人类自身的感叹;诗歌是一切生物的自然语言,只不过由理性用语音朗诵出来,并用行为激情的生动图景加以刻画;诗歌作为心灵的词典,既是神话,又是一部奇妙的叙事诗,讲述了多少事物的运动和历史! 即,它是永恒的寓言诗 (Fabeldichtung),充满了激情,充满了引人入胜的情节!" 而诗歌的力量在于 "如果诗是它应该成为的那样,那末,就其本质而论,它就应该是感人肺腑的。诗,它是感官上的最富有表现力的语言,它是充满热情的并且是能唤起这种热情的一切东西的语言,是人们经历过、观察过、享受过、创造过、得到过的想象、行动、欢乐或痛苦的语言,也是人们对未来抱有希望或心存忧虑的语言"。进而,"诗力" 在指向一个能动的抒情自我的同时,也就指向了民族本身:"民族的感情将会造就诗人,他们对自己同胞的同情将会培育可爱的诗人,而且因为我们不顾一切困难和压迫已经作好了一切准备,我们作了这么多的努力,尤其是发现了要害之所在,那便是真实、宗教和天真,这一点就连我们的敌人也不否认,只要我们继续前进,我们就会真正找到我们的道路,看清我们的目的,并且通过对人民的影响而最终达到这个目的!" 参见 [德] 赫尔德《论语言的起源》,姚小平译,商务印书馆 1998 年版,第 44 页;《论诗的艺术在古代和现代对民族道德的作用》,关惠文译,《欧美古典作家论现实主义和浪漫主义》(二),中国社会科学出版社 1981 年版,第 272、274 页。

③ 冯庆:《民族的自然根基——赫尔德的 "抒情启蒙"》,《文艺研究》2018 年第 5 期。

赫尔德的"诗力"不仅在于唤起"心声"，更在于保证"心声"的不断被创造。赫尔德的思路显然为鲁迅的文明再造提供了相当不同的视野，它既不是某种"主义"，也不同于文学的启蒙教化，而是立足于具备"心声""内曜"的现代主体自我的构造。

　　以"诗力"与"心声"为扭和的思路不仅构成鲁迅的文学起源，也为他的"声"之探求设定了逻辑起点。在民元之后的"寂寞"之后，鲁迅发出了"救救孩子"的"呐喊"，而"呐喊"的一个重要目的即在于发现"真的声音"。无论是对《一个青年的梦》的翻译，还是《随感录四〇》的写作，鲁迅的心力付出都在于召唤一种"醒过来的人的真声音"①。然而不能否认的是，此时鲁迅的主体姿态始终是向外的。而随着外部的"黄金时代"的理想的坍塌，对声音的找寻只能回落到自我的内部。这构成了《野草》写作的重要起点。整个《野草》实际上就是鲁迅"心声"的回返。如此，鲁迅首先需要面临的问题是"心声"怎样回返，以什么样的方式来表达内转的"心声"，这里所涉及的问题其实就是《野草》的写作方式问题：鲁迅为何要以诗的方式来处理自我的思想危机，以及怎样通过诗的形式来实现自我"心声"的有效表达？以此观之，那么，《野草》写作前后对早期"摩罗诗人"的一再反顾显然就不仅仅是抒情式的回忆，而且借助回忆重新唤醒早期的诗歌经验，"诗力"与"心声"的扭和不仅提供了一种有效的形式机制，鲁迅更从"诗力"的改造生产作用中看到了自我获得"新生"的可能，正如《野草题辞》中所写到的，在"过去的生命已经死亡"之后，"但我坦然，

---

　　①　在《〈一个青年的梦〉译者序》中，鲁迅说："《新青年》四卷五号里面，周起明曾说起《一个青年的梦》。我因此便也搜求了一本，将他看完，很受些感动：觉得思想很透彻，信心很强固，声音也很真。"在《随感录四〇》中，对于收到的一首爱情诗，鲁迅认为："诗的好歹，意思的深浅，姑且勿论；但我说，这是血的蒸气，醒来的人的真声音。"参见鲁迅《〈一个青年的梦〉译者序》，《新青年》第 7 卷第 2 号，1920 年 1 月 1 日；唐俟《随感录四〇》，《新青年》第 6 卷第 1 号，1919 年 1 月 15 日。

欣然。我将大笑，我将歌唱"①。可以说，早期"摩罗诗人"的再现让鲁迅实现了从"心音"到"心声"的呼应、对接，由此，鲁迅通过对自我生命历史的梳理回顾，重新唤起自我的根源和最初的文学经验，进而作用于自我的思想危机的整合、处理，锻造出一个崭新的自我。②

　　而"摩罗诗人"的复现不仅仅影响了《野草》的文体选择，更作为写作内容进入诗歌的内部。在《野草》中最具自我回顾意义的是《希望》，标题本身就是一种反讽，鲁迅所要表达的自然不是"希望"的本体，而是"希望"的幻灭。鲁迅通过"许多年前""这以前""早先""然而现在"等时间词的交错转折，呈现出对"希望"幻灭的反复体认进而来确证一个"绝望"的自我。而就在"我"放弃希望的时候，"摩罗诗人"被唤醒了："我放下了希望之盾，我听到 Petöfi Sándor（1823—49）的'希望'之歌。"鲁迅采用了一种对冲式的叙事结构，当叙事力量萎缩"放下"的时候，回忆深处的力量又再次喷涌、回击，它所带来的并不是精神的提振，而是再次照应"我"的绝望："绝望之为虚妄，正与希望相同。"③ 可以说，鲁迅借助对裴多菲的记忆既回应了对"黄金时代"的舍弃，也重新梳理了自己从"希望"到"牺牲"再到"绝望"的精神历程。鲁迅借助裴多菲的"希望之歌"唱出了自己"绝望"的"心声"。而裴多菲的情感共振并未就此结束，值得注意的是，就在《希望》写作的当日，鲁迅还写作了一篇《诗歌之敌》，并且在其后几日还翻译了裴多菲的两组诗，前后之间在某种程度上构成了一种互文参照关系。鲁迅在《诗歌之敌》的最后提到了裴多菲一首有关"B. Sz. 夫人照像的诗"，"大旨说'听说你使你的丈夫很幸福，我希

---

　　① 鲁迅：《野草题辞》，《语丝》第 138 期，1926 年 7 月 2 日。

　　② 在许寿裳看来："鲁迅一生功业的建立虽在民元以后，而它的发源却都在民元以前。"参见许寿裳《我所认识的鲁迅》，人民文学出版社 1952 年版，第 45 页。

　　③ 鲁迅：《希望——野草之七》，《语丝》第 10 期，1925 年 1 月 19 日。

望不至于此,因为他是苦恼的夜莺,而今沉默在幸福里了。苛待他罢,使他因此常常唱出甜美的歌来。'"① 这里的意思是身处幸福中的诗人很有可能因幸福的甜美而阻碍自我的诗歌表达,这在某种程度上透露了鲁迅的诗歌态度,也呼应了他当日的《希望》写作:诗的起兴并不因为"希望"的振奋,而在于"绝望"的苦痛。由此,鲁迅构造出一种基于自我苦痛的诗歌发生机制,诗歌的生产正是根植于自我的苦痛根源。这构成了《野草》写作的一个重要背景线索。扩展来看,"绝望"的苦痛并不只关乎《希望》,更关乎《野草》整体的思想处境,正是一种整体性的"绝望"支配了《野草》的抒情。因而,某种程度上《希望》构成了《野草》的思想基底和精神缩影。

除了《希望》之外,《复仇》几乎挪用了《摩罗诗力说》中的文本。《复仇》所讲述的是两个裸身握着利刃的人以"干枯的立着"的姿态回击路人的"看",鲁迅 1934 年在给郑振铎的信中也进行了细致的讲述:"我在《野草》中,曾记一男一女,持刀对立旷野中,无聊人竟随而往,以为必有事件,慰其无聊,而二人从此毫无动作,以致无聊人仍然无聊,至于老死,题曰《复仇》,亦是此意。"② 而无论是思想立意还是具体内容,《复仇》都有《摩罗诗力说》的影子。在《摩罗诗力说》最后的总结部分,在细致论述完拜伦、雪莱、普希金、裴多菲等"摩罗诗人"之后,鲁迅写道:"故其平生,亦甚神肖,大都执兵流血,如角剑之士,转辗于众之目前,使抱战栗与愉快而观其鏖扑。故无流血于众之目前者,其群祸矣;虽有而众不之视,或且进而杀之,斯其为群,乃愈益祸而不可救也!"③ 两相

---

① 鲁迅:《诗歌之敌》,《鲁迅全集》第 7 卷,人民文学出版社 2005 年版,第249 页。

② 《340516 致郑振铎》,《鲁迅全集》第 13 卷,人民文学出版社 2005 年版,第105 页。

③ 鲁迅:《摩罗诗力说》,《鲁迅全集》第 1 卷,人民文学出版社 2005 年版,第102 页。

对照，不难看出，《复仇》复刻了这段文本，由此，《摩罗诗力说》不仅为《复仇》提供了思想的根源，更设定了形象的基础。而通过"复仇"思想的贯通和呼应，鲁迅不仅确证自己的诗人自我，更以坚定的主体姿态回击无聊的看客。

综上观之，鲁迅早期的诗歌经验深刻地参与到《野草》的写作中，"摩罗诗人"的重现不仅影响到了《野草》的写作方式，也参与到具体的文本构成中。由此，鲁迅既重新"听得自己的心音"，也完成了自我的新生。

三　从"无声"到"有声"

鲁迅通过写作《野草》实现了"声"之内转，借助自我"心声"的发现重新设定了自我的思想姿态和主体机制。而他的内转并非封闭于自我的内部，而是在内转的过程中重新调整了视野方向，相比于此前向外的"呐喊"，此时的鲁迅借助"心声"的"内曜"形成了一种批判性的视野，重新打量了现实社会，进而看到了一个"无声的中国"。

1927年2月18日，在许广平、叶少泉等人的陪同下，刚到广州不久的鲁迅应香港青年会之邀赴港发表"无声之中国"[1] 的讲演。讲演的主旨大体呈现为两个部分，一是对"无声的中国"的指陈："我们已经不能将我们想说的话说出来。我们受了损害，受了侮辱，总是不能说出些应说的话"，"人是有的，没有声音，寂寞得很"；二是鼓励青年"要说现代的，自己的话；用活着的白话，将自己的思想，感情直白地说出来"，进而将"无声的中国"翻转为一个"有声的中国"[2]。虽然在正式讲演的前一日鲁迅才接到叶少泉代表

---

[1]　鲁迅最初讲演的题目是"无声之中国"，后来在《中央日报》转载的时候改题《无声的中国》，后编集一直沿用此题。

[2]　鲁迅：《无声的中国》，《鲁迅全集》第4卷，人民文学出版社2005年版，第12—15页。

香港青年会的邀请，但讲演的题目可能并非即兴的选取，而是来自"无声"在鲁迅思想体验中不断发酵的结果。在某种程度上，鲁迅对"无声"的体认贯穿了《野草》写作的前前后后。

从"五四"之后到《野草》写作之前，鲁迅一直处于"沉默""寂寞"的情感体验中，随着"寂寞"的不断累积、发酵，鲁迅通过写作《野草》实现"心声"的内转，发出了对"寂寞"的"反抗之歌"。但此时的"歌"并非向外的，而是始终内置于自我的内部。《野草》之后，随着"过去的生命已经死亡"，鲁迅一再流露不再发"声"的主观姿态。1926 年 9 月，鲁迅在与许广平的"厦门通信"中说："我还同先前一样；不过太静了，倒是什么也不想写。"[1] 两个月后又说："我自到此地以后，仿佛全感空虚，不再有什么意见，而且时有莫名其妙的悲哀，曾经作了一篇我的杂文集的跋，就写着那时的心情。"[2] 鲁迅提及的"杂文集的跋"指的是《写在〈坟〉后面》，其中鲁迅也表达了相似的看法："我毫无顾忌地说话的日子，恐怕要未必有了罢。"[3] 在一年后的"夜记"中，鲁迅将自己不想发声的状态描述为"想要写""不能写""无从写"[4] 的挣扎。他的"无声"并非自我沉寂式的主观选择，而是对"无声的中国"的某种无奈。

就在《无声的中国》讲演前不久，鲁迅在奔赴广州的途中与李小峰有一段"海上通信"。通信中有一处细节值得玩味，某种程度上构成了讲演的直接触媒。通信开篇，鲁迅首先讲述自己坐船途中的

① 鲁迅：《厦门通信》，《鲁迅全集》第 3 卷，人民文学出版社 2005 年版，第 389 页。

② 《261128 致许广平》，《鲁迅全集》第 11 卷，人民文学出版社 2005 年版，第 635 页。

③ 鲁迅：《写在〈坟〉后面》，《鲁迅全集》第 1 卷，人民文学出版社 2005 年版，第 301 页。

④ 鲁迅：《怎么写——夜记之一》，《鲁迅全集》第 4 卷，人民文学出版社 2005 年版，第 18—19 页。

观感体验，第三节则开始讲述自己的书稿编定情况，很有可能是出于对李小峰来信的回应。而在两段之间，鲁迅略为突兀地插入了一段有关同舱人的叙述：

> 同舱的一个是台湾人，他能说厦门话，我不懂；我说的蓝青官话，他不懂。他也能说几句日本话，但是，我也不大懂得他。于是乎只好笔谈，才知道他是丝绸商。我于丝绸一无所知，他于丝绸之外似乎也毫无意见。于是乎他只得睡觉，我就独霸了电灯写信了。①

从具体笔调来看，鲁迅显然并不只是对同行事宜的机械刻画和描摹，在"他能说……我不懂""他也能说……我也不大懂"的句式编排中，鲁迅不断镶嵌、内置一个对立的话语结构。对于同行者来说，预想中的交流、沟通在不断错位中始终没有实现。鲁迅显然要构造出一种"同"中有"异"的意义效果。而这种意义效果也并非生硬般地植入，而是呼应了一个"后五四的鲁迅"。鲁迅在1920年代后的思想转折在某种程度上就在于同行者或者同路人的思想错位、在于"同"中的"异"，无论是"新青年"的分化，还是兄弟失和，都将鲁迅引入一个"无路可走"的绝境。可以说这段叙述构成了鲁迅"后五四"时期的人生隐喻，它借沟通与交流的难以实现指向了对一个"无声的中国"的观察和批判。此外，通信中，鲁迅也提到《野草》，他不仅向李小峰透露《野草》结束的信号，更对"误读"《野草》进行了嘲讽。而无论是沟通的错位还是"误读"都揭示出"心"与"心"之间的隔膜。

在《野草》写作前后，鲁迅一再述及"隔膜"问题。随着"三一八"惨案的爆发，鲁迅对于青年的牺牲慨叹道："呜呼，人和人的

---

① 鲁迅：《海上通信》，《鲁迅全集》第3卷，人民文学出版社2005年版，第417页。

魂灵,是不相通的。"① 在目睹了"淡淡的血痕"之后,他不仅将段祺瑞治下的中国描述为"言语道断""所住的并非人间",更从"人心的机微"中看到"人们的苦痛是不容易相通的"②。在几日后写的《记念刘和珍君》中,鲁迅发出了悲愤的叫喊:"惨象,已使我目不忍视了;流言,尤使我耳不忍闻。我还有什么话可说呢?我懂得衰亡民族之所以默无声息的缘由了。沉默呵,沉默呵!不在沉默中爆发,就在沉默中灭亡。"③ 在一年后的《小杂感》中,他又说:"人类的悲欢并不相通,我只觉得他们吵闹。"④ 可以说,对"不相通"的"看见"和体认构成了鲁迅指认"无声的中国"的主要依据。事实上,早在 1925 年的《俄文译本〈阿 Q 正传〉序及著者自叙传略》中,鲁迅已经对沟通的可能表达了怀疑。⑤ 而"隔膜"问题也是《野草》所要处理的问题之一。鲁迅借助《风筝》的改写,所要刻画的就是一个"说不出"的自我。综合鲁迅"五四"前后的思想经历来看,他的"无声"经验既有自我人道主义社会理想的幻灭,也有在"呐喊"的同时对民国现实的亲历,还有对具体社会政治事件的观感,更主要的在于鲁迅从一系列的事件经历中看见了人与人之间的"不相通",它意味着任何的"主义"方案都将因为民众的自

---

① 鲁迅:《无花的蔷薇之二》,《鲁迅全集》第 3 卷,人民文学出版社 2005 年版,第 278 页。

② 鲁迅:《"死地"》,《鲁迅全集》第 3 卷,人民文学出版社 2005 年版,第 282 页。

③ 鲁迅:《记念刘和珍君》,《鲁迅全集》第 3 卷,人民文学出版社 2005 年版,第 292 页。

④ 鲁迅:《小杂感》,《鲁迅全集》第 3 卷,人民文学出版社 2005 年版,第 555 页。

⑤ 鲁迅说道:"我虽然已经试做,但终于自己还不能很有把握,我是否真能够写出一个现代的我们国人的魂灵来。别人我不得而知,在我自己,总仿佛觉得我们人人之间各有一道高墙,将各个分离,使大家的心无从相印。""要画出这样沉默的国民的魂灵来,在中国实在算一件难事,因为,已经说过,我们究竟还是未经革新的古国的人民,所以也还是各不相通,并且连自己的手也几乎不懂自己的足。我虽然竭力想摸索人们的魂灵,但时时总自憾有些隔膜。"鲁迅:《俄文译本〈阿 Q 正传〉序及著者自叙传略》,《鲁迅全集》第 7 卷,人民文学出版社 2005 年版,第 83—84 页。

我封闭而始终悬停于漂浮的外部言论。

有关《无声的中国》讲演的起意，鲁迅在讲演半年后谈及香港经历时再次提到："然而我的讲演，真是'老生常谈'，而且还是七八年前的'常谈'。"① 结合鲁迅在讲演中对"无声"和"有声"的辩证，将时间向前推移，那么所谓"七八年前的'常谈'"指的正是"五四"时期他对"醒过来的人的真声音"的召唤。扩展来看，鲁迅所说的"七八年前"实际上还可以向前推移，直至他早期的思想起源。如前所述，《野草》的写作不仅重新唤起了鲁迅早期的"心声"经验，同时也一并激活了他的"寂寞"认知。在早期的文论构建中，鲁迅探求"心声"的一个重要起点即在于对一个"寂漠"中国的认知。前文提到，《破恶声论》开篇，鲁迅即勾画出一个"寂漠"中国的颓败形象。在鲁迅看来，"寂漠"不仅在于"本根"的崩毁流失，更在于人心被乱象所环绕，没有正确的声音引导。也就是说，"寂漠"并不是没有声音，而是处于"恶声"的笼罩中。此前，在《摩罗诗力说》中，鲁迅首先也澄清中华文明渐趋"无声"的历史态势："人有读古国文化史者，循代而下，至于卷末，必凄以有所觉，如脱春温而入于秋肃，勾萌绝朕，枯槁在前，吾无以名，姑谓之萧条而止。"② 然而，这只是鲁迅思考的起点，他并未停留于一般性的批判，而是以"寂漠"的呈现为立论的基础，在"寂漠"之境发出"希望"的叫喊，进而召唤"内曜"和"心声"："吾未绝大冀于方来，则思聆知者之心声而相观其内曜。"③ 这一"希望"在某种程度上支配了"五四"前后鲁迅的主体机制。由此观之，鲁迅《无声的中国》的讲演显然与早期的"寂漠"立论有着内在的对话关系，他在讲演题目起意的同时，很有可能再次回返那

---

① 鲁迅：《略谈香港》，《鲁迅全集》第 3 卷，人民文学出版社 2005 年版，第 446 页。

② 《摩罗诗力说》，《鲁迅全集》第 1 卷，人民文学出版社 2005 年版，第 65 页。

③ 鲁迅：《破恶声论》，《鲁迅全集》第 8 卷，人民文学出版社 2005 年版，第 25 页。

个早期的自我①。从"寂漠"到"无声"，这漫长的中间虽然不断有内容被增添进来，鲁迅也不断调整自我的思想姿态，但都遭遇了一种宿命式的轮回。"无声的中国"借助鲁迅对自我绝望"心声"的发现、借助他伤痕累累的生命舞台被呈现和揭示出来。鲁迅的意义或许就在于此，他的"呐喊"、"彷徨"和"绝望"既是自我解剖的生命链条，也是导向"无声的中国"的推动力量。而他独特的主体机制在于，他并未在"无声"的体认中走向沉寂和毁灭，他恰恰是要"肉薄这空虚中的暗夜"。因而即便他指认批判了"无声的中国"，正如早期对中国"寂漠之境"的指认一样，他也仍然激励青年发出"真的声音"，进而将"无声的中国"锻造、翻转为一个"有声的中国"。

鲁迅的"无声"既来自自我的思想危机体验，也来自对社会事件的观感和应对。他既通过《野草》的写作实现自我的"声"之内转，重新树立自我的思想姿态，又重新激活早期的"寂漠"经验，由此，不仅形成一种批判性的视野导向对"无声的中国"的辨识，更从"寂漠"经验中借用了一种信念机制，使得他的批判同时也内置着"肉薄"的光芒，寄望于一个"有声的中国"的锻造。在这种寄望中，实际上也暗含着一个崭新的鲁迅诞生的可能。《无声的中国》的重要意义在于它不仅仅延续了鲁迅的《野草》"体验"，更呼应了他早期"自我"的根源。某种程度上，以"诗力"与"心声"为根底的思想理路构成了鲁迅的文学起源，也为他的"声"之探求设定了逻辑起点，在此基础上支配了此后鲁迅的主体机制和人生展

---

① 事实上，鲁迅在《无声的中国》中不仅回应了早期的"寂漠"的经验，更直接借用了其中的文本内容，如在《无声的中国》中说道："文明人和野蛮人的分别，其一，是文明人有文字，能够把他们的思想，感情，藉此传给大众，传给将来。中国虽然有文字，现在却已经和大家不相干，用的是难懂的古文，讲的是陈旧的古意思，所有的声音，都是过去的，都就是只等于零的。所以，大家不能互相了解，正像一大盘散沙。"早期文论中也有着相似的论述："盖人文之留遗后世者，最有力莫如心声"，"古民之心声手泽，非不庄严，非不崇大，然呼吸不通于今，则取以供览古之人，使摩挲咏叹而外，更何物及其子孙？"参见鲁迅《无声的中国》，《鲁迅全集》第 4 卷，人民文学出版社 2005 年版，第 12 页；《摩罗诗力说》，《鲁迅全集》第 1 卷，人民文学出版社 2005 年版，第 65、67 页。

开的形式。《野草》事实上可以看作鲁迅以诗的形式来实现"声"的内转，重新整合出一个"有声"的、"大笑"的、"歌唱"的自我，进而生发出对"无声的中国"的反抗。扩展来看，从"摩罗"到"野草"，鲁迅整个的诗歌生涯也可以看作早期新诗兴起的一个隐喻，它反映了现代中国的思想与现实、历史与形式之间的一种创造性机制的生成和作用。

第三节 "寂寞地鸣动"：《野草》与
1920 年代新诗坛的对话

《野草》在表里之间，正如其标题所揭示的，都充满某种"野"性，它不仅投射映照了鲁迅当时驳杂的思想动向，也暗含着一种崭新的生命姿态的重构，而这种写作立意的设定事实上也作用于《野草》的文体形式。而无论从立意还是形式上看，《我的失恋》一篇都显得相当突兀，它不仅偏离了《野草》的主题中心——对自我"心声"的抒发，同时也溢出了"新诗"的形式边界。根据鲁迅后来的说法，《我的失恋》的写作缘起是针对当时盛行的"阿呀阿唷，我要死了"之类的失恋诗，进而以"玩笑"的方式对之进行讽刺[1]。而在形式上则采用一种所谓的"拟古的新打油诗"，既"拟古"又"打油"，同时还是"新"的，在手法的叠压累积之下充分暴露出

---

[1] 鲁迅后来提到："《我的失恋》，是看见当时'阿呀阿唷，我要死了'之类的失恋诗盛行，故意做一首用'由她去罢'收场的东西，开开玩笑的。"在《〈野草〉英译本序》中又说："因为讽刺当时盛行的失恋诗，作《我的失恋》。"此外，鲁迅在和许广平谈论《莽原》的编辑情况时，也表露对失恋诗的看法："我所要多登的是议论，而寄来的偏多小说，诗，先前是虚伪的'花呀''爱呀'的诗，现在是虚伪的'死呀''血呀'的诗。呜呼，头痛极了！"参见鲁迅《我和〈语丝〉的始终》，《鲁迅全集》第 4 卷，人民文学出版社 2005 年版，第 170 页；《〈野草〉英译本序》，《鲁迅全集》第 4 卷，人民文学出版社 2005 年版，第 365 页；《250709 致许广平》，《鲁迅全集》第 11 卷，人民文学出版社 2005 年版，第 503 页。

《我的失恋》在形式与思想上的内在紧张①。而其中略显"玩笑"的写作姿态粗看上去与《野草》整体的"严肃性"相当不协和，在某种程度上消解了《野草》向内的情感聚力②。

值得注意的是，《我的失恋》原本并不在《野草》的写作计划中，鲁迅最初是将其投给孙伏园主编的《晨报副刊》，却遭到《晨报》代理总编刘勉己的"撤稿"。"撤稿"事件不仅引发了孙伏园的辞职，也标志着鲁迅与《晨报副刊》合作的结束。此后不久，鲁迅又将《我的失恋》添写一段，作为"野草之四"，与《影的告别》《求乞者》同时发表于《语丝》第4期。从打油诗到"野草"，从《晨报副刊》到《语丝》，这一系列的文体转换及空间位移显然并不局限于人事、发表等外在问题，而是内含着鲁迅一再坚持的某种思想姿态。进一步看，如果能够考虑到《我的失恋》同时也是针对1920年代诗坛的发言，那么，它的转换流动事实上也裹挟着鲁迅自身的诗歌态度。可以说，正是这种诗歌态度覆盖了它的"玩笑"皮相以及"拟古""打油"的形式表层，进而决定了它被鲁迅收入《野草》中。而在《野草》中，《一觉》的写作同样也与新诗问题相关，两者在某种程度上构成了《野草》中的"元诗"系列，所谓"元诗"即关于诗的诗③。由此，《野草》在表达鲁迅"心声"的同时，也潜伏着鲁迅自身的诗歌态度。扩展来看，在《野草》写作前

---

① 在《我的失恋》写作一年后，孙伏园在《京副一周年》中重新提到了这首诗，并且对其特殊的形式进行了细致的解说："怎么说是'拟古'呢，乃是拟的张衡的《四愁诗》""怎么说是'新打油诗'呢？因为他拟的只是外形，诗的内容却仍是他自己的根本思想。"参见孙伏园《京副一周年》，《京报副刊》第349号，1925年12月5日。

② 张洁宇就将《我的失恋》解读为"一个严肃而深刻的'玩笑'"。参见张洁宇《一个严肃而深刻的"玩笑"——重读〈我的失恋〉兼论鲁迅的新诗观》，《鲁迅研究月刊》2012年第11期。

③ 将《我的失恋》视作"元诗"的看法，参见吴丹鸿《从"删诗"到"撤稿"——鲁迅与早期新诗写作伦理的变化（1919—1925）》，《文学评论》2020年第3期。有关"元诗"的研究参见余旸《张枣诗歌中元诗意识的历史变迁》，《新诗评论》第2辑，北京大学出版社2005年版，第151—165页。

后，鲁迅曾多次针对新诗问题进行发言。如果把《我的失恋》的写作也放置在这一发言的延长线上，那么可以看到，《我的失恋》不仅与 1920 年代的诗坛有着内在的对话关系，同时也构成了考察《野草》写作缘起的一个重要视角。借助对《我的失恋》以及在此前后鲁迅针对新诗现场的发声，一方面能够把握鲁迅内在的诗歌姿态；另一方面或许也能够透视这样的诗歌姿态如何触发了《野草》的写作、左右了《野草》的文体形式。

一 从“我的失恋”到“真的恶声”

《我的失恋》“拟古”“打油”的形式往往给人造成一种容易解读的印象，但事实并非如此，某种程度上，它比《野草》中一些象征隐喻的篇章更难理解。《我的失恋》以男子的口吻讲述恋爱双方互相赠答并由此带来的情感错位，粗看上去似乎并不难理解，而形式上也基本套用了张衡《四愁诗》的句式，只是将其中的关键意象进行了替换。根据孙伏园的说法，正是这几个关键意象使得整首诗在“拟古”“打油”的外表之下融入了鲁迅“自己的根本思想”[1]。可以说，正是这些关键意象支撑起了诗歌的抒情内核，而它们的歧义也造成了一定的解读难度。此外，如果把《我的失恋》从文本中心扩展到整个写作、发表的过程，将其置放在从《晨报副刊》到《语丝》、从讽刺诗到“野草”的空间流动中，那么其中的复杂意味也不难体会。《我的失恋》的写作，按照鲁迅自己的说法，仅仅是针对当时盛行的失恋诗的讽刺。如果事实果真如此，那么，鲁迅完全可以把它当作一篇“杂文诗”来看待，为何要将它收入《野草》中呢？再者，如果仅仅是对失恋诗的讽刺，刘勉己为何非要将已经排印的稿件从中“抽去”，他所说的“实在要不得”究竟所指为何？以及，如果仅仅是一篇普通的稿件被抽去，孙伏园何以反应激烈，并且最终以辞职为解决方式。这里既隐含着复杂的人事纠葛，也与

---

[1] 参见孙伏园《京副一周年》，《京报副刊》第 349 号，1925 年 12 月 5 日。

鲁迅的诗歌姿态密切相关。

　　有关《我的失恋》的解读，历来有两种看法，一种即延续鲁迅讽刺失恋诗的笼统说法，一种是孙席珍所提出的这首诗是对徐志摩的讽刺。孙席珍尤其指出诗中的关键意象都有具体所指，而且都与徐志摩有关。[①]　孙席珍的说法提出后，很快遭到倪墨炎的反驳，倪墨炎的依据在于一方面诗中意象与徐志摩的写作时间存在先后的错置，另一方面则是在徐志摩的文字中查询不到相关意象。[②]　这就意味着孙席珍的看法存在细节误记的可能，但是否能够完全推翻《我的失恋》与徐志摩完全不相干呢？需要注意的是《我的失恋》发表时孙席珍较为特别的身份，他正是这篇诗稿的文字校对。换言之，他和孙伏园、刘勉己一样，都是"撤稿"事件的当事人。此外，此时的孙席珍与鲁迅也颇有交集，他在兼职《晨报副刊》文字校对的同时，还是北大的学生，并且选修了鲁迅的《中国小说史》课程。而早在1922 年，其最早的诗作《故乡六首》就由周作人推荐发表。其次，二人之间也有着频繁的诗歌交往，孙席珍"诗孩"的名号即与鲁迅有关。而就在《我的失恋》的"撤稿"事件发生不久，孙席珍即代表绿波社的《文学周刊》向鲁迅约稿，鲁迅在《希望》写作的当日也同时完成了《诗歌之敌》的写作，并将《诗歌之敌》经许钦文转交孙席珍。[③]　由此，可以推断，孙席珍对《我的失恋》的认知并非

---

　　① 孙席珍的说法是："在《〈野草〉英文译本序》里，先生曾说此诗是为了'讽刺当时盛行的失恋诗'而作，在《我和〈语丝〉的始终》一文中，也有过同样意思的话，这是先生的蕴借。据我所知，此诗从写作到刊出，还有一些内情，也经过一番曲折。一语道破，这首诗是用游戏的笔法写出来的严肃的讽刺诗，讽刺对象是《现代评论》派的干将徐志摩。"进而他又强调鲁迅对于《我的失恋》的重视："先生却把它编入写作极为谨严的散文诗集《野草》里，可见先生不但没有认它为戏作，而且也许还给予相当的重视。"参见孙席珍《鲁迅诗歌杂谈——读鲁迅先生几首诗的一些感想和体会》，《文史哲》1978 年第 2 期。

　　② 参见倪墨炎《鲁迅〈我的失恋〉"新解"质疑》，《文史哲》1979 年第 4 期。

　　③ 鲁迅在 1925 年 1 月 6 日的日记中写道："钦文来，托其以文稿一篇交孙席珍。"几日后，日记中又提到："午后孙席珍来。"当月底，又记："上午得孙席珍信并诗。"《鲁迅全集》第 15 卷，人民文学出版社 2005 年版，第 547—549 页。

毫无根据，或许其中存在细节的误记，但是诗歌的写作缘起及其连带的人事关系不大可能有大的误差。对于这一问题的深究，显然还需要将《我的失恋》放置在从写作到编辑、发表再到"撤稿"这一系列完整的过程当中进行全面考察。

在追述《我的失恋》的写作发表情况时，鲁迅并不是单单提及讽刺失恋诗，而是将其编织在《语丝》创刊这一事件的前后脉络中。[①] 这也就暗示着《我的失恋》在以诗歌话语表现鲁迅一贯的讽刺姿态的同时，亦扭和着鲁迅从《晨报副刊》到《语丝》的身份过渡。这样的观察视点并非捕风捉影，事实上，在孙伏园的讲述中也能得到相关印证。在"撤稿"事件一年后写作的《京副一周年》中，孙伏园首先就把《我的失恋》作为叙事的引子，在一番解读之后导向了对"撤稿"事件的讲述。随后，他说道："因为有了这件事才有今日的《京报副刊》周年纪念日"，接着又补充说："不但此也，因为我的'晨副'事件而人人（姑且学说大话）感到自由发表文字的机关之不可少，于是第一个就是《语丝》周刊出版。"按照孙伏园的说法，正是"撤稿"事件构成了《语丝》以及《京报副刊》创刊的重要背景。[②] 问题的纵深在于，一篇讽刺诗为何引起了代理总编辑的注意，而且被执意"抽去"，孙伏园为何因此执意辞职，进而创办新的刊物。编印好的稿件因为版面、印刷等问题被临时抽掉本来在孙伏园看来是很平常的事，但当孙伏园得知《我的失恋》诗稿是被代理总编辑刘勉己抽去时，反应颇为激烈："这是何等重大的事！""重大"在于，孙伏园从"抽去"中所看到的并不只是一次简单的编辑行为，更体会到了其中隐含的某种"权力"的意味。因为《我的失恋》并不只是讽刺一般性的失恋诗，而且有着具体所指，而所指的对象，刘勉己、孙伏园不仅都很熟知，甚至与刘勉己

---

① 参见鲁迅《我和〈语丝〉的始终》，《鲁迅全集》第 4 卷，人民文学出版社 2005 年版，第 168—171 页。

② 孙伏园：《京副一周年》，《京报副刊》第 349 号，1925 年 12 月 5 日。

关系也非同一般。而这种人事关系，不仅涉及文人团体、文学志趣的分立，更关系到《晨报副刊》的编辑权问题。①《晨报副刊》最初由孙伏园主编，因而周氏兄弟的文章自其创刊后大多刊发于此。然而，这样的合作关系随着 1924 年刘勉己留学回国后发生了重要变化，晨报馆不仅聘刘勉己为代理总编辑，更支持其推行改革，而这其中与陈源、徐志摩关系甚大。对于这一变故，鲁迅也有着自己的看法：

> 但这样的好景象并不久长，伏园的椅子颇有不稳之势。因为有一位留学生（不幸我忘掉了他的名姓）新从欧洲回来，和晨报馆有深关系，甚不满意于副刊，决计加以改革，并且为战斗计，已经得了"学者"的指示，在开手看 Anatole France 的小说了。②

鲁迅在叙事表层之下，事实上埋伏着相当多的隐含信息。"留学生"自然指的就是刘勉己。"有深关系"也并非虚言。《晨报》本是研究系的刊物，而刘勉己的父亲刘崇佑不仅是研究系的重要人物，更是晨报馆的法律顾问。而"学者"指的正是陈源、徐志摩等人。正是这些人事关系导致了《我的失恋》被"撤稿"。因为《我的失恋》讽刺的本事正是徐志摩与林徽因的恋爱风波③，诗歌"由他去

---

①　有关"撤稿"事件所引发的《晨报副刊》编辑权问题，可参见邱焕星《导火线：鲁迅〈我的失恋〉撤稿的背后》，《中国现代文学论丛》2016 年第 1 辑。

②　鲁迅：《我和〈语丝〉的始终》，《鲁迅全集》第 4 卷，人民文学出版社 2005 年版，第 169 页。

③　1924 年 5 月，泰戈尔来华之后，北京学界为他操办了祝寿会，徐志摩、林徽因主演了泰戈尔的戏剧《齐德拉》作为压轴节目。值得注意的是，鲁迅当日也观看了这一戏剧，5 月 8 日的日记有："晚孙伏园来部，即同至中央公园饮茗，逮夕八时往协和学校礼堂观新月社祝泰戈尔氏六十四岁生日演《契诃罗》剧本二幕，归已夜半也。"某种程度上可与徐林的恋爱风波形成参照。参见《鲁迅全集》第 15 卷，人民文学出版社 2005 年版，第 511 页。

罢"的收尾正是来自徐志摩的一首诗《去罢》。《去罢》原本以《诗一首》为题于 1924 年 4 月 10 日发表于《小说月报》，两个月后，林徽因和梁思成赴美留学，徐志摩将此诗改题《去罢》，于 1924 年 6 月 17 日重刊于《晨报副刊》。《我的失恋》中恋爱男女情感错位的结构方式与徐志摩、林徽因的恋爱风波非常相似。① 而林徽因的父亲林长民与刘崇佑不仅有同窗之谊，更一同创办了福州私立法政学堂，同时二人也都是研究系的关键人物；徐志摩则不仅与刘勉己是同乡，更是好友，又同属英美留学生阵营②。因此，刘勉己自然知晓《我的失恋》所影射的内情，这也正解释了在"抽去"诗稿后孙伏园找其理论时的情形："这时候刘勉己先生来了，慌慌忙忙的，连说鲁迅的那首诗实在要不得，所以由他代为抽去了。但他只是吞吞吐吐的，也说不出何以'要不得'的缘故来。"③ 由此看来，《我的失恋》的写作似乎是出于对人事关系的考量。问题是，这样的题材本事鲁迅完全可以用杂文的形式加以表现，他为何非要以诗的形式来进行处理呢？其中所涉及的自然不仅是人事本身，更重要的是截然不同的文学趣味和诗歌态度。《我的失恋》整首诗洋溢着一种轻佻、虚浮的情调，结尾"由他去罢"更将这种随意、轻浮的浅薄抒情推向极致，这种轻浮的笔致在某种程度上构成了鲁迅对徐志摩的印象观感的复刻。事实上，在徐志摩回国后一系列的文化活动和文字发言中都闪露着某种轻浮的文章风格。④ 鲁迅讽刺的焦点不仅在于徐志摩的为人风度，更在于他的诗歌趣味。鲁迅后来在谈到自己的诗人身份时，

---

① 徐志摩、林徽因的恋爱风波参见韩石山《徐志摩传》，北京十月文艺出版社 2001 年版，第 396—403 页；张清平《林徽因传》，百花文艺出版社 2007 年版，第 10—40 页。

② 有关"撤稿"事件所涉及的人事关系参见田露《"辞职风波"与 20 世纪 20 年代北京文艺界的分化》，《汉语言文学研究》2012 年第 4 期。

③ 孙伏园：《京副一周年》，《京报副刊》第 349 号，1925 年 12 月 5 日。

④ 例如，对郭沫若"泪浪滔滔"的嘲笑，对《林肯》《娜拉》等新剧的批评，都展现出徐志摩"锋芒"轻浮的一面。参见徐志摩《坏诗，假诗，形似诗》，《努力周报》第 51 期，1923 年 5 月 6 日；《得林克华德的"林肯"》，《晨报副镌》1923 年 5 月 3 日、5 月 5—7 日；《我们看戏看的是什么？》，《晨报副镌》1923 年 5 月 24 日。

顺带又表明了对徐志摩诗歌的态度："只因为那时诗坛寂寞，所以打打边鼓，凑些热闹；待到称为诗人的一出现，就洗手不作了。我更不喜欢徐志摩那样的诗，而他偏爱到各处投稿，《语丝》一出版，他也就来了，有人赞成他，登了出来，我就做了一篇杂感，和他开一通玩笑，使他不能来，他也果然不来了。"① 鲁迅提到的"杂感"即是《语丝》第 5 期的《"音乐"?》。

　　事实上，鲁迅在《野草》写作的开始就与徐志摩有着内在的诗歌对话关系。《我的失恋》发表于《语丝》第 4 期，而《秋夜》作为《野草》的首篇则发表于《语丝》第 3 期，在同一期，徐志摩也有一篇与诗歌相关的文字，即介绍波德莱尔的《死尸》，两篇文章中间只隔着一篇周作人的文章。鲁迅对波德莱尔并不陌生。兄弟失和之前，周作人在日记、《欧洲文学史》《近代欧洲文学史》中都有提及，并且在 1921 年的大病之后迅速翻译了波德莱尔的八首散文诗，其中也有一首就是《窗》②。在周作人的理解中，波德莱尔的诗歌精神在于："他用同时候的高蹈派的精炼的形式，写他幻灭的灵魂的真实经验，这便足以代表现代人的新的心情。他于诗中充满了一切他自己的性格的阴影，哲学的苦味，和绝望的沉痛。"③ 这种"向内"的诗歌精神显然与此时写作《野草》的鲁迅颇为契合。而就在《我的失恋》写作前几日，鲁迅在翻译厨川白村的《苦闷的象征》的过程中也遭遇了波德莱尔的《窗》。由此可见，鲁迅对于波德莱尔非但不陌生，反而还相当熟悉，他不仅借助兄弟失和前的经验分享进而把握了波德莱尔的诗歌精神，同时自己也有着切身的译诗实践和经验。因而不难想象，鲁迅充分注意到了徐志摩译介的《死尸》。

　　在译诗的开头，有一段很长的前记，主要记述徐志摩对波德莱

---

①　鲁迅：《集外集·序言》，《鲁迅全集》第 7 卷，人民文学出版社 2005 年版，第 4—5 页。

②　参见第二章第一节"苦闷的抒情：早期新诗与五四青年的情感再造"。

③　仲密：《〈散文小诗〉译者附记》，《晨报副镌》1921 年 11 月 20 日。

尔的翻译经验和阅读体验，其中也间杂着对诗歌的理解。在他看来，波德莱尔的诗长于"音调与色彩"，诗歌内容洋溢着"异臭"和"奇毒"①，这与对波德莱尔形式风格的一般性认知并没有太大的出入。但徐志摩对波德莱尔形式风格的偏执也说明他并没有把握到波德莱尔诗歌的内在精神，波德莱尔的诗歌精神在于对现代人幻灭、绝望的内在经验的表达。显然，徐志摩对波德莱尔的理解与周氏兄弟有着较大的差异。他对波德莱尔诗歌形式外在的偏重或许在于他自己所说的"不懂"②，但也与他的诗歌态度密不可分。

在阐明自己对波德莱尔诗歌的认知后，徐志摩紧接着也阐明了自己的诗歌态度，在他看来，"诗的真妙处不在他的字义里，却在他的不可捉摸的音节里"。正是音节构成了诗歌的共情机制，以一种由外而内的方式触动了阅读者的"魂灵"。也就是说，相比诗歌的内在精神，形式具有不可替代的主导作用。这样的诗歌态度与他看待世界的角度和方式紧密相关，因为他深信："宇宙的底质，生的底质，一切有形的事物与无形的思想的底质——只是音乐，绝妙的音乐。"③ 在他看来，宇宙人生都只是一种形式的显影。由此，他将自己的形式主义哲学推向了极端，在某种程度上压抑忽视了现代社会对主体自我内在精神的强调。这与鲁迅力图借助"诗力"与"心声"的扭和进而创制一个有内在深度的现代主体的理想完全相反。《死尸》发表没过多久，鲁迅即以《"音乐"？》为回应。

针对徐志摩的"音乐"论，鲁迅不仅在标题中就显露自己的质疑，在具体的文章展开中更以一贯的讽刺笔法对徐志摩的偏颇和轻薄进行了回击。与此同时，他也套用了《我的失恋》中采用的仿拟手法，模仿徐志摩的语调风格生造了一段文字，加重讽刺的意义效果。然而，鲁迅并没有沉浸在讽刺当中，放任讽刺的无边扩展，在文章结

---

① 徐志摩：《〈死尸〉译者附记》，《语丝》第 3 号，1924 年 12 月 1 日。

② 在解读波德莱尔时，徐志摩说道："他的原诗我只能诵而不能懂。"

③ 徐志摩：《〈死尸〉译者附记》，《语丝》第 3 号，1924 年 12 月 1 日。

尾，他以"麻雀儿""唧唧啾啾地叫"来比附徐志摩的"音乐"，进而发出了对"只要一叫而人们大抵震悚的怪鸮的真的恶声"的召唤①。由此，鲁迅以"声"的形式将诗歌精神由徐志摩的诗歌形式主义翻转为主体内在的抒发。与此同时，对"怪鸮的真的恶声"的呼唤也呼应了此时鲁迅《野草》写作的展开——在《野草》的首篇《秋夜》中，不仅也出现了"夜游的恶鸟"，同时也正是"恶鸟"的出现开启了抒情自我的声音机制，为整部《野草》设定了"心声"内转的意义维度。这与徐志摩对诗歌精神的"音乐"认知完全相反。早在留日时期，鲁迅就已经设定了"诗力"与"心声"的统一关系，他对诗歌的追求、对诗歌的文体选择都是为了寻求一种"真的声音"，相比较而言，形式并不起决定作用。可以参照的是，鲁迅虽然以诗的方式来呈现《野草》，但在诗的框架之下，具体的形式相当驳杂，因为在鲁迅看来"怎么写"与"写什么"是相对应的。由此，他以"心声"为根底的诗歌姿态与徐志摩的诗歌形式主义画上了一道清晰的边界。他对"心声"的探求不仅塑造了《野草》的思想品格，"心声"的杂乱更创造出一种"野"性的形式美感。

　　从"我的失恋"到"真的恶声"，清晰地勾勒了鲁迅在《野草》前后与徐志摩的多次诗歌对话，其中不仅仅出于人事关系的考量，更主要的在于二者不同诗歌态度的交锋。鲁迅的行为意图既要澄清徐志摩对诗歌精神的错误认知，同时也要表明自我以"心声"为根底的诗歌态度，这种态度不仅与《野草》的写作缘起相呼应，同时也在一定程度上影响了《野草》的文体选择和形式实践。

二　从"奴隶的声音"回到"心的动作"

　　《野草》写作前后，鲁迅对新诗坛的具体动向颇为关注，除了与徐志摩的诗歌对话之外，他还多次参与到具体的新诗问题讨论中。

---

　　①　鲁迅:《"音乐"?》,《鲁迅全集》第 7 卷,人民文学出版社 2005 年版,第 55—56 页。

这些言论行动以及《野草》的写作在诗歌态度和写作实践两个层面为此时的鲁迅共同构筑了一个 "诗" 的思想世界，而鲁迅对相关诗歌问题的参与以及其中所隐含的诗歌看法在某种程度上也可以看作对《野草》写作的一种准备和映衬。

《我的失恋》在最初投给《晨报副镌》时，鲁迅采用了 "某生者" 的署名。在此之前，鲁迅以 "某生者" 署名的文章还有五篇，其中《"以震其深艰"》《所谓 "国学"》《儿歌的 "反动"》是针对上海的 "国学家" 对新文学的 "反动" 而发的，而《又是 "古已有之"》以及《答二百系答一百之误》则是有关新诗问题的辩论。不难看出，"某生者" 与新文学之间具有一种内在的关系，鲁迅以此署名在某种程度上意在表明自己对新文学的辩护姿态。与此同时，"风声" 的署名也与此类似。例如，鲁迅在回击对新文学的反动时，也同时以 "风声" 的署名写作了《"一是之学说"》《不懂的音译》，在此前《蕙的风》的论争中，同样以 "风声" 的形式写作了《对于批评家的希望》《反对 "含泪" 的批评家》。

这里需要注意的是《又是 "古已有之"》，文章起因于北京师范大学心理学教授张耀翔的一篇有关 "新诗人的情绪" 研究的文章。张耀翔的文章首先引起了章衣萍的注意①，鲁迅随后参与其中。这与《蕙的风》论争颇为相似，也是章衣萍首先对胡梦华的批评进行辩驳，进而引起了鲁迅的关注②。《又是 "古已有之"》发表一天后，鲁迅即针对其中的错讹发表了《答二百系答一百之误》的更正声明；几日后，也就是在《我的失恋》写作的前一天，鲁迅又发表了《文

---

① 参见衣萍《感叹符号与新诗》，《晨报副镌》1924 年 9 月 15 日。

② 参见第二章第三节 "爱情与道德：恋爱诗与早期新诗的写作伦理——以《蕙的风》论争为中心"。值得注意的是，就在《又是 "古已有之"》以及《文学救国法》发表的当日，章衣萍拜访了鲁迅，二人很有可能针对 "感叹符与新诗" 问题有过讨论。在 9 月 28 日的日记中，鲁迅记载："午后吴冕藻，章洪熙，孙伏园来。" 10 月 2 日记有："夜章洪熙来、孙伏园来。" 参见《鲁迅全集》第 15 卷，人民文学出版社 2005 年版，第 530—531 页。

学救国法》，对上述讨论进一步跟进。在持续的注目中，鲁迅对于这一事件的重视程度不难想象。而鲁迅的持续关注以及一系列的发言或许也并非仅仅出于对章衣萍的声援，而是章衣萍所引发的讨论某种程度上契合了此时鲁迅对新诗问题的思考。不能忽视的是，《又是"古已有之"》、《答二百系答一百之误》以及《文学救国法》三篇文章的写作恰好内置于《影的告别》、《求乞者》与《我的失恋》的写作周期之间，二者之间既围绕鲁迅对新诗问题的思考形成了内在的呼应，同时三篇系列文章也构成了鲁迅《野草》写作的一种思想上的承接和过渡。

一些研究注意到《新诗人之情绪》的发表并不是孤立的，而是内在于 1923 年以来整个新诗坛对早期新诗集的"清算式的批评"的整体氛围中①，这样的观察视角无疑对 1920 年代的新诗批评话语进行了相当全面的整合。但"新诗人的情绪"问题的提出也与张耀翔的学者身份以及现代学科建制的创立密切相关。在《新诗人之情绪》中，张耀翔以"情绪测验"的心理学方法对《尝试集》《草儿》《冬夜》《女神》等九部新诗集和诗选中的"感叹符"进行统计，以此来"测量"中国青年的情绪状态。② 在张耀翔后来的讲述中对此也有所提及："我鉴于青年消极、悲观、厌世、出家、疯狂、自杀的一天多一天，屡想尽我一份责任去挽救。1 卷 4 号介绍的'情绪测验'及 3 卷 2 号发表的《新诗人之情绪》一文，便是出于这种用意。"③ 在统计所选诗集中的感叹用量之后，张耀翔又以这些用法用量与莎士比亚、司各特、勃朗宁、但丁等西方经典诗人以及 *Golden Treasure* 这部西方名诗选中的感叹符进行对比参照，最后他得出的结论是："中国新诗人比外国大诗家六倍易于动感叹。"颇为荒谬的是，

---

① 参见吴丹鸿《从"删诗"到"撤稿"——鲁迅与早期新诗写作伦理的变化（1919—1925）》，《文学评论》2020 年第 3 期。

② 参见张耀翔《新诗人之情绪》，《心理》第 3 卷第 2 号，1924 年 4 月。

③ 张耀翔：《我的教学生活》，《心理季刊》第 2 卷第 2 期，1937 年 6 月 30 日。

他更以子夏在《毛诗序》中"治世之音"的说法为依据，针对白话诗中感叹符较多，指斥白话诗为"亡国之音"，由此将文学内部的新诗问题生硬地拔高为政治问题。

　　而张耀翔对新诗问题的关注实际上也并非突发奇想，在此之前，他对于文学问题就一直保持着关注，更借助对"文学家之想象"①的研究为其后的新诗情绪测验提供相应的经验参照。可以说，他对新诗问题的关注与他宽广的研究视野和驳杂的研究兴趣是密切相关的。根据他自己的说法："我的兴趣以我专攻的学科为中心，凡与这学科有直接间接关系的言行事物，我对之莫不感觉兴趣。所幸这学科能与天下许多言行事物发生关系，故我的兴趣范围是非常宽阔的。"②而他自己也有着新诗写作的经历③。与此同时，张耀翔对新诗问题的研究也与中国现代心理学的展开相关。在美国获得心理学学位后，张耀翔即被北京高等师范学校聘为心理学教授，回国后，他在北京高师讲授普通心理、实验心理、儿童心理、教育心理等心理学课程、筹备心理实验室的同时，也充分利用暑假在全国展开学术讲演，不仅积极普及心理学知识，也更紧密参与到心理学学科建设中。1921 年夏，在南京高等师范学校所举办的教育讲习会结束后，学员签名发起了中华心理学会，同为新诗人的陆志韦当选研究股主任，而张耀翔则当选会长兼编辑股主任。刊发《新诗人之情绪》的《心理》杂志则是在张耀翔当选之后亲自创办的。④因而，他以心理测验的方法来研究新诗问题，在某种程度上也是以跨学科的思路来推进中国心理学的学科建设。然而，学科专业之间的知识边界并不是轻易就能打破的，在跨界的同时，既要有关联性的眼光，同

---

　　①　张耀翔：《文学家之想像》，《心理》第 1 卷第 3 号，1922 年 7 月。

　　②　张耀翔：《我的兴趣　四三》，《东方杂志》第 33 卷第 1 号，1936 年 1 月 1 日。

　　③　章衣萍在反驳文章中不仅提到张耀翔的作诗经历，更针对他的一首诗进行了嘲讽式的批判。参见衣萍《感叹符号与新诗》，《晨报副镌》1924 年 9 月 15 日。

　　④　有关张耀翔的这段经历参见张耀翔《我的教学生活》，《心理季刊》第 2 卷第 2 期，1937 年 6 月 30 日。

时也要考虑到专业之间的客观差异。张耀翔以心理学的方法研究新诗，将感叹符号直接等同于诗歌的内在抒情，在知识与情感之间做了相当机械的勾连，在很大程度上忽视了新诗在形式与情感之间的有机性。① 针对张耀翔的荒谬结论，章衣萍以"多用惊叹符应该治罪"的说法进行了讽刺式的回应。延续章衣萍的发言，鲁迅也以讽刺的笔法将张耀翔的结论与宋代元祐党争和禁诗运动进行比较。在他看来，张耀翔以科学研究为目的心理拯救，非但没有"进化"的科学精神，更充斥着"旧性"和"奴隶的声音"②，由此非但不能合理地解决新诗中的浪漫主义问题，反而对青年和新诗造成进一步的规训和压抑。对于张耀翔的研究思考，鲁迅并不陌生，在此之前胡梦华对《蕙的风》的批判事实上也采用了类似的方法——一种机械性的观察视角来看待新诗的抒情问题。

对于张耀翔"新诗是亡国之音"的说法，鲁迅印象格外深刻，在两篇讽刺文章之外，在与《希望》同日写下的《诗歌之敌》中，鲁迅再次就此事发言："中国的有些学者，我不能妄测他们于科学究竟到了怎样高深，但看他们或者至于诧异现在的青年何以要绍介被压迫民族文学，或者至于用算盘来算定新诗的乐观或悲观，即以决定中国将来的运命，则颇使人疑是对于巴士凯尔的冷嘲。"③ 他不仅揭示其中的荒谬，更把张耀翔视为"反诗歌党"。其后在《过客》写作前后的两篇文章中又进行讽刺点染。④ 鲁迅一再提及此事，显然

---

① 可以参照的是张耀翔自己看待世界的方式角度，他相信："人的造就依靠智能。"参见张耀翔《儿时生活于我择业的影响》，《东方杂志》第 32 卷第 1 号，1935 年 1 月 1 日。

② 鲁迅：《又是"古已有之"》，《鲁迅全集》第 7 卷，人民文学出版社 2005 年版，第 240 页。

③ 鲁迅：《诗歌之敌》，《鲁迅全集》第 7 卷，人民文学出版社 2005 年版，第 246 页。

④ 《再论雷峰塔的倒掉》中提到："形惊叹亡国病菌之下了。"《论辩的魂灵》中又以反讽式的语调补充说："勿用惊叹符号，这是足以亡国的。"鲁迅：《再论雷峰塔的倒掉》，《鲁迅全集》第 1 卷，人民文学出版社 2005 年版，第 201 页；《论辩的魂灵》，《鲁迅全集》第 3 卷，人民文学出版社 2005 年版，第 32 页。

并不仅仅在于对本事的讽刺，而且是他从 "亡国之音" 的说法中看
到了国民的 "旧性"，听到的是 "奴隶的声音"，这与新诗自由开放
的内在精神显然是背道而驰的。由此，鲁迅写作《野草》借助诗的
形式表达自我的内在 "心声"、寻找 "真的声音"，在某种程度上也
可以看作对这种诗歌态度的回应和反击。而在具体的创作之外，鲁
迅事实上也通过翻译的形式来处理所面临的诗歌问题。在《野草》
写作前后，鲁迅对厨川白村、片山孤村等人的作品投入了大量的心
力，厨川白村等人的文艺论说给予了《野草》相当大的思想刺
激。① 在《野草》写作间隙，鲁迅除了翻译了大量的文艺论著之外，
还翻译了一些诗论，尤其是武者小路实笃的《论诗》。鲁迅的译介不
仅与 1920 年代诗坛针对新诗的批评形成对话关系，在一定程度上也
与《野草》内部所交织的诗歌姿态有着紧密的互文关系。

　　1926 年，在《野草》大致完成之后，鲁迅翻译了武者小路实笃
的《论诗》，考虑到诗论的性质以及翻译时机，在某种程度上可以看
作《野草》中诗歌精神的一次总结。在武者小路实笃的理解中，诗
的意义并不在于声音、色彩、符号等表面的形式，而是始终内置于
"心"，与自我的生命内在息息相关：

　　　　人心之中有诗，生命之中有诗。
　　　　诗不生于没有润泽的心。诗仅生于活泼泼地的心。
　　　　在诗，附属着韵律（Rhythm）；那韵律，是和其人的生命，
　　呼吸，血行有关系的。试合着既成的形式，使自己的生命充实
　　而流行，有时虽然也有趣，然而内部也不可没有动辄想要打破
　　形式的力。

―――――――――

　　① 有关厨川白村对《野草》写作的影响，参见［日］丸尾常喜《耻辱与恢复——
〈呐喊〉与〈野草〉》，秦弓、孙丽华编译，北京大学出版社 2009 年版，第 134 页；
［日］相浦杲《关于鲁迅的散文诗集〈野草〉——从比较文学的角度谈》（下），宿玉堂、
能势良子译，《辽宁大学学报》1984 年第 2 期。

火以各种的状态飞舞，并不是做作的。人的生命，也以各种状态显现，这到纯粹，便是诗。①

在武者小路实笃看来，诗本身就内在于生命之中，它的生成就在于生命内在的运动。因而，内在的运动塑造了诗的具体形式面貌，诗的运转在于形式对应、契合于特定的思想内在。武者小路实笃的看法与鲁迅早期的诗歌经验颇为相似②，诗的本源都是为了"将自己的心的动作，照样地表现出来"。武者小路实笃不但将此看作诗歌生成的有效机制，更认为这也就是"好诗"与否的重要标准："将在自己内部的东西，照样地生发起来的时候，单是这个，就大抵成为出色的好诗。"武者小路实笃的诗歌态度与他写作《一个青年的梦》的思想动机是一以贯之的，无论此时把诗看作"心的动作"还是此前表达的"人类的忧虑"，二者都是一种"真的声音"。换言之，他的"论诗"并不完全立足于文艺的内部，而是有着特定的现实关怀。在"论诗"展开的基础上，武者小路实笃很快将诗歌问题引入了"时代"的维度："在散文底的时代，诗更应该被饥渴似的寻求。"在召唤"诗力"的同时，他也格外看重诗人的介入和承担："如果诗中没有这样的力，这是诗人之罪，不过是在说明诗人的力的微弱。"③ 武者小路实笃对"诗力"或者说诗歌之用的推重无疑契合了鲁迅自己的诗歌态度。"五四"之后，鲁迅不止一次地谈到自己从事文艺事业的思想根底。例如，在谈到自己对爱罗先珂的译介时，

---

① ［日］武者小路实笃：《论诗》，鲁迅译，《鲁迅译文全集》第 4 卷，福建教育出版社 2008 年版，第 97—98 页。

② 鲁迅也强调诗与心之间的一元关系，认为人人都有诗心："盖诗人者，撄人心者也。凡人之心，无不有诗，如诗人作诗，诗不为诗人独有，凡一读其诗，心即会解者，即无不自有诗人之诗。"鲁迅：《摩罗诗力说》，《鲁迅全集》第 1 卷，人民文学出版社 2005 年版，第 70 页。

③ ［日］武者小路实笃：《论诗》，鲁迅译，《鲁迅译文全集》第 4 卷，福建教育出版社 2008 年版，第 98 页。

鲁迅强调："其实，我当时的意思，不过要传播被虐待者的苦痛的呼声和激发国人对于强权者的憎恶和愤怒而已，并不是从什么'艺术之宫'里伸出手来，拔了海外的奇花瑶草，来移植在华国的艺苑。"① 对于中国人"不敢正视人生"进而"生出瞒和骗的文艺来"，鲁迅批判道："没有冲破一切传统思想和手法的闯将，中国是不会有真的新文艺的。"② 在《华盖集·题记》中，针对陈源、徐志摩等人对自己杂文写作的批评，鲁迅回应说："我以为如果艺术之宫里有这么麻烦的禁令，倒不如不进去；还是站在沙漠上，看看飞沙走石，乐则大笑，悲则大叫，愤则大骂，即使被沙砾打得遍身粗糙，头破血流，而时时抚摩自己的凝血，觉得若有花纹，也未必不及跟着中国的文士们去陪莎士比亚吃黄油面包之有趣。"③ 对于新诗而言，鲁迅也有着同样的姿态，在他看来，诗歌并不是什么形式技巧、主义流派，而是自我"心声"的真诚表达。由此，鲁迅对《论诗》的翻译，一方面呼应了"五四"时期对"真的声音"的找寻；另一方面，借助《论诗》中"诗"与"心"的有机关联再次重申了自己立足于"心"的诗歌态度，在照应《野草》"心声"内转的同时，也与1920年代诗坛以形式为偏重的诗歌态度进行了对话和辩驳，极大地修正了1920年代新诗发展的形式主义误区。④

三 《野草》与"寂寞地鸣动"

鲁迅在《野草》写作前后一系列针对新诗问题的发言，一方面

---

① 鲁迅：《杂忆》，《鲁迅全集》第1卷，人民文学出版社2005年版，第237页。

② 鲁迅：《论睁了眼看》，《鲁迅全集》第1卷，人民文学出版社2005年版，第254页。

③ 鲁迅：《华盖集题记》，《鲁迅全集》第3卷，人民文学出版社2005年版，第4页。

④ 可以参照的是，鲁迅在《诗歌之敌》中也对诗歌"义法"之类表露出相当的排斥。鲁迅的原话是："幸而因'诗孩'而联想到诗，但不幸而我于诗又偏是外行，倘讲些什么'义法'之流，岂非'鲁般门前掉大斧'。"参见鲁迅《诗歌之敌》，《鲁迅全集》第7卷，人民文学出版社2005年版，第245页。

是与新诗坛进行对话，对其中的形式主义倾向予以回应、讨论甚至修正；另一方面，对话中所闪现的诗歌姿态也与《野草》的写作密切相关。可以说，鲁迅与新诗坛的对话并不是完全置身《野草》之外，在借助杂文、翻译等形式手段与新诗坛进行有关诗歌精神的对话之后，他也通过《野草》的具体写作进一步呈现自己的诗歌姿态。而这种诗歌姿态既关乎《野草》的思想根源，也决定了其中的内容构成与形式技法。

　　1926 年 4 月 8 日、4 月 10 日，鲁迅写下《野草》的最后两篇《淡淡的血痕中》《一觉》，此时距前一篇《腊叶》的写作已经四个多月。这漫长的时间间距所隐含的是这两篇写作动机上的应激性。事实上也的确如此，相比于此前的《野草》篇章稳定在自我的内部，这两篇则调整笔触，从内转重新看向现实，在某种程度上这也象征着鲁迅通过《野草》写作所实现的自我主体的转换。就在这两篇写作前不久，北京爆发了"三·一八"惨案，女师大学生刘和珍、杨德群都在这次事件中牺牲。牺牲事件无疑给此时在"死""生"思考之间的鲁迅带来相当大的刺激，而牺牲本身也是《野草》所要处理的一个重要主题。在《淡淡的血痕中》《一觉》写作之前，鲁迅连续写作了《无花的蔷薇之二》《"死地"》等多篇文章对这一事件进行回击。对于牺牲，鲁迅首先做的就是"记念"。但是如果能够考虑到此前鲁迅一直对"牺牲"问题的思考，那么，就会理解，对于牺牲，鲁迅显然并不会仅仅停留于"记念"。换言之，他要赋予牺牲以更深刻的意义。而从"记念"到"一觉"不仅呈现了这种意义生成的过程，也呈现出两首诗之间的写作逻辑的转换。这种转换即在于向死而生的历险。如果说"记念"更多地指向对"死"的感知和悲痛，那么"一觉"则意味着从"死"之中重新矗立的"生"的意志。因而"生"不是偷生，在它的背后始终有着"死"的阴影的警醒。

　　《一觉》的开篇，鲁迅首先就交待了自己在"死""生"之间的思想辩证："每听得机件搏击空气的声音，我常觉到一种轻微的紧张，宛然目睹了‘死’的袭来，但同时也深切地感着‘生’的存在。"① 可以说，正是"‘死’的袭来"唤起了"‘生’的存在"。《一觉》的写作与其说是"记念""死"，不如说是关于怎么"生"、如何"活"的问题。在讲述飞机的声音对自己的刺激之后，鲁迅很快将生死问题引入青年身上。鲁迅由"死"到"生"之间的思想过渡正在于他从"死"的牺牲行为中看到了屹立着的"青年们的魂灵"。从生死问题到青年的牺牲，这中间鲁迅以"清理文稿"一事为承接。这里提到的"清理文稿"指的是在离京南下之前鲁迅对《莽原》文稿的整理编辑，鲁迅此时提及编稿事件显然隐含着一种对青年观感上的对比。因为"涂脂抹粉的青年"中的"涂脂抹粉"并不只是文辞上的修饰，而且有着具体所指。在给许广平的信中，鲁迅曾具体谈及了编辑感受："我所要多登的是议论，而寄来的偏多小说，诗。先前是虚伪的‘花呀’‘爱呀’的诗，现在是虚伪的‘死呀’‘血呀’的诗。呜呼，头痛极了！"② 鲁迅此时的情感姿态在某种程度上延续了《我的失恋》中的诗歌态度，都是对诗歌的虚伪、轻浮进行批判讽刺。而虚伪、轻浮显然也不仅仅指向诗歌风格，更指向了青年自我的主体人格。"涂脂抹粉"与"牺牲"对应着两种相反的人格形态，从"纸上的青年"到"牺牲的青年"的形象反差，无疑给予了鲁迅极大的刺激。相比于"涂脂抹粉"的虚伪抒情，他更看重的是"呻吟"、"愤怒"和"粗暴"的"魂灵"。由此，鲁迅在拒绝一种虚伪的诗歌风格的同时，也再次表明自己对青年主体内在的看重，而主体内在在他看来是与一种理想的诗歌精神不可切分的。

　　在赞颂青年自我牺牲之后，紧接着，鲁迅的笔锋一转，开始讲述他忽然记起的一件事，即两三年前北大的"一个并不熟识的青年"赠送《浅草》的事。《浅草》是由林如稷、陈炜谟、陈翔鹤、冯至

---

　　① 鲁迅：《一觉——野草之二十三》，《语丝》第75期，1926年4月19日。

　　② 鲁迅：《两地书·三四》，《鲁迅全集》第11卷，人民文学出版社2005年版，第102页。

等人组织成立的浅草社编辑出版的刊物，1925 年在出版 4 期后，浅草社被沉钟社所替代，相应的，《浅草》也改换了面貌变成为《沉钟》。这个"并不熟识的青年"在一般性的说法中指的都是冯至①，但事实并非如此，而是指陈炜谟。可以参照的是，在《浅草》赠书前后的 1924 年 6—7 月，也就是鲁迅所说的"两三年前"，陈炜谟曾经短暂出现在鲁迅的日记中。②鲁迅之所以对赠书事件格外重视，是因为《浅草》《沉钟》中所展现的"青年的魂灵"在某种程度上呼应了鲁迅此时的思想状态，并且鲁迅从他们的刊物中读解出了一种力量深刻的诗歌声音。在《一觉》中，鲁迅提到了《沉钟》的"《无题》——代启事"："有人说：我们的社会是一片沙漠。——如果当真是一片沙漠，这虽然荒漠一点也还静肃；虽然寂寞一点也还会使你感觉苍茫。何至于像这样的混沌，这样的阴沉，而且这样的离奇变幻!"③ 不难看出，陈炜谟等人的"寂寞"体验直接受到了鲁迅的影响。鲁迅不仅借助与爱罗先珂的思想接触确证了"寂寞"的自我，更在《呐喊自序》中数十次地发出"寂寞"的叫喊。而《沉钟》的启事，事实上也延续了《浅草》的创刊宣言，《浅草》的卷首小语说道：

> 在这苦闷的世界里，沙漠侭接着沙漠，瞩目四望——地平线所及，只一片荒土罢了。

---

① 例如《一觉》在《鲁迅全集》中对"一个并不熟识的青年"的注解是："当指冯至（1905—1993），河北涿县人，诗人。时为北京大学国文系学生"。鲁迅 1925 年 4 月 3 日日记载："午后往北大讲。浅草社员赠《浅草》一卷之四期一本。"参见《鲁迅全集》第 2 卷，第 230 页。事实上，林如稷早在《微薄的谢意》《鲁迅给我的教育》等文章中就指出，"并不熟识的青年"指的是陈炜谟。参见龚明德《〈一觉〉中"并不熟识的青年"是谁?》，《中国现代文学研究丛刊》2004 年第 2 期。

② 1924 年 7 月 3 日，鲁迅在日记中写道："夜郁达夫偕陈翔鹤，陈厶君来谈。"这里的"陈厶君"即陈炜谟。参见《鲁迅全集》第 15 卷，人民文学出版社 2005 年版，第 519 页。

③ 鲁迅：《一觉——野草之二十三》，《语丝》第 75 期，1926 年 4 月 19 日。

是谁撒播了几粒种子，又生长的这般鲜茂？地毯般的铺着：从新萌的嫩绿中，灌溉这枯燥的人生。

荒土里的浅草啊，我们郑重的颂扬你：你们是幸福的，是慈曦的自然的骄儿！

我们愿做农人，虽是力量太小了；愿你不遭到半点儿蹂躏，使你每一枝叶里，都充满——充满伟大的使命。①

对"沙漠"的情感认知共同构成了《浅草》《沉钟》的发起背景，而结社创刊对于他们来说，显然并不满足于"寂寞"的讲述和抒情，在感性的抒情之外，他们还自觉担负着一种"伟大的使命"，由此，诗歌或者说文艺对于他们而言不仅仅是艺术手段，更是与自我生命、自我伦理、社会责任相缀连的思想的魂灵。这与鲁迅对"艺术之宫"的排斥非常相似。鲁迅从他们的诗歌姿态中不仅感受到了一股新鲜的生命气息，更从诗歌态度的契合性中再次看到了自我。在他看来，《沉钟》象征着青年"深深地在人海的底里寂寞地鸣动"②。这种"寂寞地鸣动"与此前牺牲了的青年的"呻吟"、"愤怒"和"粗暴"都是一种"生"的动作和意义，在鲁迅看来，这也正是诗歌的意义所在。

可以说，《野草》的写作除了是自我思想的整合外，也是鲁迅有关诗歌意义的一次思考。1925 年 1 月 1 日，在新年的第一天鲁迅颇有意味地写下了《希望》，在"身外的青春"和"身中的迟暮"对照中，鲁迅对"平安"的青年表达了一定的失望，也正基于此，《一觉》中"寂寞地鸣动"在鲁迅看来才格外珍贵，它正代表了鲁迅在"绝望"之中所发出的"希望"呐喊。而也就在同日，鲁迅也写下了一篇思考诗歌的文字——《诗歌之敌》。考虑到这篇诗论在《野草》写作的中间位置，在某种程度上代表了《野草》的诗歌姿

① 《卷首小语》，《浅草》第 1 卷第 1 期，1923 年 3 月 25 日。
② 鲁迅：《一觉——野草之二十三》，《语丝》第 75 期，1926 年 4 月 19 日。

态。诗论的主旨与标题相照应,意在回击所谓的"反诗歌党"。鲁迅论述重点虽然框定在西方诗歌史范围内,以洛克、巴士凯尔、柏拉图为例,对用"哲学和智力"来观照诗歌的机械视角进行批判,但显然也借此与当时新诗坛中的批评声音形成对话,如上文述及的徐志摩、张耀翔,包括周灵均等人都可视为"反诗歌党",只不过各人的"反动"色彩大小深浅不一。在回应"反诗歌党"之后,鲁迅在文末以查理九世"豢养文士""赞助文艺"的行为以及裴多菲"题B. Sz. 夫人照像的诗"为例,提出诗歌写作的伦理问题,进而表明了自己的诗歌姿态。在他看来,无论是赞助文艺还是"幸福"的过度,都破坏了诗歌写作的独立性,他认为:"诗歌是本以发抒自己的热情的,发讫即罢。"① 换言之,诗歌的有效抒情发生于自我的内在争斗,并非任何外在物质的附属。这种看法与此前"寂寞地鸣动"的说法异曲同工,都强调诗力与心声的有机关联。在鲁迅看来,诗歌的精神和意义就是自我"寂寞地鸣动",这种诗歌态度显然支援了《野草》对"心声"的探求。

　　《秋夜》作为《野草》的首篇首先就设定了鲁迅对自我内在声音的找寻,而《一觉》作为《野草》的终篇,鲁迅又再次强调"寂寞地鸣动"的诗歌意义。对"心声"的探求由此形成了首尾的呼应,在呈现《野草》完整的组织形式的同时,更串联起了《野草》内在的诗歌精神。而无论是《我的失恋》对徐志摩的讽刺,还是针对张耀翔"亡国之音"的回应,这种以"心声"为根底的诗歌姿态都构成了鲁迅与之对话的思想资源,而在回应新诗坛对新诗批判的同时,这种诗歌姿态也与《野草》的写作形成内在的呼应。鲁迅不仅借此化解了自我关于"死"的困惑,更从中整理出如何"活"、怎样"生"的勇气和态度。由此,鲁迅完成了由"野草"的自我到"杂文"的自我的思想进化。

---

　　① 鲁迅:《诗歌之敌》,《鲁迅全集》第 7 卷,人民文学出版社 2005 年版,第249 页。

结　　语

　　1927 年 2 月 18 日，刚到广州不久的鲁迅应香港青年会之邀赴港发表《无声之中国》的讲演。在指陈"不能说"的"无声的中国"这一现状的同时，鲁迅更指向了对"有声"的青年的召唤："要说现代的，自己的话；用活着的白话，将自己的思想，感情直白地说出来。"[①] 此时的鲁迅刚结束《野草》的整体写作，如果考虑到"沉默"对于《野草》写作缘起的意义，那么，不难体会，鲁迅"无声"的体验是《野草》的一种延续。扩展来看，早在留日时期，鲁迅探求"心声"的一个重要起点即在于对一个"寂漠"中国的体验认知。对于"寂漠"，他也不仅仅出于一般性的言论批判，而且以"寂漠"的呈现为立论的基础，召唤一个"内曜"和"心声"的主体"自我"，鲁迅所设想的召唤机制即"诗力"，他认为："盖诗人者，撄人心者也。凡人之心，无不有诗，如诗人作诗，诗不为诗人独有，凡一读其诗，心即会解者，即无不自有诗人之诗。无之何以能解？惟有而未能言，诗人为之语，则握拨一弹，心弦立应，其声澈于灵府，令有情皆举其首，如睹晓日，益为之美伟强力高尚发扬，而污浊之平和，以之将破。平和之破，人道蒸也。"[②] 由此，以"诗

---

　　① 鲁迅：《无声的中国》，《鲁迅全集》第 4 卷，人民文学出版社 2005 年版，第 15 页。

　　② 鲁迅：《摩罗诗力说》，《鲁迅全集》第 1 卷，人民文学出版社 2005 年版，第 70 页。

力"与"心声"为扭和的思路不仅构成鲁迅的文学起源，也为他的"声"之探求设定了逻辑起点，在某种程度上更支配了此后鲁迅的主体机制和人生形式的展开。回到《无声的中国》，它不仅延续了鲁迅的《野草》"体验"，更呼应了他早期"自我"的根源。而《野草》事实上也可以看作鲁迅以诗的形式来实现"声"的内转，重新整合出一个"有声"的、"大笑"的、"歌唱"的自我，进而发出对"无声的中国"的抗议。

从"摩罗"到"野草"，鲁迅整个的诗歌生涯在某种程度上构成了早期新诗兴起的一个隐喻。早期新诗的发生正是内在于近代以来对一种能动的现代"自我"创制的思想氛围中。换言之，早期新诗在抽象的文类形式之外，更关乎现代中国"自我"的起源。但这也并不意味着，早期新诗与"自我"的成长就已经预先被机械地设定了一种线性的程序，这种假设无疑极大地破坏了二者各自的丰富内涵和能动力量以及其中复杂的互动关系。需要注意的是，早期新诗与"自我"在具有观念史意义的同时，也裹挟着社会史、文学史、思想史等层面多重的历史经验和动机目标，它们在相互交织的同时，也共同内置于"五四"前后的社会现实和思想氛围中。这也就意味着，"五四"既是早期新诗与"自我"无法回避的背景纵深，同时也为二者提供充分的现实内容和方法机制，而二者在形式与内容层面的互动综合，势必也要在完成"自我"的再生产之后，指向对一种新的历史现实的构造。以"文化政治"的诗学视野来把握和揭示早期新诗的兴起和"自我"的关联，正是希望能够在以往新诗研究范式的内部视野与外部视野相互隔断的现状下，找到一种关联性的视野机制，打通内外、贯通表里，在透视"自我"的现代起源的同时，发掘出早期新诗发生的历史根源。当然，这也仍然需要承认其中的内在限度，看到早期新诗、"自我"和"五四"在贯通彼此的同时，显露出的内在挣扎。

即便从文类形式和审美标准来看，早期新诗也具有相当重要的意义，因为文类、审美也并不完全是一种自足、稳定的结构，而同样是一种历史生成。由此来看，早期新诗不仅作为时间印记层面的历史起点，更设定了新诗在内容、形式、审美等相关问题的历史根源，它构成了整个新诗史不断可以返回的原点。对它的研究，在把握审美趋向的同时，势必也要揭示审美所深植的历史现实、心理结构、情感氛围、文艺思潮等更为复杂的关联性因素。换言之，对早期新诗的考察，在某种程度上也会对这些因素进行一种侧面式的披露和宽解。

早期新诗的历史效力还在于，它对 "自我" 的表达并不是生硬式的捏合，而是对应着 "五四" 前后一个特定的 "自我" 形态。在新旧之间的拉扯下，"自我" 统一性的主体机制很难建立，国家的分裂、社会的动荡更进一步加剧了 "自我" 的颓顿，随着这些宏观问题不断下沉，分散为青年求学、就业、恋爱等诸多问题单元，具体作用于 "自我" 的身与心，一种结构性的迷茫和动乱彻底占据了 "自我" 的主体位置，此时的 "自我" 表征为一种以苦闷为底色的思想危机。可以参照的是，"自杀" 问题在当时已经成为一种普遍性的社会现象。而新诗的情感政治面向及其叙述性的形式机制恰好涵容了一个苦闷的 "自我"。在化解苦闷、抒发情志的同时，新诗的形式组织也重新赋予 "自我" 一种崭新的内心秩序和意义方向，由此完成对 "自我" 的再生产。胡适就曾在一首病中的诗中以一种略带玩笑的说法表达新诗对于 "自我" 所蕴含的 "新生" 效果："做得一首好诗成，/抵得吃人参半磅！"① 对于新诗而言，"自我" 的参与也填补了早期新诗所面临的 "写什么" 与 "怎么写" 的问题。作为 "自我" 的外在延伸，早期新诗的 "内爆性" 也使得它不断以问题的面目加以呈现，它的成长属性也不断表征着内在的危机。在一元论的有机想象中，大多数的新诗人把 "作诗" 和 "做人" 同等看待。因而，"新诗" 的危机也就意味着 "自我" 的危机，在加强 "自我" 人格修养的同时，他们也力图借助诗歌体式、抒情风格、修

---

① 胡适：《例外》，《新青年》第 8 卷第 3 号，1920 年 11 月 1 日。

辞手法等形式方法来应对、处理"自我"的危机，由此新诗与"自我"得以重新扭合，在社会改造的具体环节中显示出强劲的能动性。

对于提倡者而言，新诗在他们那里首先并不是一种文类实践和审美创造，而是对应着一种文化方案想象和社会改造的手段，可以说，新诗的"尝试"是"五四"整体社会改造氛围中的重要环节。那么，也可以说，新诗的危机、"自我"的危机，同样也是"五四"整体性的危机。"五四"的确设定了崭新的意义框架，带来了一种能动的知识视野，在东方与西方、民族与社会、知识与青年相互激荡的同时，也隐现着浪漫主义的无限和人道理想的虚无等内在危机。而新诗与"自我"的能动意义在于，它们不只是作为一种历史显影投射这种危机，更参与到危机的修正和克服中。借用朗西埃的说法，对于早期新诗的研究同样要"意识到历史时刻的复杂性，意识到在这一历史时刻中，'诗句危机'与'理想危机'和'社会危机'紧密交织的方式"①。

至此，早期新诗不仅打开了现代的诗意空间，而且借助"自我"的中介性视野，其中具体的打开机制也得到了有效的揭示。这一动态的过程既能够探查出早期新诗兴起的历史根源，又呈现出了现代中国"自我"的现代性起源，进而也能够还原"五四"丰富、复杂的历史面貌。其后，当新诗与"自我"不断被各种政治力量、话语势力冲刷、纠缠的时候，实际上都是二者历史起源的不断回响、变形。就此而言，仅仅将二者的历史意义放置在新诗史或者思想史的框架之内显然并不充分，以一种综合性的视野来观照，那么，早期新诗作为"自我"心灵革命手段的同时，二者也共同构成了观看现代中国的视角和方法。

---

① ［法］朗西埃：《前言》，《马拉美：塞壬的政治》，曹丹红译，河南大学出版社2017年版，第9页。

参考文献

一　基础文献

《新青年》、《新潮》、《民国日报·觉悟》、《时事新报·学灯》、《星期评论》、《少年中国》、《少年世界》、《每周评论》、《晨报副镌》、《文学旬刊 1921—1923》（1—80 期）、《文学 1923—1925》（81—171 期）、《文学周报 1925—1929》（172—380 期）、《诗》月刊、《小说月报》、《创造周报》、《创造》季刊、《创造月报》、《学衡》、《清华周刊》、《北京大学日刊》、《中国青年》、《诗学半月刊》、《语丝》、《晨报副刊·文学旬刊》、《努力周报·读书杂志》、《生長する星の群》、《新しき村》

［法］柏格森：《创化论》，商务印书馆 1922 年版。

北京鲁迅博物馆编：《鲁迅译文全集》，福建教育出版社 2008 年版。

北社编：《新诗年选（一九一九年）》，亚东图书馆 1922 年版。

本书编委会编：《田汉全集》，花山文艺出版社 2000 年版。

［美］勃利司·潘莱：《诗之研究》，傅东华、金兆梓译，商务印书馆 1923 年版。

曹伯言整理：《胡适日记全编》，安徽教育出版社 2001 年版。

草川未雨：《中国新诗坛的昨日今日和明日》，海音书局 1929 年版。

陈独秀：《陈独秀著作选编》，上海人民出版社 2009 年版。

陈金淦编：《胡适研究资料》，北京十月文艺出版社 1989 年版。

《成仿吾文集》编辑委员会编：《成仿吾文集》，山东大学出版社1985年版。

［日］厨川白村：《近代文学十讲》（上、下），罗迪先译，学术研究会总会发行，1921年8月1日、1922年10月1日初版。

［德］歌德：《浮士德》，郭沫若译，创造社出版部1928年2月初版。

葛乃福编：《刘延陵诗文集》，复旦大学出版社2002年版。

耿云志、欧阳哲生编：《胡适书信集》（上、中、下），北京大学出版社1996年版。

龚济民、方仁念编：《郭沫若年谱》，天津人民出版社1982年版。

郭沫若：《郭沫若全集》，人民文学出版社1982—1992年版。

郭沫若：《女神》（汇校本），桑逢康校，湖南人民出版社1983年版。

郭沫若：《女神》，泰东图书局1921年版。

郭沫若：《文艺论集》（汇校本），黄淳浩校，湖南人民出版社1983年版。

郭沫若：《文艺论集》，上海光华书局1925年版。

郭沫若：《星空》，泰东图书局1927年版。

胡怀琛编：《〈尝试集〉批评与讨论》，上海泰东书局1921年版。

胡怀琛编：《诗学讨论集》，上海新文化书社1934年版。

胡怀琛：《大江集》，国家图书馆1921年版。

胡怀琛：《小诗研究》，商务印书馆1924年版。

胡怀琛：《新诗概说》，商务印书馆1923年版。

胡适：《尝试集》，亚东图书馆1920年版。

胡适：《尝试集》（增订四版），亚东图书馆1922年版。

华东师范大学图书馆编：《胡适著译系年目录与分类索引》，上海人民出版社1984年版。

黄淳浩编：《郭沫若书信集》（上、下），中国社会科学出版社1992年版。

黄人影编：《郭沫若论》，上海光华书局1931年版。

贾植芳主编：《文学研究会资料》（上、中、下），河南人民出版社1985年版。

姜建、吴为公编：《朱自清年谱》，安徽教育出版社1996年版。

姜义华主编：《胡适学术文集·新文学运动》，中华书局1993年版。

康白情：《草儿》，亚东图书馆1922年版。

梁实秋：《梁实秋文集》，鹭江出版社2002年版。

刘福春：《中国新诗编年史》，人民文学出版社2013年版。

龙泉明：《中国新诗流变论》，人民文学出版社2004年版。

鲁迅博物馆鲁迅研究室编：《鲁迅诞辰百年纪念集》，湖南人民出版社1981年版。

鲁迅博物馆鲁迅研究室编：《鲁迅年谱》，人民文学出版社1981年版。

鲁迅：《鲁迅全集》，人民文学出版社2005年版。

鲁迅研究室编：《鲁迅研究资料》（3），文物出版社1979年版。

陆耀东：《二十年代中国各流派诗人论》，中国社会科学出版社1985年版。

陆耀东：《中国新诗史（1916—1949）》（第一卷），长江文艺出版社2005年版。

陆志韦：《渡河》，亚东图书馆1923年版。

欧阳哲生编：《傅斯年文集》，中华书局2017年版。

欧阳哲生编：《胡适文集》，北京大学出版社1998年版。

O. M.：《我们的六月（一九二五年）》，亚东图书馆1925年版。

O. M.：《我们的七月（一九二四年）》，亚东图书馆1924年版。

潘颂德：《中国现代新诗理论批评史》，学林出版社 2002 年版。

钱光培、向远：《现代诗人流派琐谈》，人民文学出版社 1982年版。

饶鸿竞：《创造社资料》（上），福建人民出版社 1985 年版。

商金林编：《叶圣陶年谱》，江苏教育出版社 1986 年版。

沈从文：《沈从文全集》，北岳文艺出版社 2002 年版。

沈用大：《中国新诗史（1918—1949）》，福建人民出版社 2006年版。

孙俍工编：《新诗作法讲义》，商务印书馆 1925 年版。

孙玉蓉编：《俞平伯研究资料》，天津人民出版社 1986 年版。

孙郁、黄乔生主编：《围剿集：回望鲁迅丛书》，河北教育出版社 2000 年版。

田汉、宗白华、郭沫若：《三叶集》，亚东图书馆 1920 年版。

［俄］托尔斯泰：《艺术论》，丰陈宝译，人民文学出版社 1958年版。

［俄］托尔斯泰：《艺术论》，耿济之译，商务印书馆 1923 年 3月版。

汪静之：《蕙的风》，亚东图书馆 1922 年版。

王光明：《现代汉诗的百年演变》，河北人民出版社 2003 年版。

王锦厚等编：《郭沫若佚文集》，四川大学出版社 1988 年版。

王世家、止庵：《鲁迅著译编年全集》，人民出版社 2009 年版。

王训昭等编：《郭沫若研究资料》（上、中、下），知识产权出版社 2010 年版。

王训昭：《湖畔诗社评论资料选》，华东师范大学出版社 1986年版。

文学研究会编：《星海》（上），商务印书馆 1924 年版。

闻黎明、侯菊坤：《闻一多年谱长编》（增订版），上海交通大学出版社 2104 年版。

闻一多：《红烛》，泰东图书局 1923 年版。

闻一多、梁实秋：《冬夜草儿评论》，清华文学社 1922 年版。

闻一多：《闻一多全集》，湖北人民出版社 1993 年版。

吴奔星、李兴华选编：《胡适诗话》，四川文艺出版社 1991 年版。

武继平：《郭沫若留日十年（1914—1924）》，重庆出版社 2001 年版。

谢冕等：《百年中国新诗史略》，北京大学出版社 2010 年版。

新诗社编辑部：《新诗集》（第一编），新诗社出版部 1920 年版。

徐志摩：《徐志摩全集》，中央编译出版社 2013 年版。

许德邻选：《分类白话诗选》，崇文书局 1920 年版。

许寿裳：《我所认识的鲁迅》，人民文学出版社 1952 年版。

杨匡汉、刘福春编：《中国现代诗论》（上编），花城出版社 1985 年版。

叶圣陶：《叶圣陶集》，江苏教育出版社 1987—1994 年版。

［日］伊藤虎丸监修，小谷一郎、刘平编：《田汉在日本》，人民文学出版社 1997 年版。

俞平伯：《冬夜》，亚东图书馆 1922 年版。

俞平伯：《俞平伯全集》，花山文艺出版社 1997 年版。

张大为、胡德熙、胡德焜合编：《胡先骕文存》，江西高校出版社 1996 年版。

张菊香、张铁荣编：《周作人年谱（1885—1967）》，天津人民出版社 2000 年版。

张向华编：《田汉年谱》，中国戏剧出版社 1992 年版。

张允侯等：《五四时期的社团》，生活·读书·新知三联书店 1979 年版。

赵景深原评，杨扬辑补：《半农诗歌集评》，书目文献出版社 1984 年版。

郑振铎、傅东华编：《我与文学》，生活书店 1934 年版。

郑振铎：《郑振铎全集》，花山文艺出版社 1998 年版。

止庵编：《周作人译文全集》，上海人民出版社 2019 年版。

中共广西壮族自治区党史资料征集委员会办公室编：《黄日葵文集》，广西人民出版社 1989 年版。

中共中央马克思恩格斯列宁斯大林著作编译局研究室编：《五四时期期刊介绍》第一集，人民出版社 1958 年版；第二集，人民出版社 1959 年版；第三集，生活·读书·新知三联书店 1959 年版。

中国社会科学院文学研究所鲁迅研究室编：《1913—1983 鲁迅研究学术论著资料汇编》（1—5 卷），中国文联出版公司 1985 年版。

钟叔河编订：《周作人散文全集》，广西师范大学出版社 2009 年版。

钟叔河编：《周作人文类编》，湖南文艺出版社 1998 年版。

周遐寿：《鲁迅小说里的人物》，上海出版公司 1954 年版。

周作人：《近代欧洲文学史》，北京十月文艺出版社 2013 年版。

周作人：《知堂回想录》，香港三育图书文具公司 1980 年版。

周作人：《周作人日记》（影印本），大象出版社 1996 年版。

周作人：《周作人自编文集》，河北教育出版社 2002 年版。

朱金顺编：《朱自清研究资料》，北京师范大学出版社 1981 年版。

朱自清编：《中国新文学大系：诗集》（影印本），上海文艺出版社 2003 年版。

朱自清、刘延陵等：《雪朝》，商务印书馆 1922 年版。

朱自清：《新诗杂话》，作家书屋 1947 年版。

朱自清：《朱自清全集》，江苏教育出版社 1988—1997 年版。

朱自清：《踪迹》，亚东图书馆 1924 年版。

诸孝正、陈卓团编：《康白情新诗全编》，花城出版社 1990 年版。

祝宽：《五四新诗史》，陕西师范大学出版社 1987 年版。

宗白华：《流云小诗》，亚东图书馆 1923 年版。

宗白华：《宗白华全集》，安徽教育出版社 1994 年版。

二 研究论著

[英] 埃德蒙·伯克：《关于我们崇高与美观念之根源的哲学探讨》，郭飞译，大象出版社 2010 年版。

[美] 艾伦·G. 狄博斯：《文艺复兴时期的人与自然》，周雁翎译，复旦大学出版社 2000 年版。

[美] 安东尼·朗：《心灵与自我的希腊模式》，何博超译，刘玮编校，北京大学出版社 2015 年版。

[美] 安敏成：《现实主义的限制：革命时代的中国小说》，姜涛译，江苏人民出版社 2011 年版。

[英] 安东尼·吉登斯：《社会的构成：结构化理论纲要》，李康、李猛译，中国人民大学出版社 2016 年版。

[英] 安东尼·吉登斯：《现代性与自我认同》，赵旭东等译，生活·读书·新知三联书店 1998 年版。

[日] 北冈正子：《鲁迅 救亡之梦的去向：从恶魔派诗人论到〈狂人日记〉》，李冬木译，生活·读书·新知三联书店 2015 年版。

[日] 北冈正子：《摩罗诗力说材源考》，何乃英译，北京师范大学出版社 1983 年版。

[日] 北冈正子：《日本异文化中的鲁迅》，王敬翔、李文卿译，台北麦田出版社 2018 年版。

[美] 彼得·L. 伯格、托马斯·卢克曼：《现实的社会建构：知识社会学论纲》，吴肃然译，北京大学出版社 2019 年版。

[日] 柄谷行人：《民族与美学》，薛羽译，西北大学出版社 2016 年版。

[日] 柄谷行人：《日本现代文学的起源》，赵京华译，生活·读书·新知三联书店 2003 年版。

［美］C. 赖特·米尔斯：《社会学的想象力》，李康译，李钧鹏、闻翔主编，北京师范大学出版社 2017 年版。

［加］查尔斯·泰勒：《自我的根源：现代认同的形成》，韩震等译，译林出版社 2012 年版。

陈国球、王德威编：《抒情之现代性："抒情传统"论述与中国文学研究》，生活·读书·新知三联书店 2014 年版。

陈均：《中国新诗批评观念之建构》，北京大学出版社 2009 年版。

陈世骧：《中国文学的抒情传统》，生活·读书·新知三联书店 2015 年版。

陈太胜：《声音、翻译和新旧之争：中国新诗的现代性之路》，湖南人民出版社 2016 年版。

陈星、朱晓江：《从"湖畔"到"海上"：白马湖作家群的形成及流变》，上海三联书店 2014 年版。

陈映芳：《"青年"与中国的社会变迁》，社会科学文献出版社 2007 年版。

段江波：《危机·革命·重建：梁启超论"过渡时代"的中国道德》，广西师范大学出版社 2008 年版。

段炼：《"世俗时代"的意义探寻：五四启蒙思想中的新道德观研究》，上海人民出版社 2015 年版。

［德］恩斯特·贝勒尔：《德国浪漫主义文学理论》，李棠佳、穆雷译，南京大学出版社 2017 年版。

废名：《论新诗及其他》，辽宁教育出版社 1998 年版。

［美］费正清主编：《剑桥中华民国史（1912—1949 年）》（下），中国社会科学出版社 1994 年版。

［美］弗雷德里克·拜泽尔：《浪漫的律令——早期德国浪漫主义观念》，黄江译，华夏出版社 2019 年版。

［美］弗雷德里克·詹姆逊：《马克思主义与形式》，李自修译，中国人民大学出版社 2018 年版。

［美］弗雷德里克·詹姆逊：《语言的牢笼》，钱佼汝、朱刚译，中国人民大学出版社 2018 年版。

傅华：《中国现代抒情诗叙事性研究》，社会科学文献出版社 2019 年版。

高力克：《五四的思想世界》，学林出版社 2003 年版。

［美］高友工、梅祖麟：《唐诗的魅力》，上海古籍出版社 1989 年版。

高友工：《美典：中国文学研究论集》，生活·读书·新知三联书店 2008 年版。

郜元宝：《鲁迅六讲》（增订本），北京大学出版社 2007 年版。

葛兆光：《中国古典诗歌语言学札记：汉字的魔方》，辽宁教育出版社 1999 年版。

［日］工藤贵正：《中国語圏における厨川白村现象：隆盛·衰退·回帰と継続》，京都：思文阁出版社 2010 年版。

［日］沟口雄三：《中国的思维世界》，刁榴等译，孙歌校，生活·读书·新知三联书店 2013 年版。

［日］沟口雄三：《中国前近代思想的曲折与展开》，龚颖译，生活·读书·新知三联书店 2021 年版。

郭武平：《新青年杂志与民初中国意识转变》，政治大学东亚研究所 1980 年版。

［美］海伦·文德勒：《打破风格》，李博婷译，广西师范大学出版社 2020 年版。

［美］海伦·文德勒：《看不见的倾听者——抒情的亲密感之赫伯特、惠特曼、阿什伯利》，周星月、王敖译，广西师范大学出版社 2019 年版。

韩信夫、姜克夫主编：《中华民国史：大事记》（第一卷）（1905—1915），中华书局 2011 年版。

贺圣谟：《论湖畔诗社》，杭州大学出版社 1998 年版。

［英］亨利·哈代编，以赛亚·伯林：《浪漫主义的根源》（新

编版），吕梁等译，译林出版社 2011 年版。

［德］胡戈·弗里德里希：《现代诗歌的结构：19 世纪中期至 20 世纪中期的抒情诗》，李双志译，译林出版社 2010 年版。

黄淳浩：《创造社：别求新声于异邦》，社会科学文献出版社 1995 年版。

［德］J. G. 赫尔德：《论语言的起源》，姚小平译，商务印书馆 1998 年版。

姜涛：《公寓里的塔：1920 年代中国的文学与青年》，北京大学出版社 2015 年版。

姜涛：《"新诗集"与中国新诗的发生》（增订本），北京大学出版社 2019 年版。

姜文涛：《情感美学与近代文本文化的兴起：英国漫长的 18 世纪文学文化研究》，浙江大学出版社 2018 年版。

［瑞士］卡尔·古斯塔夫·荣格：《未发现的自我》，张敦福、赵蕾译，国际文化出版公司 2007 年版。

康凌：《有声的左翼：诗朗诵与革命文艺的身体技术》，上海文艺出版社 2020 年版。

［英］柯林伍德：《自然的观念》，吴国盛译，北京大学出版社 2006 年版。

［英］雷蒙德·威廉斯：《马克思主义与文学》，王尔勃、周莉译，河南大学出版社 2008 年版。

李今：《个人主义与五四新文学》，北方文艺出版社 1992 年版。

［美］李海燕：《心灵革命：1900—1950 现代中国爱情的谱系》，修佳明译，北京大学出版社 2018 年版。

李欧梵：《中国现代作家的浪漫一代》，新星出版社 2005 年版。

李强：《厨川白村文艺思想研究》，昆仑出版社 2008 年版。

李怡：《中国现代新诗与古典诗歌传统》（增订三版），中国人民大学出版社 2015 年版。

李永春：《〈少年中国〉与五四时期社会思潮》，湖南人民出版社 2005 年版。

李永春：《五四时期社会改造思潮研究》，中国社会科学出版社 2017 年版。

梁展：《颠覆与生存：德国思想与鲁迅前期的自我观念（1906—1927）》，上海锦绣文章出版社 2007 年版。

林少阳：《鼎革以文——清季革命与章太炎“复古”的新文化运动》，上海人民出版社 2018 年版。

刘继业：《新诗的大众化与纯诗化》，北京大学出版社 2008 年版。

刘奎：《诗人革命家：抗战时期的郭沫若》，北京大学出版社 2019 年版。

刘小枫选编：《德语诗学文选》（上下），华东师范大学出版社 2006 年版。

［匈］卢卡奇：《卢卡奇早期文选》，张亮、吴勇立译，南京大学出版社 2004 年版。

［法］罗贝尔·埃斯卡皮：《文学社会学》，于沛选编，浙江人民出版社 1987 年版。

［美］M. H. 艾布拉姆斯：《镜与灯：浪漫主义文论及批评》，郦稚牛等译，王宁校，北京大学出版社 2004 年版。

［斯洛伐克］马立安·高利克：《从歌德、尼采到里尔克》，刘燕主编，福建教育出版社 2017 年版。

［美］迈克尔·L. 弗雷泽：《同情的启蒙：18 世纪与当代的正义和道德情感》，胡靖译，译林出版社 2016 年版。

孟庆澍：《无政府主义与五四新文化——围绕〈新青年〉同人所作的考察》，河南大学出版社 2006 年版。

［法］米歇尔·福柯：《词与物：人文科学的考古学》（修订译本），莫伟民译，上海三联书店 2016 年版。

［日］木山英雄：《文学复古与文学革命——木山英雄中国现代文学思想论集》，赵京华编译，北京大学出版社 2004 年版。

［德］诺贝特·埃利亚斯：《文明的进程：文明的社会起源和心理起源的研究》，王佩莉、袁志英译，上海译文出版社 2013 年版。

［美］欧文·白璧德：《卢梭与浪漫主义》，孙宜学译，商务印书馆 2016 年版。

潘正文：《"五四"社会思潮与文学研究会》，新星出版社 2011 年版。

彭小妍：《唯情与理性的辩证：五四的反启蒙》，台湾联经出版公司 2019 年版。

［法］皮埃尔·阿多：《伊西斯的面纱：自然的观念史随笔》，张卜天译，华东师范大学出版社 2019 年版。

［法］皮埃尔·布尔迪厄、［美］华康德：《反思社会学导引》，李康、李猛译，商务印书馆 2015 年版。

［法］皮埃尔·布尔迪厄：《艺术的法则》，刘晖译，中央编译出版社 2011 年版。

钱理群：《心灵的探寻》，北京大学出版社 1999 年版。

［美］乔治·H. 米德：《心灵、自我与社会》，赵月瑟译，上海译文出版社 2018 年版。

［美］乔治·桑塔耶纳：《美感》，缪灵珠译，中国社会科学出版社 1982 年版。

［日］秋吉收：《鲁迅：野草と雑草》，福冈：九州大学出版会 2016 年版。

［瑞士］让·斯塔罗宾斯基：《透明与障碍：论让-雅克·卢梭》，汪炜译，华东师范大学出版社 2019 年版。

荣光启：《"现代汉诗"的发生：晚清至五四》，中国社会科学出版社 2015 年版。

［日］松浦友久：《节奏的美学——日中诗歌论》，石观海、赵德玉、赖幸译，辽宁大学出版社 1995 年版。

［美］苏珊·朗格：《情感与形式》，刘大基、傅志强译，中国社会科学出版社 1986 年版。

孙玉石：《现实的与哲学的——鲁迅〈野草〉重释》，上海书店出版社 2001 年版。

孙玉石：《〈野草〉研究》，北京大学出版社 2010 年版。

谭桂林：《本土语境与西方资源——现代中西诗学关系研究》，人民文学出版社 2008 年版。

谭桂林：《记忆的诗学：鲁迅文学中的母题书写》，人民出版社 2019 年版。

谭桂林、杨姿：《鲁迅与 20 世纪中国国民信仰建构》，百花洲文艺出版社 2018 年版。

［英］特里·伊格尔顿：《二十世纪西方文学理论》，伍晓明译，北京大学出版社 2007 年版。

［英］特里·伊格尔顿：《马克思主义与文学批评》，文宝译，人民文学出版社 1980 年版。

［英］特里·伊格尔顿：《如何读诗》，陈太胜译，北京大学出版社 2016 年版。

［德］瓦尔特·本雅明：《德国浪漫派的艺术批评概念》，王炳钧、杨劲译，北京师范大学出版社 2014 年版。

［德］ W. 顾彬：《中国文人的自然观》，马树德译，上海人民出版社 1990 年版。

［德］瓦尔特·本雅明：《德意志悲苦剧的起源：论波德莱尔》，李双志、苏伟译，北京师范大学出版社 2013 年版。

［德］瓦尔特·本雅明：《发达资本主义时代的抒情诗人：论波德莱尔》，张旭东、魏文生译，生活·读书·新知三联书店 1989 年版。

［德］瓦尔特·本雅明：《经验与贫乏》，王炳钧、杨劲译，百花文艺出版社 1999 年版。

［德］瓦尔特·本雅明：《作为生产者的作者》，王炳钧等译，河南大学出版社 2014 年版。

［日］丸尾常喜：《耻辱与恢复——〈呐喊〉与〈野草〉》，秦

弓、孙丽华编译，北京大学出版社 2009 年版。

汪晖：《声之善恶：鲁迅〈破恶声论〉〈呐喊自序〉讲稿》，生活·读书·新知三联书店 2013 年版。

汪晖：《汪晖自选集》，广西师范大学出版社 1997 年版。

汪卫东：《鲁迅前期文本中的个人观念》，人民文学出版社 2006年版。

汪卫东：《探寻诗心：〈野草〉整体研究》，北京大学出版社 2014 年版。

王斑：《历史的崇高形象——二十世纪中国的美学与政治》，孟祥春译，上海三联书店 2008 年版。

王德威：《史诗时代的抒情声音：二十世纪中期的中国知识分子与艺术家》，生活·读书·新知三联书店 2019 年版。

王汎森：《傅斯年：中国近代历史与政治中的个体生命》，生活·读书·新知三联书店 2017 年版。

王汎森：《权力的毛细管作用：清代的思想、学术与心态》（修订版），北京大学出版社 2015 年版。

王汎森：《思想是生活的一种方式：中国近代思想史的再思考》，北京大学出版社 2018 年版。

王汎森：《章太炎的思想——兼论其对儒学传统的冲击》，上海人民出版社 2014 年版。

王中江：《自然和人：近代中国两个观念的谱系探微》，商务印书馆 2018 年版。

［美］威廉·雷迪：《感情研究指南：情感史的框架》，周娜译，华东师范大学出版社 2020 年版。

闻翔：《劳工神圣：中国早期社会学的视野》，商务印书馆 2018年版。

吴宓：《吴宓自编年谱》，生活·读书·新知三联书店 1995年版。

伍明春：《早期新诗的合法性研究》，人民文学出版社 2012

年版。

奚密：《现代汉诗：一九一七年以来的反思与实践》，上海三联书店 2008 年版。

［日］小川利康：《叛徒と隐士：周作人の一九二〇年代》，東京：平凡社 2019 年版。

［日］小尾郊一：《中国文学中所表现的自然和自然观：以魏晋南北朝文学为中心》，邵毅平译，上海古籍出版社 2014 年版。

肖霞：《浪漫主义：日本之桥与"五四"文学》，山东大学出版社 2003 年版。

［法］雅克·朗西埃：《马拉美：塞壬的政治》，曹丹红译，河南大学出版社 2017 年版。

［法］雅克·朗西埃：《文学的政治》，张新木译，南京大学出版社 2014 年版。

［捷］雅罗斯拉夫·普实克：《普实克中国现代文学论集》，李燕乔等译，湖南文艺出版社 1987 年版。

杨念群：《五四的另一面："社会"观念的形成与新型组织的诞生》，上海人民出版社 2019 年版。

杨念群：《"五四"九十周年祭——一个"问题史"的回溯与反思》，世界图书出版公司 2009 年版。

杨治宜：《"自然"之辩：苏轼的有限与不朽》，生活·读书·新知三联书店 2018 年版。

［日］伊藤虎丸：《鲁迅、创造社与日本文学：中国近现代比较文学初探》，孙猛、徐江、李冬木译，北京大学出版社 1995 年版。

［日］伊藤虎丸：《鲁迅与日本人——亚洲的近代与"个"的思想》，李冬木译，河北教育出版社 2000 年版。

［日］伊藤虎丸：《鲁迅与终末论：近代现实主义的成立》，李冬木译，生活·读书·新知三联书店 2008 年版。

［苏联］伊·谢·科恩：《自我论——个人与个人自我意识》，佟景韩等译，生活·读书·新知三联书店 1986 年版。

于耀明：《周作人と日本文学》，東京：翰林書房 2001 年版。

［美］宇文所安：《中国传统诗歌与诗学：世界的征象》，陈小亮译，中国社会科学出版社 2013 年版。

［澳］张钊贻：《鲁迅：中国"温和"的尼采》，北京大学出版社 2011 年版。

张春田：《革命与抒情——南社的文化政治与中国现代性（1903—1923）》，上海人民出版社 2015 年版。

张冠夫：《梁启超 1920 年代的情感诗学研究》，东北师范大学出版社 2013 年版。

张丽华：《现代中国"短篇小说"的兴起：以文类形构为视角》，北京大学出版社 2011 年版。

［美］张灏：《梁启超与中国思想的过渡（1890—1907）》，崔志海、葛夫平译，江苏人民出版社 2022 年版。

张松建：《抒情主义与中国现代诗学》，北京大学出版社 2012 年版。

张先飞：《"人"的发现："五四"文学现代人道主义思潮源流》，人民出版社 2009 年版。

张先飞：《"人的文学"："五四"现代人道主义与新文学的发生》，人民出版社 2016 年版。

张志强：《朱陆·孔佛·现代思想——佛学与晚明以来中国思想的现代转换》，中国社会科学出版社 2012 年版。

郑毓瑜：《引譬连类：文学研究的关键词》，生活·读书·新知三联书店 2017 年版。

郑毓瑜：《姿与言：诗国革命新论》，台北麦田出版社 2017 年版。

郑振伟：《郑振铎前期文学思想》，人民文学出版社 2000 年版。

［日］中井政喜：《鲁迅探索》，卢茂君、郑民钦译，知识产权出版社 2017 年版。

周海林：《创造社与日本文学：关于早期成员的研究》，周海屏、胡小波译，上海社会科学院出版社 2016 年版。

[美] 周策纵：《五四运动史（1919.5.4）——现代中国的知识革命》，陈永明、张静译，欧阳哲生审校，世界图书出版公司 2016 年版。

朱寿桐：《情绪：创造社的诗学宇宙》，上海文艺出版社 1991 年版。

朱羽：《社会主义与"自然"：1950—1960 年代中国美学论争与文艺实践研究》，北京大学出版社 2018 年版。

[日] 佐藤慎一：《近代中国的知识分子与文明》，刘岳兵译，江苏人民出版社 2011 年版。

Crespi, John A. , *Voices in Revolution：Poetry and the Auditory Imagination in Modern China*, University of Hawaii Press, 2009.

Culler, Jonathan, *Theory of the Lyric*, Harvard University Press, 2015.

Hockx, Michel, *A Snow Morning：Eight Chinese Poets on the Road to Modernity*, Research School CNWS, 1994.

Perry, Bliss, *A Study of Poetry*, Houghton Mifflin, 1920.

Spurgeon, F. E. , *Mysticism in English Literature*, Cambridge University Press, 1913.

Tolstoy, Leo, *What is Art?*, trans. Aylmer Maude, New York：Funk & Wagnalls Company, 1904.

Wang, Pu, *The Translatability of Revolution：Guo Moruo and Twentieth-Century Chinese Culture*, Harvard University Press, 2018.

Winchester, C.T. , *Some Principles of Literature Criticism*, The Macmillan company, 1899.

Yeats, W. B. , *Ideas of Good and Evil*, A. H. Bullen, 47 Great Russell Street, London, W. C. MCMIII, 1903.

三　研究论文

陈怀宇：《赫尔德与周作人——民俗学与民族性》，《清华大学学报》（哲学社会科学版）2009 年第 5 期。

陈佳：《周作人翻译波德莱尔〈巴黎的忧郁〉探微》，《中国现代文学研究丛刊》2020 年第 1 期。

陈均：《早期新诗中的"自然"论与新旧诗之争》，《中山大学学报》（社会科学版）2008 年第 4 期。

段美乔：《论"刹那主义"与朱自清的人生选择和文学思想》，《中国现代文学研究丛刊》2003 年第 3 期。

方维规：《"经济"译名溯源考——是"政治"还是"经济"》，《中国社会科学》2003 年第 3 期。

冯庆：《近代情性论变革的动机与悖论——以康有为和谭嗣同的"内在理路"为线索》，《福建论坛》（人文社会科学版）2019 年第 10 期。

冯庆：《民族的自然根基——赫尔德的"抒情启蒙"》，《文艺研究》2018 年第 5 期。

符杰祥：《〈野草〉的命名来源与"根本"问题》，《文艺争鸣》2018 年第 5 期。

高迪：《〈苦闷的象征〉对田汉早期话剧创作的影响》，《汉语言文学研究》2020 年第 2 期。

郜元宝：《"末人"时代忆"超人"——"鲁迅与尼采"六题议》，《同济大学学报》（社会科学版）2015 年第 1 期。

龚明德：《〈一觉〉中"并不熟识的青年"是谁?》，《中国现代文学研究丛刊》2004 年第 2 期。

黄艳芬：《〈呐喊〉和〈自己的园地〉文集内外及关联"对话"——解读周氏兄弟失和的一个角度》，《鲁迅研究月刊》2020 年第 3 期。

季剑青：《"声"之探求：鲁迅白话写作的起源》，《文学评论》

2018 年第 3 期。

江晓辉：《鲁迅〈摩罗诗力说〉对传统诗学观的改造及意义》，《兴大人文学报》第 57 期，2016 年 9 月。

姜涛：《"菜园"体验与五四时期文学"志业"观念的发生——叶圣陶的小说〈苦菜〉及其他》，《励耘学刊》（文学卷）2010 年第 2 期。

姜涛：《解剖室中的人格想象：对郭沫若早期诗人形象的扩展性考察（初稿）》，《新诗与浪漫主义学术研讨会论文集》，北京，2011 年。

姜涛：《"社会改造"与"五四"新文学——作为一个整体的研究视域》，《文学评论》2016 年第 4 期。

李浩：《鲁迅译稿〈查拉图斯特拉如是说·序言〉》，《上海鲁迅研究》2015 年第 1 期（春季号）。

李培艳：《"新青年"的塑造与"五四"新文化运动——以"少年中国学会"为中心的考察》，博士学位论文，北京大学，2015 年。

李音：《从"旧事重提"到"朝花夕拾"》，《文学评论丛刊》2012 年第 2 期。

李章斌：《胡适与新诗节奏问题的再思考》，《中国现代文学研究丛刊》2017 年第 3 期。

刘彬：《旧"事"怎样重"提"——以〈呐喊自序〉为例》，《中国现代文学研究丛刊》2019 年第 2 期。

刘皓明：《从"小野蛮"到"神人合一"——1920 年前后周作人的浪漫主义冲动》，李春译，《新诗评论》2008 年第 1 辑，北京大学出版社 2008 年版。

刘延陵：《〈诗〉月刊影印本序》，《新文学史料》1990 年第 2 期。

倪墨炎：《鲁迅〈我的失恋〉"新解"质疑》，《文史哲》1979 年第 4 期。

彭明伟：《爱罗先珂与鲁迅 1922 年的思想转变——兼论〈端午节〉及其他作品》，《鲁迅研究月刊》2008 年第 2 期。

邱焕星：《导火线：鲁迅〈我的失恋〉撤稿的背后》，《中国现代文学论丛》2016 年第 1 辑。

孙尧天：《“本根”之问：鲁迅的自然观与伦理学（1898—1927）》，博士学位论文，北京大学，2018 年。

谭桂林：《俞平伯：人世无常与刹那主义——现代文学主题的佛学分析之一》，《中国现代文学研究丛刊》1996 年第 2 期。

田露：《“辞职风波”与 20 世纪 20 年代北京文艺界的分化》，《汉语言文学研究》2012 年第 4 期。

汪卫东：《“诗心”、客观性与整体性：〈野草〉研究反思兼及当下鲁迅研究中存在的问题》，《文艺争鸣》2018 年第 5 期。

王彬彬：《〈野草〉的创作缘起》，《文艺研究》2018 年第 1 期。

王璞：《抒情与翻译之间的“呼语”——重读早期郭沫若》，《新诗评论》2014 年总第 18 辑，北京大学出版社 2014 年版。

王雪松：《白话新诗派的“自然音节”理论与实践》，《华中师范大学学报》（人文社会科学版）2012 年第 2 期。

吴丹鸿：《从“删诗”到“撤稿”——鲁迅与早期新诗写作伦理的变化（1919—1925）》，《文学评论》2020 年第 3 期。

［日］相浦杲：《关于鲁迅的散文诗集〈野草〉（下）——从比较文学的角度谈》，宿玉堂、能势良子译，《辽宁大学学报》（哲学社会科学版）1984 年第 2 期。

［日］小川利康：《周氏兄弟的散文诗——以波特来尔的影响为中心》，《中山大学学报》（社会科学版）2015 年第 1 期。

［日］小谷一郎：《创造社与日本——青年田汉与那个时代》，刘平译，《中国现代文学研究丛刊》1989 年第 3 期。

［日］小谷一郎：《关于田汉早期创作之一瞥》，刘平译，《新文学史料》1991 年第 2 期。

杨晓帆：《“情感教育”：文学理论的现代想象——温彻斯特

〈文学评论原理〉的接受与变形》，硕士学位论文，北京师范大学，2009 年。

[爱尔兰] 叶芝：《威廉·布莱克与想象力》，黄宗英译，《诗探索》1997 年第 2 辑。

袁先欣：《"到民间去"与文学再造：周作人汉译石川啄木〈无结果的议论之后〉前后》，《中国现代文学研究丛刊》2017 年第 4 期。

袁一丹：《诗可以群：康白情与"少年中国"的离合》，《新诗评论》2011 年第 2 辑，北京大学出版社 2011 年版。

赵黎明：《"自然"之辩与新诗现代化的两种路径》，《浙江学刊》2011 年第 6 期。

索　引

爱罗先珂 27，126，301—319，321，357，361

本体 15，56，167—169，174，178，179，195，197—200，203，204，250，259，334

波德莱尔 59，87，111—114，150，249，349，350

布莱克 25，135—141

创造 2，4，7，8，13，17—22，24—26，31，41，44，57，58，61—65，67，69，71，72，74，77，78，80，86，97，104，109，110，123，140，141，146，147，163—206，220，221，224，226，232，238，239，242，248，252，253，255，259，263—265，271，280，281，284，288，331—333，342，351，367

"到民间去" 74，126

浮士德 25，64—66，105，164—167，169—175，180，184，185，187，188，193，195，199，206

歌德 25，26，64—67，70，84，163—175，177，179—195，197，199—201，205，206

郭沫若 7，8，17，25，26，29，58—69，71—73，75，77，92，104，105，108—110，134，163—181，183—190，192—194，197—202，204—206，239，255，258，263，348

赫尔德 4，179，187，332，333

胡适 5—7，11，34—38，40—53，55—57，76，77，79—82，91，93，143，145，146，150，218，260，261，263，267，366

康白情 11，27，36，46，47，58，72—74，76，80，84，

91，93，94，134，218—220，225，239，253，259—264，269

浪漫 16，19，20，25—27，33，70，72，73，91，106—108，116，142，147，148，165，177，181，192，205，206，208，239，252—258，260，265，280，332，355，367

劳动 26，27，68，84，94，96，108，123，229—247，251，252，264

梁启超 3，6，10，39—41，98

流溢 167，197，199，200

鲁迅 3，4，10，24，27，28，34，35，57，61，98，99，110，115，117，118，120，121，126，149—155，157，272—353，355—365

尼采 64，115，165，274—285，287，288，291，317，324

起源 1，2，4，6，8，10—12，14—20，22—26，28，30，32—34，36—42，44，46，48，50，52，54，56，58—60，62，64，66，68，70，72，74，76，78，80，82，84，86—88，90—206，208，210，212，214，216，218，

220，222，224，226，228，230，232—234，236，238，240，242，244，246，248，250，252，254—256，258，260，262，264，266，268，270，274，276，278，280，282，284—288，290，292，294，296，298，300，302，304，306，308，310，312，314，316，318—320，322，324，326，328—334，336，338，340—342，344，346，348，350，352，354，356，358，360，362，365—367

《三叶集》7，8，60—62，65，70，72，73，75，77，105，109，164，173，176，180，193，198，258，263

少年中国 11，37，39，46，47，70—76，84，93，94，96，102，104—108，136，139，169，177，180，182，183，186，187，219，220，230—233，235，239，245，250，254，259—261，264

社会改造 2，13，14，18，22—24，26，27，70，73，94，116，126，142，207—209，211，213，215，217—221，

223—225，227，229—231，233，235，237，239，241，243，245—247，249—255，257—267，269—271，282，291，367

抒情 2—4，7，10，12，13，18，19，21，24—26，39，47—49，52，53，55—57，61，62，66—69，71—76，81—83，85—95，97，99—117，119，121—123，125—129，131，133—135，137，139，141，143，145—147，149，151，153—157，159，161，163，165，167—181，184—188，190—194，197—201，204—206，212，229，237，239，244，247，253，254，257，258，261—264，270，292，296，322，332，333，335，344，348，349，351，355，360，362，363，366

绥惠略夫 27，288—297，299—301，312，319，321

田汉 7，8，24，60—62，65，69，72，73，75，77，84，91，92，94，96，104—110，163，164，169，173，176，180，182，186，187，193，

198，201，230—239，245，258，263

同情 4，5，19，25，79，83，98，100，114，117—119，121—135，137—142，156，158，227，228，233，237，304，305，313，332

托尔斯泰 105，131，248—251，291

文化政治 3，19，21—23，28，104，247，319，365

闻一多 49，54—57，80，84，92，94，95，103，104，146，230，253，261，264

五四 1，3，9，11—15，17—19，21—28，35，57，61，70，72，74，88，90，95，100，103，104，114—116，118—121，123，130，131，135，141，143，151，153—157，164，208，211，218—221，224，227，229，233，245，246，248，252—255，270，272—275，277，279，282，284，291，292，294，295，301，304，305，309—311，318，319，322，325，337—340，349，357，358，365—367

现代中国 1，2，4—6，8，10，12，14，16—20，22—26，28，30，32，34，36，38，40，42，44，46，48，50，52，54，56，58，60，62，64，66，68，70，72，74，76，78，80，82，84，86，88，90—206，208，210，212，214，216，218，220，222，224，226，228，230，232，234，236，238，240，242，244，246，248，250，252，254—256，258，260，262，264，266，268，270，274，276，278，280，282，284，286，288，290，292，294，296，298，300，302，304，306，308，310，312，314，316，318，320，322，324，326，328，330，332，334，336，338，340，342，344，346，348，350，352，354，356，358，360，362，365—367

想象 2，4，7，11，13，14，16，19—22，24—26，30，31，33，35，40，42，61，63，67，68，70，74，81，83，84，89，93，96，103，

115，118，130，135，137—143，147，148，156，158，159，172，175，198—200，204，214，216，223—225，230，231，233，234，239，240，245，246，253，255，256，258，259，263，264，314，318，332，349，353，354，366，367

象征 3，9，25，48，68，100，107—117，130，131，172，179，180，200，236，248，251，265，280，284，318，327，344，349，359，362

心声 19，28，44，99，104，118，153，155，159，184，253，304，311，319，320，325—334，336，337，340—343，350，351，356，358，363—365

新柏拉图主义 167，187

新青年 10，11，37，38，42，43，45，50，51，53，57，77，81，91，93，100，114，118，120—122，124，131，132，134—136，143，153，154，207，208，218，229，230，236，241，248，275，278，282，283，291，292，

302, 304, 310, 312, 318, 321, 333, 338, 366

修养 8, 19, 43, 71, 73—76, 78, 86, 208, 218, 221—223, 226, 257—261, 265, 269, 366

雪莱 25, 65, 140—142, 151, 197—199, 335

艺术 3, 4, 11, 17, 20, 25, 26, 56, 70—72, 75, 76, 80, 94, 97, 101, 103, 104, 109, 131, 133—136, 138, 146, 149, 150, 164, 173, 175, 176, 179—189, 199—201, 204—206, 210, 219, 236, 239, 247, 249—251, 254, 259, 267, 303, 308, 312, 314, 317, 332, 358, 362

《野草》 24, 27, 28, 272—275, 277, 279, 281, 283—289, 291, 293, 295, 297—303, 305, 307, 309, 311, 313—323, 325—327, 329—331, 333—345, 347, 349, 351—353, 355—359, 361—365

俞平伯 11, 26, 27, 29, 30, 37, 56, 80, 83—86, 94,

211, 212, 214—216, 218, 219, 222, 224—228, 230, 246, 247, 250—252, 259, 265, 267—270

早期新诗 1—6, 8, 10, 12—14, 16—162, 164, 166, 168, 170, 172, 174, 176, 178, 180, 182, 184, 186, 188, 190, 192, 194, 196, 198, 200—202, 204, 206, 208, 210, 212, 214, 216, 218, 220, 222—224, 226, 228—232, 234—238, 240, 242, 244—246, 248, 250, 252—256, 258—262, 264—266, 268, 270, 274, 276, 278, 280, 282, 284, 286, 288, 290, 292, 294, 296, 298, 300, 302, 304, 306, 308, 310, 312, 314, 316, 318, 320, 322, 324, 326, 328, 330, 332, 334, 336, 338, 340, 342—344, 346, 348—350, 352—354, 356, 358, 360, 362, 365—367

周作人 24, 25, 36, 43, 57, 90—92, 100, 110—124, 126, 129—142, 145, 149—152, 154—162, 207, 219,

222，230，236，240—250，256，257，275，279，282，291—293，296，301，302，305—307，309，312—315，318，325，332，345，349

朱自清 14，26，27，29，30，37，44，61，62，76，82—84，143，145，207，209，210，212，213，215—217，222—224，226，228，253，256—258，266—270

自然 4，5，11，13，14，18，24，25，29—37，39，41—45，47—53，55—57，59—79，81—85，87—89，95，106—108，111，116，128，133—135，139，141，146，156，167，168，173—180，182—187，191—193，197，199，200，202，205，209，212，213，218—220，225，226，250，255，258，259，264，266，283，309，312，328，332，334，347，348，

362

自然哲学 15，25，167，172，198，199

自我 2—12，14—28，30—36，38—40，42，44，46，48，50，52，54，56—58，60—64，66—68，70，72—74，76，78，80—82，84—88，90，92，94，96—100，102，104—108，110，112—118，120，122—132，134，136，138，140，142—144，146，148—150，152—154，156，158—160，162，164—170，172，174，176，178，180—182，184—186，188，190—192，194，196，198，200，202，204，206—367

宗白华 7—9，59—62，65，69—78，93，100，105，109，164，173，176，180，187，193，197，198，201，219，258，261，263

后 记

1798 年，歌德在其诗歌《植物的变形》中写道：

你知道吗？种子内部还沉睡着一股奇特能量，
它可以预示植株将来的形态，包裹在种皮中的还有
胚根、胚芽和子叶，然而都只是苍白的雏形。
这个生命体安宁而平静
细心守护着核心部分，固若金汤
慢慢地，它向上肿胀，依赖温柔的露水
快速冲出黑暗的怀抱。
当破土迎接第一缕阳光时，它整个形态毫无艺术性可言
植物之子，也如人类之子一样——
幼苗越长越高，把各个器官组合成整体
再反复、再创造
可能发育成无穷尽的不同形态。你看：
仿佛每片叶都被精心雕琢
锯齿状叶缘，波形缺刻，针状叶片
在叶柄支撑下，与整棵植株交织为整体
命中注定。

这里的"种子"不单单是植物的单子，更重要的是隐喻着歌德
的人类学构想以及整个宇宙全体运转不息的思想原理和精神原力：

生成、发展、变化、创造，由部分到整体。这种思想也不单单是歌
德的个人印记，而是来自于他和整个时代的沉淀，赫尔德、莱辛、
席勒、温克尔曼……，他们构成了一整个思想序列。而歌德的独特
之处在于，他把思想原理、科学精神都融为了一种鲜活的感性知觉，
他把思想变成了诗，他以诗的方式揭示"我们隐秘的法则"。从施莱
格尔到拜伦、雪莱，再到郭沫若，与其说歌德成为了一种"流溢"
的思想，不如说歌德呈现了宇宙本体"流溢"的本质。郭沫若所译
的《艺术家的夕暮之歌》也是如此：

> 唉，我愿有内在的创造的力量
> 在我心中怒鸣！
> 我愿有横溢的创造的源泉
> 在我指下飞奔！
>
> 我只战栗，我只吃惊，
> 我总把他说不成；
> 自然呀！我感觉着你，我认识着你，
> 我所以总要把你来把定。
>
> 我想我的寸心
> 早已闭锁了多少年辰，
> 我的寸心，成了个枯槁的旷野，
> 只想把欢乐的源泉来寻；
>
> 自然呀！我怎样地渴慕着你，
> 想把你忠实地，亲爱地感受得成！
> 你会在我心地中，化作一个活泼泼地的喷泉，
> 从千万道的管中飞进，
> 你会使我全部的力量

> 在我心地中扩大无垠，
> 你会使我这有限的存在
> 展或到无限的永恒。

周作人译布莱克《天真的预言》也表达了相似的思想：

> 一粒沙里看出世界，
> 一朵野花里见天国，
> 在你手掌里盛住无限，
> 一时间里便是永远。

"有限"与"无限"，"存在"与"永恒"，这是一切生命"隐秘的法则"，是我们"自我的根源"，是我们的"精神现象学"，是"世界精神"的展演：吸收、内化、综合、创造，正是在这一系列的"转徙"的机制中，我们有了呼吸、我们有了生命，我们不断地贴近"人"的原型——"人类之子"。

像歌德的艺术家召唤"自然"一样，我也想借由诗的方式和学术的理路，寻找自己的"自然"和"自我"。在时代精神和历史意识的辩证中，我试着去问自己：我们是谁？我们从哪里来，又到何处去？这大概就是"现代中国'自我'的起源与早期新诗的兴起"的最初想法。

学术成长，和"种子"一样，并不轻而易举。在此过程中，我犹为感念两位恩师：谭桂林先生和黄发有先生。他们教我学术之法，他们更教我做人之道，大巧若拙，大道至简。他们是我的根源，或许，也是我来时的路和要去的地方。

我也时常想起郭平先生，他告诉我"文学"的意义，告诉我"人"的深情；他教会我"有"，也教会我"无"；他是那么丰硕，又那么轻盈。

我也要感谢众多的师长亲友，他们构成了我生命中的光和影，温暖着我、支撑着我，点滴，犹如山海。

　　还有我生命中最柔软的那部分，我的妻子，我的女儿，我的父母，我的岳父母，他们是我生活的表象，他们也是我"爱"的本体，他们是我的"部分"，也是我的"整体"，他们是唯一的"一"。他们让我永远葆有那颗"Heart of Gold"，像歌德的"种子"一样，"努力""向上""成长"……

2025 年 5 月 8 日于济南